GRAMMAIRE COMPARÉE

DES

LANGUES INDO-EUROPÉENNES

PAR M. FRANÇOIS BOPP

TRADUITE SUR LA DEUXIÈME ÉDITION

PAR M. MICHEL BRÉAL

TOME V

REGISTRE DÉTAILLÉ

RÉDIGÉ PAR M. FRANCIS MEUNIER

DOCTEUR ÈS LETTRES

DEUXIÈME ÉDITION

PARIS

IMPRIMERIE NATIONALE

M DCCC LXXXIV

415
BOPP
95

GRAMMAIRE COMPARÉE

DES

LANGUES INDO-EUROPÉENNES

LIBRAIRIE HACHETTE ET Cⁱᴱ

BOULEVARD SAINT-GERMAIN, N° 79, À PARIS

GRAMMAIRE COMPARÉE

DES

LANGUES INDO-EUROPÉENNES

PAR M. FRANÇOIS BOPP

TRADUITE SUR LA DEUXIÈME ÉDITION

PAR M. MICHEL BRÉAL

TOME V

REGISTRE DÉTAILLÉ

RÉDIGÉ PAR M. FRANCIS MEUNIER

DOCTEUR ÈS LETTRES

DEUXIÈME ÉDITION

PARIS

IMPRIMERIE NATIONALE

M DCCC LXXXIX

AVANT-PROPOS.

Ce Registre, fait sur le plan de celui que M. Carl Arendt a composé pour l'édition allemande de la Grammaire comparée de Bopp, renferme : 1° une table analytique disposée par ordre de matières; 2° un index de toutes les formes et de tous les mots expliqués ou mentionnés dans les quatre volumes. La table analytique se subdivise elle-même en deux sections : dans la première sont placées les lettres des différents alphabets avec l'indication des passages où il est parlé de leur origine et de leurs modifications; dans la seconde, on trouve les phénomènes appartenant à la flexion, ainsi que tous les autres faits dont il est traité dans la Grammaire comparée.

Le Registre allemand, en lui-même très-riche, a été encore élargi et complété. Ainsi le lecteur, déjà guidé par les titres et sous-titres qu'il trouve partout dans la traduction française, pourra désormais parcourir en tous sens et facilement consulter un ouvrage qui, il y a dix ans, paraissait à beaucoup de personnes studieuses presque inabordable.

Le public est redevable de ce Registre à M. Francis Meunier, bien connu pour ses excellentes recherches de philologie grecque et latine, qu'une mort inattendue a enlevé à la science quand il venait de corriger les dernières épreuves du présent volume. Il me sera permis de donner ici une place à mon souvenir reconnaissant.

Michel Bréal.

GRAMMAIRE COMPARÉE
DES
LANGUES INDO-EUROPÉENNES.

TABLE ANALYTIQUE DES MATIÈRES.

PREMIÈRE SECTION.
PHONÉTIQUE.

REMARQUE PRÉLIMINAIRE. La première section de la table analytique des matières contient seulement ce qui peut être facilement enregistré sous chaque lettre de chaque langue. Consulter en outre, pour ce qui concerne la phonétique, les articles : *Lois euphoniques*, *Anusvâra*, *Poids des voyelles*, *Liquides*, *Sifflantes*, *Gouna*, *Vriddhi*, *Loi de substitution*, etc., dans la seconde section de la table.

I. — L'ALPHABET SANSCRIT,
DANS SES RAPPORTS AVEC L'ALPHABET DES LANGUES CONGÉNÈRES.

(Toutes les fois qu'il n'y a pas d'indication de tome, il s'agit du tome Ier. Les chiffres arabes, quand ils ne sont pas précédés du signe §, renvoient à la page.)

अ *a* = zend *a*, *ĕ*, 31, 79; zend *ó*, après un *v*, *b* ou un *p*, 83; après un *v* sorti d'un *u*, 362; zend *ê* après un *y*, 95.
as final = zend *ô*, 107.
am final = zend *ĕm*, 31. Cf. 79.

ayê = zend 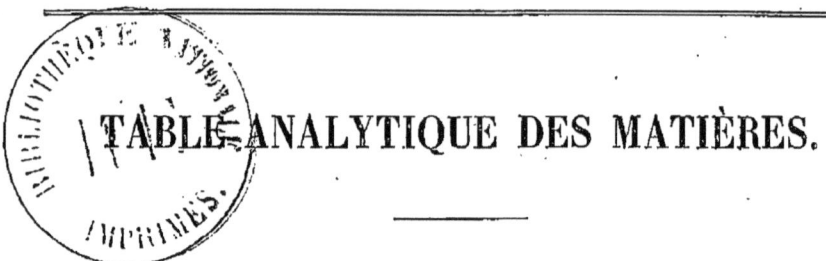 *eê*, 80, 85.
ar devient en sanscrit *ur*, 25;
ri, 26; *r̥*, voy. *r̥*.
a = arménien ե *e*, 399; arménien *o*, *u*, 399, 403, note 2.
a = grec α, ε, ο, ι, υ, 31;

voy. pour $\iota = a$, 37; IV, 441; pour $\upsilon = a$, 39.

a = latin $\check{e}$, $\check{o}$, 31; latin u, II, 371-372.

a = vieux slave e, o, a, 162; vieux slave $\check{u}$, 167-168; vieux slave ъ: $\bar{u}$, 168; an = vieux slave $u\dot{n}$, devant les labiales um, 164-165.

a = gothique a, 114; très-souvent i, plus rarement u, 114-115; gothique ai pour i devant r et h, 130-131; gothique au pour u devant r et h, 129 et suiv., § 82. Est tout à fait supprimé en gothique dans les syllabes finales, 114.

आ $\hat{a}$, affaibli en i en sanscrit, 35.

$\hat{a}$ = zend $\hat{a}$, 80; zend ऎ e, prâcrit $\hat{e}$, 80-81; zend $\hat{e}$ après y, quand la syllabe suivante contient un i, ou quand le mot finit par $y\hat{a}$, 95, 177; $\hat{a}s$ final = zend $\hat{a}o$, $\hat{a}o\eta h$, $\hat{a}os$ (devant l'enclitique $\acute{c}a$), 117; $\hat{a}m$ final = zend anm, 111.

$\hat{a}$ = arménien $\hat{e}$, 392.

$\hat{a}$ = grec η, ω, $\bar{a}$, 32.

$\hat{a}$ = latin $\hat{o}$, $\check{a}$, $\hat{a}$, 32; latin $\hat{e}$, 33.

$\hat{a}$ = lithuanien $\bar{o}$, 162; lithuanien $\hat{u}$, c'est-à-dire uo (en une syllabe), 163; lithuanien $\bar{e}$, 170.

$\hat{a}$ = vieux slave a, 162; $\check{u}$, $\bar{u}$, 168; ѣ $\hat{e}$, 170; sanscrit $\hat{a}m$, $\hat{a}ni$ = vieux slave ѫ $u\dot{n}$, 164-165.

$\hat{a}$ = gothique $\hat{o}$, 115 et suiv.; $\hat{e}$, 117 et suiv.

इ i, né de ya, 27; se change en y, 197.

i = vieux slave i, v. slave ь $\check{i}$, v. slave e, 165.

ई $\hat{i}$, né de $y\hat{a}$, 119.

$\hat{i}$ = vieux slave i, 165, § 92$^{\rm b}$; gothique ei (= $\hat{i}$), 118-119.

उ u, né de ya, 27; II, 371.

u = arménien e, II, 276.

u = vieux slave o, $\check{u}$, $\bar{u}$, 166.

u = grec υ, béotien $o\upsilon$, 39.

ऊ $\hat{u}$ se change en व् v, 197.

$\hat{u}$ = vieux slave u, 171-172; $u\dot{n}$, um, 164 et suiv.; $\bar{u}$, 166; $\check{u}$, 167.

$\hat{u}$ = grec υ, béotien $o\upsilon$, 39.

ऋ r (r voyelle), altération : 1° de ar = grec $\varepsilon\rho$, $o\rho$, $\alpha\rho$, avec métathèse ρo, ρa; latin ur, er, or, ar (?), avec métathèse et allongement de l'a, $r\hat{a}$, 24; zend $ar\check{e}$, $\check{c}r\check{e}$, 25; zend ahr, $\check{e}hr$, $ar(-s)$, 25; vieux perse ar, u, 25; pâli a, i, u, 25-26; prâcrit ri, i, 26; 2° de $\acute{c}$, 26-27; 3° de ra, 27; 4° de ri, 28; 5° de ru, 28.

ॠ $\hat{r}$ (r voyelle longue), 23.

ऌ l (l voyelle), 23.

ॡ $\hat{l}$ (l voyelle longue), 23.

ए $\hat{e}$, sa prononciation avant la séparation des idiomes, 29.

$\hat{e}$ = zend ऎ ai, $\hat{o}i$, $\hat{e}$, 29, 83-85.

$\hat{e}$ = vieux perse ai, 30.

$\hat{e}$ = arménien $\hat{e}$, 394.

PHONÉTIQUE. 3

ê = grec αι, ει, οι, 29-30, 32; grec α, ε, 33.

ê = latin *ae*, arch. *ai*, 29, 34; latin *ê*, 29, 33; latin *î*, 284; latin *oe*, 34-35.

ê = lithuanien *ai*, *ê*, 29; lith. *ai*, *ei*, *ē* (*ḗ* ou *ie* ou *é*), 170; lette *ai*, *ê*, *ee*, 29; borussien *ai*, *ei*, 169-170.

ê = vieux slave ѣ *ê*, 168-169; vieux slave *i*, 169.

ê = gothique *ai*, 72, 125; gothique *ei* (*î*), 118-119; vieux haut-allemand *ê*, 33-34.

ऐ *ái*, 28.

ओ *ó*, sa prononciation avant la séparation des idiomes, 29.

ô = zend ‍ *au*, ‍ *eü*, ‍ *ó*, 82; zend ‍ *eü*, 80; zend ‍ *ē*, 80-81.

ô = vieux perse *au*, 30.

ô = grec ευ, ου, αυ, 32-33; grec ο, 33.

ô = latin *û*, 284.

ô = vieux slave оү *u*, ов *ov*, dans les langues vivantes *u* bref, russe *y*, 170-171.

ô = gothique *au*, 125-126.

औ *âu*, 28; = grec αυ, 33; zend ‍ *āo*, ‍ *âu*, 83.

क् *k*; voy. *Loi de substitution*.

k = gothique *kv*, latin *qu*, 134.

k = latin et gothique *v*, nouveau haut-allemand *w*, 134-135, 50, note 2.

k devient *ć*, 48; *ś*, 61-62.

kt, *kr* = zend *ḱr*, *ḱt*, 85.

kś = latin *x*, gothique *hs*, 63;

grec ξ, 63; κτ, 50-51; IV, 275; χθ, 50-51; zend *kś*, *ks*, *š*, 104.

ख् *k* = latin *gv* (écrit *gu*), 134; grec χ, 47.

ग् *g* = zend *g*, *ǵ*, 88; *ș*, 108.

g = lithuanien *ż*, vieux slave *ș*, 154.

g = grec β, 212, note 2; grec β, latin *b*, 285. Voyez aussi pour *g* l'article *Loi de substitution*.

घ् *ġ* = zend *ġ*, *g*, 87; grec χ, ϑ, 47; gothique *v*, 135. Voyez aussi, pour *ġ*, *Loi de substitution*.

च् *ć* = vieux slave *ć*, *k*, 48; grec π, τ, 48; II, 386; latin *qu*, 48; gothique *f*, 48.

छ् *ĉ*, altération du groupe *sk*, *sc* = grec σκ, σχ, latin *sc*, gothique *sk*, 48-49; zend *ś*, 88-89; *śk*, 89. Voyez aussi *Loi de substitution*.

ज् *ǵ* = zend *ǵ*, 88; *ś*, 109; *ș*, 108; *h*, 105.

ǵ = arménien ձ ζ, ձ *z*, 402, note 3; զ *ș*, 403, note 1.

ǵ = lithuanien *ż*, vieux slave *ș*, *ś*, 154-155.

ǵ = grec β, 212, note 2, 285.

ǵ = latin *v*, gothique *qv*, 135.

ङ् *ṇ*, par euphonie pour *n*, 52.

त् *t*; *tt*, né de *dt*, en sanscrit, 202; *ts*, né de *ds*, en sanscrit, 201; *t* final devient parfois *s* en sanscrit, 207-208; *t*, né de *s*, 208-209; voyez aussi

TABLE ANALYTIQUE.

Loi de substitution; *t* = zend *d*, 91.

त् *t* = grec τ, latin *t*, 45-46; = accidentellement grec ϑ, 46.

द् *d* initial perdu en sanscrit, 106. Voyez *Loi de substitution*.

d = zend *d*, 90; *d'*, *ḍ*, 91.

d = latin et allemand *l*, 51; latin *r*, dans *meridies* pour *medidies*, 51.

ध् *d'* = zend *d*, 90; *d*, 90-91. Voyez *Loi de substitution*.

d' = grec ϑ, latin *f*, 45, 50.

न् *n*; *n* euphonique, inséré entre le thème et la désinence à certains cas de la déclinaison sanscrite, 307-308, 358, 364-365; II, 6, 51-52, 76, 222; *n* supprimé en sanscrit à la fin des thèmes, 302, note 2.

प् *p* = zend *p*, parfois *f*, 92; latin *qu*, 134.

p initial = arménien *h*, II, 227; IV, 380, note 7. Voyez *Loi de substitution*.

ब् *b* = zend *m*, 112. Voyez *Loi de substitution*.

भ् *b'* = zend *b*, *f*, 93. Voyez aussi *Loi de substitution*.

b' = grec φ, peut-être β médial, latin *f* initial, presque toujours *b* médial, 52.

म् *m*; à la fin d'un mot, *m* sanscrit se règle sur la lettre initiale du mot suivant, et se change en anusvâra devant les semi-voyelles, les sifflantes et *h*, 52-53.

m final = grec ν, borussien *n*, 53.

m final = latin *m*, 53.

m final s'est perdu en gothique, ou bien y est devenu *na* ou *u*, 53.

mr = grec βρ, 112.

य् *y*, inséré en sanscrit comme liaison euphonique entre deux voyelles, 96.

y = prâcrit *ǵ*, 53-54.

y = zend *ć* (= *tš*), *ḱ*, 410-411; *š́*, 109.

y = arménien ՋŹ *ž*, 404 et suiv.; II, 15-16; Ճ *ǵ* (= *dš*), 406-407, 411; II, 16; Զ *z*, II, 12-13, 276; Ց *s*, II, 12-13, 62-63; Շ *š*, 417, note 1; Լ *l*, 61, 415; II, 362; Ր *r*, II, 362; Կ *k* initial, 403, note 1.

y = grec ζ, 54-55, 194, 238; ι, 55; ε, 240; *y* = en grec esprit rude, 56; *y* assimilé en grec à la consonne précédente, 55.

र् *r*, remplace *s* en sanscrit devant les consonnes molles, 109.

r = arménien Ղ *ġ*, 398-399.

व् *v* = grec F, υ, ϙ, 56; *v* assimilé en grec à la consonne précédente, 56-57; *v* perdu en grec entre deux voyelles, 57; *v* = grec β, 57.

v durci en gutturale en latin, en anglo-saxon, en vieux haut-allemand, 57-58.

v = arménien Ք *ḳ*, 224.

श् *ś*, altération d'un ancien *k*, 61-

62; d'un ancien *s*, 63; *ś* euphonique inséré en sanscrit à la fin d'un mot, 195.

ś = zend *ś*, 101-102.

ś = vieux slave *s*, 62, 178-179; *ṣ*, 181-182; *k*, 63.

ś = lithuanien *k*, 63; *š* (écrit *sz*), 62, 179; *s*, 179; *z*, 181.

ś = grec x, 61-62; latin *c*, gallois *h*, armoricain *k*, irlandais *gh*, *ch*, gothique *h*, 62.

śv = zend *śp*, 102; arménien *sk*, II, 36, note 1; gothique *hv*, 133-134.

श *ś*; en sanscrit, *ś* né de *s*, 63; de *kś*, 64; changé à la fin des racines et des thèmes en *k*, *g*, ou en *ṭ*, *ḍ*, 64.

ṣ = zend *s*, 102-103; *š*, 104; *ṣṭ* = zend *št*, *st*, 90.

ṣ = vieux slave *š*, 180-181; x *ch*, lithuanien *k*, 172-173.

ष *s*; *s* euphonique ajouté en sanscrit à la fin d'un mot : 1° devant un *k*, 195; 2° après un *n*, 195; *s* final en sanscrit pour *t* final, 207-208; *s* changé en *t* en sanscrit, 208-209; *s* final transformé en sanscrit en visarga (: *ḥ*), *ś*, *ṣ*, *r*, *u*, 64; *s* devenu *ṣ* en sanscrit, 63.

s = zend *h*, 105; *š*, 109; *ś*, 102; *st* = zend *št*, 90; *ṣṭ* = zend *st*, 90; *sy* = zend *q̇y*, 87; *sv* = zend *hv*, *q̇*, 86-87; *sva* = zend *ṇuha*, 112.

s = arménien ₽ *q̇*, II, 19-20, 35-36; *sv* = arménien ₽ *q̇*, 404, n° 36; II, 36, note 1, 293.

s = vieux slave et lithuanien *s*, 179; vieux slave *š*, 180-181; vieux slave *ṣ*, lithuanien *z*, 181; vieux slave x *ch*, lithuanien *k*, 172-173.

s = grec *v* final, prâcrit *ṅ*, 197; = grec esprit rude, II, 297-298.

s = latin *r* final et *r* entre deux voyelles, 65.

s = gothique *s*, *ṣ*, 143, 144, 145.

ह *h*; nature du *h* sanscrit, 65-66; *h* sanscrit permute avec *ġ*, 65; *h* sanscrit, débris d'une lettre aspirée autre que le *ġ*, 66; II, 12-13; comment *h* sanscrit se comporte à la fin des mots et à l'intérieur devant les consonnes fortes, 66. Voy. aussi *Loi de substitution*.

h = zend *s*, 108; *ġ*, *d* = vieux perse et nouveau perse *d*, 352, note 2.

h = arménien ծ ζ (*ds*), ճ *z* (*dz*), 402, n° 14; 403, n° 17; *ṣ*, II, 123, note 2.

h = vieux slave *ṣ*, *š*, lithuanien *z*, 154-155.

h = grec χ, parfois x, 65-66; Θ, 66; cf. II, 12.

h = latin *h*, *g*, parfois *c*, 65-66; *gu* (*gv*), 134; *f*, 42.

h = germanique *g*, gothique *g*, parfois gothique *h*, 65-66.

II. — SYSTÈME PHONIQUE DU VIEUX PERSE.

au n'était pas prononcé comme *ô*, 30.
iy, av, aiy, auv final, au lieu de *i, u, ai, au*, 30.
i représentant d'une sifflante, IV, 378, note 4.

hy final au lieu de *hiy*, 30.
t final supprimé après *a* et *â*, 140.
Dentales et sifflantes finales supprimées après *a* et *â*; mais après les autres voyelles, *s* reste et *t* se change en *s*, 207.

III. — SYSTÈME PHONIQUE DU ZEND.

ᴀ *a* = sanscrit *a*, 80; *a*, insertion euphonique entre deux consonnes, 362.

ᴀṅ *aṅ*, 111.

aê, se prononce *ai*; écrit *ai* dans la grammaire, il est écrit *ai* dans cette table, pour qu'il soit distinct de ᴀ *ai*, 84, 99, note 2; *ai* = sanscrit *ê*, 84.

ao, se prononce *au*; écrit *au* dans la grammaire, il est écrit *au* dans cette table, pour qu'il soit distinct de ᴀ *au*, 82; *au* = sanscrit *ô*, 82.

ᴀ *â* = sanscrit *â*, 79.

âu, âo = sanscrit *âu*, 83; *âo, âoṇh, âoś* = sanscrit *âs*, 107.

ɛ *ĕ* = sanscrit *a*, 79, 112; *ĕ*, addition euphonique à la fin d'un mot après *r*, 44, 79, 97; insertion euphonique entre deux consonnes, 79, 92-93, 97.

e; voy. pour ce son, 80; *e* né de *ay*, 80; *e* = sanscrit *â*, 80;

e = sanscrit *ô*, 81; *eê* = sanscrit *ayê*, 80, 85.

eu (= sanscrit *ô*), 80.

i, î; son influence euphonique sur la syllabe précédente, 93; *îm* né de *yam*, 96; *îm* au lieu de *im*, 113.

u, û; son influence euphonique sur la syllabe précédente, 99; *ûm* né de *vam*, 96; *ûm* au lieu de *um*, 113.

ê = sanscrit *ê*, 83; *ê, yê*, au lieu de *yâ, â*, 177; influence euphonique de *ê* sur la syllabe précédente, 94.

o, ne paraît jamais que précédé d'un *a*, 82; cf. ci-dessus *ao, au*.

ô = sanscrit *as* (*ô*) à la fin d'un mot, 82, 117; *ô* euphonique (après *v, b*) au lieu de *a*, 83; *ô*, insertion euphonique entre deux consonnes, 362.

ôi, 83; III, 349.

k, permute avec *k*, 85.

ֆ *k̃* = sanscrit *k̃*, *k*, 85 ; permute avec ֊ *q́*, 86 ; = sanscrit *y*, 410.

֊ *q́* = sanscrit *sv*, 86.
q́y = sanscrit *sy*, 87.

ԧ *g* = sanscrit *g*, *ǵ*, 87.

֊ *ǵ*, 87.

֊ *ć* = sanscrit *ć*, *y*, 410.

֊ *ǵ* = sanscrit *g*, *ǵ*, 88.

֊ *d*, permute avec ֊ *d'*, 91.
d = sanscrit *d'*, 90.

֊ *d'* = sanscrit *d'*, 90 ; = sanscrit *d*, 91.

֊ *ḍ*, au lieu de *t* en certains cas, parfois au lieu de *d*, 90.

֊ *n* ; en quoi ces deux *n* diffèrent l'un de l'autre, 110 ; II, 32, note 1 ; aspiration produite par ֊ *n*, 99 ; ֊ *n* euphonique dans la déclinaison, II, 76, 77.

֊ *ṇ* ; en quoi ces deux *ṇ* diffèrent l'un de l'autre, 111.

֊ *ṇ*, inséré devant *hr*, 105 ; devant *ha*, *hâ*, *hê*, *hô*, *hâo*, après *a*, *â*, *âo*, 106, 107 ; *ṇuha*, (*a*)*ṇuha*=sanscrit (*a*)*sva*, 112.

֊ *p*, permutant avec ֊ *f*, 92.

֊ *b*, change *a* en *ô*, 83.

֊ *m*, au lieu de *b*, 83 ; aspiration produite par ֊ *m*.

֊ *y*, sa puissance d'assimilation, 93 ; son influence euphonique sur l'*a*, l'*â*, qui le suit, 95, 177 ; sa puissance d'aspiration, 99 ; *y*, insertion euphonique, 96.

֊ *r* ; final, il exige l'addition de *ĕ*, 44, 79, 97 ; puissance d'aspiration de l'*r*, 99 ; *r* permutant avec *hr*, 101.

l manque au zend, 97.

֊ *v*, et ֊ *w*, 97 ; influence euphonique du *v* sur la syllabe précédente, 98-99 ; *v* change *a* en *ô*, 83, 362 ; II, 192 ; prononciation du *w*, 98 ; sa puissance d'aspiration, 99.

֊ *ś* = sanscrit *ś*, *s*, 101-102 ; = sanscrit *ć*, 102 ; *śk* = sanscrit *ć*, 89 ; *śp* = sanscrit *śv*, 102.

֊ *š* = sanscrit *kš*, *š*, 104.

֊ *s* = sanscrit *ś*, 102-103.

֊ *ṣ* ; sur la transcription, 108.

s = sanscrit *y*, *h*, *g*, *ǵ*, 88, 108, 154.

֊ *š*, sa prononciation, 109.

š = sanscrit *y*, *ǵ*, *s*, 109-110 ; 88, 108, 154, 417, note 1.

֊ *h* = sanscrit *s*, 105 ; = *ǵ*, 105 ; *h* inséré devant *r*, 101.

IV. — SYSTÈME PHONIQUE DE L'ARMÉNIEN.

֊ *b*
֊ *d* { prononciation primitive, 402 ; prononciation actuelle, 402, note 1.

֊ *c*, prononciation actuelle, 402, note 2 ; = sanscrit *a*, 399-400 ; = sanscrit *u*, II, 293.

֊ *ê* = sanscrit *â*, 391-392 ; = sanscrit *ê*, 394.

TABLE ANALYTIQUE.

ᵳ *ġ,* prononciation primitive, 402; prononciation actuelle, 402, note 1.

ᘯ *ġ,* né de *r,* 398; = *l,* 398, note 2.

ᗗ *ġ* = sanscrit *y,* 406-407, 411; II, 16; euphonique au lieu de *g ż,* 406-407.

ᕊ *k,* prononciation primitive, 403; prononciation actuelle, 402, note 1; *k,* durcissement de *v,* II, 36, note 1.

ᔕ *h* initial = sanscrit *p,* II, 37, note 1, 237; IV, 380, note 7, 404, note 3.

ᒍ *h* initial = sanscrit *y,* 403, note 1.

ᒪ *l* = sanscrit *y,* 415, note 3; II, 362, note 3.

ᓇ *o,* ᓀ *u* = sanscrit *a,* 399, 403, note 2; ᖺ *ui* = sanscrit *u,* II, 36, note 1.

ᖷ *p,* prononciation, 402, note 1.

ᕈ *q́* = sanscrit *s,* II, 19-20, 36; = sanscrit *sv,* 404, n° 36; II, 36, note 1, 293; *q́,* durcissement de *v,* II, 224.

ᑉ *r* = sanscrit *y,* II, 362.

ᐅ *s;* ᖴ *sk* = sanscrit *śv,* II, 293.

ᘁ *ṣ* = sanscrit *y,* II, 12, 13, 62-63; = sanscrit *h, ġ,* III, 123, note 2.

ᖰ *ṣ́* = sanscrit *y,* 417, note 1.

ᒼ *t,* prononciation, 402, note 1.

ᓚ *u,* ᖺ *ui,* voy. ᓇ *o.*

ᒎ *ż* = sanscrit *y,* 405; II, 15, 16, 17.

ᖬ *z* = sanscrit *y,* II, 11, 12, 13, 274-275; = sanscrit *ġ,* 402, note 3; = sanscrit *h,* 403, note; II, 12, 13.

ᕯ *ζ* = sanscrit *ġ,* 402, note 3; III, 465; = sanscrit *h,* 402, n. 3.

V. — SYSTÈME PHONIQUE DU GREC.

' esprit rude = sanscrit *s,* II, 297; III, 89, note 1; = sanscrit *y,* 56; esprit rude inorganique, III, 89, note 1.

α, ā = sanscrit *a, â,* 31, 32; = sanscrit *ê,* 33; α affaibli en *o* (Μουσοφίλης), 162; αι = sanscrit *ê,* voir ci-dessus (page 2), *Alphabet sanscrit,* à *ê;* αυ = sanscrit *ô,* 32-33; = sanscrit *âu,* 33.

β = sanscrit *b,* 52; = sanscrit *v,* 57, note 2; = sanscrit *g, ġ,* 212, note 2; β, insertion euphonique entre μ et ρ ou λ, 187; βρ = sanscrit *mr,* 112.

γ tombe devant ζ (= sanscrit *y,* caractéristique de classe), 54, 238.

γμ né de *κμ, χμ,* 199-200.

Ϝ (digamma), 56-57.

δ tombe devant ζ (= sanscrit *y,* caractéristique de classe), 54, 238; δ, τ, θ tombent devant σ, 199-200; δ, insertion euphonique entre ν et ρ, 196; δ devient σ devant τ, μ, 199-200.

ε = sanscrit *a,* 31; = sanscrit *ê,* 33; ε, vocalisation de *j* = sanscrit

PHONÉTIQUE.

y, 240; ει = sanscrit *ê*, voir ci-dessus (p. 2), *Système phonique du sanscrit*, à *ê*; ευ = sanscrit *ô* (né de *au*), 33.

ζ = presque toujours sanscrit *y*, 53-54, 193-194, 238-239; mis parfois pour σδ, 54, note 3.

η = sanscrit *â*, 32.

ϑ = sanscrit *d'*, 45, 46, 50; = sanscrit *ḥ*, 66; = parfois sanscrit *ǵ*, 47; = en certains cas sanscrit *t́*, 45-46; tombe devant σ, voir plus haut (p. 8), à δ; devient σ devant τ, μ, 199-200; ϑ, né de τ, après σ, 46, 157.

ι = sanscrit *a*, 31, 37, 441; = sanscrit *y*, 55; ι, vocalisation de *v*, 329-330.

κ = sanscrit *ś*, 61-62; = sanscrit *ḥ* en certains cas, 66; κτ = sanscrit *kś*, 50-51.

λλ, né de λj, 240; ll, 193.

μμ, né de βμ, ϖμ, φμ, 199-200; μϐρ, né de μρ, 196.

ν final, né fréquemment de *s* final, 197; III, 22; *ν* final = fréquemment *m* sanscrit, 52-53; changements euphoniques du *ν* à la fin d'un mot, 197; *ν* supprimé à la fin des thèmes, 302, note 2; *ν* vocalisé en υ, 286-287; vocalisé en ι, 329.

ξ = sanscrit *kś*, 63; ξ né de γσ, κσ, χσ, 199-200.

o = sanscrit *a*, 31; = sanscrit *ô*, 33; *o* médial, affaiblissement de *a*, 162.

οι = sanscrit *ê*, voir plus haut (p. 2), *Alphabet sanscrit*, à *ê*.

ου = sanscrit *ô*, 33; est pour υ en dialecte béotien, 39.

ϖ = sanscrit *ć*, 48; ϖτ né de βτ, φτ, 199-200.

ρ au lieu de σ, dans certains dialectes, 64-65, 196-197; ρρ, sans raison étymologique au lieu de ρ, 360; ρρ né de ρj, par assimilation, 193-194.

σ final, né de τ, 206; euphonique devant τ, ϑ, μ, 196; σκ, σχ = sanscrit *ć*, 48-49; σσ au lieu de σ, sans raison étymologique, 360; σσ né, par assimilation régressive, de γj, κj, τj, 238; de τj, ϑj, χj, 192-193; pour σ, voir aussi ν, ρ.

τ, voir δ, σ; τ = sanscrit *ć*, 48.

υ = sanscrit *u*, *û*, 39-40; = sanscrit *v*, 56; = sanscrit *a*, 31, 39-40.

φ = sanscrit *b*, 52, 53; = sanscrit *v*, 56, 57.

χ = sanscrit *ǵ*, 47; = sanscrit *ḥ*, 65-66; = parfois sanscrit *k*, 47; χθ = sanscrit *kś*, 50-51.

ψ = βσ, ϖσ, φσ, 199-200.

ω = sanscrit *â*, 32; ω pour ου dans certaines formes dialectales, 166, note 1.

VI. — SYSTÈME PHONIQUE DU LATIN.

ă, ā = sanscrit â, 32. Manières d'être de a en composition : 1° il se maintient, 36, 132 ; 2° il devient i, e, 36 ; 3° il devient u, 38. Voir aussi la seconde partie de la table des matières à l'article *Poids de la voyelle*.

ae, ai = sanscrit ê (né de ai), 296, remarque ; ae affaibli en i en composition, 40.

b = sanscrit ḃ, 52 ; = sanscrit g, 284.

c = parfois sanscrit ḥ, 66 ; fréquemment sanscrit ś, 61, 62, 63 ; c durcissement de v, 57 ; ct pour gs, gt, hs, ht, 200-201.

d supprimé devant s, 201.

ĕ = sanscrit a, 31 ; ĕ, affaiblissement de a, 36 ; ĕ au lieu de i devant r, 131.

ĕ au lieu de i final, III, 374, note 3.

ĕ devient i en composition, 41 ; il reste pourtant devant h, r, 131-132.

ê = sanscrit â, ê, 33-34. L'ê de la 5ᵉ déclinaison est né de â sous l'influence de l'i précédent, 176-177.

f = sanscrit d', 45-50 ; = sanscrit ḃ, 52 ; = sanscrit ḥ, IV, 42.

g = sanscrit ḥ, 65-66 ; gu (gv) = sanscrit ḥ, ḱ, 134.

h = sanscrit ḥ, 65-66 ; h empêche l'a ou l'e qui le précède de s'affaiblir en e ou en i, 132.

i, affaiblissement de a, 36 ; de ĕ, 41 ; de u, 40.

i n'aime pas à se trouver devant r, 131 ; i final devenu ĕ, III, 374, note 3.

î = sanscrit ê, 284 ; î affaiblissement de ae (ai), 40.

l né de d, 51 ; l final au lieu de ls, 203 ; lt reste ou devient ls, 203.

nt reste ou devient ns, 203.

ns au lieu de nss, nds, 203.

ŏ = sanscrit a, 31-32 ; ô = sanscrit â, 32 ; ô, affaiblissement de au, 40 ; oe (oi), altération de ai, 34-35.

p, insertion euphonique entre m et t ou s, 196 ; ps, pt, au lieu de bs, bt, 200.

qu = sanscrit k, ć, p, 134.

r né de d (*meridies*), 51 ; r au lieu de s, entre deux voyelles et à la fin d'un mot, 64-65 ; r aime mieux devant soi un e qu'un i, 131 ; rs au lieu de rt, 203 ; rr né de rs, 203 ; rt reste ou devient rs, st, 203.

s, voir r ; s euphonique entre n et t, 195 ; s euphonique ajouté à ab, ob, 195-196 ; s au lieu de dt, 201 ; ss né de ds, ts, 201 ; ss né de bs, ms, rs, 201 ; ss né de dt, tt, 202 ; st au lieu de rt, rst, 203 ; sc = sanscrit ć, 48.

t tombe devant s, 201 ; = sanscrit t, 45-46.

u = sanscrit *a*, 370; *u* affaiblissement de *a*, 38; *u* affaibli en *i*, 40.

û = sanscrit *ô*, 284; *û* affaiblissement de *au*, 40.

v addition euphonique après certaines gutturales (*qu*, *gu*), 48, 134; *v* = sanscrit *k*, 134; = sanscrit *ǵ*, 135; *v* durci en *c*, 57.

x né de *gs, gt, hs, ht*, 200; de *ct*, 203.

VII. — SYSTÈME PHONIQUE DU LITHUANIEN.

ā, né de *ă* sous l'influence de l'accent, 162; III, 13.

ai = sanscrit *ê* (de *ai*), 169.

bs, bt, reste en lithuanien, 210.

ć, dź, né de *t, d*, suivi d'un *i* accompagné d'une autre voyelle.

d supprimé devant *s*, 209; voir *ć, dź*.

e, né de *ia*, *ē* de *iō*, 176.

ē (*ê*) = sanscrit *â, ê*, 170.

ei = sanscrit *ê* (de *ai*), 170.

gs, gt, reste en lithuanien, 210.

i, vocalisation de *s, t*, 355-356.

ie, né de *ia, ćia, dźia, ćiō, dźiō*, 176.

k = sanscrit *ś*, 62; = sanscrit *s, ś*, 173; III, 328, note 2.

ṅ, voir *Anusvâra*.

ŏ, manque au lithuanien, 162.

ô (*ō*) = sanscrit *â*, 162.

s = sanscrit *s*, 178-179; = sanscrit *ś*, 179; *st*, né de *dt*, 209.

š = sanscrit *ś*, 61, 62, 63, 178-179.

t, tombe devant *s*, 209; voir *ć*.

û (*uo*) = sanscrit *â*, 163; IV, 397, note 7.

z, ź = sanscrit *g, ǵ, h*, 154, 181; III, 434, note 5; *z* = parfois sanscrit *s, ś*, 154.

VIII. — SYSTÈME PHONIQUE DU VIEUX SLAVE.

(Voir, dans la seconde section de la table des matières, les articles *Anusvâra, Consonnes, Loi de substitution*, etc.)

а *a* = sanscrit *a, â*, 162, 163, 164; *a*, la plus pesante des voyelles slaves, 162; *a* affaibli en *o*, 162-163.

ѫ *aṅ*, sa prononciation, 164; sa valeur étymologique, *ibid*.

б, д, *b, d*, supprimé devant *s*, 210.

х *ch*, né d'une sifflante, 172-173; *ch* et *g* permutent avec *ś* et *š*, 173, note 1; II, 141-142, 193, 388.

ч *ć*; pour cette lettre et sa permutation avec *k*, voir 48, 173-174.

d, voir *b*.

є *e* = sanscrit *a*, 162; *e*, né de *o* sous l'influence de *j*, de sorte que *jo* donne soit *je*, soit simplement *e*, 174-175; *e*, altération de *i*, 165.

ѣ *ê* = sanscrit *ê*, 168, ou *â*, 170.

г *g;* pour sa permutation avec *ś*, voir plus haut *ch*.

и *i* = sanscrit *i*, *î*, 165; = sanscrit *ê*, 168-169.

і *ï*, sa prononciation, 165; = sanscrit *i*, 165-166.

j, prosthèse euphonique dans la prononciation habituelle du ѣ (*ê*), 169; son influence euphonique sur l'*o* qui le suit, 175; tombe après les sifflantes, après *c'*, et *z*, 175.

к *k*, permute avec *c'*, 48, et *z*, 174.

ń, voir *ań*, *uń*.

o = sanscrit *a*, 162; = sanscrit *u*, 166-167; plus pesant que *e*, 162; affaibli en *e*, 162; pour *o*, devenu *e* après *j*, voir plus haut, *e;* pour оү *u*, voir à *u*.

с *s* = sanscrit *s*, *ś*, 178; *st*, né de *dt*, 209; *s*, insertion euphonique entre *b* (*p*) et *t*, 210; cf. *ś*.

ш *ś*, affaiblissement de *s*, = sanscrit *s*, *ś*, 180; II, 393-394; pour l'origine des groupes шт *śt*, ждѧ *śd*, voir I, 182-183.

з, ж, ѕ, *ś*, né de gutturales et de palatales, 154-155, 181.

з *s* = parfois sanscrit *s*, *ś*, 181; ж *ś*, au lieu de з *ѕ*, devant *e*, II, 142, note 2; pour ждѧ *śd*, voir ш *ś*.

u, écrit оү; *u*, *ov* = sanscrit *ô*, et doit être regardé comme un gouna de ы *ŭ*, 170-171; оү *u*, ю *ju* = sanscrit *û*, *yû*, 721; ѫ *uń*, sa prononciation et sa valeur étymologique, 164.

ŭ (ъ) = sanscrit *u*, 166; = sanscrit *û*, 167; = sanscrit *a*, *â*, 167.

ы *ŭ*, sa prononciation, 166, note 1; = sansc. *u*, *û*, 166; = *a*, *â*, 168.

ц *z*, altération de *k*, 174.

IX. — SYSTÈME PHONIQUE DU GOTHIQUE ET DE L'ALLEMAND.

(Voir, dans la seconde section, *Loi de substitution*, *Gouna*, *Moyennes*, etc.)

Gothique *a*, *i*, *u* = sanscrit *a*, 114; *a*, est la brève de *ô*, 115-116; *a* devant *s* final devient *i* ou tombe, 114; gothique *a* = vieux haut-allemand *a*, *u*, *o*, 115.

Gothique *ai* = vieux haut-allemand *ei*, 125; = vieux haut-allemand *ê*, 126-127; = vieux haut-allemand *ë*, à la fin d'un mot, 127-128.

Gothique *au* = vieux haut-allemand *ou*, *ô*, 125-126.

Gothique *ai*, *au*, au lieu de *i*, *u*, devant *r*, *h*, 129; les exceptions, 130.

Nouveau haut-allemand *ä*, *e*, adoucissement (*umlaut*) de *a*, 122; *āu idem* de *au*, 123.

Moyen haut-allemand *ae*, adoucissement (*umlaut*) de *a*, 122.

Gothique *b* final devient *f*, 188.

bt, réunion de lettres permise en vieux haut-allemand, moyen haut-allemand, 205.

Moyen haut-allemand *c* final, au lieu de *ck*, 194.

Vieux haut-allemand et moyen haut-allemand *ct*, né de *gt*, 205.

Gothique *d* final devient fréquemment *th*, 191.

Gothique *d*, *t*, *th*, vieux haut-allemand, moyen haut-allemand, *d*, *t*, *z*, deviennent *s* devant *t*, 205-206; exceptions à cette règle, 204-205.

Moyen haut-allemand *d*, né de *dt*, 205; *d* final devient *t*, chez Isidore, 189; voy. *Moyennes*.

Vieux haut-allemand *dh*, *gh*, 161.

Gothique *ê* = sanscrit *â*, vieux frison *ê*, vieux haut-allemand *â*, 117; vieux haut-allemand, *ê*, parfois pour *â*, 117.

Vieux haut-allemand, moyen haut-allemand et nouveau haut-allemand *e*, adoucissement (*umlaut*) de *a*, 121, 122, 123.

Moyen haut-allemand *e*, remplace toutes les voyelles à la fin des mots polysyllabiques, 128.

Gothique *ei*, doit être prononcé comme *î*, 118, 119, 120.

Gothique *ei* = sanscrit *ê* (de *ai*), 119; = sanscrit *î*, 118.

Gothique *ei*, né de *ji*, 119.

Gothique *ei*, c'est-à-dire *î* = nouveau haut-allemand *ei*, 119-120.

Vieux haut-allemand et moyen haut-allemand *ei* = nouveau haut-allemand *i*, *ie*, 120.

Gothique *f* = sanscrit *c*, II, 233, remarque.

f, *v*, différence qui existe entre eux, en vieux haut-allemand et en nouveau haut-allemand, 141.

f, euphonique du gothique et du haut-allemand, entre *m* et *t*, 196.

Gothique et haut-allemand *ft*, né de *bt*, *pt*, 205.

---

g = *n* guttural (sanscrit ङ *ñ*), dans l'alphabet d'Ulphilas, 153.

g final, devient parfois *h* en gothique, 189.

g final, devient *c* chez Isidore, 189; voy. *Moyennes*.

gh du vieux haut-allemand, 161.

---

h, sa prononciation en gothique, 135.

h, son influence euphonique sur l'*i* ou l'*u* qui le précède, 129, 130, 131.

Sur vieux haut-allemand *h*, *hh*, *ch*, moyen haut-allemand *h*, *ch*, 135-136.

Vieux haut-allemand *h* = nouveau haut-allemand *ch*, 135-136.

Gothique et haut-allemand *ht*, né de *gt*, *kt*, 205.

Gothique *hv* = sanscrit *k*, *śv*, 133 et suiv.

Gothique *i* = sanscrit *a*, 114; *i* final tombe en germanique, 120.

Gothique *i* final, né de *ja*, 121.

Gothique *i* = vieux haut-allemand, moyen haut-allemand *ē*, nouveau haut-allemand *e*, 121.

i, *î*, *j* et *e* (né de *i*) ont en haut-allemand une puissance d'assimilation qui produit l'adoucissement (*umlaut*), de *a* en *e*, 121, 122, 123.

Gothique *iu*, vieux haut-allemand, moyen haut-allemand *iu*, nouveau haut-allemand *ie*, *ū*, *eu*, 132-133.

Moyen haut-allemand *iu*, adoucissement (*umlaut*) de *û*, 122.

---

k, *c*, en vieux haut-allemand, moyen haut-allemand, 136.

Haut-allemand *l* final, au lieu de *ll*, 194.

---

m, ce qu'il devient en gothique, lorsqu'il est final, 53.

Haut-allemand *m* final, au lieu de *mm*, 194.

m gothique vocalisé en *n*, 286.

---

n, addition inorganique à la fin des mots dans les langues germaniques, 118.

Haut-allemand *n* final, au lieu de *nn*, 194.

n euphonique dans la déclinaison, dans les langues germaniques, 308; II, 76.

Gothique *ô* = sanscrit *â*, 115; gothique *ô*, longue de *a*, 116; gothique *ô*, né de *a* + *a* ou de *a* + *ô*, 116.

Gothique *ô* = vieux haut-allemand *ô*, *uo*, *ua*, *oa*, moyen haut-allemand *uo*, nouveau haut-allemand *û*, 116, 163-164.

Gothique *ô* final = vieux haut-allemand *â*, *û*, 116.

Vieux haut-allemand et moyen haut-allemand *ou* = nouveau haut-allemand *au*, 125-126.

Moyen haut-allemand *ö*, *œ*, *öu*, adoucissement (*umlaut*) de *o*, *ô*, *ou*, 122.

Nouveau haut-allemand *ö*, adoucissement (*umlaut*) de *o*, 122-123.

Vieux haut-allemand *ph*, moyen haut-allemand *pf*, 141-142.

Gothique *qv* = sanscrit *g*, *ǵ*, 135; haut-allemand *qu*, 135.

Vieux haut-allemand *quh*, *qhv*, *chu*, 138; vieux haut-allemand *qu*, au lieu de *zu*, *zw*, 138; II, 218.

Haut-allemand *r*, au lieu de *s*, 65, 145.

r final, au lieu de *rr*, 194; influence euphonique de *r* gothique sur *i*, *u*, 129, 130, 131.

---

s, gothique *ss*, né de *tt*, vieux haut-allemand *ss*, *s*, né de *tt*, 204.

s euphonique en gothique et en haut-allemand entre *n* et *t*, 195.

s final gothique, manque à beaucoup de désinences grammaticales du vieux haut-allemand, 186-187.

Nouveau haut-allemand *sch*, né de *sk*, 157, note 1; nouveau haut-allemand *sch*, né de *s*, sous l'influence euphonique des consonnes suivantes, 100.

Gothique ﬆ (ordinairement *z*), né de *s*, 143, 144, 145.

Gothique *t*, haut-allemand *z*, 139.

Vieux haut-allemand et moyen haut-allemand *t*, au lieu de *tt*, *dt*, 205; haut-allemand *t* final, au lieu de *tt*, 194.

t, devenu *s* devant *t* en gothique et en haut-allemand; voir plus haut (p. 13) à *d*; *th*, devenu *s* en gothique; voir *ibid*.

Sur le *th* du vieux haut-allemand, 159; du nouveau haut-allemand, 139, note 1.

u bref, *u* long, en gothique, 123.

Gothique *u* = haut-allemand *u*, *o*, 125, 312, remarque 2.

Gothique *u*, vocalisation de *m*, 287.

Gothique *û* = nouveau haut-allemand *au*, 120, 124-125.

Gothique *u* (*û*), au lieu de *iu*, 233, note 3.

Vieux haut-allemand *uu* = *w*, 142-143.

Moyen haut-allemand *ü*, *ue*, adoucissement (*umlaut*) de *u*, *uo*, 122.

Nouveau haut-allemand *ü*, adoucissement (*umlaut*) de *u*, 122-123.

Gothique *v*, vieux haut-allemand *w*, né de *hw*, *gw*, 133, 134, 135.

v, addition euphonique après les gutturales dans les langues germaniques, 133-134.

Moyen haut-allemand *vv* = *w*, 142.

Gothique *z*, écrit ﬆ dans la *Grammaire*, voir ci-dessus à ﬆ.

Haut-allemand *z*, employé comme l'aspirée de *t*, 139.

Haut-allemand *z* final, au lieu de *tz*, 194.

Haut-allemand *z*, devenu *s* devant *t*; voir plus haut (p. 13) à *d*.

Vieux haut-allemand *zf*, *zff*, *tz*, 139; deux sortes de *z* en moyen haut-allemand, 139.

DEUXIÈME SECTION.

FLEXION.

ABLATIF. Ablatif singulier, 380-411; tableau comparatif, 394-395. Sanscrit : caractéristique de l'ablatif singulier *t*; sa provenance, 380-381. Dans la plupart des thèmes, cette caractéristique a le même son que celle du génitif (*s*), mais elle n'est pas la même chose, 208. Vieux perse · ablatif en *â*, 386. Formation de l'ablatif en zend (par *d̮, ad̮, âd̮*), 381-382, (par *ôid̮*, dans les thèmes en *i*), 381-382; III, 349, note 3. [L'ablatif du zend signalé pour la première fois dans les *Jahrbüch. für wissensch. Krit.* 1831, p. 381, dans la *Grammat. crit.* 1832, p. 324 et suiv.] L'ablatif remplacé parfois en zend par le génitif, 382-383. Sur l'ablatif singulier de l'arménien, 390 et suiv., II, 88, note 1 et note 5; ablatif en *nê, n,* des pronoms arméniens, 391, note 3; sur la préposition *i, h,* devant l'ablatif arménien, 392, note 2. Ablatif ossète en *ei*, 148, 390. Ablatif du latin, particulièrement du latin archaïque en *d, ed, id,* 383; à l'ablatif aussi appartiennent les adverbes en *ô,* voir l'article *Adverbes*, au n° 2. Ablatif des substantifs et des adjectifs en osque, 383-384. Ce qui reste de l'ablatif en vieux slave, 389-390. Ablatif pluriel, voir *Datif.* Ablatif duel, voir *Instrumental.*

ACCENT (frappé, aiguisé), du lithuanien, voir *Accentuation.*

ACCENTUATION[1]. 1° les accents en sanscrit, 212 et suiv.; principe de l'accentuation en sanscrit, 220, remarque 2; sur l'*udâtta* (aigu), 212; son changement en *svarita,* 215-216; sur le *svarita* (grave), 212; son emploi, 213-216; son changement en *udâtta,* 214-215; prononciation des syllabes marquées du *svarita,* 217; *svarita* employé pour indiquer un accent secondaire, 217, note 1; le *svarita* comparé au circonflexe grec, 217, remarque 1; sur les expressions *anudâttatara, sannatatara,* 217.

---

[1] Changement de voyelle résultant d'un déplacement de l'accent, III, XLIV-XLVI.

2° grec, principe de l'accentuation en grec, 220, remarque 2; sur le circonflexe, 104, remarque 1.

3° lette, son accent *frappé* et son accent *aiguisé*, 219.

4° allemand, son accent secondaire, 217, note 1.

ACCUSATIF au point de vue étymologique et au point de vue syntactique.

I. Au point de vue étymologique.

A. Tableau comparatif de l'accusatif singulier, 356-357. La caractéristique de ce cas est *m* (sanscrit, zend, latin = grec *ν*, borussien *n*, lithuanien *n*, vieux slave sans signe casuel ou *u-n*, gothique sans signe casuel ou *na* [dans les pronoms et dans les adjectifs forts], ce dernier = vieux haut-allemand *n*), 345-347. Origine de la caractéristique de l'accusatif *m*, 354-355.

a. Sanscrit. Accusatif en *am* des thèmes terminés par une consonne, 347-348; accusatif en *iyam, uvam, âvam,* des thèmes monosyllabiques en *î, û, âu,* 348-349; accusatif mahratte en *lâ*, IV, 135, note 3.

b. Zend. Accusatif en *ĕm* (= sanscrit *am*) des thèmes terminés par une consonne, 347-348; accusatif en *îm, ûm,* des thèmes en *ya, va,* 347. Accusatif persan en *râ*, IV, 135, note 1. L'arménien place

s devant l'accusatif singulier et l'accusatif pluriel, II, 62 et suiv.

c. Grec. Accusatif en α des thèmes terminés par une consonne, 347-348; en έα des mots en ευ-ς (βασιλέα), au lieu de ευ-ν (βασιλευ-ν), 348.

d. Latin. Accusatif en *ĕm* (= sanscrit *am*) des thèmes terminés par une consonne (3ᵉ déclinaison), 347-348; accusatif en *ĕm* des thèmes en *i* (*ignem*), 348; accusatif en *ĕm* des thèmes en *û*, qui suivent la 3ᵉ déclinaison (*gruem, suem*), 349.

e. Vieux slave. Voir le tableau comparatif, 356-357; accusatif en *u-n* des thèmes féminins en *a*, 136; accusatif en *e* (*mater-e*) des thèmes en *er*, II, 135.

f. Gothique Voir le tableau comparatif, 356-357; accusatif en *i*, *u*, des thèmes en *ja*, *va*, 347.

g. Haut-allemand. Voir le tableau comparatif, 356-357; sur l'accusatif en *a-u*, *e-u*, des noms propres masculins en vieux haut-allemand, moyen haut-allemand, nouveau haut-allemand, et de quelques autres substantifs en vieux haut-allemand, 346.

B. Tableau comparatif de l'accusatif pluriel, II, 71-72. Désinence primitive de l'accusatif pluriel masculin-féminin pour toutes les langues *ns*; origine de cette désinence, II, 54-57.

a. Sanscrit. Désinence primitive, II, 54-57; devant la désinence de l'accusatif pluriel, les voyelles brèves deviennent longues, II, 57; accusatif védique en *á-ñ*, dans les thèmes en *a*, II, 68, remarque; ordinairement en *â-n*, II, 54 et suiv.; accusatif védique en *î-ïr* et *û-ïr*, II, 57; ordinairement en *î-n* et *û-n*, dans les thèmes en *i* et en *u*, II, 57; accusatif védique en *y-as* et *v-as* dans les thèmes en *i* et en *u*, II, 66, note 2, 253, note 1; accusatif védique en *r̂-ñs*, *r̂-ñḥ*, *r̂-ïr*, ordinairement en *r̂-n*, dans les thèmes en *ar* (*r*), 68, remarque. Pourtant on trouve aussi *ar-as* (*pitar-as*), *ibid.* Au féminin la désinence est *s* pour les thèmes terminés par une voyelle (*â-s*, *î-s*, *û-s*), II, 57-58, 59-60. Les thèmes terminés par une consonne, et ceux des thèmes terminés par une voyelle qui sont monosyllabiques, ont *as*, II, 59-60.

b. Zend. Accusatif en *añ*, *añs-ća*, dans les thèmes en *a*, II, 67; pour les formes en *añ*, voir aussi II, 68, remarque. Accusatif en *ô*, *aś-ća*, en *y-ô*, *ay-ô*, en *v-ô*, *av-ô*, dans les thèmes terminés par une consonne et dans les thèmes masculins en *i* et en *u*, II, 66; en *î-s*, *û-s*, dans les thèmes féminins en *i*, *u*, II, 66; en *î-s*, dans les thèmes féminins en *i*, II, 67; accusatif en *eus*, *añś*, *ô*, dans les thèmes en *r*, II, 67-68.

c. Arménien. Partout *s*, II, 60-61.

d. Grec. Accusatif crétois en *o-vs* (τόνς), d'où *ovs* (τούς), II, 55 et suiv.; éolien en *ois*, II, 56, et dorien en *ως*, II, 58, au lieu de *ovs*; accusatif éolien en *ais*, au lieu de *ā-s* (féminin), II, 56; sur πρειγευτάνς, II, 55. Dans les thèmes terminés par une consonne et dans les thèmes en ι, υ, ευ, ου, αυ, la désinence est *as* (= sanscrit *as*), II, 59-60, et par là *v-as* correspond au védique *v-as*, II, 253, note 1; sur πόρτις, γενῦς, II, 66, note 1.

e. Latin. Accusatif en *ô-s*, dans la 2ᵉ déclinaison, et en *â-s*, dans la 1ʳᵉ, II, 58; en *û-s* dans la 4ᵉ, et en *ê-s* dans la 5ᵉ; en *ê-s*, dans les thèmes en *i*, et dans ceux qui, terminés par une consonne, ont été élargis par l'addition d'un *i* (*ignês*, *ferentês*), II, 59.

f. Ombrien. Accusatif pluriel en *f* = sanscrit *byas* (datif-ablatif), II, 15; IV, 206, note 1.

g. Borussien, lithuanien. Accusatif borussien en *a-ns*, et lithuanien en *ns*, dans les thèmes masculins en *a*, II, 55, 58; accusatif lithuanien en *i-s*, *u-s*, dans les thèmes en *i*, *u*, II, 58; accusatif borussien en *a-ns*, II, 55, note 2; et lithuanien en *a-s*, dans les thèmes féminins en *a*, II, 58.

h. Vieux slave. L'accus. pluriel des thèmes masculins et des thèmes féminins a généralement perdu sa terminaison ; ce cas finit par *ü* dans les thèmes en *o* et en *a*, par *i* dans les thèmes en *i*, II, 146-147 ; par *ov-ü* (thème élargi en *ov-o*) dans les thèmes en *ŭ*, et par *i* (thème élargi en *i*) dans les thèmes en *n* et en *r*, II, 147 ; accusatif en *jañ* dans les thèmes masculins en *jo*, II, 157 ; en *jañ*, dans les thèmes féminins en *ja*, et en *śañ* (de *chjañ*), dans les thèmes en *śa* (de *chja*), II, 141-142.

i. Gothique. Désinence *ns*, dans les formes comme *vulfa-ns*, *gasti-ns*, *sunu-ns*, II, 54-55 ; comme *ansti-ns*, *handu-ns*, II, 56. Désinence *s*, dans les formes comme *gibô-s* (où *ô-s* = sanscrit *â-s*), II, 56, 58, et dans les formes comme *fijand-s*, *ahman-s*, II, 60 ; sur les formes comme *fadru-ns*, II, 68, remarque.

C. Accusatif duel, voir *Nominatif duel*.

II. Accusatif au point de vue syntactique ; accusatif employé en sanscrit pour exprimer la cause ou le but, IV, 125 ; accusatif gouverné par des substantifs abstraits, voir *Substantifs abstraits* ; accusatif de substantifs abstraits remplaçant l'infinitif, voir *Infinitif* ; accusatif de l'infinitif, avec celui d'une personne en latin, en grec, en allemand, IV, 123, 196-202 ; accusatif au lieu du thème dans les mots composés, voir *Composés* au n° 4.

Achéménides, leur langue, voir *Vieux perse*.

Adjectifs. Sur l'adjectif en général, III, vi. Adjectifs, II, 152 et suiv. ; leur déclinaison ne diffère pas de celle des substantifs, II, 152 ; III, vi.

1° Déclinaison forte et déclinaison faible des adjectifs germaniques, II, 153-155, 163-166 ; III, xi. La déclinaison forte des adjectifs germaniques dans les thèmes en *a*, II, 166 et suiv. ; dans les thèmes en *u* (*manvus*), II, 169 et suiv. Il n'y a pas d'adjectif à thème en *i* dans les langues germaniques, II, 171, note 2.

2° Déclinaison déterminée et déclinaison indéterminée des adjectifs du vieux slave, II, 153-154 ; III, x-xi ; exemples et remarques, II, 159-162 ; au point de vue du nouveau slave, et particulièrement du russe, II, 165. Les adjectifs sanscrits à thème en *n* sont entrés dans la déclinaison en *o* dans le vieux slave.

3° Déclinaison déterminée et déclinaison indéterminée des adjectifs lithuaniens, II, 153, 155 ; III, x-xi ; exemples et remarques, II, 156-158.

4° Faits divers : adjectifs sanscrits à thèmes en *n*, II, 170 ; adjectifs composés grecs qui gardent au féminin l'*o* du masculin neutre, IV, 256, 350; adjectifs verbaux grecs en *vos*, III, 453, en τος, IV, 71-74; adjectifs gothiques en *leiks*, nouveau haut-allemand en *lich*, II, 403-404; IV, 360; adjectifs féminins employés comme noms abstraits en grec, en latin, en allemand, IV, 313.

ADJECTIFS PRONOMINAUX, voir *Pronoms*.

ADVERBES, IV, XXVII-XXX.

1° Adverbes pronominaux, II, 407 et suiv.; voir en outre la table des mots et les suffixes sanscrits *krtvas*, *tas*, *ti*, *tra*, *ta*, *tam*, *dâ*, *dânîm*, *dî*, *das*, *d'â*, *d'i*, *pa*, *pi*, *bi*, *va*, *vat*, *ri*, *śas*, *ha*, *hi*; vieux perse *dâ*; zend *ta*, *d'â*, *tra*; arménien -*d*, *pa*, -*t*, -*ust*; grec δη, θα, θε, θεν, θι, κις, μος, νικα, τι, σε, τε, χα, χη; latin -*b*, *de*, *iens*, *ndo* (*quando*), *tem*, *ta*, *tra*, *tus*; lithuanien *d*, *da*, *dai*, *kartas*, *p*, *pi*, *po*; vieux slave *da*, *de*, *dŭ*, *du*, *gda*, *kratŭ*, *tŭ*; gothique *aba*, *ba*, *bai*, *d*, *dar*, *drô*, *f*, *tra*, *th*, *thar*, *thrô*; vieux haut-allemand *dar*, *dir*, *tar*; nouveau haut-allemand *der*, *ter*.

2° Adverbes revêtus d'une flexion casuelle qui est : *a*, l'accusatif neutre de l'adjectif (sanscrit, latin, slave, gothique, grec), IV, 374; *b*, l'instrumental singulier, IV, 375; *c*, l'instrumental pluriel (sanscrit, lithuanien), IV, 375; *d*, le datif singulier (sanscrit), et le datif pluriel (vieux haut-allemand, anglo-saxon, vieux norrois), IV, 375; *e*, l'ablatif singulier (sanscrit = adverbe gothique et latin en *ô*, I, 384-388; IV, 375-376; (= adverbe grec en ως, ω), I, 384-386; IV, 376 (pour les adverbes latins en *ô*, voir aussi I, 438); *f*, le génitif singulier (sanscrit, grec, gothique), IV, 376-377 (vieux haut-allemand), IV, 377, note 1; *g*, par le locatif singulier (sanscrit), IV, 377 (= adverbes latins comme *nové*, *bené*), IV, 147, note 3, 377; cf. I, 438, 440, note 2.

3° Faits divers : voir ci-dessus n° 2, pour les adverbes latins en *ô*; n° 2 pour ceux en *ê*, *ĕ*; adverbes latins en *tim*, *sim* (*cursim*), IV, 113-115 [expliqués pour la première fois dans l'ouvrage intitulé: *Einfluss der Pronomina* (1832), p. 23]; adverbes gothiques en *ô*, voir ci-dessus n° 2; adverbes gothiques en *ôs* (*sniumundôs*), II. 198; l'adverbe dans les composés possessifs, IV, 357.

4° Degrés de comparaison des adverbes; adverbe au comparatif sanscrit en *yas*, II, 206; gothique en *is*, -*s* (= sanscrit *yas*), II, 195-196, 206; lithuanien en *iaus*, II, 206; borussien en *a-is*, -*s*, II, 206; adverbe au superlatif lithuanien en *iausei*, II, 206; superlatif de l'adverbe en vieux haut-allemand, IV, 373.

ADVERBES NUMÉRAUX, II, 217-218, 251-253. Pour leurs suffixes voir l'article *Adverbes*, ainsi que la liste des suffixes.

AIGU (*udâtta*) en sanscrit, voir *Accentuation*.

ALLONGEMENT D'UNE VOYELLE. Il remplace le gouna; voir *Gouna*, *Voyelles*.

AMÉNAGEMENT DU LANGAGE, II, XXXV-XXXVI.

ANALOGIE, IV, II, XIV-XV.

ANUDÂTTATARA, voir *Accentuation*, n° 1.

ANUNÂSIKA, du sanscrit, 41; son emploi, 42.

ANUNÂSÎYA, 42.

ANUSVÂRA, du sanscrit. Sa prononciation, 41-42; on le trouve en sanscrit à la fin des mots au lieu de *m*, dans le milieu des mots au lieu de *n*, en prâcrit et en pâli, à la fin des mots, au lieu de *n* aussi, 42. Sur l'anusvâra du lithuanien et du vieux slave, 43. Voir aussi plus haut (p. 11), n°ˢ VII et VIII.

AORISTE.

1° Aoriste ou second prétérit à augment (prétérit multiforme) du sanscrit, III, 176 et suiv. A l'aoriste sanscrit correspond le parfait latin de toutes les conjugaisons, seulement le parfait en *ui*, *vi*, est un temps composé Voir ci-dessous ce qui concerne les différents aoristes; voir aussi ce qui concerne le parfait.

Les quatre premiers aoristes du sanscrit contiennent le verbe substantif (racine *as*), III, 176.

Premier aoriste du sanscrit, III, 176 et suiv.; paradigmes de l'actif et du moyen, III, 178-179.

Deuxième aoriste du sanscrit, III, 187-178; paradigmes de l'actif et du moyen avec rapprochement de l'aoriste 1ᵉʳ grec et du parfait latin en *si*, III, 188.

Troisième aoriste du sanscrit, III, 161, 190; paradigmes de l'actif et du moyen, III, 191.

Quatrième aoriste du sanscrit, III, 200-201; son origine, III, 202, remarque.

Cinquième aoriste du sanscrit (*â-dâ-m*, grec ἔ-δω-ν), III, 203-204; son emploi dans les Védas avec les racines terminées par une consonne, III, 371, note 4.

Sixième aoriste du sanscrit (*â-lip-am*), III, 206-207; paradigme du sanscrit avec rapprochement des formes correspondantes en grec, lithuanien, vieux slave, III, 212. Le sixième aoriste dans les verbes de la 6ᵉ classe, qui insèrent une nasale, III, 208; dans les verbes terminés par une voyelle,

III, 212; ce qui le représente en latin, III, 212.

Septième aoriste du sanscrit, et ce qui le représente en latin (parfait à redoublement) et en grec, III, 180-181, 213-214.

Faits divers : 1° Aoriste à redoublement d'une espèce particulière en védique, III, 394 ; les verbes de la 10° classe ne prennent pas l'auxiliaire à l'aoriste, III, 194; aoriste périphrastique des Védas (avec *kar; kṛ*), III, 259, remarque.

1° *bis*, Aoriste présent du mahratte, IV, 84.

2° Zend. Formations par adjonction du verbe substantif (= le 1ᵉʳ et le 2ᵉ aoriste du sanscrit), III, 203; formations qui correspondent au 5ᵉ (III, 204), au 6ᵉ (III, 213) et au 7ᵉ aoriste (III, 218-219) du sanscrit.

3° Arménien. Aoriste en *żi, eżi, aẑi*, I, 407-408; aoristes qui correspondent au 5ᵉ (III, 204-206, cf. I, 407), au 6ᵉ (III, 209-210) et au 7ᵉ aoriste (III, 218-219) du sanscrit; sur les désinences de la 1ʳᵉ personne pluriel en *aq́* et de la 2ᵉ en *iq́, eq́*, III, 210, note 2.

4° Grec. Aoriste 1ᵉʳ = 2ᵉ aoriste sanscrit, III, 184, 185, 186, 194; voir aussi le tableau, 188. Sur les formes à deux σ ($\dot{\varepsilon}\tau\dot{\varepsilon}\lambda\varepsilon\sigma\sigma\alpha$), III, 360; sur l'aoriste 1ᵉʳ des racines terminées par une liquide, III, 303; sur les formes comme ἔδωκα, ἔθηκα, ἧκα, et sur les ao-

ristes en σκον et en σκομην, III, 198-196; aoriste 2° ordinaire (ἔλιπον) = 6° aoriste sanscrit, 206-208; aoriste 2° des verbes qui insèrent une nasale aux temps spéciaux (ἔλαβον), III, 209; aoriste 2° comme ἔδων, ἔθην = 5° aoriste sanscrit, III, 204; 3° personne pluriel en σαν, à cet aoriste, III, 292; aoriste redoublé (ἔπεφνον, ἤγαγον, etc.) = 7ᵉ aoriste sanscrit, III, 213-214, 216-217, 217-218; aoriste 1ᵉʳ passif, III, 275-276; impératif du même, III, 275; aoriste 2ᵉ passif, III, 276-277.

4° *bis*, Albanais. Aoriste en *va, vaμ*, III, 464, note 1.

5° Latin. Voir le commencement de cet article-ci, et particulièrement l'article *Parfait*.

6° Lithuanien. Aoriste des verbes primitifs (*raudó-jau*, etc.) = 6° aoriste sanscrit, III, 149-150, 207-208, 213; aoriste des verbes en *tu*, III, 207-208; des verbes qui insèrent une nasale (*limpù, lipaù*), III, 208; des verbes dérivés et des verbes de la 10° classe (= imparfait sanscrit), III, 149.

7° Vieux slave. Aoriste qui correspond au 1ᵉʳ aoriste sanscrit, III, 192 et suiv., particulièrement 193. Formes en *ichŭ*, III, 192-193; en *achŭ, echŭ*, 194; *ochŭ*, 195; sur *dachŭ, bŭchŭ*, III, 197. Aoriste, sa 2ᵉ et sa 3ᵉ personne du singulier, III, 195; sa 1ʳᵉ personne du pluriel, III, 193 ; aoriste qui correspond au 5ᵉ (III, 206) et au 6ᵉ aoriste (III, 211-212) du sanscrit.

APOPHONIE [1] (*ablaut*), dans les verbes forts des langues germaniques, particulièrement en gothique. [La théorie qui suit a été établie pour la première fois dans l'ouvrage intitulé *Vocalismus*, p. 214-224, 227-231.]

1° Le changement de *a, i, u* (10ᵉ, 11ᵉ, 12ᵉ conjugaisons de Grimm, par exemple *binda, band, bundum,* etc.) dépend du poids de la voyelle et du nombre des syllabes, 35, 36, 37 ; sur l'*ablaut* dans la 10ᵉ, 11ᵉ, 12ᵉ conjugaison de Grimm, 36-37. Pour le changement de *a* en *i*, voir aussi III, 98 ; sur la 12ᵉ conjugaison de Grimm (*i, a, u*), en gothique et en vieux haut-allemand, particulièrement sur l'*u*, 39 ; III, 95, 96, remarque ; III, 233-234 ; cf. III, 235, remarque ; sur la 12ᵉ conjugaison du vieux haut-allemand particulièrement, III, 233 ; III, 239, remarque 1 ; sur le participe passif des verbes de la 12ᵉ conjugaison (*bundans*), III, 95 ; sur *ê* et *ô*, permutant dans les verbes gothiques comme *têka, taitôk,* III, 221. Cf. *Poids de la voyelle*.

2° Quelquefois l'*ablaut* est dû au gouna ou renforcement de la voyelle radicale. [Cela a été établi pour la première fois dans les *Berlin. Jahrb. für wiss. Krit.* (1827), p. 254 et suiv., et dans l'ouvrage intitulé *Vocalismus*, p. 6 et suiv.] Ont cette origine la 8ᵉ et la 9ᵉ conjugaison de Grimm (forme *ei, ai, i,* et *iu, au, u,* dans les verbes qui ont *i* ou *u* à la racine); sur les deux, 72, 75-76 ; III, 244-248 ; pour la forme *ei, ai, i,* voir aussi III, 94, 98. Cf. l'article *Gouna*.

3° L'*ablaut* cache un redoublement : *a.* Il en est ainsi dans la 7ᵉ conjugaison de Grimm (gothique *a, ô, ô, a*), III, 232, note 3. S'expliquent en outre par là l'*ê* du gothique, et l'*â* du vieux haut-allemand et du moyen haut-allemand dans la 10ᵉ et la 11ᵉ conjugaison de Grimm (*i, a, ê* [*â*]), III, 235-242. *b.* Il y a un redoublement caché au lieu du redoublement encore apparent en gothique dans les verbes nouveau haut-allemand, comme *halte; hielte;* sur le même sujet étudié dans tous les dialectes, III, 223, 225-226 ; sur le vieux norrois et sur le vieux saxon, III, 224-235, voir aussi les articles *Redoublement, Parfait*.

4° Faits divers : sur les verbes comme *bidja, vahsja, vaia, laia, saia, hafja, standa,* 235-236 ; III,

---

[1] Il vaudrait peut-être mieux employer le terme de métaphonie. — M. B.

112, 222; voir en outre l'article *Classes des verbes*, ainsi que la table des mots; sur les verbes comme *bringa* (mélange de la conjugaison forte et de la conjugaison faible), III, 119; sur le verbe *fraihna, frah*, 250. Pour les verbes forts qui ont un redoublement réel au parfait, voir *Parfait, Redoublement*.

APOSTROPHE, son emploi dans la transcription du sanscrit, 197.

ARMÉNIEN. Ce qui le caractérise en général, 14 et suiv.; importance de ses lettres *y z, š ž*, dans la flexion, 11 et suiv.; sur sa déclinaison en général, 13-14.

ARRIÈRE-TON, en sanscrit et en allemand; voir *Accentuation*; au n° 1 et au n° 4.

ARTICLE, du zend, II, 63, 155, 167, du vieux perse et du persan, II, 63-64; de l'arménien, II, 62; article de l'irlandais, II, 344-345 [signalé pour la première fois dans la dissertation *Ueber die celt. Sprachen*, p. 23-33 et p. 82]; article suffixé de l'albanais, II, 185, note 1, et du vieux norrois, II, 164.

ASPIRATION (terme employé par les grammairiens irlandais), II, XVIII.

ASPIRÉES du sanscrit. Leur prononciation, 45; aspirées moyennes du sanscrit = aspirées ténues du grec et du latin, 45-46; toutefois l'aspiration se perd souvent en latin, à l'intérieur des mots, 50. En sanscrit, les aspirées moyennes s'assourdissent assez souvent en *h*, III, 40-41; aspirées ténues du sanscrit; leur origine récente, I, 45, 50; elles sont représentées en grec et en latin par les ténues pures, I, 45, 46, parfois aussi, en grec, par les ténues aspirées, I, 46, 47; modifications des aspirées à la fin des mots en sanscrit, I, 188, devant les désinences grammaticales I, 198-199; déplacement (recul et avancement de l'aspiration), en sanscrit et en grec, I, 210-211, en latin, I, 211-212; voir pour le surplus au système phonique de chacune des différentes langues.

ASSIMILATION. Influence assimilatrice de *i* et de *j* sur la syllabe précédente dans les langues germaniques, voir *Umlaut*. Influence assimilatrice de *i, î, ê, y*, sur la syllabe précédente en zend, 93; de *y* sur l'*a* ou l'*â* de la syllabe suivante en zend, 95-96; épenthèse de l'*u* en zend, 98-99.

ATMANÊPADAM, III, 1-2.

AUGMENT. Son origine, III, 168 et suiv., particulièrement, III, 173 et suiv., cf. III, LIX-LXI; augment syllabique (sanscrit, grec), III, 143; augment temporel (sanscrit, grec), III, 158; augment dans les racines qui commencent par *a, i, u,* en sanscrit, III, 165; dans celles qui commencent par *i, î, u, û, ṛ*, III, 164-165, dans les verbes qui commencent par une voyelle en grec, III, 165-166; l'augment en zend, III, 144-145; en arménien, III, 205-206.

Avyayîbhâva. Voir *Composés adverbiaux.*

Bahuvrîhi, IV, 349-351; voir *Composés possessifs.*

Caractéristiques de classe. Sur leur origine en général, III, 103-104, 132-133, remarque; voir pour le reste *Classes.*

Cas, 297 et suiv. Les désinences casuelles furent originairement des pronoms, du moins pour la plupart, 275; II, xxvi; pour le détail, voir chaque cas particulier. Deux classes ou séries de cas dans la déclinaison arménienne, I, 295 et suiv.; II, 12-13, 61, note 2. Cas forts et cas faibles en sanscrit [pour la première fois dans la *Grammatica critica linguæ sanscr.* (1832), § 185], I, 297-299; cas forts, cas faibles, cas très-faibles en sanscrit, I, 299-300, 302. Cas forts et cas faibles en grec, I, 302-304; en lithuanien, I, 306; en gothique, I, 307. L'accent dans les cas forts et dans les cas faibles en sanscrit et en grec, I, 303; ses variations dans la déclinaison des thèmes monosyllabiques, I, 304-306.

Causatifs. Voir III, lxxix-lxxxi. Origines du caractère causatif, III, 410. — Causatif du sanscrit avec *p* (*páyâmi*), dans les racines en *â,* III, 151, 422-423, 424, 427, avec *l* (*láyâmi,* cf. grec λλω de λjω, dans βάλλω, etc.), III, 425. Causatif du prâcrit, du mahratte, du vieux perse, du laze, du géorgien, III, 427-428; de l'indoustani (infinitif en *ânâ, wânâ*), IV, 190, remarque. Causatif du zend, III, 412, note 1, 427. Causatif du grec en αω, de αjω, en εω de εjω, en αζω de αjω = sanscrit *ayâmi*, III, 426; en λλω = sanscrit *láyâmi*, III, 427. Causatif du latin, III, 422-423, 424, 425-426. Causatif du lithuanien dans les formes qui correspondent au sanscrit *âyâmi,* III, 414, note 2, 416. Causatif du lithuanien en *auju* = sanscrit *páyâmi,* III, 449; cf. III, 151. Causatif du lithuanien en *inu,* III, 416, 417, 418-419. Causatif du lithuanien avec gouna, III, 417-418. Causatif du vieux slave, III, 413-415, 449-450; sa marque, III, 415-416; son gouna, III, 413-414. Causatif du slovène, III, 421-422. Causatif du gothique, III, 239, remarque 1; des langues germaniques, III, 410-413, 415; du vieux haut-allemand, III, 413; du nouveau haut-allemand, III, 412. Causatif de l'irlandais, III, 414.

CÉRÉBRALES du sanscrit, 49; sur leur dénomination, 49, note 1. Comment on les prononce, 49; *n* dental, changé en *ṇ* cérébral en sanscrit, 51-52. Grande extension des cérébrales en prâcrit, 49.

CHANGEMENT DE VOYELLE dans le verbe en lithuanien, III, 417, en germanique, voir *Apophonie* (*ablaut*).

CHUTE de *d*, au commencement d'un mot, 106.

CIRCONFLEXE du grec et du sanscrit (*svarita*), voy. *Accentuation*.

CLASSES et différentes sortes de verbes.
 a. Sanscrit. Les deux conjugaisons principales et les dix classes du sanscrit, 231 et suiv.; II, 101 et suiv. La première conjugaison principale contient la 1ʳᵉ, la 4ᵉ, la 6ᵉ et la 10ᵉ classe, II, 101.

α. 1ʳᵉ classe et 6ᵉ classe du sanscrit (exemples *bôdati*, racine *bud*; *tudati*, racine *tud*). En quoi elles diffèrent l'une de l'autre, I, 231-232; verbes de la 6ᵉ classe qui insèrent une nasale (*lumpati*), I, 232. Pour *a* caractéristique de ces deux classes et pour son origine, III, 110; cet *a* s'allonge en *â* devant *m* et *v* (*bôdâmi*, etc.), III, 21, 385.

β. 4ᵉ classe (*nás-ya-ti*, racine *nás*), I, 235-237; *ya*, caractéristique de cette classe; son origine, III, 111; cf. III, L.

γ. 10ᵉ classe (*cór-áya-ti*, racine *ćur*, cf. *Causatifs*, *Dénominatifs*), I, 253-254; pour le dialecte védique voir aussi, I, 257, note 2; *aya*, caractéristique de cette classe; son origine, III, 111; cf. III, L; 10ᵉ classe en prâcrit, I, 256.

La deuxième conjugaison principale contient la 2ᵉ, la 3ᵉ, la 5ᵉ, la 7ᵉ, la 8ᵉ et la 9ᵉ classe (conjugaison en $\mu\iota$ du grec), III, 102, 130.

δ. 2ᵉ classe du sanscrit (*dvéṣ-mi*, racine *dviś*), I, 241-242. Influence que les désinences légères et les désinences pesantes exercent sur la partie antérieure des verbes de cette classe, III, 81-83, 88-90, 130.

ε. 3ᵉ classe du sanscrit (*biḃar-mi*, racine *ḃar*, *ḃṛ*), I, 243-244. Influence des désinences pesantes et des désinences légères sur les verbes de cette classe, III, 83-87.

ζ. 5ᵉ classe du sanscrit (*ći-nó-mi*, racine *ći*), I, 247-248; sur *nu* (grec $\nu\nu$), caractéristique de cette classe, III, 103-104; renforcement de la caractéristique *nu*, devant les désinences légères, III, 93-94.

η. 7ᵉ classe du sanscrit (*yunág-mi*, racine *yuǵ*), I, 246; forme de la caractéristique de cette classe devant les désinences légères et devant les désinences pesantes, III, 106; son origine, III, 107.

ϑ. 8ᵉ classe du sanscrit (*tan-ŏ́-mi*, racine *tan*), I, 248; sur la caractéristique de cette classe (*u*, grec υ), III, 104; renforcement de la caractéristique *u*, devant les désinences légères, III, 93-94.

ι. 9ᵉ classe du sanscrit (*yu-nā́-mi*), I, 248 et suiv.; origine de la caractéristique *nâ* (grec νη, να), III, 103-104; affaiblissement de *nâ* en *nî* devant les désinences pesantes, III, 90-91.

b. Zend. La 5ᵉ classe du sanscrit en zend, I, 251. La 9ᵉ classe du sanscrit en zend, I, 252; voir la table des mots.

c. Arménien. Verbes arméniens en *a-m, e-m, u-m* = la 1ʳᵉ et la 6ᵉ, peut-être aussi la 8ᵉ classe du sanscrit, III, 106; en *nu-m* = la 5ᵉ classe du sanscrit (caractéristique *nu*), III, 105-106; en *ne-m* = la 9ᵉ classe du sanscrit, III, 105; sur les verbes arméniens en *ane-m*, III, 105.

d. Grec. α. La conjugaison en ω; elle correspond à la première conjugaison principale du sanscrit, et particulièrement à la 1ʳᵉ et à la 6ᵉ classe, I, 232; III, 101-102; sa caractéristique ο (φέρ-ο-μεν), ε (φέρ-ε-τε), III, 102. Subdivisions de la conjugaison en ω: caractéristique το, τε : τύπτω; νο, νε : δάκνω; ανο, ανε : λαμβάνω, III, 102-103; voir en outre particulièrement pour les verbes en τω, III, 108-109; pour ceux en νω, I, 250; III, 107; pour ceux en άνω, I, 247, 253; III, 107, 450-453; verbes en νάω, νύω, I, 253. Représentent la 4ᵉ classe sanscrite (caractéristique *ya*) beaucoup de verbes en λλω, de λjω (βάλλω, πάλλω, ἅλλομαι), I, 238; mais certains verbes en λλω sont les uns dénominatifs (ποικίλλω), I, 240; III, 450; les autres, causatifs (βάλλω, στέλλω, ἰάλλω, κέλλω, πάλλω), correspondent aux verbes sanscrits en *láyâmi*, III, 425. (*Remarque.* Bopp cite positivement βάλλω, πάλλω, d'une part comme correspondant à la 4ᵉ classe du sanscrit, I, 238, et d'autre part comme correspondant aux causatifs sanscrits en *layâmi*, III, 425. Il y a là une contradiction manifeste.) Représentent encore la 4ᵉ classe sanscrite, les verbes en σσω ou ττω, né de γjω, κjω, τjω (πράσσω, φρίσσω, λίσσομαι), I, 238; mais il y a aussi des dénominatifs en σσω (κορύσσω, μαλάσσω), I, 240; III, 450. [Les verbes grecs à consonne double (λλ, σσ), rapprochés pour la première fois de la 4ᵉ classe sanscrite dans la *Grammaire comparée*, 1ʳᵉ édition (1837), § 501 et p. 413. Des verbes en αίρω, αίνω, de ap-jω, αν-jω, les uns appartiennent de même à la 4ᵉ classe sanscrite, les autres sont de même des dénominatifs, I, 239; III, 450-453.] Appartiennent en outre à la 4ᵉ classe sanscrite, les verbes grecs en ζω (ζ, né de j), I, 54-55, 239; en αιω, I, 239-240, et quelques-uns de ceux en έω, né de jω, I, 240. Représentent la 10ᵉ classe sanscrite, les verbes en αζω (ζ, né de j, par conséquent αζω de ajω), αω, εω, οω (de ajω, ejω, ojω), I, 254, 257; II, 115. Pour les verbes en αζω, voir aussi I, 54, et particulièrement l'article *Dénominatifs*.

β. La conjugaison en μι = la deuxième conjugaison principale du sanscrit, III, 130. Représentent la 2ᵉ classe sanscrite : ἐσ-τί, ἧσ-ται, I, 242. Effet du poids des désinences sur les verbes de cette classe, III, 88. Représentent la 3ᵉ classe sanscrite : δίδω-μι, τίθημι, etc., I, 242-243. Effet du poids des désinences sur les verbes de cette classe, III, 83-86; voir, pour ἵσ7ημι, III, 84-85. Représentent la 5ᵉ classe sanscrite : δείκνῡμι, σ7ορνῡμι, etc., I, 247-248. Effet du poids des désinences sur les verbes de cette classe, III, 93-94; voir, pour les verbes en νύω (δεικνύω, etc.), I, 251-252. Ce qui ressemble à la 7ᵉ classe du sanscrit, I, 247. Représentent la 8ᵉ classe sanscrite : τάν-υ-μαι, γάν-υ-μαι, etc., I, 248. Représentent la 9ᵉ classe sanscrite : δάμ-νη-μι, πέρ-νη-μι, etc., I, 249, 250, 253. Effet du poids des désinences sur les verbes de cette classe, III, 90-91.

e. Latin. La 1ʳᵉ, la 2ᵉ et la 4ᵉ conjugaison = la 10ᵉ classe du sanscrit, I, 254; voir encore particulièrement, pour la 1ʳᵉ conjugaison, III, 163, remarque; pour la 2ᵉ, I, 256; III, 115; pour la 4ᵉ, I, 255; III, 116, 122. La 3ᵉ conjugaison du latin = généralement la 1ʳᵉ et la 6ᵉ classe du sanscrit, I, 232; III, 125, 156-157. La caractéristique de la 3ᵉ conjugaison : i (veh-i-mus) = sanscrit a, III, 110. Représentent en latin les verbes de la 6ᵉ classe sanscrite qui insèrent une nasale : *rumpit, findit*, etc., I, 232, 246; ceux de la 7ᵉ : *jungit, scindit*, etc., I, 246; ceux de la 9ᵉ : *sternit, cernit*, I, 250; III, 107. Sur les verbes de la 3ᵉ conjugaison dont le radical est renforcé d'un t au présent (*plec-to, nec-to*), III, 108-109. Les verbes en *io*, de la 3ᵉ conjugaison (*cupio, capio*) = 4ᵉ classe sanscrite, I, 240; III, 111-112; verbes de cette classe qui font partie de la 4ᵉ conjugaison, III, 458-459. Ce qui reste en latin de la 2ᵉ classe sanscrite, I, 242, de la 3ᵉ classe sanscrite, I, 243-244, 245-246.

f. Lithuanien. Verbes lithuaniens qui correspondent à la 1ʳᵉ et à la 6 classe sanscrite, avec a pour caractéristique (*wéž-a-ta*),

III, 500 ; ceux qui correspondent à ceux de la 6ᵉ classe sanscrite qui insèrent une nasale (*limpù*), I, 246 ; verbes dont le radical est renforcé par *t, st,* au présent (*klýstu, klýsta-me*), III, 109. La 4ᵉ classe du sanscrit en lithuanien (*gnýbiu*), I, 240-241 ; III, 111-112. La 10ᵉ classe du sanscrit en lithuanien, I, 257-258 ; III, 14, 120-122. Correspondent à cette classe, les verbes en *oju* (= lette *aju*), I, 257-258 ; III, 120 ; en *ēju,* III, 120 ; en *iu,* aoriste *ējau*, infinitif *ēti*, III, 120 ; en *ju, iu,* aoriste *jau, iau,* infinitif *ti*, III, 121 ; en *yju,* infinitif *iti,* III, 121 ; en *au, ai, a,* pluriel *owa, ōta,* etc., aoriste *iau, iei,* etc., futur *ýsiu,* III, 121-122 ; en *au,* aoriste *ōjau,* futur *ōsiu,* infinitif *ōti*, III, 122. Pour les verbes en *auju* et *inu,* et pour le gouna dans cette classe de verbes, voir plus haut (p. 25) l'article *Causatifs.* Verbes à conjugaison mixte qui correspondent à la 1ʳᵉ et à la 10ᵉ classe sanscrite, III, 119-120. Verbes qui représentent la 2ᵉ classe sanscrite, I, 242 ; III, 13 ; la 3ᵉ classe sanscrite, I, 243 ; III, 13, 84 ; la 7ᵉ classe sanscrite, I, 246 ; la 9ᵉ classe sanscrite (verbes dont la caractéristique est *na* : *gáu-nu, gáu-na-wa, gau-na-me*), I, 250-251 ; III, 107-108.

g. Vieux slave et autres langues slaves. Verbes (qui correspondent à la 1ʳᵉ conjugaison principale du sanscrit) avec la caractéristique *e* (= sanscrit *a,* par exemple *veṣ-c-ta*), III, 110. La 1ʳᵉ classe du sanscrit avec gouna en vieux slave, III, 114. Sur les verbes slaves qui déplacent la voyelle radicale dans les temps de la 2ᵉ série (*berŭṅ, brachŭ*), III, 118-119. La 4ᵉ classe du sanscrit en vieux slave (*pijuṅ*), I, 241. La 10ᵉ classe du sanscrit en vieux slave, I, 257-258 ; II, 115-117. En font partie les verbes en *ajuṅ*, I, 257-258 ; III, 115 ; à peu d'exceptions près, III, 115 ; les verbes en *ejuṅ,* III, 115 ; à peu d'exceptions près, III, 114 ; les verbes en *juṅ, iši, iti,* aoriste *échŭ*, infinitif *ēti*, III, 116 ; en *juṅ, iši,* aoriste *ichŭ,* infinitif *iti,* III, 116-117 ; en *juṅ, ješi,* III, 117 ; en *šuṅ,* III, 117, note 2 ; en *jujuṅ,* infinitif *ĭvati,* III, 117. Voir aussi *Causatifs.* Slovène : verbes dont la caractéristique de classe est *a* : polonais 1ʳᵉ conjugaison (*czyt-a-m*), III, 348 ; russe (*djeláju*), III, 348 = 10ᵉ classe sanscrite. Racines finissant par une voyelle, et dont le présent finit en vieux slave par *juṅ, ješi* (*bijuṅ*), en russe *ĭju, ĭju,* III, 112-113, note 2. Vieux slave : verbes en *ūjuṅ,* III, 114 ; sur *dê-ju-ṅ,* III, 117. Verbes du vieux slave qui offrent un mélange de la 1ʳᵉ ou de la 6ᵉ et de la 10ᵉ classe du sanscrit, III, 119. La 2ᵉ classe du sanscrit en vieux slave, I, 242; III, 15. La 3ᵉ classe du sanscrit en vieux slave, I, 243; III, 15, 84-85. La 5ᵉ classe du sanscrit en vieux slave, I, 251-252. La 9ᵉ classe du sanscrit en vieux slave (caractéristique *ne* : *güb-nu-ñ, güb-no-śi*), I, 251-252; III, 107-108, 306.

h. Gothique, allemand. Pour tout ce qui concerne l'apophonie (*ablaut*), voir l'article qui porte ce titre. Tous les verbes forts du gothique ont *a, i* (= sanscrit *a* : *bair-a-nd, bair-i-s*) pour caractéristique de classe (ils correspondent donc généralement à la 1ʳᵉ classe du sanscrit), I, 233-235; III, 110 [pour la première fois dans les *Jahrb. für wissensch. Krit.* (1827), p. 282, et dans le *Vocalismus*, p. 48]. La 4ᵉ classe du sanscrit en gothique (*hafja, hóf*), I, 235-236, 238; III, 111; en vieux haut-allemand (*heffu*), I, 238. Gothique *standa,* cf. les verbes de la 6ᵉ classe sanscrite qui insèrent une nasale, I, 247. La 9ᵉ classe du sanscrit, en gothique (*fraih-na, frah*), I, 250. Reste de la 2ᵉ classe du sanscrit en vieux haut-allemand (le gothique n'a que *is-t*), I, 242-243; III, 16-17. La 1ʳᵉ, la 2ᵉ et la 3ᵉ conjugaison faible de Grimm, correspondent à la 10ᵉ classe du sanscrit, I, 254-257; III, 16, note 5, 115-116, 122. Voir particulièrement, pour la 1ʳᵉ conjugaison faible, I, 254; pour la 2ᵉ, I, 256-257; III, 122; pour la 3ᵉ, I, 255-256, 115-116. Mélange de la conjugaison forte et de la conjugaison faible (*bringa, brahta*), III, 119.

i. Irlandais. Verbes en *aighim* = sanscrit 10ᵉ classe, I, 266.

CLASSIFICATION DES LANGUES d'après Bopp, 225-230, d'après Fr. de Schlegel, 225-228, d'après A. G. de Schlegel, 228-230.

COMPOSÉS, IV, XXI-XXVI; IV, 327-373. Plan de cet article : 1° racines dans le composé; 2° verbe dans le composé; 3° allongement de la voyelle, affaiblissement de la voyelle; 4° le premier membre du composé se présente généralement sous la forme du thème; 5° voyelle de liaison; 6° modifications du thème; 7° accent.

1° Racines nues dans le deuxième membre des composés en sanscrit et en zend, IV, 244. (Sur les racines en *â*, qui occupent cette place en sanscrit, IV, 210, note 2.) Racines à la fin des composés en grec, IV, 245; en latin, IV, 246. On ajoute un *t* aux racines finissant par une voyelle brève, lorsqu'elles occupent la dernière place dans un composé : en sanscrit, IV, 244, 247; en latin, IV, 247; en grec, IV, 247-248. Composés grecs en *ᾱς, ης,* de verbes en *άω* (λογοθήρᾶς), έω (πολυνίκης), IV, 248.

2° Verbe dans le composé. Verbe uni avec une préposition (pour toutes les langues), IV, 327-328. Préposition séparée du verbe en védique, en zend et en allemand, IV, 328-329. Verbes composés avec une autre sorte de mot qu'une préposition, 329-331. Le verbe ne se présente comme premier membre d'un composé qu'en apparence. Sur les composés grecs dont le premier membre finit par σι, σ, comme δεισι-δαίμων, πανσ-άνεμος, IV, 331-332 ; par o, ε, comme φυγό-μαχος, φερέ-πονος, IV, 333-334. Sur les composés du nouveau haut-allemand comme *singvogel*, IV, 367-369. Autre est le cas des composés de dépendance dans lesquels l'ordre des membres est interverti. Là il y a réellement un verbe dans le premier membre ; exemples en védique, IV, 333 ; et en zend, IV, 333, note 2.

3° Allongement de la voyelle dans les composés grecs (ἀκεσ7ός, δυσήκεσ7ος, ἀνυσ7ός, δυσήνυσ7ος, etc., IV, 251, remarque, 332. Pour l'affaiblissement de la voyelle dans les composés latins (*ef-ficio*, *con-clūdo*, *con-quīro*, *im-berbis*, etc.), voir *Poids de la voyelle*.

4° Le premier membre du composé se présente généralement sous la forme du thème. Il en est ainsi en sanscrit, IV, 334-335 ; en grec, IV, 335-337 ; en slave, IV, 337 ; en gothique, IV, 338-341 ; en vieux haut-allemand, IV, 341-342 ; en lithuanien, IV, 342. A la première place, toutefois, apparaissent aussi contrairement à la règle ordinaire : le nominatif en zend, en vieux perse, en grec, IV, 342-343 ; en arménien, IV, 358 ; l'accusatif en sanscrit, en zend, en grec, en allemand, IV, 255, note 1, 264, 330 ; le génitif en grec, en gothique et en allemand, IV, 343.

5° Voyelle de liaison entre les deux membres d'un composé ; voir *Voyelle de liaison*.

6° Modifications du thème : son affaiblissement, son renforcement, chute de la voyelle qui le termine. En sanscrit les thèmes en *a* et en *ā* s'affaiblissent parfois, les premiers en *i*, II, 217, et les seconds en *a*, IV, 337 ; ceux en *n* perdent cette consonne, IV, 338-339. En arménien, il y a des exemples de mots composés qui se terminent en *i*, quoique le dernier membre, construit isolément, n'ait pas un *i* pour lettre finale, II, 208. En grec, les thèmes en $\bar{a}$, η, affaiblissent leur voyelle en *o* : ριζοτόμος, IV, 337 ; ceux en *o* affaiblissent parfois leur *o* en ι : χαλκίοικος, IV, 338 ; on trouve pourtant aussi $\bar{a}$, η conservé : σκιᾶ-γραφος, et même *o*, allongé en η :

νεη-γενής, et α, allongé en ω : γεω-γράφος, IV, 337. Les thèmes en τ le perdent : ὀνομάκλυτος, IV, 339, note 1. En latin les voyelles autres que *i* s'affaiblissent fréquemment en *i* aussi bien dans le premier que dans le deuxième membre des composés. Ainsi *o*, *a*, *u* deviennent *i* dans le premier membre : *multi-comus*, *lani-ger*, *fructi-fer*, IV, 256, 334, 331. Les thèmes en *n* perdent cette consonne : *homi-cida*, IV, 339, note 1 ; l'amoindrissement des thèmes en *er* (nominatif *us* : *opus*, *oper-is*), et en *or* est encore plus considérable dans les composés comme *opi-fex*, *terri-ficus*, IV, 267, 338. Affaiblissements semblables dans le deuxième membre : *bi-enni-s*, *difformi-s*, *im-berbi-s*, II, 42 ; IV, 267, 351 ; *im-muni-s* de *munus*, thème *muner*, IV, 267. Lithuanien : affaiblissement de *a* en *i* dans le premier membre, IV, 259. Rejet de la voyelle finale, IV, 342. Vieux slave : affaiblissement de *a* (féminin) en *o*, IV, 337, et altération de *i* en *e* (dans le premier membre), II, 249. Gothique : dans le premier membre, certains thèmes en *ja* se maintiennent sans changement, IV, 341. Les thèmes en *ô* s'abrégent en *a*, IV, 240 ; ceux en *a* perdent parfois leur *a*, IV, 340 ; ceux en *n* suppriment leur *n* (*auga-daurô*), IV, 338.

7° Accentuation en général et particulièrement dans les composés possessifs, IV, 353-354. Pour les composés copulatifs, voir aussi IV, 344.

Liste d'ouvrages à consulter sur les mots composés, IV, XXIV, XXVI, note 2 et note 3.

Composés adverbiaux (nommés *avyayîbâva* en sanscrit), IV, 372-373.

Composés collectifs (nommés *dvigu* en sanscrit), IV, 369-372.

Composés copulatifs (nommés *dvandva* en sanscrit). Composés copulatifs où le deuxième membre est au duel ou au pluriel, IV, 344 ; où le premier et le deuxième membre sont au duel, IV, 344-345. Composés dvandvas terminés par une désinence du singulier neutre, IV, 347-348. Composés dvandvas ayant plus de deux membres, IV, 347-348. Membres du dvandva, séparés l'un de l'autre, IV, 346. Composés copulatifs du zend, IV, 345-346 ; du grec, IV, 348-349 ; du latin, IV, 349. Dvandvas formés d'adjectifs en sanscrit et en grec, IV, 349. L'un des deux objets peut être passé sous silence, IV, 347.

Composés de dépendance (nommés *tatpuruṣa* en sanscrit), IV, 365-369. Le premier membre exprime la relation, soit de génitif (exemples pour le sanscrit, IV, 335, pour les autres langues, IV, 365-366); soit d'accusatif, IV, 366; cf. IV, 264; soit d'instrumental, IV, 366; soit de datif, IV, 367; soit d'ablatif et de locatif, IV, 367. Composés de dépendance allemands dont le premier membre paraît être un verbe (*singvogel*), IV, 367-368. Composés de dépendance, où l'ordre des membres est interverti, en grec, IV, 332; dans les Védas, IV, 333; en zend, IV, 333, note 2. Composés sanscrits qui contiennent *kara-s*, IV, 62, note 2; pour ces composés, voir aussi l'article *Composés*, au n° 1 et au n° 2.

Composés déterminatifs (nommés *karmadhâraya* en sanscrit), IV, 362. Exemples pour le sanscrit, le zend, l'arménien, IV, 362-363. Ceux dont le premier membre est une préposition en grec, en latin, en allemand, en lithuanien, en vieux slave, IV, 363-364. Ceux dont le premier membre est un nom de nombre, en sanscrit, IV, 362; en grec, en latin, IV, 363; en allemand et en lithuanien, IV, 364.

Composés possessifs (nommés *bahuvrîhi* en sanscrit), IV, 349 et suiv. Ceux dont le second membre est un substantif féminin, en sanscrit, en grec, en latin, en vieux haut-allemand, IV, 350-351; est un substantif neutre, en sanscrit, en gothique, en grec, en latin, IV, 351-352; est un thème terminé par une consonne, *ibid.*; est un substantif neutre en *as* (*sumánâs*), *os* (εὐμενής), IV, 297-298. Composés possessifs avec ou sans l'adjonction du suffixe *ka* en sanscrit, *ig* en nouveau haut-allemand, IV, 352-353. Le premier membre est un adjectif en sanscrit, IV, 354; en zend, IV, 355; en grec, IV, 350-351, 355; en latin, *ibid.*; en gothique, en vieux haut-allemand, IV, 355; en vieux slave, *ibid.*; un substantif, IV, 356; un nom de nombre, IV, 356-357; un pronom, *ibid.*; un adverbe, IV, 357-358; une préposition, IV, 359-360. Composés possessifs en lithuanien, IV, 352; en arménien, II, 207-208; IV, 358.

Conditionnel du sanscrit, III, 396-398.

Conjonctions, IV, 381-386. Toutes les vraies conjonctions dérivent de pronoms, II, 359-360; IV, 381 [pour la première fois dans les *Heidelb. Jahrb.* (1818), p. 473].

Conjugaison. Pour les différentes conjugaisons de chaque langue, voir *Classes*. Pour les langues germaniques, voir aussi *Apophonie* (*ablaut*); voir en outre l'article *Verbe* et l'article *Racines*.

Consonnes. Leur classification en sanscrit, 44-46. Consonnes sourdes et consonnes sonores, 68. Consonnes fortes et consonnes faibles, *ibid.*; voir les systèmes phoniques, et les articles *Moyennes, Aspirées, Cérébrales, Dentales*, etc., *Chute, Loi de substitution*. On trouvera ici particulièrement ce qui a rapport aux consonnes finales.

En sanscrit, de deux consonnes l'une tombe à la fin des mots, 194. En latin, de deux consonnes qui terminent une racine, l'une tombe devant l's du parfait, 201. Loi des consonnes finales en lithuanien, 186. En vieux slave, toutes les consonnes finales primitives, sauf une, sont supprimées [loi exposée pour la première fois dans la *Grammaire comparée*, 1re édit. (1835), p. 399], 184; il n'y a pas de consonnes finales en vieux slave, 184, note 2. Loi de suppression des consonnes finales primitives dans les langues germaniques, 186-187.

Datif.

I. Datif au point de vue étymologique.

A. Datif singulier. Passages principaux, 364-379. Tableau comparatif du datif singulier pour toutes les langues, excepté le vieux slave et le grec, 379-380.

a. Sanscrit. Signe casuel *ê*; son origine, 364-365. On trouve aussi *âi*, *ibid.* Sur le datif en *âya*, des thèmes en *a*, 365-366. Désinence de datif en sanscrit *byam, hyam* (singulier et pluriel : *asmábyam, máhyam, yuşmábyam, túbyam* = en latin *bi, hi*, dans *tibi, mihi*), II, 11-12; origine de la désinence *byam*, II, 30.

b. Zend. Formation du datif en zend (désinence casuelle *ê, âi*), I, 365. Datif en *âi*, de thèmes en *a*, I, 365-366; en *eê* (*ayai*), de thèmes en *i*, I, 365. Désinence *byâ*, dans *maibyâ* «à moi», II, 13, note 1.

c. Arménien. Sur le datif singulier (*stani, ailum*), I, 417; sur *in-ξ* (*mihi*), *ḳe-ṣ* (*tibi*), II, 12, 13, 16. Au reste voir *Génitif*, et pour les formes pronominales la table des mots.

d. Grec. Datif singulier = locatif sanscrit, I, 377-378, 430-431; voir le tableau comparatif du locatif, I, 440-441. Sur le datif en οι (μοί, σοί), et en ῳ, I, 431; sur les datifs de thèmes en ι (πόλει), II, 195. Pour la désinence φιν, φι, voir *Datif pluriel*.

e. Langues italiques. Datif du latin, I, 377-379. Sur le datif en *ô*, plus anciennement *o-i* (*populoi Romanoi*), dans la 2e déclinaison, I, 379; II, 88, note 1; III, 372, remarque. Sur le datif ombrien, I, 378, note 2. Datif osque en *aí*, I, 377; en *ei*, I, 378, note 2. Datif pronominal latin en *bi* (*tibi*), *hi* (*mihi*) = *byam* sanscrit, II, 11-12.

f. Lithuanien. Formation du datif dans cette langue, I, 377-378.

g. Vieux slave. Datif en *i* (= sanscrit *ê*), dans les thèmes à consonnes et dans ceux en *ŭ* (=thèmes en *u* du sanscrit), I, 137-138. Le datif est en *u* dans les thèmes masculins-neutres en *o,* en *mu* (*tomu*), dans les pronoms, I, 138; en *ê,* dans les thèmes féminins en *a,* I, 138; en *i,* dans les thèmes tant masculins que féminins en *i,* I, 138-139; en *i* (sans adjonction de signe casuel), dans les thèmes féminins en *ja,* I, 139.

h. Gothique. Formation du datif dans cette langue. Désinence *ai,* au féminin des substantifs et des pronoms, I, 374-375. Les thèmes masculins et neutres, ainsi que les thèmes féminins en *i, u, n, r,* ont entièrement perdu la désinence du datif, I, 375. [Le datif gothique correspond au datif sanscrit; cela a été démontré pour la première fois dans la *Grammaire comparée,* 1ʳᵉ édition, p. 511.]

B. Datif (et ablatif) pluriel. Passages principaux, II, 73-75. Tableau comparatif du datif pluriel à l'exception du datif pluriel grec en σι, II, 74.

a. Sanscrit. Désinence *byas,* au datif et à l'ablatif; son origine, II, 30-31. Principaux passages concernant cette désinence, II, 14, 17. Désinence *byam* (*asmábyam, yuṣmábyam*), II, 11.

b. Zend. Désinence *byaś-(ća),* *byô,* II, 14; sur *e-byo* (de thèmes en *aś*), I, 81; II, 74.

c. Arménien. Datif (ablatif, génitif) pluriel en *g, z* = sanscrit *byas,* II, 15-18.

d. Grec. La désinence φιν, φι, correspond au sanscrit *byas,* lorsqu'elle marque le pluriel, et peut-être au sanscrit *byam,* lorsqu'elle marque le singulier, II, 21-25; sur la désinence -ιν (ἡμῖν, ὑμῖν) = sanscrit *byam,* II, 265. Le datif ordinaire en σι, σιν correspond à la désinence *su, śu* du locatif sanscrit, II, 82. Datif en οι-σι = sanscrit *ê-śu,* en αι-σι, ᾱ-σί, η-σι = sanscrit *â-su,* II, 82. Datif en οι-ς, αι-ς, II, 82, note 1; en εσ-σι, de thèmes neutres en εσ, nominatif ος (ὄρεσσι); en ε-σσι, α-σσι, de thèmes terminés par une consonne (κύν-ε-σσι, πρασσόντ-α-σσι, avec voyelle de liaison), II, 82-83; en υ-ε-σσι, ι-ε-σσι, α-ε-σσι, ο-ε-σσι (ἰχθύ-ε-σσι, πολί-ε-σσι, etc., par conséquent de thèmes terminés par une voyelle), II, 83; en ε-εσσι, de thèmes en ες (ἐπέεσσι), II, 83; sur les formes comme γούνασσι, δώμασσι, ποσσί, II, 83-84; sur celles comme πατράσι, ἀρνάσι, II, 85, note 3; sur ἀνδράσσιν, ἀνδρέσσιν, II, 83, note 2. Voir aussi le tableau comparatif, II, 254.

e. Langues de l'Italie. Latin. Désinences *bus, bis* (*nobis*), II,

14 (voir aussi, pour *nobis*, *vobis*, II, 73, note 2); *â-bus*, dans la 1ʳᵉ déclinaison, II, 74; *ô-bus* dans la 2ᵉ (*ambóbus*, *duóbus*), II, 73-74; *i-bus*, dans la 2ᵉ (*parvibus*), II, 74; *i-bus*, dans la 3ᵉ, II, 109, note 5; *u-bus*, *i-bus*, dans la 4ᵉ, II, 73-74, note 5; *i-s*, dans la 1ʳᵉ (*terrís*), dans la 2ᵉ (*lupis*), et parfois dans la 4ᵉ (*specîs*), II, 73-74, 75, remarque. Osque. Datif, ablatif pluriel de la 2ᵉ déclinaison en *úis*, *ois*, voir II, 75, remarque. Ombrien. Datif, ablatif de la 1ʳᵉ déclinaison en *és*, II, 75, remarque. A ce cas appartient aussi l'accusatif pluriel en *f* (*trif*), II, 15; IV, 206, note 1.

f. Lithuanien, borussien. Datif pluriel lithuanien en *mus*, *ms* = sanscrit *b́yas*, II, 14, 17; en *ā-ms* (au lieu de *a-mus*), des thèmes en *a*, I, 163, note 1. Datif pluriel borussien en *mans*, IV, 396.

g. Vieux slave. Datif pluriel en *mŭ* (= sanscrit *b́yas*), pour toutes les classes de mots; en *e-mu*, pour les thèmes en *i*, et pour les thèmes à consonnes élargis d'un *i*, II, 148-149.

h. Langues germaniques. Gothique. Désinence *m* (*sunu-m*) = sanscrit *b́yas*, II, 14-15, 17. Vieux haut-allemand. Datif pluriel en *ô-m*, avec allongement inorganique de l'*o* des thèmes en *on*, II, 114, note 1.

C. Datif duel, voir *Instrum. duel.*

II. Remarques syntactiques sur le datif: le datif de certains substantifs remplace l'infinitif en sanscrit, voir *Infinitif.* Datif employé pour exprimer le lieu où l'on va, IV, 126.

Déclinaison. Voir les articles: *Cas, Adjectifs, Déclinaison pronominale, Pronoms annexes, Nombres, Duel, Genres,* et de plus chaque cas en particulier. C'est en séparant avec soin les véritables désinences casuelles d'avec le thème que l'auteur a complétement modifié la théorie des différentes déclinaisons dans chacune des langues étudiées (voir à ce sujet, par exemple pour ce qui concerne l'arménien, I, 15, pour ce qui concerne le vieux slave, II, 123-124, cf. III, ɪ-ᴠɪ; cf. aussi, pour les différentes déclinaisons de chaque langue, l'article *Thème des mots*). Points de repère généraux: 1° Arménien: déclinaison tant déterminée qu'indéterminée de l'arménien, II, 61-62. 2° Grec: 1ʳᵉ déclinaison, I, 277-278; 2ᵉ, I, 276. 3° Latin: 1ʳᵉ déclinaison, I, 277; 2ᵉ, I, 276; 4ᵉ, I, 277, 283; 5ᵉ, I, 176-177, 278, 283. 4° Lithuanien: 4ᵉ déclinaison d'après Mielcke, I, 277. 5° Vieux slave: 3ᵉ déclinaison féminin d'après Dobrowsky (en *ŭ*), II, 128. 6° Gothique: 1ʳᵉ déclinaison forte d'après Grimm, I, 276; 3ᵉ forte, I, 277; 4ᵉ forte, I, 276; sur la déclinaison faible, dans les langues germaniques; son origine, I, 280, 292, 324-325; II, 164-165; III, 172.

Degrés de comparaison dans les adjectifs. Voir d'abord III, xiv-xix; puis II, 175-209.

1° Sanscrit. Comparatif en *tara*, superlatif en *tama*, II, 175. Origine de ces suffixes, II, 175-176; *tara, tama,* II, 177-178, et au lieu d'eux *dara, dama, iama,* II, 180, ajoutés aux pronoms; les suffixes *ia, tama, ma,* ajoutés aux noms de nombre, II, 186; voir aussi, pour *ma,* II, 177, 185, 244, 248-249, pour *iama, tama,* II, 244-245, 245-246, pour *ia,* dans les noms de nombre, II, 244, 246, 247, 248, 249; sur le védique *ta,* dans les noms de nombre, II, 247, note 2; enfin *tama* s'amoindrit souvent en *a* (dans les noms de nombre), II, 245. Comparatif en *îyâṅs, îyâs,* superlatif en *iṣṭa,* II, 186-187, suffixes pour lesquels on trouve aussi *yâṅs, yas, śṭa,* II, 189-190; déclinaison du suffixe *îyâṅs,* II, 190; amoindrissement du thème devant *îyas, iṣṭa-s,* II, 187.

2° Zend. Comparatif en *tara*, superlatif en *tĕma* (= sanscrit *tara, tama*), II, 175; comparatif en *yaś* (*yô*), féminin *yêhi,* II, 192; superlatif en *ista* (= sanscrit *iṣṭa*), II, 187, 192; suffixe *iô, dô,* dans les noms de nombre, II, 244-245; *mô* (= sanscrit *ma,* dans les noms de nombre), II, 244. Nouveau perse. Superlatif en *terîn,* II, 189, remarque.

3° Arménien. Comparatif en *guin,* II, 206-209; sur le superlatif arménien, II, 209.

4° Grec. τερος, ιστος, τατος, II, 176; εστερος, ιστερος, εστατος, ιστατος, II, 176, 188-189, remarque; αιτερος, αιτατος, II, 189, remarque; s'adjoignent aux pronoms τερος et στος, II, 177; aux noms de nombre στος, II, 246; το-ς (= sanscrit *ta-s*), II, 186, 244, 246; μος, II, 244; ο-ς (dans ὄγδοος), II, 244. Comparatif en ιων et déclinaison de ce suffixe (= sanscrit *îyâṅs*), II, 191; sur les comparatifs grecs qui ont deux fois la même consonne (κρείσσων, μᾶλλον, κάρρων), II, 192-194; sur ἀμείνων, χείρων, μείζων, ὀλίζων, μείων, II, 194-195; amoindrissement du thème devant ιων, ιστος, II, 187-188.

5° Latin. Comparatif. Les suffixes *ter, terus, terior,* ajoutés à des pronoms, II, 177-178; à des prépositions, II, 178-179. Pour *ter,* voir aussi la liste des *suffixes.* Les suffixes de comparatif *ferus* (*inferus*), et de superlatif *fimus* (*infimus*) = sanscrit *dara* et *dama,* II, 180. Comparatif en *ior, ius* (= sanscrit *îyâṅs*), II, 187, 190; en *is-ter* (suffixe double), II,

188, remarque. Superlatif en *timus, tumus* (*optimus*), II, 176, 179, 183; en *simus* (dans *maximus*, II, 176; et dans les noms de nombre, II, 245-246); en *limus* (*facillimus*) et en *rimus* (*pulcherrimus*), II, 176-177; en *istimus*, II, 188, remarque; en *issimus*, II, 186, 188, remarque; en *mus*, dans *summus*, II, 177; et dans les noms de nombre, II, 244, 245. Appartiennent aussi au superlatif les suffixes *tus*, II, 244, 248, et *us* (*octâv-u-s*), II, 245, dans les noms de nombre.

6° Lithuanien, borussien. Comparatif lithuanien en *tra-s*, borussien en *tar-s* (= sanscrit *tara*), II, 185; lithuanien en *ēsnis*, féminin *ēsne*, borussien en *aisi*, II, 204-205. Superlatif en *iausia-s*, féminin *iausia*, II, 205-206. Les suffixes *ta-s*, II, 244-245, 248, et *ma-s*, II, 244, dans les noms de nombre.

7° Vieux slave. Comparatif en *torŭ, terŭ* (= sanscrit *tara*), II, 185. Formes qui correspondent au sanscrit *îyâns* : ьіш *éjś*, nominatif masculin *éj*, féminin *éjśi*, neutre *éje;* ьш *iś*, nominatif masculin ьй *ij*, féminin *iśi*, neutre *je*, II, 200-204; pour les formes *éjśi, iśi*, particulièrement, II, 202-203. Le superlatif dans les langues slaves, II, 204. Appartiennent aussi au superlatif les suffixes *tŭ-j*, II, 248, et *mŭ-j*, II, 248,

qui se trouvent dans les noms de nombre.

8° Gothique, allemand. Le suffixe gothique *thar*, vieux haut-allemand, *dar*, moyen haut-allemand, nouveau haut-allemand *der*, ajouté à des pronoms, II, 177-178; voir aussi la liste des *Suffixes*. Gothique *tuman, duman*, nominatif *tuma, duma; tum-ist-s, dum-ist-s*, II, 183-184; *man*, nominatif *ma* (*anhuma, midjuma*), II, 184-185. Les suffixes gothiques *tan, dan*, nominatif *ta, da*, dans les noms de nombre, II, 246, 248. Gothique *isan*, nominatif masculin *isa*, féminin *isei*, neutre *isô* = vieux haut-allemand *iro*, II, 196-198. Gothique *ôsa* (nominatif), vieux haut-allemand *ôro, ēro*, II, 198-199. Superlatif gothique *ist-s* (= sanscrit *iṣṭa*), II, 192, cf. II, 199. Gothique *ôst'-s*, vieux haut-allemand *ôst*, II, 199. Les suffixes du superlatif, dans les noms de nombre germaniques, II, 246. Comparatif à double suffixe en vieux haut-allemand, II, 219. Amoindrissement du thème au comparatif, dans les langues germaniques, II, 199-200.

DÉNOMINATIFS, voir III, LXXVI-LXXIX.

1° Sanscrit. Ses dénominatifs, 257, note 2; III, 101, 115. Particulièrement sur les dénominatifs qui ont *aya* pour caractéristique, III, 439-440; qui sont formés de thèmes en *n*, III, 444 ; qui ont pour caractéristique *paya* (rapprochements avec le lithuanien et le vieux slave), III, 447-450 ; qui ont pour caractéristique *ya* (leurs représentants dans les langues congénères), III, 450-453, 458-459 ; nés d'un nom d'action par l'addition de *ya*, dans les Védas, III, 452 ; formés par la simple addition d'un *a*, III, 462-463. Dénominatifs désidératifs du sanscrit (du grec et du latin), voir *Désidératifs*.

2° Zend. Dénominatifs en *ayêmi*, III, 442.

3° Arménien. Dénominatifs divers, III, 464-465.

4° Grec. Dénominatifs en λλω, σσω, αίρω, αίνω (correspondant aux dénominatifs sanscrits en *ya*), 238-239 ; III, 450-453 ; en μαίνω, III, 450-451 ; en αω, εω, οω, αζω, ιζω, οζω (correspondant aux dénominatifs sanscrits en *aya*), III, 441 ; sur ceux en ιζω, III, 441-442 ; et sur ceux en αω, αζω, οω, οζω, III, 441-442. Comment le grec forme des dénominatifs de thèmes en ι et en υ, III, 442, note 1, 443 ; de thèmes en ν et en ς, III, 444. Dénominatifs nés de comparatifs (βελτιόω), III, 444. Dénominatifs correspondant à ceux du sanscrit qui sont formés par la simple addition d'un *a*, III, 463. Dénominatifs en ασκω, ησκω, ισκω, III, 462 ; en ευω, III, 463-464.

5° Latin. Dénominatifs de la 1re, de la 2e, de la 4e conjugaison (= dénom. du sanscrit en *aya*), III, 439-440, 445-446 ; ceux qui sont formés de thèmes en *n*, III, 444 ; ceux qui correspondent aux dénom. sanscrits formés à l'aide simplement d'un *a*, III, 463. Dénominatifs en *igo*, III, 457-458 ; en *sso* (3e conjugaison), III, 459-460.

6° Lithuanien. Dénominatifs = dénom. sanscrits en *aya*, III, 446-447 ; ceux en *auju* (= dénom. sanscrits en *paya*), III, 447-448.

7° Slave. Dénominatifs correspondant aux dénominatifs sanscrits en *aya*, III, 446 ; ceux en *ujṅ* = dénom. sanscrits en *payâmi*, III, 449.

8° Gothique. Dénominatifs de la 1re conjugaison faible = dénominatifs sanscrits en *aya*, III, 443-444. Dénominatifs formés de thèmes en *n*, III, 444. Dénominatifs de la 2e et de la 3e conjugaison faible (= aussi dénominatifs sanscrits en *aya*), III, 444-446 ; sur les dénominatifs en *na* (*ga-fullna-n*), qui sont propres au gothique, III, 453-454. La forme dénominative *na*, devenue en gothique une forme passive, III, 455-456.

DENTALES. Celles du sanscrit, 49-

50; elles se changent en cérébrales après un *ś*, 49. Celles du zend, 90-92. Celles du vieux slave *t*, *d*, 172, et particulièrement *z*, 174. Les dentales tombent en grec à la fin des mots, 140; en germanique, elles tombent, ou bien elles sont protégées par l'addition d'une voyelle (*tha-ta*=sanscrit *ta-t*), 139-140 [pour la première fois dans la *Grammaire comparée*, 1re édition (1835), p. 399]. Sur les dentales finales en vieux perse, 140. Dentales devenues sifflantes en zend, 109-110, 206-207. Addition inorganique d'une dentale à des muettes initiales d'une autre classe, en grec, 50. Dentales dans les langues germaniques, 139-140. Voir *Moyennes*, *Ténues*, *Aspirées*, *Loi de substitution*; voir aussi les systèmes phoniques.

Désidératifs, voir III, LXXXII-LXXXIII. Leur caractéristique *s*; son origine, III, 432. Désidératifs du sanscrit, III, 217, 223, 227, note 3, 319-320; du zend, III, 431-432; du grec, III, 319-320, 428-430 (ceux en σειω, III, 458); du latin, III, 319, 429-431 (ceux en *turio*, III, 458-459). Sur les temps généraux des désidératifs en sanscrit, en grec, en latin, III, 431. Sur les dénominatifs désidératifs du sanscrit qui sont formés à l'aide de *ya*, III, 320; cf. ceux du grec qui sont en ιάω, III, 456-457, et ceux du latin qui sont en *io*, III, 459.

Désinences. Pour les désinences casuelles, voir chaque cas. Changement de la désinence *as* en *ô*, en sanscrit et en zend, II, XVI. Pour les désinences personnelles, voir III, LI-LIX, et ce qui suit :

A. Généralités. Désinences plus pleines ou *primaires*, dans les temps principaux, et désinences plus émoussées ou *secondaires*, dans les temps secondaires, III, 7-10, 20-24. Énumération et tableau comparatif des désinences *légères* et des désinences *pesantes*, III, 99-101; cf. III, 81-82 [pour la première fois dans les *Jahrb. für wissenschaftliche Kritik* (1827), p. 259 et suiv., et dans le *Vocalismus*, p. 13 et suiv.]. Pour l'influence exercée par le plus ou le moins de poids des désinences sur les modifications de la racine, particulièrement en ce qui concerne le gouna, voir l'article *Classes*, aux subdivisions α, δ, ε, ζ, θ, ι, *d*, *b*; voir en outre, pour l'influence que cette différence de poids exerce en sanscrit sur la racine *sâs*, III, 89-90; sur la racine *si* (grec χεῖμαι), III, 92-93; sur la racine *kar* (*kr*), III, 95-97; pour l'influence de cette différence sur le prétérit à redoublement (parfait), du sanscrit et des langues germaniques, III, 94.

FLEXION.

B. Les désinences personnelles proviennent de thèmes pronominaux, III, 20 et suiv.; sur les désinences du moyen, III, 61 et suiv.; particulièrement, III, 73-74.

C. La comparaison des désinences personnelles se trouve pour la 1re personne, III, 10 et suiv.; particulièrement, III, 28-29; pour la 2e, III, 30 et suiv.; particulièrement, III, 46-48; pour la 3e, III, 48 et suiv.; particulièrement, III, 59-60. La 3e personne du pluriel au moyen en sanscrit, en zend et en grec, III, 63, note 2.

D. Liste des désinences personnelles dans chacune des langues étudiées et remarques diverses (à compléter par un coup d'œil sur les articles *Temps* et *Modes*) :

1° Sanscrit. Liste alphabétique :

a (1re personne secondaire au moyen passif), en regard de μην en grec, II, 68.

ati, voir *ti*.

até (3e personne du pluriel au moyen), II, 53, 68-69.

a-n, III, 55-56.

anti, anté, voir *nti, nté*.

a-m, à proprement parler *m* seulement, III, 18-20, remarque.

âtâm, âiâm (duel), III, 72.

âté, âié, III, 69, 72.

âna, voir *Impératif*.

âni, voir *Impératif*.

i (1re personne secondaire au moyen passif), III, 68.

is, it, voir *Imparfait*.

us, voir *Potentiel, Parfait*.

ê (1re personne au moyen passif), III, 69-70.

âi, voir *Impératif* (1re personne).

t (3e personne du singulier secondaire), III, 48-49.

ta, III, 30.

tana (védique 2e personne pluriel), III, 24, remarque.

tam, III, 30.

tas, III, 58-59.

tât, voir *Impératif*.

tâm, III, 59.

ti (3e personne du singulier), III, 48-49.

ti (3e personne du pluriel au lieu de *nti*), III, 52-53.

tu, voir *Impératif*.

tê, III, 62-63, 74.

ta, III, 30-31.

tas, III, 30-31.

tâs, III, 64-66, 73-74.

di, voir *Impératif*.

dvam, III, 30, 72, 73, 74.

dvê, III, 30, 69, 72-73.

nti, III, LII, 51-52.

ntu, voir *Impératif*.

nté, III, LIII, 52, 69.

m (1re personne secondaire, ce n'est pas *am*, III, 18-20, remarque), 18, 20.

ma, mas, III, 21, 25; cf. III, 22-24.

masi, III, 22.

mahi, mahê, mahâi, III, 69. Pour *mahdi* (*âmahâi*), 1re personne du pluriel impératif moyen, voir aussi III, 369; *maḥê*, amoindrissement de *maḍê* [pour la première fois dans la *Grammatica critica*, p. 146].

mi, III, 10-12, 20.
ran, III, 63, note 2.
rê, voir *Parfait*.
va, vas, III, 10, 26.
vahi, vahê, vahâi, III, 69.
śi (= *si*), III, 34.
s, III, 34.
sî, III, 34.
sê, III, 69.
sva, voir *Impératif.*
hi, voir *Impératif.*

1° *bis.* Formes secondaires de la 1ʳᵉ personne du singulier en prâcrit, III, 49. 1ʳᵉ personne en *uṅ,* en mahratte, IV, 134-135.

2° Zend, voir le paragraphe C de cet article. 1ʳᵉ personne du singulier primaire en *mi,* suppression de cette désinence au présent, III, 315; secondaire en *m,* III, 18; 1ʳᵉ personne du duel, elle est sans exemple connu, III, 27; 1ʳᵉ personne du pluriel en *mahi,* III, 22; en *maidê,* III, 69. Sur la 2ᵉ personne du singulier, III, 34-35. Désinences *ta, tâ,* III, 33-34. Désinence *ṇha, śa* (au moyen), II, 64-65. Pour le subjonctif, voir plus bas (p. 79ᵇ). Sur la 3ᵉ personne singulier, III, 48-49; sur la même au moyen passif, III, 62-63. Pour le subjonctif, voir plus bas (p. 79ᵇ). Sur la 3ᵉ personne du duel en *tô* (= sanscrit *tas*), III,

59; 3ᵉ personne du pluriel en *ěnti, ainti,* III, 62, note 3; sur la même dans les verbes de la 3ᵉ classe, III, 52-53; 3ᵉ personne du pluriel secondaire en *ě-n,* III, 56. Sur les désinences du moyen, III, 61 et suiv.

2° *bis.* 1ʳᵉ personne du singulier du nouveau perse, III, 17.

3° Arménien. Sur la 1ʳᵉ personne du singulier, III, 17, 18; 1ʳᵉ personne du pluriel en *mq̇, q̇,* III, 25-26; 2ᵉ personne du singulier primaire en *s,* III, 38-39; secondaire en *r,* III, 39; 2ᵉ personne du pluriel en *q̇,* III, 40; 3ᵉ personne du singulier, III, 54-55; du pluriel primaire, III, 54; secondaire en *n,* III, 58.

4° Grec. Voir le paragraphe C de cet article. Ensuite : *Actif.* 1ʳᵉ personne du singulier primaire, elle fut d'abord partout en μι, désinence perdue dans la conjugaison en ω, III, 10-12; de même au futur, III, 10, note 2; secondaire en ν, mais la désinence manque à l'aoriste 1ᵉʳ, III, 18; 1ʳᵉ personne du pluriel d'abord μες, puis μεν, III, 21, 22, remarque; 2ᵉ personne du singulier, III, 36; du duel (τον); du pluriel (τε), III, 30, 33-34; 3ᵉ personne du singulier en τι (ἐστί), σι, III, 49. Sur les formes comme φέρει, III, 49; sur les formes secondaires, III, 49. 3ᵉ personne du duel en τον (= sanscrit *tas*), την, των (= sanscrit *tâm*), III, 58; 3ᵉ personne du pluriel primaire d'abord *ντι*, III, 51, 52, 53, 54. Sur *ουσι* (τύπ-τουσι), III, 57, note 1; sur *ᾱσι* (δεικνύᾱσι), III, 51-52; secondaire *o-ν*, III, 55-56. Sur les désinences du moyen, III, 61 et suiv.; désinence *μαι*, III, 11-12, 69-71, 74; *μην*, *μᾱν*, III, 68, 73-74; *μεθα*, III, 69; *σαι*, III, 69-71, 74; formes comme τύπῃ, III, 70; désinence *σο*, III, 64; désinences *σθον*, *σθην*, III, 72; *σθε*, III, 73, 74; *σθω* (à l'impératif), III, 73; *ται*, III, 69-70, 74; pluriel *νται*, *αται*, III, 69. Cf. aussi III, 53, et pour le dialecte ionien, III, 53-54.

5° Latin. Voir le paragraphe C de cet article. Ensuite: la désinence primaire de la 1ʳᵉ personne du singulier (sanscrit *mi*) s'est perdue presque partout en latin, III, 11, 128; désinence secondaire *m*, III, 18. 1ʳᵉ personne du pluriel *mus*, III, 21. Adjonction de la désinence aux racines de la 2ᵉ classe sanscrite, III, 82-83. Sur la 2ᵉ personne du singulier en *s* (passif), pluriel *tis*, *te*, III, 33; 3ᵉ personne du singulier secondaire en *t*, III, 49; du pluriel primaire en *nt* (= sanscrit *nti*), III, 51; secondaire en *a-nt*, III, 58. Désinence *mini* (au passif), voir *Passif*. Pour les désinences non citées ici voir *Passif*, *Impératif*, *Parfait*, etc.

6° Lithuanien, lette, borussien.

1ʳᵉ personne du singulier primaire, souvent *mi*, III, 12-13. Sur les formes finissant par *u*, *au*, III, 14-15; sur les formes secondaires, III, 20. Sur le lette *mu*, le borussien *mai*, III, 37. Duel *wa*, III, 26; pluriel *me*, III, 24. 2ᵉ personne lithuanienne *si*, III, 36; *i*, 36, 38. Sur le borussien *sai*, *sei*, *se*, *si*, III, 37. Lithuanien *ta*, III, 33; *te*, III, 33. Sur la 3ᵉ personne du lithuanien dans les trois nombres, III, 50.

7° Langues slaves. Sur la différence des genres dans les désinences personnelles en vieux slave et en slovène, III, 347, remarque. 1ʳᵉ personne du singulier primaire, vieux slave *mi*, *uṅ*, III, 15; slovène *a-m*, *e-m*, *i-m*, III, 15-16; cf. III, 17. Sur le bohémien, III, 17, note 1. Sur les formes secondaires en vieux slave, III, 9-10, 20. 1ʳᵉ personne du duel *vê*, III, 26; du pluriel *mŭ* (slovène *mo*), III, 24; 2ᵉ personne primaire *si*, *ši*, III, 35-36. Sur les formes secondaires, III, 38. Désinence *ta*, III, 33; *te*, III, 33. 3ᵉ personne du singulier, désinence primitive *ti*, III, 90, remarque; ordinaire *tŭ*, III, 49-50. Sur les formes secondaires, III, 49. Duel *ta* (primaire et secondaire), III, 59. Pluriel (primaire) *antŭ*, *untŭ* (= sanscrit *anti*), III, 54; pluriel (secondaire) *aṅ*, *uṅ* (= sanscrit *an*), III, 57.

8° Langues germaniques. Voir

le paragraphe C. Ensuite : *Actif.* Sur la 1re personne du singulier primaire en gothique, III, 16; en vieux haut-allemand, III, 16-17; en nouveau haut-allemand, III, 17; secondaire, en gothique, en vieux haut-allemand, III, 8-9, 20. Sur la 1re personne du duel en gothique, III, 26-27; sur la 1re personne du pluriel en *m*, *ma*, dans le gothique, III, 24-25; sur le vieux haut-allemand *mês*, III, 24-25. 2° personne du singulier gothique *s*, III, 36; vieux haut-allemand *s*, *st*, moyen haut-allemand et nouveau haut-allemand *t*, III, 38; duel gothique *ts*, III, 32-33; pluriel gothique *th*, III, 33-34; haut-allemand *t*, III, 34. 3^e personne du singulier primaire en gothique et en vieux haut-allemand, III, 50; secondaire, en gothique, III, 49; pluriel primaire en gothique *nd*, III, 51 (sur le nouveau haut-allemand, III, 54; sur le vieux saxon et l'anglo-saxon, III, 55, note); secondaire, en gothique *na* (au subjonctif), *un* (au parfait), III, 56. *Passif* : désinences *da*, *sa*, *nda*, en gothique, III, 61, 62, 63, 64; subjonctif du passif et du moyen, en gothique, voir plus bas (p. 80°), au mot *Subjonctif*, n° 7.

9° Irlandais. Sur la 1re personne du singulier, III, 17. Sur la désinence *maid*, *maoid* (= zend *maid'ê*), III, 134, note 7.

Dévanâgari, écriture du sanscrit, 191.

Digamma, 56-57.

Diminutifs en ισκος, ισκη, IV, 316.

Diphthongues du sanscrit, 28-30. Voir les systèmes phoniques et les articles *Gouna*, *Vriddhi*, *Affaiblissement de la voyelle*.

Duel, xxxvi, 274. Duel du vieux slave, II, 143-145; ce qui reste du duel en latin, II, 9; en arménien, II, 219.

Dvandva, voir *Composés copulatifs*.

Dvigu, voir *Composés collectifs*.

Éclipse (terme employé par les grammairiens irlandais), II, xviii.

Écriture. Celle du sanscrit, 67 et suiv.; du zend, 113 et suiv.; du vieux slave (les voyelles), 162 et suiv., (les consonnes), 172 et suiv.; de l'arménien, 402-404.

Euphonie. Doublement euphonique de *n*, en sanscrit, en gothique, en allemand, IV, 193-194, note 2; *n* (*ṇ*) euphonique dans la déclinaison en sanscrit, I, 307-308; II, 6, 51-52, 76, 222; en zend, II, 76-77; en gothique, I, 308; en vieux haut-allemand, en vieux saxon, en anglo-saxon, II, 76; *y* euphonique, en sanscrit, en zend, I, 96; *h* euphonique, devant *r* en zend, I, 101; *ṇ* euphonique, devant *hr*, I, 105-106, et ailleurs en zend, I, 106-107; *ṣ*, *š*, devant *d*, *t*, en vieux slave, I, 182-183; *t*, *ṭ*, *n* euphoniques en sanscrit, *n* euphonique en zend et en latin, ϑ, *v* euphoniques en grec, devant le suffixe *as*, IV, 289, remarque; 296, note 3.

EXPRESSIONS INCOMPLÈTES, III, 170-171, remarque.

FLEXION. Comparaison de la flexion dans les langues indo-européennes et dans les langues sémitiques, 225 et suiv. Analyse de la flexion, son utilité, II, xxxiv. Étymologie des désinences casuelles, II, xxxiv-xxxv.

FORMATION DES MOTS, IV, I-XXI, 1-415. Voir la fin de la table.

FORME FONDAMENTALE des noms, voir *Thème des mots*.

FUTUR, voir III, LXIX-LXXI. Points de vue généraux : Sanscrit. Il y a deux futurs, le futur auxiliaire et le futur participial. Le dernier ne se retrouve qu'en zend, le futur auxiliaire se retrouve en grec dans le futur 1ᵉʳ, il se retrouve aussi en lithuanien, ce qui en reste en vieux slave et en latin (futur passé archaïque en *so*). En latin, le futur de la 3ᵉ et de la 4ᵉ conjugaison est proprement un potentiel; les futurs en *bo* (il y en a de semblables en irlandais) sont une créa-

tion postérieure du latin. Le futur de l'arménien correspond au précatif du sanscrit; le futur tient de près au subjonctif, III, 336. Tableau comparatif du futur à auxiliaire sanscrit, et des formes correspondantes en zend, en lithuanien, en latin et en grec, III, 312-313.

1° Sanscrit.

A. Futur à auxiliaire (*bôtsyâ-mi* de la racine *bud*), III, 298, 299, 300, 311-312; analyse de ce futur, III, 303-304, 371. Origine de la caractéristique de futur *ya*, III, 318. Futur remplacé par des désidératifs, III, 319. Futur à auxiliaire du prâcrit, III, 302.

B. Futur à participe, III, 295, 298; analyse de ce futur, III, 296; sur la 3ᵉ personne du même, III, 295, 296; sur le moyen du même, III, 296, remarque.

C. Manière d'exprimer le futur passé en sanscrit, III, 139-140.

Appendice : futur de l'indoustani, IV, 192.

2° Zend. Futur à auxiliaire, III, 312, 314-315, 316-317; cf. III, 301. Suppression de la désinence de la 1ʳᵉ personne du singulier à ce futur, III, 314-315. Reste du futur à auxiliaire en nouveau perse (*bâsem*), III, 307. Futur à participe, III, 315-316.

3° Arménien. Futur comparable au précatif sanscrit, 409-410,

411; III, 329-330. Futur de l'ossète, II, 16, note.

4° Grec. Futur 1er = futur à auxiliaire sanscrit, III, 302-303, 311-312. Futur dorien en σῶ, III, 302-303; en ιω, III, 302. Futur du verbe substantif, III, 301-302. Sur le futur 2° du grec, III, 303. Futur antérieur du grec, IV, 151-152. Futur 1er passif, III, 275-276; futur 2° passif, III, 276-277. Périphrase du futur à l'aide de μέλλω, III, 308-309; futur périphrastique du grec moderne, III, 318-319.

5° Langues italiques. 1° futur passé archaïque en *so* (*faxo*, *axo*) = sanscrit futur à auxiliaire, III, 312, 315, 150-151; en *asso*, *esso*, III, 151-152. Futur du verbe substantif, III, 299, 300, 301. 2° futur ordinaire de la 3e et de la 4e conjugaison = potentiel du sanscrit [pour la première fois déjà dans le *Conjugationssystem* (1816), p. 98], III, 342, 343; sur la 1re personne du même, III, 341-342. 3° futur en *bo*, de la 1re et de la 2e conjugaison [expliqué pour la première fois déjà dans le *Conjugationssystem*, 1816], III, 154, 309, 336; futur de la 3e conjugaison en *ébo*, de la 4e en *ibo*, *ibor*, III, 157; cf. n° 9 (irlandais). 4° futur antérieur du latin, III, 149-150. Futur antérieur de l'osque et de l'ombrien, III, 152-153.

5° *bis*. Futur des langues romanes, particulièrement du provençal, III, 306-307.

6° Futur du lithuanien = futur à auxiliaire du sanscrit, III, 298, 300. Futur à auxiliaire du lette, III, 305; particulièrement II, 320, remarque.

7° Vieux slave. Reste du futur à auxiliaire du sanscrit en vieux slave, III, 305-306. Sur le futur du verbe substantif (*buṅduṅ*), III, 278. Sur le slovène, le polonais, le russe, le bohémien, III, 304; sur le serbe, III, 304-305. Périphrase du futur en vieux slave au moyen de différents verbes, III, 306, 319. Le futur remplacé par le présent, III, 306; par le présent précédé d'une préposition (en bohémien), III, 305.

8° Langues germaniques. Le futur manque; il est remplacé dans le verbe substantif par *vairtha*, en gothique, III, 308; dans d'autres verbes par le présent (en gothique et en vieux haut-allemand), III, 308; par le subjonctif (en gothique), III, 307. Futur (périphrastique) avec *haban* en gothique, III, 307; avec *man*, *manum*, en gothique et en vieux norrois, III, 308; avec *werden*, en nouveau haut-allemand, III, 308; avec *sollen*, en vieux haut-allemand, III, 308; avec *wollen*, en vieux haut-allemand, III, 308, et en anglais, III, 306, note 3.

9° **Irlandais.** Futur de l'irlandais correspondant au futur latin en *bo*, III, 155, 311; sur le futur du verbe substantif, III, 301.

Futur. Comment il est exprimé dans les langues de la Malaisie et de la Polynésie, III, 174.

GÉNITIF.

A. Génitif singulier. Passage principal, 411-430. Tableau comparatif pour toutes les langues (excepté le génitif ordinaire du latin, dans la 1ʳᵉ et la 2ᵉ déclinaison, lequel est proprement un locatif), 430.

a. Sanscrit. Désinences *sya*, *s*, *as*, *ôs*, 412; origine de la désinence *sya*, *s*, 428; usage de la désinence *sya*, 414. Gouna au génitif dans les thèmes en *i* et en *u*, 412. Désinence *as*, dans les thèmes en *i* et en *u* (en védique), 414; désinence *us* (dans *páti*, *sáki*, et quelques adjectifs), 414. Génitif en *ur* des thèmes en *ar* et en *âr* (*r*), 425. Désinence féminine *s*, *âs*, 425.

Appendice. Génitif de l'hindoustani, II, 287, note 3.

b. Zend, vieux perse, nouveau perse. Zend. Désinence *hyâ*, *qyâ*, *hê* (vieux perse *hyâ*, *hya*) = sanscrit *sya*, 414-415. Désinence *aś*, devant l'enclitique *ća*, 425. Désinence *s*, et aussi *ô* (de *as*), dans les thèmes en *u*, 413. Gouna au génitif, 412, dans les thèmes en *i*, *ôis*, 426; III, 349, note 3 (cf. vieux perse *âiś*, *aiś*, I, 427-428); dans les thèmes en *u*, *eu-s*, I, 413. Désinence *aś-(ća)*, *ô*, *s*, dans les thèmes en *r*, I, 425. Désinence féminine *ào* = sanscrit *âs*, I, 425. Génitif employé au lieu du locatif, I, 433-434. Nouveau perse. Génitif exprimé par l'*i*, *işâfet*, II, 64.

c. Arménien. Génitif-datif singulier, 415-417. Désinence pronominale *r*, *ra* (génitif seulement), 415-416; II, 251, 381-382. Génitif sans signe casuel des thèmes en *u* (ու), I, 416; des thèmes en *i*, I, 417; des thèmes en *n*, I, 396. Pour les formes pronominales, voir aussi la table des mots.

d. Grec. Génitif en *oιo* (*o-ιo*), de thèmes en *o*, 418; II, 94, 257, note 1; en *ου*, I, 418; homérique en *αo* (Βορέαο), I, 419. Génitif en *ος*, I, 412-413. Génitif féminin de la 1ʳᵉ déclinaison, I, 426. Génitif attique en *ως* (πόλεως), I, 426, note 1; ε-ως de thèmes en *υ*, au lieu de *υ-ος*, II, 258-259. Génitif à double désinence (ἐμοῦς), I, 420.

d bis. Albanais. Sur le génitif en cette langue, 194.

e. Langues italiques. Désinence du génitif réel, en latin *s*, *is*, *os*, *us*, 413; *jus* (*hujus*), 419, cf. III, xxviii. Génitif archaïque en *âs*, dans la 1ʳᵉ déclinaison, 427. Génitif osque en *eis*, 420-421;

en *ás* (1ʳᵉ déclinaison), 427; ombrien en *as*, *ar* (1ʳᵉ déclinaison), 421, 427; messapien en *hi*, II, 93, remarque 2; étrusque en *as*, *es* (de noms propres féminins en *a*, *ia*), I, 427. En latin, le génitif ordinaire de la 1ʳᵉ déclinaison en *ae* (archaïque *ai*), et de la 2ᵉ en *î*, correspond au locatif sanscrit, I, 434. Sont aussi au locatif les adverbes en *ê* (*nové*), I, 438, 440, note 2.

f. Langues lettes. 1° Borussien. Génitif en *se*, *sei*, *ssei*, 415, 423; en *s*, 423; en *i-s* des thèmes en *i*, 427, note 1. 2° Lithuanien. Désinence de génitif *s*, gouna au génitif, 412; sur *ēs* des thèmes en *i*, 427. Génitif en *ō* des thèmes masculins en *a*, 422; en *ôs* (féminin), 193. 3° Lette. Génitif sans signe casuel, 422.

g. Vieux slave. Sur la désinence *go* (*čisogo*, *česogo*) = sanscrit *sya*, II, 139-140; sur le génitif *čiso*, *česo*, II, 140, note 3. Désinence *e* (= sanscrit *as*) dans les thèmes à consonnes et dans les thèmes féminins en *u*, II, 139. Génitif en *a* (sans signe casuel) dans les thèmes en *o*, génitif en *u* des thèmes en *ŭ* (cf. sanscrit *ŏ-s*), génitif en *i* (sans signe casuel) des thèmes (masculin et féminin) en *i*, II, 140-141. Génitif en *ü* des thèmes féminins en *a*, II, 141; en *jaṅ* des thèmes féminins en *ja*, II, 141; génitif en *śaṅ* des thèmes féminins en *śa* (de *chja*), II, 141-142.

h. Langues germaniques. Voir le renvoi au tableau comparatif au commencement de cet article. Génitif terminé par *s* en gothique, gouna au génitif (*ai-s*, *au-s*, dans les thèmes en *i* et en *u*), 412. Sur le génitif gothique principalement, 423-424. Sur celui des féminins, 426. Sur celui des pronoms qui est en *ṣôs* (*thiṣôs*, féminin), 375, 426. Vieux haut-allemand. Génitif singulier en *es* dans les thèmes en *a*, II, 88, note 3. Vieux saxon. Génitif, I, 423. Vieux norrois. Génitif en *r*, I, 427. Haut-allemand. Génitif sans signe casuel, I, 412. Génitif avec signe casuel restitué (*Herzens*). Voir la table des mots à *Herzens*.

B. Génitif pluriel, II, 75-80. Tableau comparatif pour toutes les langues étudiées, II, 80-81.

a. Sanscrit. Désinence *âm*, II, 75-76; dans les pronoms *sâm*, II, 77 et suiv.; *n* (*ṇ*) euphonique devant *âm*, II, 76-77; sur *r̂nâm* dans les thèmes en *ar*, *âr* (*r*), II, 81, notes 1 et 3.

b. Zend. *aṅm* (= sanscrit *âm*), II, 75; dans les pronoms *śaṅm* (*ai-taiśaṅm*), féminin *ṅhaṅm* (*âoṇhaṅm*), II, 77-78, 80, note 2; *n* euphonique devant *aṅm*, II, 76-77.

c. Grec ων = sanscrit *âm*, II, 75; αων, εων, II, 79.

d. Latin. Désinence *um* (= sanscrit *âm*) dans la 3ᵉ déclinaison, II, 75-76, parfois aussi dans la 1ʳᵉ (*agricolum*), et dans la 2ᵉ (*deum*), II, 79, 286, remarque. La désinence *rum* (*ô-rum*, *â-rum* = sanscrit *sâm*) appartient proprement à la déclinaison pronominale (*quō-rum*, *quā-rum*), d'où elle a pénétré dans la 1ʳᵉ et dans la 2ᵉ déclinaison des substantifs, II, 78-79, 80; quelquefois aussi dans la 3ᵉ (*bovĕrum*, *regĕrum*), II, 79. Désinence *um*, *om* en ombrien et en osque, désinence *rum* en ombrien, *zum* en osque, II, 79-80.

e. Langues lettes. Borussien *n* = sanscrit *âm*, II, 76; *son* = sanscrit *sâm*, II, 78. Lithuanien *ü* = sanscrit *âm*, II, 76; *su* = sanscrit *sâm*, II, 78.

f. Vieux slave. Désinence *ŭ* (= sanscrit *âm*) dans les thèmes à consonnes, II, 149. Sur le génitif en *ŭ* des thèmes en *o* et en *a*, II, 149; sur le génitif en ииї *ij* (sans signe casuel) dans les thèmes en *i*, II, 149; sur *desańtŭ*, II, 149-150. Désinence *chŭ*, *sŭ* = sanscrit *sâm*, II, 78, 150.

g. Gothique. *ê*, *ô* = sanscrit *âm*, II, 75-76; sur *iv-ê* (*sunivê*) dans les thèmes en *u*, II, 80, note 5. *n* euphonique devant cette désinence de génitif en vieux haut-allemand, en vieux saxon, en anglo-saxon, II, 76. Gothique *sê*, *sô* = sanscrit *sâm*, dans les pronoms et dans les adjectifs, II, 77-78; correspond à *ro* en vieux haut-allemand, à *r* (*der*) en nouveau haut-allemand, II, 78.

C. Le génitif-locatif duel en *ôs* dans le sanscrit n'est représenté qu'en zend (désinence *ô*), II, 32-33; qu'en lithuanien (désinence *u*), qu'en vieux slave (désinence *u*) dans les substantifs et les adjectifs, II, 33, 143, remarque 3; (désinence *ij-u*) dans les thèmes en *i*, et dans ceux en *n* élargi d'un *i*, II, 145; (désinence *oj-u* = sanscrit *ay-ôs*) dans les pronoms, II, 143, note 3. Le génitif-datif duel grec correspond à l'instrumental-datif-ablatif sanscrit. Voir *Instrumental*, paragraphe C.

Genre. Généralités, 273. L'arménien n'a pas la distinction des genres, 401; II, 35, 60-61, 99, note 2. Le zend, sans tenir compte du genre qu'un nom a au singulier, le fait ordinairement du neutre au pluriel, II, 47, note 1. Sur le féminin latin-grec en *us*, *os*, IV, 256, remarque.

Germanique, ce qu'il est par rapport au letto-slave, 17 et suiv., xxxiii.

Gérondif. Le gérondif du sanscrit en *tvâ* est proprement l'instrumental du suffixe *tu* [déjà expliqué ainsi dans le *Conjugationssystem* (1816), p. 39, 43], IV, 121 et suiv., 159, note 5, 160, 162, 164, remarque; ce gérondif tenant lieu d'une préposition, IV, 165, remarque. Gérondif védique en *tvî*, IV, 129; en *tvâya*, IV, 130; en *tvînam, tvânam*, IV, 131. Prâcrit. Gérondif en *dua*, en *ûṇa*, en *tûṇa*, IV, 135. Mahratte. Gérondif en *ûn*, IV, 134-135. Gérondif sanscrit en *ya*, IV, 212; il tient lieu d'une préposition, IV, 165, remarque. Gérondif du latin, IV, 51; cf. IV, xiii.

Gouna ou renforcement de la voyelle. 1° Signification du mot, 68-70. En sanscrit le gouna de *i, î,* est *ê;* celui de *u, û,* est *ô;* par contre *ar* n'est pas le gouna de *r̥, r̥̄,* mais *r̥, r̥̄,* sont l'affaiblissement de *ar*, 69-70. En grec, le gouna de ι est (αι) ει, οι, celui de υ est ευ, 70-71; III, 97-98. Gouna réel en latin, I, 71. En germanique, le gouna a lieu tantôt par *a,* tantôt par *i,* I, 71-73, 75-77. Détail : *i* devient en gothique, soit *ai* (vieux haut-allemand *ei*, vieux saxon *ê*), I, 72-73; soit *î* (= *i + i,* écrit *ei*), I, 76; *u* devient en gothique, soit *au* (vieux saxon *ô*), I, 72-73; soit *iu*, d'où parfois *ju* (*sunjus*), I, 75; et *iv* (*sunivê*), I, 76. Gouna en lithuanien (*ei, ai,* de *i, y*), I, 73-74; (*au* de *u*), I, 74. Le gouna apparaît en vieux slave, sous la forme de *oj, u* (оу), *ov* (ов), I, 74-75, 170-172; III, 114, 156. 2° Sur le gouna dans la conjugaison, III, 132, remarque 3. Voir aussi *Causatifs*. Pour la dépendance où le gouna est du poids des désinences personnelles, voir dans l'article *Classes* les passages concernant les désinences personnelles, tant légères que pesantes. Le gouna a un rôle très important dans la conjugaison forte des langues germaniques; voir là-dessus l'article *Apophonie* (*ablaut*). 3° Sur le gouna et la vriddhi, dans la formation des mots en sanscrit, IV, 911, remarque. Renforcement de la voyelle du thème primitif en grec, devant le suffixe neutre *os*, IV, 290; devant *tos*, IV, 332. 4° Gouna remplacé par l'allongement de la voyelle, particulièrement en latin, I, 124, 232, 233, note 3, 284-285; II, 45; mais aussi en sanscrit et en grec, I, 124, 233, note 1; en gothique, I, 233, note 1; et en vieux haut-allemand, I, 124.

Grec. Ce qu'il est par rapport au latin, 3-4.

Gutturales : du sanscrit, 46-47; du zend, 85-86; du vieux slave, 172-173; du gothique et de l'allemand, 133-138. Une gutturale au lieu d'une labiale en latin, 60, note 1. Transformation des gutturales en labiales, II, 319, remarque. Gutturales permutant avec des linguales en sanscrit, I.

46; avec des sifflantes en vieux slave, I, 173, note 1. Les gutturales s'adjoignent souvent en latin et en germanique un *v* euphonique (gothique *hv*, latin *qu*), I, 133-135. Gutturales nées d'un *v* durci, I, 57-58. Ce que les gutturales sont par rapport aux palatales, voir *Palatales*.

IMITATIFS. Verbes imitatifs latins en *sso* (1re conjugaison), III, 459.

IMPARFAIT. Le sanscrit n'est exactement représenté pour tous les verbes qu'en zend et en grec. Tableau comparatif de l'imparfait, en sanscrit et en grec, III, 144. Tableau comparatif de l'imparfait du verbe substantif en albanais, en grec, en latin, en vieux slave, en arménien, III, 163.

1° Sanscrit. Son imparfait ou prétérit uniforme à augment appartient aux temps spéciaux; il a la caractéristique de classe et les désinences émoussées ou secondaires, III, 143-145. Imparfait des racines en *s* de la 2e et de la 3e classe, III, 160-161. Désinences de la 2e et de la 3e personne du singulier *is*, *it*, dans quelques verbes, III, 161. Imparfait du verbe substantif, III, 161-163. Imparfait moyen, III, 167-168. Imparfait moyen du verbe substantif, III, 178. Imparfait remplaçant le subjonctif après *mâ*, soit en gardant, soit en rejetant l'augment, III, 147-148.

2° Zend. Son imparfait = celui du sanscrit, mais il est souvent sans augment, III, 144 et suiv. Il s'emploie comme subjonctif présent, III, 146-147. Pour l'emploi de l'imparfait en zend, voir aussi III, 289-290. Imparfait du verbe substantif, III, 161. Imparfait moyen, III, 167. Imparfait du subjonctif, voir *Subjonctif*, sous le n° 2.

3° Arménien. Il ne paraît avoir conservé qu'un seul imparf. simple, celui du verbe substantif (*êi*, *eram*), III, 148, 159, 162. L'imparfait des autres verbes est un imparfait composé (*berêi*), III, 148-149; mais l'impératif prohibitif est très-probablement un imparfait privé de l'augment; voir *Impératif*, sous le n° 3.

4° Grec. Son imparfait = celui du sanscrit, III, 143-144. Imparfait du verbe substantif, III, 158-159, 163. Imparfait moyen, III, 167. Formes en εσκον, εσκομην, ασκον, ασκομην, III, 198, note 1; 461. 3e personne du pluriel en σαν, dans la conjugaison en μι, III, 292.

4° *bis*, Albanais. Imparfait du verbe substantif, III, 162-163.

5° Latin. Seul l'imparfait *eram* est simple, III, 159, 162, 163, 164. Les imparfaits en *bam* sont des composés de création latine contenant la racine *bû* [pour la première fois déjà dans le *Conjugationssystem* (1816), p. 29], III, 152, 154, note 1; 163-164, remarque. Passages concernant spécialement l'imparfait en *êbam* de la 3ᵉ conjugaison, III, 156-157; l'imparfait en *iêbam* de la 4ᵉ, III, 157; et l'imparfait *dăbam*, III, 158. Pour l'imparfait du subjonctif, voir *Subjonctif*, sous le n° 5.

6° Lithuanien. Son imparfait d'habitude en *dawan* (il contient la racine dont la forme est *dă* en sanscrit, III, 150-152, 280 [pour la première fois dans la *Grammaire comparée*, 1ʳᵉ édit., § 525]. Pour le reste, voir *Aoriste*, sous le n° 6.

7° Vieux slave. Son imparfait, III, 152-154, 163.

8° Nouveau haut-allemand. Son imparfait correspond au parfait gothique.

IMPARFAIT D'HABITUDE en lithuanien. Voir *Imparfait*.

IMPARFAIT SANS AUGMENT. Voir *Impératif*, n° 1, ou *Imparfait*, n° 1.

IMPÉRATIF. Tableau comparatif de l'impératif du sanscrit, du zend, du grec, du latin, du gothique, III, 389-390. Sur la 2ᵉ personne de ce même temps dans la 1ʳᵉ conjugaison principale, III, 43. Pour l'impératif de l'arménien, voir ci-dessous n° 3. L'impératif du vieux slave et du slovène correspond au potentiel du sanscrit, celui du lithuanien, qui est formé à l'aide d'un *k*, correspond au précatif du sanscrit, la 3ᵉ personne de l'impératif lithuanien est simplement celle de l'indicatif présent, autres formes qui correspondent au potentiel; l'impératif du lette et du borussien correspond au potentiel du sanscrit.

1° Sanscrit. *a*. Impératif du présent, III, 373 et suiv. L'impératif garde en sanscrit les renforcements de l'indicatif présent, III, 375. Sur la 2ᵉ personne du singulier dans la 1ʳᵉ conjugaison principale, III, 374. Désinence *ăna*, dans les racines de la 9ᵉ classe terminées par une consonne, III, 104. Désinence *dï*, *hi* (grec θι, zend *dï*, *di*) dans la 2ᵉ personne de l'impératif (la désinence primitive est *dï* [pour la première fois dans l'*Ausführl. Lehrgebäude* (1827), § 315, remarque]), III, 40-42. Suppression de cette désinence, III, 43. Désinence de la 2ᵉ personne du moyen *sva*, III, 377 et suiv. Sur la 2ᵉ personne pluriel de l'actif, III, 376. Pour la 2ᵉ personne du moyen *d'vam*, voir le tableau comparatif des désinences personnelles. Désinence de la 3ᵉ personne du singulier et du pluriel à l'actif *tu*, *ntu*, III, 377. Désinence védique de la 2ᵉ et de la 3ᵉ personne *tât*, III, 67-68, 73-74,

377. La 1ʳᵉ personne de l'impératif appartient proprement au let (subjonctif); sur cette personne (désinence de l'actif *âni*, du moyen *âi*), III, 369, remarque, 380 et suiv. Détail : cette personne dans la 1ʳᵉ et dans la 2ᵉ classe, III, 381, 384-385 (pour la 2ᵉ classe, voir aussi III, 384); dans la 5ᵉ et la 8ᵉ classe, III, 383; dans la 7ᵉ, III, 383; dans la 9ᵉ, III, 384. Sur la 1ʳᵉ personne pluriel de l'impératif moyen, III, 369. — *b*. Védique. Impératif de l'aoriste, III, 390, 393-394. Impératif du futur à auxiliaire, III, 394-395. Impératif employé au lieu du subjonctif après *yádi*, *cêt*, III, 395, note 5. Impératif périphrastique avec *karótu*, III, 260, remarque. — *c*. Impératif exprimé par l'imparfait sans augment après la particule prohibitive *mâ*, III, 148, 380, remarque. — *d*. Impératif de l'hindoustani et du mahratte, IV, 192-193.

2° Zend. *a*. Impératif présent. 2ᵉ personne du singulier de l'impératif actif dans la 1ʳᵉ conjugaison principale, III, 374. Sur la désinence *di*, *di* = sanscrit *di*, *hi*, III, 41. Désinence du moyen *ŋuha* (= sanscrit *sva*), III, 377 et suiv., 393, 431-432. Désinence de l'actif *tu*, *tû* (3ᵉ personne = sanscrit *tu*), III, 377. 1ʳᵉ personne de l'impératif en zend, particulièrement les désinences *âni*, *ânê*, III, 380-

381, 388. Passages concernant spécialement la 1ʳᵉ conjugaison principale, III, 385-386; la 5ᵉ classe, III, 383; la 9ᵉ, 384. Exemples de ces désinences, III, 386. Au lieu de *âni*, on trouve aussi *êni*, III, 388, note 2; au lieu de *ânê*, on trouve aussi *âi*, III, 388, et *ênê*, III, 388, note 3. — *b*. Impératif employé au lieu du subjonctif après *yaṭa*, III, 388. Impératif de l'aoriste 2ᵉ actif et moyen (en *ŋha*), III, 393.

3° Arménien. Impératif affirmatif (proprement impératif aoriste), III, 391-392. Impératif prohibitif, III, 39, 148, 380, remarque, 391-392 (proprement imparfait). Impératif futur, III, 395.

4° Grec. *a*. Impératif présent. Il garde les renforcements de l'indicatif présent, III, 375; sa 2ᵉ personne du singulier de l'actif dans la conjugaison en ω n'a pas de désinence, III, 374. 2ᵉ personne du pluriel, III, 376. Impératif en θι = sanscrit *di*, *hi*, III, 40-42. 2ᵉ personne du moyen en σο, ου (= ε-σο), III, 379-380. Désinence τω (3ᵉ personne du singulier), III, 66-67, 73. Désinence των (duel), III, 374; cf. II, 58. Désinence ντων (3ᵉ personne du pluriel λεγόντων), III, 376-377; voir aussi III, 183-184. Sur les formes doriennes de la 3ᵉ personne du pluriel en ντω, III, 377; cf. III, 23. Désinence σθω, III, 73. — *b*. Impératif de l'aoriste 1ᵉʳ, actif en σον, III, 390-391 ; moyen en σαι, III, 391. Désinences σάτω, σατον, σάντων, III, 391. Impératif de l'aoriste 2ᵉ, III, 393-394. Impératif de l'aoriste 1ᵉʳ passif, III, 275.

5° Latin. 2ᵉ personne du singulier de l'impératif, III, 374, 376. Formes *dic, duc*, III, 375, note 1. 2ᵉ personne du pluriel, III, 376. Désinence *to*, III, 67, 376 = osque *tud*, III, 66, 376. Désinence *tôte*, III, 67, note 2, 376. Désinence *nto* (*legunto*), III, 376. Impératif passif en *re*, III, 391.

6° Lithuanien. Son impératif = le précatif sanscrit, III, 198-199, 327, particulièrement, III, 328, 331-332. Origine du *k* de l'impératif lithuanien, III, 328-329. Formes archaïques sans *k* (= potentiel sanscrit), III, 327, note 2. La 3ᵉ personne de l'impératif lithuanien est simplement la 3ᵉ personne de l'indicatif présent, III, 333 ; il y a pourtant quelques formes qui correspondent au potentiel sanscrit, III, 333. — Borussien. Son impératif = le potentiel sanscrit, III, 345. — Lette. Son impératif = le potentiel sanscrit, III, 342, 345.

7° Vieux slave. Son impératif = le potentiel sanscrit dans la conjugaison ordinaire (présent en *ŭ*), III, 345-346 ; dans la conjugaison où le présent est en *mi*, III, 326-327 ; 3ᵉ personne de l'impératif, III, 326. Voir encore, pour l'impératif du vieux slave, III, 278. — Slovène. Son impératif = le potentiel sanscrit, III, 346-347, 348-349.

8° Gothique, III, 375 et suiv. 2ᵉ personne du singulier de l'impératif dans les verbes forts, III, 375 ; dans les verbes faibles, III, 375-376. 2ᵉ personne du pluriel, III, 376. 1ʳᵉ personne : elle est, comme en sanscrit, proprement la 1ʳᵉ personne d'un lêṭ ou subjonctif, III, 369, remarque, 388-389. Impératif moyen du gothique, III, 2-4, 63-64.

INCHOATIFS grecs en σκω, latins en *asco, esco, isco*, III, 461-462 ; cf. III, LXXXII.

INDÉCLINABLES, IV, XXVII-XXX.

INDO-EUROPÉEN. Langues indo-européennes (indo-germaniques, indo-classiques) ; remarques sur ces dénominations, 21. Cf. II, XII.

INFINITIF, voir IV, X-XIV.
  A. Sanscrit.
  1° Infinitif présent. *a*. Il est exprimé par différentes formes du suffixe *tu* : α. Infinitif en *tu* (thème à l'état nu) ; il ne se trouve qu'en composition, IV, 138. — β. Infinitif ordinaire en *tum*, proprement accusatif du suffixe *tu* [pour la pre-

mière fois déjà dans le *Conjugationssystem* (1816), p. 39, 43], IV, 121 et suiv., 160 et suiv. Emploi de cet infinitif avec sens passif, IV, 176 et suiv. Sont comparables à cet infinitif le supin en *tum* du latin et le supin en *tŭ* du vieux slave; voir *Supin*. — γ. Védique. Infinitif en *tavê*, *tavâi* (datif de *tu*), IV, 122, 138, 163, 164. Emploi de cet infinitif avec sens passif, IV, 176. — δ. Védique. Infinitif en *tôs* (génitif-ablatif de *tu*), IV, 122, 163. Il est employé tantôt comme génitif, IV, 159; tantôt comme ablatif, IV, 158. — ε. Ce même suffixe *tu* sert par son instrumental *tvâ* de gérondif en sanscrit; voir *Gérondif*.

b. Védique. Infinitif en *dyâi*. C'est proprement le datif d'un suffixe *dï*, IV, 138-139, 169, 206, 210.

c. Védique. Infinitif en *sê*, *asê*. Ce sont proprement des datifs, IV, 144-145; voir aussi, pour *sê*, IV, 142-144; pour *asê*, IV, 145-146. Infinitif en *syâi*, IV, 142.

d. Védique. Infinitif en *ê*. C'est proprement le datif de noms abstraits, IV, 146. Emploi de cet infinitif avec sens passif, IV, 176. Infinitif en *as*. C'est proprement le génitif de noms abstraits, IV, 122, 160, note 1. Infinitif en *am*. C'est proprement l'accusatif de noms abstraits (*apa-lup-am*, *sam-id'-am*), IV, 153 et suiv.

e. Infinitif exprimé par différents cas de différents substantifs abstraits : par l'accusatif en *a-m* de substantifs abstraits en *a*, qui (à ce cas-là) peuvent gouverner un autre accusatif, IV, 133-134; par le datif du suffixe *a* (*âya*), et du suffixe *ana* (*anâya*), IV, 126, note 3; particulièrement, IV, 133-134; par le locatif du suffixe *a* (*ê*), IV, 133, et du suffixe *ana* (*anê*), IV, 132-133. Cette dernière forme exprime un rapport tantôt de cause (IV, 132), tantôt d'accusatif (IV, 133), et peut gouverner l'accusatif, IV, 133.

2° Infinitif à redoublement (parfait de l'infinitif) en védique, IV, 139-140. Y a-t-il un infinitif aoriste en védique? IV, 140, 143-144.

3° Syntaxe. Infinitif avec sens de participe futur passif, IV, 146. Comment l'infinitif passif est exprimé en sanscrit. Voir le n° 1 de cet article aux lettres α, β, γ, δ. Comment il l'est, lorsqu'il s'agit de la racine *śak* «pouvoir», 178, 179, remarque; lorsqu'il s'agit de verbes signifiant «commencer» (*ârabdâli*), IV, 179-180.

4° Appendice. Mahratte. Son infinitif en *ûṅ*, IV, 134, 135; en *öṇö*, IV, 135. — Hindoustani. Son infinitif en *nâ*, *nê* (cf. sanscrit *ana*), IV, 188 et suiv. Pour la forme en *nê* particulièrement, IV, 189, 191, remarque 2. Infinitif en *ânâ*, *wând* (causatif), IV, 190, remarque 1.

B. Langues iraniennes. Vieux perse. Son infinitif en *tanay*, IV, 378. — Zend. Son infinitif en *tayai* (*-ća*), *teê*, est le datif de substantifs abstraits en *ti*, IV, 171; son infinitif en *anm* est l'accusatif de substantifs abstraits féminins en *a* (*â*), III, 258; IV, 134. — Arménien. Son infinitif en *l*, *e-l* (cf. sanscrit *ana*), IV, 186-187, 188. — Ossète. Son infinitif en *in* (cf. sanscrit *ana*), III, 452, note 5; IV, 186. — Tagaurien. Son infinitif en *ün* (cf. sanscrit *ana*), IV, 186.

C. Grec. Son infinitif en εμεναι, μεναι, ναι, ειν, εμεν, éolien ην, dorien εν, IV, 202-203. Forme μεναι (cf. le suffixe *man*, en sanscrit), IV, 203 et suiv. Forme μεν, IV, 205 et suiv. Pour ces deux formes (μεναι, μεν), voir aussi IV, 207; en rapprocher le gaëlique *nhuin*, *mh*, cité ci-dessous (p. 57). Infinitif aoriste en σαι (= infinitif védique en *šê*), IV, 143, 202. Infinitif passif en σθαι, IV, 208 et suiv. Infinitif futur en σειν, IV, 152.

D. Langues italiques. Latin. Infinitif en *re*, *se* = védique *šê*, grec σαι, IV, 144 et suiv., 148 et suiv., 206. Infinitif parfait actif, IV, 148 et suiv. Infinitif archaïque en *ssere*, IV, 152. Infinitif présent passif (*ier* et *ri*), IV, 146-147, 208. Infinitif futur passif, III, 409-410; IV, 178-179. — Osque. Son infinitif en *um*, IV, 154-155. — Ombrien. Son infinitif en *um*, en *u* et en *o*, IV, 154. — Syntaxe. Comment l'infinitif passif est exprimé en latin, lorsqu'il s'agit de *nequeo*, IV, 178; lorsqu'il s'agit de verbes signifiant «commencer» (*cœpi*), IV, 180, note 1.

E. Langues lettes. Borussien. Son infinitif en *tun*, *ton* = sanscrit *tum*, en *twei*, *twey*, *twi*, *twe* = sanscrit *tavâi*, IV, 168-170 (pour l'infinitif en *twei*, voir aussi IV, 206); en *t* (suffixe sanscrit *ti*), IV, 170-171. — Lithuanien. Son infinitif en *ti*, *t*, *ti-s* (cf. les substantifs abstraits en *ti* du sanscrit) [pour la première fois dans l'*Einfluss der Pron. auf die Wortbildung* (1832), p. 25], IV, 168, 170-171, 208. — Lette. Son infinitif en *t* (= lithuanien *ti*), IV, 170-171.

F. Vieux slave. Infinitif en *ti* (cf. ci-dessus, au paragraphe E, la forme lithuanienne), IV, 170-171.

G. Langues germaniques. Infinitif gothique en *an*, *ôn*, nouveau haut-allemand en *en* (cf. le suffixe sanscrit *ana*), IV, 186, 187-188, 193. Infinitifs vieux haut-allemand, moyen haut-allemand, anglo-saxon, vieux saxon, IV, 193-194 (infinitif suédois en *a-s* réfléchi, IV, 208). Syntaxe: Emploi de l'infinitif gothique, IV, 181-184, 196-202. Infinitif gothique précédé de *du*, IV, 182, 184, 194-

195; sans *du*, IV, 195-196. Comment Ulphilas exprime l'infinitif passif du grec, IV, 182-183. Comment il l'exprime, lorsqu'il s'agit de *mag*, IV, 180-181 ; lorsqu'il s'agit de *skulds*, IV, 181-182. Périphrase de l'infinitif passif à l'aide de *vairthan*, IV, 181 ; de *wisan*, IV, 181. Infinitif vieux haut-allemand avec *za, ze, zi, zo, zu*, nouveau haut-allemand *zu*, IV, 184 et suiv., 194 et suiv. L'infinitif employé avec le sens passif en vieux haut-allemand, moyen haut-allemand, nouveau haut-allemand et en anglais, 184 et suiv. Expression de l'infinitif passif, lorsqu'il s'agit de verbes signifiant « commencer », IV, 179-180, remarque. Infinitif de l'allemand avec sens de participe futur passif, IV, 146.

H. Gaélique. Infinitif en *mhuin, mh* (cf. le suffixe sanscrit *man*, et l'infinitif grec en μεναι, μεν) [pour la première fois dans le mémoire sur les *Celtische Sprachen*, p. 59], IV, 204-205.

INSERTION D'UNE VOYELLE. Insertion d'un ε *ĕ* en zend, 79, 92-93, 97. Insertion de *i* et de *u* en zend, d'après certaines règles, voir *Force d'assimilation*.

INSTRUMENTAL.

A. Instrumental sing. Passages principaux, 357-363. Tableau comparatif de l'instrumental, 363.

a. Sanscrit. Désinence primitive *á*; elle s'abrége en *a*, 357-358. Son origine, 357-358. Formation de l'instrumental dans les thèmes terminés par une voyelle, 358. Sur l'instrumental en védique, 363, note 1. Cf. aussi IV, 128; sur *u-y-á*, dans les thèmes en *u*, IV, 129-130. Instrumental signifiant «après», lorsqu'il s'agit de la notion de temps, IV, 127, remarque.

b. Zend. Désinence *a*. Formation de l'instrumental dans les thèmes terminés par une voyelle, 357-358. Désinence *ô* au lieu de *a* en certaines circonstances, 362. Le zend n'admet pas de *n* euphonique à l'instrumental des thèmes en *a*, II, 93, remarque. Instrumental en *aṇha, aṇhâ*, dans les thèmes neutres en *aś*, II, 93, remarque.

c. Arménien. Son instrumental, 392, note 1, 400, 416-417; II, 19, note 1, 100, note 1, 117.

d. Grec, latin. L'instrumental manque.

e. Lithuanien. L'instrumental est en *u* dans les thèmes masculins en *a*, en *a* dans les thèmes féminins en *a*, ailleurs en *mi* (cf. sanscrit *bis*), 361-362 ; pour *mi*, voir aussi 393, note 1.

f. Vieux slave. L'instrumental en *mĭ* dans les thèmes, soit masculins, soit neutres, en *oj-uṅ* dans les thèmes féminins en *a* (ce dernier instrumental *a,* double désinence, comme en sanscrit *ayâ-bi*), II, 137; en *ij-uṅ* dans les thèmes féminins en *i,* II, 137; pour *mi,* voir aussi I, 393, note 1; II, 100, note 3.

g. Langues germaniques. Ce qui reste de l'instrumental en gothique, en anglo-saxon, 359; en vieux haut-allemand, 359-361.

B. Instrumental pluriel. Tableau comparatif, II, 73. Désinence du sanscrit *bis* = zend *bis, bîs,* lithuanien *mis,* arménien *bq̇, vq̇,* II, 19; vieux slave *mi,* II, 147-149.

a. Sanscrit, voir ci-dessus le paragraphe B. Origine de la désinence *bis,* II, 30. Instrumental pluriel en *âis* dans les thèmes en *a,* II, 25-26; forme primitive en *âbis* dans les pronoms (*asmâbis*), et en védique dans les substantifs en *êbis* (*áśvêbis*), II, 25-26; cf. prâcrit *êhiṅ* (*amhêhiṅ, kusumêhiṅ*), II, 26-27. Pour le prâcrit *hiṅ,* voir aussi II, 141.

b. Zend, vieux perse. Pour le zend, voir ci-dessus paragraphe B. Désinence *âis* dans les thèmes en *a,* II, 27. Vieux perse *ai-biś, a-biś,* dans les thèmes en *a* et en *an,* II, 27. Zend *bîs,* au lieu de *bis,* II, 73, note 2; *e-bîs* dans les thèmes en *aś* (*manebîs*), II, 73, note 2.

c. Lithuanien. Désinence *mis,* voir ci-dessus paragraphe B. Désinence *ais* dans les thèmes masculins en *a, eis* dans les thèmes masculins en *ia* (nominatif *is*), II, 27.

d. Vieux slave. Instrumental pluriel en *a-mi* dans les thèmes en *a,* en *i-mi* dans les thèmes en *i,* et dans les thèmes masculins en *n* et féminins en *r* élargis d'un *i* (*mi* = sanscrit *bis*), II, 147-149. Instrumental pluriel en *ŭ* dans les thèmes en *o* et dans ceux qui sont élargis d'un *o* (cf. sanscrit *âis*), II, 147. Instrumental pluriel en *i* dans les thèmes tant masculins que neutres en *jo,* II, 147.

C. Instrumental (datif-ablatif) (en grec génitif-datif) duel, II, 11 et suiv. Tableau comparatif, II, 31-32.

a. Sanscrit. Désinence *byâm,* II, 11-12, 25; III, 32. Son origine, II, 30-31.

b. Zend. Désinence *bya, byaṅm,* II, 11; cf. aussi II, 11, note 2 [pour la première fois dans les *Jahrb. für wissensch. Krit.* (1831), p. 380]. Formes en *aii-bya, ôi-bya,* II, 28.

c. Grec. Génitif-datif duel. Sa désinence est *ιν.* Sur *οιν* (ἵπποιν) et *αιν* (μούσαιν), ainsi que sur certaines autres formes, II, 12, 28-29, 75, remarque, 119, note 5, 113, 119.

d. Lithuanien. Instrumental-datif duel en -*m,* II, 29-30; en *ā-m* dans les thèmes en *a,* I, 163, note 1.

e. Vieux slave. Instrumental-datif duel en *ma*, II, 29-30, 143, note 2.

INTENSIFS, voir III, LXXXIII. Ceux du sanscrit comparés à ceux du grec, III, 86-87; voir encore, pour le sanscrit, III, 96, 141, note 1, 432-439; et pour le grec, III, 432-433, 434-435. Intensifs déponents du sanscrit, III, 438-439. Intensifs du zend, III, 435-436. Traces de l'intensif en latin, III, 437-438; en lithuanien, III, 434; en gothique, III, 434, 437.

INTERJECTIONS, IV, XXX-XXXI.

IRANIEN. Langues iraniennes. Ce qu'elles sont par rapport aux langues letto-slaves, 16-17. Cf. I, XXXIII.

KARMADHÂRAYA, voir *Composés déterminatifs*.

KLÎVA, dénomination du neutre en sanscrit, 273.

L VOYELLE en sanscrit, 23-24.

LABIALES. Celles du sanscrit, 52-53; du zend, 92-93; du gothique et de l'allemand, 140-142. Les labiales ont une préférence pour l'*u*, 38. Labiales au lieu de gutturales en grec, 68.

LANGAGE. Il tourne dans un cercle d'expressions incomplètes, III, 170-171, remarque.

LANGUES INDO-EUROPÉENNES, voir *Indo-européen*.

LANGUES LETTO-SLAVES, voir *Letto-slave*.

LANGUES SANSCRITIQUES, voir *Sanscrit*.

LATIN. Ce qu'il est par rapport au grec, 3-4. Ces deux langues ne se sont séparées l'une de l'autre que sur le sol européen, II, 94.

LÊṬ du sanscrit, c'est-à-dire subjonctif, voir *Subjonctif*.

LETTO-SLAVE. Ce qu'il est par rapport aux langues iraniennes, 16-17; aux langues germaniques, 17-18. Il s'est séparé tardivement de la langue mère [pour la première fois dans ces ouvrages: *Grammaire comparée*, 1ʳᵉ édit., p. 446 et 1255, *Ueber die Sprache der alten Preussen*, p. 4 et suiv., p. 6 et suiv.], 17, note 2, 62, note 1; II, 5, 6, 9; III, 135, remarque 2; IV, 174-175. Cf. I, XXXIII.

LIAISON, voyez *Voyelle de liaison*.

LINGUALES, voir *Cérébrales*.

LIQUIDES. Elles ont une préférence pour l'*u*, 38. Les semi-voyelles et les liquides permutent facilement, 58.

Permutations de :
r, *n*, *v* avec *l*, 58;
v   — *r*, 59;
v   — *m*, 59;

m	avec *v*,	59;
y	— *l*,	60;
m	— *l*,	60;
l	— *n*,	III, 418, note 3.

Permutent encore *d* avec *l* en latin, en grec, en lithuanien, en allemand, I, 51; ainsi que *d* avec *r* en latin, I, 51. Liquide redoublée en grec sans raison étymologique, III, 360. Cf. II, xvi.

LOCATIF. A ce cas appartient le datif du singulier et du pluriel grecs, ainsi que le génitif du singulier en *ae* et en *î* de la 1re et de la 2e déclinaison latine.

A. Locatif singulier. Passages principaux, 430-441. Tableau comparatif du locatif en sanscrit, en zend et en lithuanien, ainsi que du datif grec, et du génitif latin de la 1re et de la 2e déclinaison (en note), 440-441.

a. Sanscrit. Désinence *i*, 430. Son origine, 438. Locatif en *ê* pour les thèmes en *a*, 431; en *âu* pour les thèmes en *i* et en *u*, 432-433; védique en *v-i* pour les thèmes en *u* cependant, 434. Désinence *in* (*sm'-in*), pour les pronoms, 438; II, 285. Désinence *âm* pour les thèmes féminins, I, 439. Locatif védique sans désinence casuelle, IV, 129.

b. Zend. Désinence *i* = sanscrit *i*, 430. Locatif en *ê*, *ôi*, pour les thèmes en *a*, 431; en *âo*, pour les thèmes féminins en *u*, 434,

note 1. Le zend conserve parfois aussi la désinence *i* dans les thèmes en *u*, 434. Désinence *a* = sanscrit *âm*, 439. Locatif remplacé en zend par le génitif, 434.

c. Au locatif appartiennent pour le grec, le datif en ι = sanscrit *i*, et pour le latin, le génitif en *ai* (*ae*) de la 1re déclinaison et en *î* de la 2e (voir *Datif*, *Génitif*), ainsi que les adverbes en *ê*, voir *Adverbes* au n° 2 *g*.

d. Sur le locatif de l'ombrien et de l'osque, 435-436. Sur celui de l'ombrien en particulier, 435-436. Rectifier, d'après les passages cités ici, l'opinion émise sur le locatif ombrien, 373.

e. Lithuanien. Locatif en *e* des thèmes masculins en *a*, 431, en *ōj-e* des thèmes féminins en *a*, 439; en *yj-e*, *ij-e*, *y*, des thèmes en *i*, 439-440; en *uj-e*, *ui*, des thèmes en *u*, 440. — Lette. Locatif en *ā* des thèmes en *a*, 432; en *ai* dans les pronoms, 432.

b. Vieux slave. Locatif en ъ *é* des thèmes en *o*, 432; II, 138; ainsi que des thèmes féminins en *a*, II, 138. Locatif en *i* des thèmes masculins-neutres en *jo* et en *jŭ*, ainsi que des thèmes féminins en *ja*, II, 138-139; et des thèmes tant masculins que féminins en *i*, II, 138-139. Les pronoms ont *mi* (*tomi*), II, 138.

B. Locatif pluriel. A ce cas appartient le datif pluriel grec; voir-

Datif. Passages principaux, II, 81-85. Tableau comparatif, II, 85. Désinence du sanscrit *su*, *śu*; du zend *hu*, *śu*, *hû*, *śû*, *sva*, *hva*; du grec σι, σιν. Son origine, II, 81-82. Sanscrit *ĕśu*; zend *aiśva*, dans les thèmes en *a*; sanscrit *âsu*, zend *âhva*, dans les thèmes féminins en *â*, II, 82. Zend *ô-hva* dans les thèmes neutres en *aś*, II, 85, note 4. Vieux perse : locatif en *śuvâ*, *uvâ*, II, 84, note 1. Locatif lithuanien en *sa*, *su*, *se*, *s*; lette en *s*, II, 84-85. Vieux slave : la désinence de locatif *chŭ* (dans toutes les classes de mots) = *su*, II, 150-151. Cf. aussi II, 145.

C. Locatif duel. Il a la même désinence que le génitif duel, voir *Génitif*.

Loi de substitution (*lautverschiebung*) des langues germaniques et d'autres langues. Passages principaux, 145-161.

1° Langues germaniques. Rask a trouvé la première *Lautverschiebung* germanique, Grimm la deuxième, 146, note 2. D'après la première *Lautverschiebung*, la ténue sanscrite devient une aspirée en gothique, l'aspirée une moyenne, la moyenne une ténue, 145-146; d'après la deuxième, la même transformation a lieu entre le gothique et le haut-allemand, 150 et suiv. Cela est surtout vrai pour les dentales.

Tableau comparatif :

Sanscr.	Goth.	Haut-allem.	
d	t	z	
t	th	d	150.
d'	d	t	

Quant aux gutturales et aux labiales, celles du gothique *k*, *h*, *g*, *f*, *b*, au commencement des mots restent généralement en haut-allemand, 153; à cette place toutefois on trouve aussi *p* haut-allemand correspondant à *b* gothique, 153; à la fin des racines, celles du haut-allemand *ch*, *g*, *k*, *f*, *b*, apparaissent pour les gothiques *k*, *h*, *g*, *p*, *f*, 151. Dans le corps d'un mot, le gothique a la moyenne (au lieu de l'aspirée) pour la ténue sanscrite, et de même la moyenne (au lieu de la ténue) pour la moyenne sanscrite. A cette place particulièrement

sanscr. t = goth. d	
$p =$ b	155-
$d =$ d	156; II,
$g =$ g	234.

On trouve aussi en gothique au commencement d'un mot des moyennes qui n'ont pas subi la loi de substitution, I, 156; III, 437, remarque. Exceptions à la loi de substitution : une ténue ne subit la loi de substitution ni en gothique ni en haut-allemand, lorsqu'elle est derrière *s*, *h* (*ch*), *f*, I, 156-158. Seul *sk* gothique devient *sch* en haut-allemand, I, 157, note 1.

Tableau comparatif :

Sansc.	Latin.	Grec.	Goth.	H.-allem.	
$\breve{c}$	sc	σϰ	sk	sch	⎫
	sp		sp	sp	⎬ 156.
	st		st	st	⎭
kt (ct)			ht	cht	157.

Sur la forme que le suffixe sanscrit *ti* prend dans les langues germaniques, 157-158.

2° Autres langues par rapport aux langues germaniques :

a. Ossète et gothique par rapport au sanscrit :

Sansc.	Ossète.	Gothique.	
p	f	f	⎫
k	k̃	h (hv)	⎬ 147-148.
t	t̃	th	⎭

Tel est le rapport au commencement des mots; dans le milieu et à la fin, la ténue du sanscrit = généralement une moyenne eu ossète, 148.

b. En lithuanien et en slave, les moyennes pures correspondent, comme en gothique, aux aspirées moyennes du sanscrit, l'ossète traite les aspirées des différents organes de différente manière.

Tableau comparatif :

Sansc.	Ossète.	Goth.	
d'	d	d,	147-148;
b'	v, f	b,	148-149, 151;
g̃	g̃		149.

Sansc.	Lith.	V. slave.	Goth.	
b'	b	b	b	⎫
h, g̃	g, ź	g	g	⎬ 153.
d'	d	d	d	⎭

c. Lautverschiebung en arménien, 149, note 1.

d. Grec. Moyenne transformée en ténue dans certaines circonstances, 149-150.

e. Lautverschiebung en madécasse, 151-152.

Métathèse dans la racine, IV, 247-248.

Modes, voir III, LXXII-LXXIII. Ceux du sanscrit, III, 5-6. Leurs noms chez les grammairiens indiens, III, 5, note 1. Modes du zend, III, 5. Voir les articles qui concernent chaque mode en particulier.

Mots-racines, c'est-à-dire racines sans suffixe qui sont employées comme mots, 269-270. Mots-racines employés comme substantifs abstraits en sanscrit, IV, 210, 243; en zend, IV, 243; en grec et en latin, IV, 244-245; comme noms d'agent et comme noms appellatifs en différentes langues, IV, 244.

Moyen. Moyen ou *âtmanêpadam* du sanscrit, III, 1 et suiv.; du zend, III, 2 et suiv.; du grec, III, 2 et suiv. Ce qui reste du moyen en vieux slave, III, 135, remarque

2 (désinence *ê*, 135-136; *tŭ*, 136; *ntu*, 137); en gothique, III, 2-4. Voir *Désinences, Passif.*

MOYENNES. Comment elles se comportent à la fin des mots en sanscrit, 187 et suiv. Comment elles se comportent en tant que finales de thèmes et de racines devant les désinences grammaticales en sanscrit, 198-199. A la fin des mots en moyen haut-allemand, ainsi qu'en vieux haut-allemand chez Isidore, les moyennes se changent en ténues, 188-189. En gothique devant *s* et à la fin des mots, les moyennes se changent volontiers en aspirées, toutefois *g* subsiste, 159-161. Les moyennes permutent avec les ténues au commencement des mots chez Notker, selon certaines lois, 192-194.

MÛRD'ANYÀ (cérébrales), 49.

MYTHOLOGIE. Parenté entre la mythologie zende et la mythologie indienne, 87.

NASALE INSÉRÉE, II, XXII. Nasales du zend (*n, ṅ, ṇ*), I, 110-112 (*m*), I, 112-113. Leur influence aspirante, I, 99.

NÉGATIONS. Elles sont tirées de thèmes pronominaux, III, XXXII-XXXIV.

NOMBRE. Le nombre dans les noms, 273-274; cf. *Duel, Pluriel.* Le nombre dans les verbes, III, 6-7.

NOMBRES CARDINAUX, voir *Noms de nombre.*

NOMBRES ORDINAUX, voir *Noms de nombre.*

NOMINATIF. Il ne fait qu'un avec l'accusatif pour le genre neutre et autres formes identiques.

A. Nominatif singulier du masculin et du féminin, 309 et suiv., du neutre, 341. Tableau comparatif du nominatif masculin et du nominatif féminin, 344-345; du nominatif neutre, 356-357.

1° Sanscrit. Le signe casuel est *s* pour le masculin et en partie aussi pour le féminin en sanscrit, ainsi que dans toutes les autres langues indo-européennes, 309 et suiv. Il provient du pronom *sa*, et ce fait est la cause pour laquelle le pronom *sa* n'a pas de signe casuel, 309; II, 299-300. Perte du signe casuel *s* dans les thèmes féminins en *â* et en *î* du sanscrit (et des langues congénères), I, 313 et suiv. Perte du même signe dans les thèmes finissant par une consonne, I, 317. Exceptions à cette règle, 318, note 1. Nominatif des thèmes masculins en *n* (*î* de *in* et *â* de *an*), I, 319-320 (ceux qui sont du neutre n'allongent pas la voyelle, I, 321); quelques-uns en *an* font *á-s* au nominatif, I, 319-320. Ceux en *ar* (*pitar*) et en *âr* (*dâtâr*) ont le nominatif en *â*, I, 331 ; ceux en *ir* et *ur* l'ont en *îr* et en *ûr*, I, 335; ceux en *as* (masculin et féminin) l'ont en *ás*, I, 335-336. Sur le nominatif védique en *âñ*, II, 68, remarque. Nominatif-accus. neutre, son signe casuel est *m* dans les thèmes en *a*, I, 349. Les autres thèmes restent sans signe casuel, I, 349-350. Extension primitive du signe *m*, I, 352-353. Son origine, I, 354-355. Sur *kim* (*quid*), I, 353. Un autre signe casuel du nominatif-accusatif neutre est *t* dans les pronoms, I, 353-354. Origine de ce *t*, I, 354-355. Pour les nominatifs pronominaux tels que *ahám*, *asáú*, voir la table des mots.

2° Zend. Nominatif en *aś* (*-ća*), *ô* des thèmes en *a*, 309, 312, remarque 3. Perte du signe casuel *ś* dans quelques thèmes féminins, 313-314. Les thèmes féminins en *â* ont *a* au nominatif, 277. Formes en *yê*, *ê* au lieu de *ya*, en *ê* au lieu de *a*, 177, 317. Les thèmes féminins en *î* ont *i* au nominatif, 313-314. Les thèmes (tant masculins que féminins) terminés par une consonne gardent le signe du nominatif, 317. Sur les différentes formes que le nominatif revêt dans les thèmes terminés par une consonne (*añs*, *âo*; *â*, *a*, *âo*), 318; cf. 326. Les thèmes en *ar* et en *âr* rejettent l'*r* au nominatif et finissent par *a*, 332. Nominatif-ac-cusatif neutre, signe casuel *m*, 349. Absence de signe casuel, 349-350. Signe casuel *ḍ* dans les pronoms = sanscrit *t*, 353.

3° Arménien. Son nominatif singulier sans marque formelle de cas; sur les mutilations et les contractions subies à ce cas, 396 et suiv.; cf. plus haut (p. 25ᵃ) l'article *Cas*. Les thèmes en *n* rejettent *en partie* cette consonne au nominatif, 397-398. Les thèmes terminés par une voyelle rejettent cette voyelle au nominatif. Il faut donc consulter les cas obliques pour retrouver la voyelle de ces thèmes, 13, 399-401.

4° Grec. Voir le tableau comparatif. Signe casuel ς, 309. Il manque dans les thèmes féminins de la 1ʳᵉ déclinaison, 313. Nominatif de la 1ʳᵉ déclinaison en ᾰ, η, ᾱ, 277-278. Le signe casuel ς subsiste dans beaucoup de thèmes terminés par une consonne, 317-318. Thèmes en ν : nominatif éolien en ν-ς (τιθέν-ς), 317; grec commun en ᾱ-ς au lieu de ᾰ-ντς (ἱστᾰ́-ς), 318; en ᾱ-ς au lieu de ᾰν-ς (τάλᾱ-ς), 319, 337; en ει-ς au lieu de εν-ς (τιθείς), et éolien en αι-ς au lieu de αν-ς (ces deux derniers nominatifs avec ν vocalisé en ι), 319; en ω-ς des thèmes en ων (ἥρως), 337. Sur les nominatifs des autres thèmes en ν, 325-326. Sur les thèmes féminins en ον, ων, dont le nominatif est en ω, ων

(Πυθώ, Πυθών), et toute leur déclinaison, 327-328. Nominatif archaïque en ῳ des thèmes en ων, 329; et nominatif en ω, plus anciennement ῳ, de thèmes dont la terminaison est problématique, 329-331. Les thèmes en ρ conservent généralement leur ρ au nominatif et rejettent le s, 332-335. Sur les formes comme δότης (à côté de δοτήρ), ἄκτωρ, μάρτυς (à côté de μάρτυρ), 334-335. Thèmes en s : sur les nominatifs comme δυσμενής (thème en ες), 336. Sur μῦς, 338. Sur αἰδώς et autres semblables, 337. Les thèmes terminés par une dentale (δ, τ, θ) la perdent devant le s du nominatif (ἔρως, κόρυς, παῖς), 336. Nominatif-accus. neutre, le signe casuel ν = sanscrit m, 349. Absence de signe casuel. Nominatif-accusatif en os, es des thèmes en ες (δυσμενές, μένος), 336, 350, 120; en as, os des thèmes en ατ (τέρας), οτ (τετυφός), 350, note 1 ; en ι, α des thèmes en ιτ (μέλι), ατ (πρᾶγμα), 350; en αρ, génitif ατος (αρτος), 350, note 1. Nominatif-accusatif neutre en o au lieu de o-τ (τό), dans les pronoms, 354.

5° Latin. Signe casuel s, comme en sanscrit. Il manque toutefois dans la 1ʳᵉ déclinaison (*ă* au lieu de *â*) comme dans les thèmes sanscrits en *â*, 277-278, 313. Les thèmes en *rŏ* font au nominatif *r*

(*vir*) ou *ru-s* (*pŭru-s*), 311, remarque 1 ; ceux en *ri* y font *r* (au lieu de *ri-s : celer*), 311, remarque 1, et 321. Nominatif de la 5ᵉ déclinaison en *ê-s* (variante de la 1ʳᵉ), 176-177, 278, 314. Nominatif de la 3ᵉ en *ês* (génitif *is*), 314-317. Formes en *is* (pour le nominatif et pour le génitif), 316. Un grand nombre de thèmes terminés par une consonne gardent l's, 317. Nominatif en *ns* (*amans, ferens*) des thèmes en *nt* (*amant, ferent*), 317. Thèmes en *n*, 320-321. Détail : Nominatif *ô*, génitif *ôn-is, in-is*, 320-321. Nominatif *is*, génitif *inis* (*sanguis*), 320. Persistance de l'*n* au nominatif dans les thèmes masculins (*pecten*), et dans les thèmes neutres (*nômen*), 320-321. Thèmes en *r* : *r* reste au nominatif et le signe casuel *s* tombe (*memor*), 332, 335. Cf. les thèmes en *l*, 295. Thèmes en *rt, rd, lt*, nominatifs en *r-s, l-s* (*pars, concors, puls*), 335. Thèmes en *s*, dans lesquels *s*, lorsqu'il se trouve entre deux voyelles, devient *r*, nominatifs en *âs, ôs, us, ês*, 338-339; *ôs, us*, 338. Nominatif en *or* à côté et au lieu de *ôs* dans les thèmes en *r*, 339. Sur *vetus, eris*, 339-340. Nominatif-accusatif neutre, signe casuel *m* = sanscrit *m*, 349. Absence de signe casuel, nominatif en *ĕ* des thèmes en *i* (*mare*), 349-350; en *us*, génitif *oris, eris* (*r* né de *s*),

350; II, 120, note 2. (Cf. aussi ici même les thèmes en *s*.) Adjectif neutre sans signe casuel, I, 349. Signe casuel *s* inorganique au nominatif-accusatif neutre des adjectifs qui n'ont qu'une terminaison (*capax*, dont le nominatif-accusatif neutre est *capac-s*), I, 351. Signe casuel *d* = sanscrit *t* dans les pronoms (*id*, *illud*), I, 354, 355. Pour les nominatifs pronominaux *hic*, *ille*, *iste*, *qui*, II, 300. Voir la table des mots.

6° Lithuanien. Signe casuel *s* comme en sanscrit; les thèmes féminins en *a* ont *a* au lieu de *â* (sans signe casuel), 277. Sur les thèmes féminins en *e* (de *ia*), ainsi que ceux en *cia*, *dzia* (cf. la 5ᵉ déclinaison latine), 176-177, 317. Nominatifs en *jis*, *is* des thèmes masculins en *ja*, 310. Nominatif en *ns* des thèmes en *nt* (*degan-s*), borussien en *ns* (*sidans*) des thèmes semblables, 317-318. Sur les thèmes lithuaniens en *n* (nominatif *û*), 332; cf. 325-327. Sur les thèmes féminins en *r* (*er*), nominatif *ē*, 332; nominatif *ŭ*, 332. Sur les thèmes en *s* (*es*), nominatif *û*, 340-341. Nominatif-accus. neutre : borussien, signe casuel *n*, 349. Lithuanien : il n'y a pas de substantif neutre, 352. Sur les formes neutres telles que *tai* (*hoc*), 344, 355-356.

7° Vieux slave. Nominatif sans signe casuel et généralement semblable à l'accusatif, 136. Pour la finale du nominatif dans les différents thèmes, voir *Thèmes*.

8° Langues germaniques. Gothique : signe casuel *s*, comme en sanscrit. Il manque dans les thèmes féminins en *ô*, nominatif abrégé en *a*, dans les formes monosyllabiques en *ô* (*sô*, *hvô*), 277; cf. 313 et suiv. Vieux norrois : signe casuel *r*, 313. De même dans les adjectifs en haut-allemand, 313. Gothique : nominatif en '-*s*, au lieu de *a-s*, *i-s*, dans les thèmes polysyllabiques en *a* et en *i*, 309; en *a-s*, *i-s*, dans les thèmes monosyllabiques, 309; en *ji-s*, *i-s*, *ei-s*, '-*s*, dans les thèmes masculins en *ja*, 310-311; en *i* dans les thèmes féminins en *jô*, 280-281; en *u-s*, *v-s*, dans les thèmes en *u*, 312, remarque 2. Sur le nominatif des thèmes en *ra*, *ri*, 311, remarque 1; en *sa*, *si*, 311, remarque 1. Nominatif en *nd-s* des thèmes en *nd*, 318. Nominatif de la déclinaison faible, c'est-à-dire des thèmes en *n* dont l'*n* tombe, 321-324; cf. 325-327. Détail : nominatif en *n* de thèmes masculins en *an*, 322; en *ô* des thèmes neutres, 322-323; en *ô*, *ei* des thèmes féminins en *ôn*, *ein*, 324-325; cf. 280. En nouveau haut-allemand, l'*n* du thème reparaît au nominatif, 326-327. Il en est déjà ainsi en vieux haut-allemand dans les thèmes féminins en *în*, 326. Les thèmes en *r* conservent leur *r* dans les langues germaniques, mais ils n'ont pas de signe casuel, 332 et suiv. Nominatif-accusatif neutre : absence de signe casuel dans les substantifs, 351-352. Les thèmes neutres en *ja* ont *i* au nominatif-accusatif, 352; ceux en *va* y ont *u*, 312, remarque 2; ceux en *an* y ont *ô*, 322. Le gothique n'a pas de thème neutre en *i*, 352. Nominatif-accusatif neutre en *ta*, vieux haut-allemand et moyen haut-allemand *z*, nouveau haut-allemand *s* = sanscrit *t* dans la déclinaison des pronoms et des thèmes adjectifs en *a*, 353-354, 355.

9° Langues celtiques. Les thèmes en *n* perdent leur *n* au nominatif, 333, note 2; ceux en *r* y gardent leur *r*, 333-334.

B. Nominatif-vocatif pluriel et nominatif-accusatif pluriel, II, 34-54. Tableau comparatif du nominatif-vocatif pluriel et du nominatif-accusatif pluriel neutre, II, 53-54.

1° Sanscrit. Désinence principale *as* dans les thèmes masculins et dans les thèmes féminins; son origine, II, 34. Thèmes masculins en *a*, nominatif pluriel *âs*, II, 37-38; védique *âsas*, II, 39, 41, 43. Les thèmes féminins en *â* ont *âs*, II, 38. Les thèmes pronominaux en *a* ont *ê* (*tê*, *asmê*, etc.), II, 38-39, 300-301. Sur *vayám* et ses analogues, II, 300. Sur *amî*, II, 301. Nominatif pluriel en *ay-as*, *av-as*, avec gouna dans les thèmes en *i* et en *u*, II, 44; mais védique sans gouna *y-as*, *v-as*, II, 47. Neutre védique *â*, *î*, *û* des thèmes en *a*, *i*, *u*, II, 51-52, au lieu du sanscrit commun *âni*, *îni*, *ûni*, II, 51. Insertion et non-insertion d'une nasale, II, 52.

1° *bis*. Hindoustani, mahratte. Nominatif pluriel en *ê* des thèmes en *a*, I, 191.

2° Zend. Désinence du masculin et du féminin, *as* devenu *ô*, resté *aś* devant *ća*, *ćiḍ*, II, 34. Thèmes pronominaux en *a* qui ont *ê*, *ôi* au nominatif pluriel, II, 38-39. Nominatif pluriel (accusatif aussi) en *âoṇhô* des thèmes en *a*, II, 43 (en vieux perse le nominatif pluriel est en *âha* et en *â*, II, 44). Thèmes en *u*, nominatif pluriel en *vô*, *avô*, *âvô;* thèmes en *i*, nominatif pluriel en *ayô*, *âyô*, II, 45, 47. Neutre, désinence *a*, II, 47; *â* (de *a* + *a*) dans les thèmes monosyllabiques en *a*, *â* devant *ća*, *a*, dans les thèmes polysyllabiques, II, 49; *av-a*, *v-a* et aussi *ñ*, dans les thèmes en *u*, II, 49-50. Nominatif pluriel en *âo* des thèmes neutres en *aś*, II, 50-51. Nouveau perse : nominatif pluriel en *ân*, II, 69-70; en *hâ*, II, 70-71.

3° Arménien. Nominatif pluriel en *q*, II, 20, 35-36; en *s*, II,

224; en *er, ear, an, ean, earą́, eaną́*, II, 36-37.

4° Grec. Désinence ες, II, 34-35; ι-ες, υ-ες, dans les thèmes en ι, υ, II, 47. Sur les formes telles que πόλεις, III, 303. Sur le pluriel en οι, αι de la 1re et de la 2e déclinaison, II, 39. Neutre : désinence α, II, 47. Sur les pluriels neutres en α de la 2e déclinaison (δῶρα), II, 49.

5° Latin. Désinence *s*, II, 34; *ê-s* avec gouna dans les thèmes en *i* et dans les thèmes terminés par une consonne qui sont élargis d'un *i*, II, 34, 45, 46-47; *ûs* dans les thèmes en *ŭ*, II, 45. Nomin. pluriel archaïque en *eis, es, is*, II, 40 et suiv. Sur le nomin. pluriel en osque et en ombrien, II, 41 et suiv. Sur le nominatif pluriel ordinaire de la 1re et de la 2e déclinaison latine (*î, ae*), II, 39. Pour celui de la 2e, voir aussi II, 42. Sur le nominatif pluriel de la 5e déclinaison, II, 39. Neutre : désinence *a*, II, 47. Nominatif pluriel de la 2e déclinaison (*dôna*), II, 49.

6° Lithuanien. Désinence *-s*, II, 34; *ô-s* dans les thèmes féminins en *â*, II, 38; *y-s* dans les thèmes en *i*, II, 34, 45; *ū-s* dans ceux en *u*, II, 45. Les thèmes en *a* font au nominatif pluriel *ai* pour les substantifs, II, 39; *e* pour les pronoms, II, 42; *i* pour les adjectifs, II, 42. — Borussien. Les mêmes thèmes y font *ai, ei, oi*, II, 42-43.

7° Vieux slave. La désinence sanscrite *as* y est représentée par *e* dans les thèmes terminés par une consonne, par *ov-e* dans ceux en *ŭ*, par *ij-e* dans ceux en *i*, II, 145-146. Pour *ij-e*, voir aussi II, 248. Nominatif pluriel en *i* (sans signe casuel) dans les thèmes féminins en *i*, II, 144-145. Les thèmes féminins en *a, ja* font au nominatif pluriel *ŭ, jaṅ*; ceux en *śa* (de *chja*) y font *śaṅ*, II, 141-142, 146; ceux en *er* y font *er-i*, ce qui suppose un thème élargi d'un *i*, II, 145-146. Sur le nominatif pluriel en *i* des thèmes en *o*, II, 42, 138, 146. Neutre : désinence *a*, II, 47, 146.

8° Langues germaniques. Désinence *s*, II, 34, 38; *ô-s* dans les thèmes masculins en *a*, II, 37-38; *ô-s* dans les thèmes féminins en *ô*, 38 (vieux haut-allemand *â* dans les thèmes en *a*, II, 44). Gothique *eis* (avec gouna) dans les thèmes en *i*, II, 34, 44-45; *ju-s* (avec gouna) dans ceux en *u*, II, 44; *rju-s* dans ceux en *ar*, ce qui suppose un thème en *ru* né d'une métathèse (*brôthrju-s*), II, 54, note 5. Les pronoms et les adjectifs forts ont *ai* au nominatif pluriel (*blindai*) en gothique, II, 38-39; *ê* en vieux haut-allemand, II, 43. Neutre : désinence gothique *a*, II, 47. Elle est déjà perdue (à quelques exceptions près) en vieux haut-allemand, II, 50. En gothique, les thèmes polysyllabiques en *a* ont le nominatif pluriel neutre en *a*, les monosyllabiques l'ont en *ô*, II, 49. Les thèmes en *i* font *i-u* en vieux haut-allemand, II, 50. Sur les nominatifs pluriels en vieux haut-allemand tels que *hûs-ir*, nouveau haut-allemand *Häus-er*, II, 50, 75.

C. Nominatif-accusatif-vocatif duel, II, 1-10. Tableau comparatif, II, 10.

1° Sanscrit. Désinence *âu*. Son origine, II, 1. Védique *â* au lieu de *âu*, II, 3. Duel sanscrit en *î*, *û* des thèmes masculins et des thèmes féminins en *i*, *u*, II, 5. Sanscrit *y-âu*, védique *î* des thèmes féminins en *î*, II, 8. Sanscrit *ê* des thèmes féminins en *â*, II, 7-8. Neutre : désinence *ê* dans les thèmes en *a*, désinence *i-n-î*, *u-n-î*, *î*, dans ceux en *i*, *u* et dans les thèmes terminés par une consonne, II, 6.

2° Zend. Désinence *âoś(-ća)*, *âo*, II, 2 ; ou bien *â*, *a*, II, 3, 4, note 1 ; *ay-âo*, *ê*, *êś(-ća)*, dans les thèmes féminins en *â*, II, 3, 7-8 ; *î* dans les thèmes en *î*, II, 8 ; *âo*, *û*, *u*, dans ceux en *u*, II, 5. Neutre : désinence *ê* dans les thèmes en *a*, *î*, *i*, dans les thèmes terminés par une consonne, II, 6-7.

2° bis. Arménien. Reste du duel, II, 219.

3° Grec. Désinence ε, II, 4, 6. Sur ω, ᾱ, dans la 1ʳᵉ et dans la 2ᵉ déclinaison, II, 6. Neutre : duel sans désinence particulière, II, 7.

4° Latin. Reste du duel, II, 9.

5° Lithuanien. Duel en *u*, *û-du*, dans les thèmes en *a*, II, 4-5 ; en *i*, *u*, dans ceux en *i*, *u*, II, 5-6 ; en *i*, dans les thèmes féminins en *â*, II, 9.

6° Vieux slave. Les thèmes masculins en *o* font au nominatif-vocatif-accusatif duel *a*, II, 143 ; ceux en *i* (masculin et féminin) y font *i*, II, 144 ; ceux en *ŭ* y font *u* ou bien *a*, d'après la déclinaison en *o*, II, 144 ; les thèmes masculins en *en* y font *i*, ce qui suppose un thème élargi d'un *i*, II, 144-145 ; les thèmes féminins en *a* et les thèmes neutres en *o* y font ъ *ê*, II, 143-144 ; cf. II, 7-8 ; ainsi que les thèmes terminés par une consonne qui sont élargis par l'addition d'un *o*, II, 145 ; les thèmes neutres terminés par une consonne sans élargissement y font *i*, II, 144-145.

Noms d'agent. Ceux du nouveau haut-allemand et de l'anglais en *-er*, IV, 326. Ceux du sanscrit en *târ* (*tr*) et leurs congénères, voir *Suffixes*.

Noms d'animaux en hindoustani, IV, 189.

Noms de mois en ων chez les Grecs, IV, 283.

Noms de nombre, III, xx-xxiii. Nombres cardinaux, II, 209 et suiv. Nombres depuis vingt jusqu'à cent, II, 238-

239. Nombre «mille» en germanique et en letto-slave, II, 243. Noms de nombre arméniens, II, 46, note 1, 242. Nombres ordinaux, II, 243-251. Noms de nombre dans les composés possessifs, IV, 356-357; collectifs, IV, 370-371.

Noms de parenté terminés par *tar* (*tṛ*) en sanscrit. Leurs congénères dans les langues sœurs, IV, 56-59. Voir aussi *Suffixes*.

Noms de pays, grec en *ια*, IV, 227-228; en *ιδ* (nominatif *ις*), IV, 228; latin en *ia*, IV, 229.

Noms de personne. Ceux en *ius, ia*, dans la langue latine, IV, 228-229.

Noms ethniques. Ceux qui sont en *ι-ος* dans le grec, IV, 227.

Noms propres. Ceux qui sont du masculin et terminés en latin par *a*, en osque par *as*, IV, 256, remarque. Voir aussi *Patronymiques*.

Noms propres de ville. Ceux qui finissent par *ia* en latin, IV, 229.

Optatif, voir III, LXXIV. L'optatif grec correspond au potentiel sanscrit, III, 321-322. Optatif moyen, III, 322-323. Les formes de l'optatif contractées au duel et au pluriel, III, 323. Optatif de la conjugaison en μι, III, 324. 3ᵉ personne du singulier de l'optatif, III, 326. Optatif présent des verbes dont la caractéristique est νυ (δείκνυμι), III, 339, remarque, 341. Optatif présent de la conjugaison en ω, III, 337-338. 1ʳᵉ personne du singulier de l'optatif présent actif et moyen, III, 339. Optatif présent en οιην dans les verbes contractes, III, 339. Optatif de l'aoriste 2, III, 329-331, 355-356. Sa 3ᵉ personne, III, 329, 332, note 3. Optatif de l'aoriste 1ᵉʳ, III, 356-357. Optatif du parfait, III, 362.

Palatales. Celles du sanscrit proviennent de gutturales. Elles sont représentées dans les langues congénères par des gutturales, des dentales ou des labiales, 47 et suiv. Palatales du zend, 88 et suiv.; du lithuanien, 173 et suiv.; du vieux slave, 172, 174.

Parasmaîpadam, II, 1-2.

Parfait. Points de vue généraux : Prétérit à redoublement ou parfait du sanscrit = parfait du zend et du grec, prétérit des verbes forts dans les langues germaniques. Au contraire, le parfait du latin correspond aux différentes formes de l'aoriste du sanscrit; les parfaits *ui, vi* (1ʳᵉ, 2ᵉ et 4ᵉ conjugaison) sont des formes composées propres au latin, qui contiennent aussi un aoriste (voir ci-dessous n° 5). Le parfait germanique des verbes faibles est de même une forme composée (voir ci-dessous n° 6). Pour les temps du slave et du lithuanien qui expriment le passé, voir *Aoriste, Prétérit, Imparfait.* Pour le nouveau perse, voir *Imparfait.* Sur les désinences personnelles du parfait à redoublement, III, 248-258.

1° Sanscrit, III, 226-227, 228, 230, 232-233, 240, remarque 2, 244, 246. Cf. *Redoublement.* Sur la 1re et la 3e personne du parfait à redoublement, III, 249-250. 1re et 3e personne du singulier en *áu* dans les racines en *á*, III, 257-258. 1re et 3e personne du singulier du moyen, III, 250-251. 2e personne du singulier en *ta* = grec θα, III, 43-45, 255. 2e personne du pluriel, III, 250. 1re personne du duel, III, 254. 2e et 3e personne du duel, III, 254. 3e personne du pluriel de l'actif en *us*, III, 48-49, 56-57. 3e personne du pluriel du moyen passif en *rê*, III, 251-252. Influence des désinences légères et des désinences pesantes sur la manière d'être du parfait à redoublement, III, 94. Voyelle de liaison *i* (*tutup-i-má*), III, 250-251, 253-254. Suppression de la voyelle de la racine (*paptimá*), III, 243, remarque. Duel et pluriel de l'actif, singulier, duel et pluriel du moyen avec *ê* au lieu de *a* à la racine (*tan : tatâna, têniva,* etc.), fait qui cache un redoublement, III, 237-239, 242, 243-244.

Parfait périphrastique avec *cakâra, ása, babúva,* dans les verbes de la 10e classe, III, 258-260; dans ceux qui n'appartiennent pas à la 10e classe, III, 265. Cf. encore *Prétérit.*

2° Parfait ou prétérit à redoublement du zend, III, 230, 282 et suiv. 1re et 3e personne du singulier de l'actif, III, 250, note 1. 2e personne du singulier en *ta*, III, 43-45. Parfait du moyen, III, 285-288. Son emploi. Il tient lieu du subjonctif présent, particulièrement après *yêsi* «si», III, 146-147, 289.

3° Arménien. Voir III, 295, remarque.

4° Grec. Voir III, LXIII-LXV. Prétérit à redoublement, cf. *Redoublement.* Parfait ordinaire du grec (parfait 1er) en κα (πεβίληκα) ou bien avec aspiration de la consonne finale (τέτυφα, πέπλεχα), III, 227, 228, 230-232, 292, 318. Parfait 2 (λέλοιπα, ἔοικα, etc.), III, 98, 248. Sur la 1re et la 3e personne du singulier, III, 249-250; 2e personne en θα = sanscrit *ta*, III, 43-45, 255; 2e et 3e personne du duel, III, 254; 2e personne du pluriel, III, 250; 3e personne du pluriel en ᾱσι, en αν (à Alexandrie), III, 56. Voyelle de liaison α (τε-τύφ-α-μεν), III, 253-254; duel et pluriel sans voyelle de liaison, III, 254. Redoublement attique, III,

287. Parfait moyen, passif, III, 177, 200. Sur la 1re et la 3e personne du singulier du moyen, III, 250-251.

5° Latin. Voir III, LXXI-LXXII. — *a*. Le parfait simple correspond, non pas au parfait du sanscrit, mais aux différentes formations de l'aoriste en cette langue, ce qui est démontré surtout par la désinence -*t* (*scripsi-t*) de la 3e personne du singulier, III, 180, note 1. Le parfait en *si* correspond à l'aoriste 2e du sanscrit, III, 179-180, 182-186. Formes qui correspondent à l'aoriste 6e du sanscrit, III, 212-213. Sur le parfait des verbes qui insèrent une nasale, comme *fidi* de *findo*, III, 208-209. Les formes à redoublement (*cu-curri*) et celles qui cachent un redoublement (*féci*, etc.) correspondent à l'aoriste 7e du sanscrit, III, 180 et suiv., 214, 215, 218, 224, 227, 229, 242. Sur les nombreuses formes qui cachent un redoublement [pour la première fois dans les *Jahrb. für wissenschaft. Krit.* (1838), p. 10], particulièrement III, 180, 181-182, 215, 216-217, 242. Sur le parfait composé en *ui*, *vi*, dans la 1re, la 2e et la 4e conjugaison (parfait qui est un aoriste d'après sa forme), III, 188 et suiv. Désinences personnelles : 1re personne du singulier en *si*, III, 184-186. 2e personne du singulier et du pluriel, III, 179, 182-183, 184 185. Cf. le tableau comparatif, III, 46-48. 3e personne du pluriel en *ê-runt*, III, 186-187, 202, remarque, 292.

6° Langues germaniques. Voir III, LXV-LXIX. — *a*. Le parfait simple dans les verbes forts du gothique = le prétérit à redoublement du sanscrit, III, 97, remarque 2, 221, 223, 228-229, 233. Pour tout ce qui concerne l'apophonie (*ablaut*), voir *Apophonie*. Influences des désinences pesantes et des désinences légères, III, 94. Voyelle de liaison *u*, III, 254. L'allemand change *s* radical en *r* au parfait, III, 252. 1re et 3e personne du singulier, III, 249-250. 2e personne du singulier du gothique en *t* = *ta* du sanscrit, III, 43-45; en *st* dans les racines terminées par une voyelle (*saisôst*), III, 45-46, 255-257. Sur la 2e personne du singulier en vieux haut-allemand, III, 46, 234, 246, 255. 2e personne du pluriel en gothique, en allemand, III, 250. 2e et 3e personne du duel, III, 254. 3e personne du pluriel en *un*, III, 56. — *b*. Parfait des verbes faibles. Ce parfait est une forme composée [pour la première fois dans les *Jahrb. für wissenschaftliche Krit.* (1827), p. 285 et suiv., et dans le *Vocalismus*, p. 33 et suiv.] (en *i-da*, *ô-da*, *ai-da*), III, 260 et suiv., 276. Sur les formes en *i-da*

(1ʳᵉ conjugaison faible), III, 116, 117, 151, 263-264. Sur celles en *ô-da* (2ᵉ conjugaison faible), III, 264-265. Sur celles en *ai-da* (3ᵉ conjugaison faible), III, 265. Sur les formes où *ta, tha, da* sont joints immédiatement à la racine, III, 265-266. Formes en *ta* dans le vieux haut-allemand, III, 266. Sur la 2ᵉ personne du singulier en *dês*, III, 262, note 1.

PARTICIPES. Voir la liste des suffixes.

PARTICULES NÉGATIVES qui sont des particules comparatives en védique, III, 168-169.

PASSÉ. Comment il est exprimé dans les langues de la Malaisie et de la Polynésie, III, 174.

PASSIF. Voir III, LXXXII. Sa caractéristique *ya* en sanscrit, III, 111. Origine de ce *ya*, III, 409-410. Passif du sanscrit, III, 400, 403, 404; cf. aussi III, 4-5. Temps généraux du passif, III, 408. Passif des racines en *r* (*ar*), III, 400, remarque. Affaiblissement des racines au passif, III, 401. Parfait passif en sanscrit, III, 408. Aoriste passif en sanscrit, III, 408, note 4. Passif du bengali et de l'hindoustani, III, 409. Passif du zend, III, 68-69, 401-402, 403-404. Passif du vieux perse, III, 402. Passif de l'arménien, III, 406-407.

Imparfait passif en arménien, III, 407. Passif et temps indirects du géorgien, III, 406. Passif du grec, III, 4. Ce qui reste du passif réel en latin, III, 405-406; en gothique, III, 405. Passif ordinaire du latin [pour la première fois dans les *Ann. of orient. lit.* (1820), p. 62], III, 75-78; cf. III, LV-LVI. Désinence *mini* au passif (c'est un participe pétrifié; cf. en sanscrit le suffixe *mâna*, en grec μενοι) [pour la première fois déjà dans le *Conjugationssystem* (1816), p. 105 et suiv.], III, 78 et suiv. Impératif passif, III, 77. Désinences *mino* et *minor* (cette dernière est une fausse leçon), III, 80. Passif du vieux slave, III, 75-76; du bohémien, III, 75; du gothique = moyen du sanscrit, III, 4, 62-64 [pour la première fois dans le *Conjugationssystem* (1816), p. 122 et suiv., et dans le *Vocalismus*, p. 79]; cf. III, LV-LVI.

PATRONYMIQUES. Ceux du grec en ιδης, αδης, IV, 320; en ιων, IV, 320; féminin en ις (thème ιδ), IV, 320, note 4; ceux du sanscrit en *ya-s*, IV, 228.

PHONÉTIQUE. Son importance, II, I-XIII; cause des changements phoniques, II, XIII-XIV; progrès de la phonétique, II, XIV-XVIII.

PLURIEL. Celui du nouveau perse en

ân, *hâ*, de l'allemand en *er* (*Häuser*), de l'arménien en *er*, etc. Voir *Nominatif*, paragraphe B, nᵒˢ 2, 3, 8.

PLUS-QUE-PARFAIT. Il manque en sanscrit et en zend, III, 139, 290. Il est remplacé en vieux haut-allemand par le prétérit simple, III, 220. Sur le vieux slave et l'arménien, III, 295, remarque. Plus-que-parfait du grec, III, 291-293. Examen d'une hypothèse de Landvoigt, Pott et Curtius, III, 293, remarque. 3ᵉ personne du pluriel, III, 292. Plus-que-parfaits ioniens en εα, III, 293-294; doriens, III, 294. Plus-que-parfait passif, III, 293. Plus-que-parfait latin, III, 290, 294.

POIDS DES VOYELLES. En général, *a* est la plus pesante, *i* la plus légère, *u* tient le milieu, 35. En sanscrit, *â* pèse plus que *î*, 35-36; *i* et *u* mis au lieu de *a* pour cause d'allégement, 37-38. Voir aussi, pour *i* moins pesant que *a* et *î* moins pesant que *â*, III, 83 et suiv.; pour *u* moins pesant que *a*, III, 96, remarque; pour *i* moins pesant que *u*, I, 40. En latin, *a* plus pesant que *i* et que *e*, I, 36; que *u*, I, 38; *u* plus pesant que *i*, I, 40; *ĕ* radical plus pesant que *ĭ*, mais *ĕ* final plus pesant que *ĭ*, I, 41; *u* plus pesant que *o*, I, 41. En grec, le poids relatif des voyelles apparaît peu, voir pourtant I, 37-38. ε plus léger que ι, I, 41; η que ω, III, 221. Pour le poids relatif de ε, η, et de ο, ω, voir aussi II, 120, note 2. En vieux slave, *a* plus pesant que *o*, *o* que *e*, I, 162. En gothique, *ô* plus pesant que *ê*, III, 222. En gothique et surtout en germanique le poids relatif des voyelles explique en grande partie les phénomènes de l'apophonie (*ablaut*). Voir *Apophonie*.

POTENTIEL. Voir III, LXXIV. Il est proche parent du précatif en sanscrit et en zend, voir *Précatif*. Sur la parenté du potentiel et du précatif, III, 355. Synopsis du potentiel et du précatif, en sanscrit et dans les formes congénères des langues comparées, III, 363-366. Les passages principaux sur le potentiel et le précatif comparés aux formes congénères des autres langues sont cités à l'article *Optatif* et au commencement des articles *Futur, Impératif, Subjonctif*. Analyse du potentiel et du précatif, III, 370-371. Origine de la caractéristique du potentiel *yâ*, III, 318. Potentiel du verbe substantif en sanscrit, III, 298. Passages principaux sur le potentiel sanscrit, III, 321 et suiv. Potentiel du moyen, III, 322-323. Potentiel de la 1ʳᵉ conjugaison principale, III, 337 et suiv.; de la 2ᵉ conjugaison principale, III, 338, remarque. Sur la 1ʳᵉ personne du singulier dans la 1ʳᵉ conjugaison principale, III, 339; 3ᵉ personne du pluriel actif en *us*, III, 48, 57; 3ᵉ personne du pluriel moyen en *ran*, III, 63, note 2, 252-253. — Védique. Potentiel de l'aoriste 2ᵉ et de l'aoriste 6ᵉ (cf. optatif, aoriste grec), III, 355-357. Potentiel à redoublement (cf. subjonctif parfait germanique, optatif parfait grec), III, 361-362. Forme correspondante en vieux perse, III, 362. — Zend. Potentiel de la 1ʳᵉ conjugaison principale, III, 349-351; 1ʳᵉ personne du singulier, III, 350-351; 3ᵉ personne du pluriel, III, 350, 353. Potentiel de la 2ᵉ conjugaison principale, III, 351-352. Potentiel moyen, III, 322; 3ᵉ personne du singulier (*daiîta*), III, 354; 3ᵉ personne du pluriel (*daiîta*), III, 354.

PRÉCATIF. Il n'y a ici que ce qui est tout à fait spécial. Pour le surplus, voir *Potentiel*. Précatif du sanscrit, III, 183, 198, 327, 353. Précatif moyen, III, 331, note 3. Origine de la caractéristique du précatif *yâ*, III, 318. Précatif périphrastique avec *kriyât* dans les Védas, III, 259, remarque. Précatif du zend, III, 329-330, 352, 353. 1ʳᵉ personne du singulier, III, 330. 2ᵉ personne du pluriel moyen, III, 354-355.

PRÉPOSITIONS, IV, xxvii; 387-415. Les véritables prépositions sont toutes d'origine pronominale [pour la première fois dans *Abhandlung. der Akademie* (1826), p. 91 et suiv., *Demonstrativstämme* (1830), p. 9], IV, 387; cf. aussi IV, 411. Fausses prépositions d'origine verbale, IV, 414-415. Préposition, premier membre d'un composé possessif, IV, 359-360.

PRÉSENT. Il est sans exposant. Sa flexion se fait à l'aide des désinences primaires, III, 123. Tableau comparatif du présent actif dans la 1ʳᵉ conjugaison principale, III, 123-124; du présent moyen passif, dans la 1ʳᵉ conjugaison principale, III, 134; dans la 2ᵉ, III, 135. — Gothique. Présent de la 2ᵉ conjugaison faible, III, 367, note 2; de la 3ᵉ, III, 344, note 3.

PRÉTÉRIT.

1° Différentes formes pour indiquer le passé en sanscrit, III, 137. L'imparfait et l'aoriste sanscrits avaient-ils à l'origine des significations distinctes, III, 141 et suiv. Sens du prétérit à redoublement en sanscrit, III, 219-220. Prétérit périphrastique en sanscrit (*gatô 'smi*), et en allemand (*ich habe gemacht*), III, 139, 188, 220. Expressions comme *uktavân asmi*, III, 138. Passif: construction employée en sanscrit pour dire ce que dit le parfait latin, III, 138. Le passé exprimé par le présent avec *sma*, III, 174. Le prétérit en allemand pour exprimer la négation, III, 170, remarque.

2° Bengali et mahratte. Leur prétérit, IV, 80, remarque.

3° Nouveau perse. Prétérit en *dem, tem, deh em, teh em,* III, 268-269; cf. III, 271.

4° Slave. Prétérit du serbe, III, 193-194; du polonais, III, 269 et suiv., 274, remarque; du slovène et du russe, III, 274-275.

PRÉTÉRIT À AUGMENT du sanscrit. Voir *Imparfait* et *Aoriste*.

PRONOMS. Voir d'abord III, xxiv-xxxvii; puis pour chacun d'eux la table des mots. Il n'y a ici que les passages principaux. Pronom, 1ᵉʳ membre d'un composé possessif. Pronom personnel. Pronom démonstratif. Pronom interrogatif. 1ʳᵉ et 2ᵉ personne, II, 255-288. Tableau comparatif des pronoms de la 1ʳᵉ personne, II, 277-281; de la 2ᵉ, II, 281-286. Sur la 3ᵉ personne, II, 288 et suiv. Tableau comparatif du thème *sva*, II, 294; des thèmes *ta* et *sa*, II, 302-305. Voir à la table des mots sanscrits : *tya, sya, ya, sva, a, ima, ma, ana, na, ava, ka, ku, ki*. Thème *va*, II, 360-361.

Pronoms possessifs. Ceux qui servent de génitifs aux pronoms personnels, II, 286, remarque. Ceux du sanscrit, II, 389, 390, 391; de l'hindoustani, II, 394, note 2; du tsiganien, II, 394, note 2; du zend, II, 389; du grec, II, 393; du latin, II, 392, 394; du lithuanien, II, 392, 393; du vieux slave, II, 391, 392, 393, 394; des langues germaniques, II, 394-395; du nouveau haut-allemand, II, 395.

Pronoms corrélatifs. Ceux du sanscrit, II, 395-396; du zend, II, 396-397; du grec, II, 395-396, 398-399, 399-400, 411, 415-417 (cf. 391); du latin, II, 396; du lithuanien, II, 397-398.

Pour les adverbes pronominaux, voir *Adverbes*.

Pour les adjectifs pronominaux, voir d'abord III, xxxvi-xxxvii, puis II, 389-407.

Pour la déclinaison pronominale, voir la table des mots et les articles : *Adjectif, Pronom annexe*.

Pour les particularités de la déclinaison des pronoms qu'on retrouve dans celle des adjectifs et des substantifs, voir 372 et suiv.; II, 38 et suiv., 78-79, 152.

PRONOM-ANNEXE. Le sanscrit *sma*. Ses traces dans les langues congénères. Passages principaux, 366-375; voir aussi 389-390. Détail :

a. Sanscrit : *sma*, féminin *smî*, et de là *sy* au lieu de *smy*, 373-374; *sma* réduit même en sanscrit à *s* (*nas*, etc.), II, 269; et à *u* (*nâu*, *vâu*), II, 271. Le sanscrit *sma* représenté en prâcrit par *mha*, 366; *sm'*, *mm'*, *ma*, 371; répété deux fois en prâcrit, 371-372; représenté en pâli par *mha*, 366; *mhâ*, *smâ*, *sm-(in)*, *mh-(i)*, II, 152-153; *sma* a pénétré aussi dans la déclinaison des substantifs et des adjectifs en prâcrit et en pâli, 373.

b. sma (*smî*) apparaît en zend sous la forme *hma*, 366; *hm'*, 371; *s* (par exemple *yûs*), 372, II, 269; *hmî*, *ṇh*, I, 373-374. Il subsiste encore en persan dans *mâ* (= *asmân*), II, 276.

c. Reste de *sma* en arménien (il a pénétré aussi dans la déclinaison des substantifs) sous la forme *mê* (ablatif), *m*, *ma* (datif), I, 392-393; II, 292, 346, note 4, 383, note 2. En arménien, *sma* est contenu aussi dans le pronom *meḱ*, II, 276.

d. Traces de *sma* en grec, II, 341, note 2.

e. Traces de *sma* en latin dans *nôs*, *vôs*, II, 270; dans *egomet*, *tumet*, II, 270-271; dans *immo*, II, 271, 307-308; et ailleurs, II, 308, 410.

f. En ombrien *sma* apparaît sous la forme *sme*, *smei*, I, 370-371. Le locatif ombrien en *me* ne contient pas le pronom annexe *sma*, I, 435.

g. sma apparaît en lithuanien dans les désinences *mui*, *mè*, I, 372-373; II, 153; en lette, sous la forme *m*, I, 373; II, 153, note 1; en lithuanien, sous la forme *s* (*mēs*), II, 268 (voir aussi II, 393); en borussien, dans la désinence *smu*, I, 370; *smî*, sous la forme *si*, *ssi*, I, 376.

h. Sur le vieux slave (désinences *mo*, *mu*, *mi*), I, 389-390; II, 138.

i. En gothique [signalé pour la première fois dans les *Jahrb. für wissenschaft. Krit.* (mars 1831), p. 376 et suiv.], on trouve *sma*, *smî*, dans *nsa*, I, 366-367; *mma*, 367, 370 [déjà signalé dans les *Annals of oriental literat.* London (1820)]; *nka*, *nqva*, 369-370; *ṣva*, *ṣvi*, 367-368; *s*, 371-372; II, 268; *ṣ*, I, 375-376.

k. Au même *sma* se rattachent encore en vieux haut-allemand *mu*, I, 371, 372; *wa* et *wi*, 368; *ncha* (vieux norrois *nke*, anglo-saxon *nce*), 370.

PROSTHÈSE. Voyelles prosthétiques du grec ε, ο, α, I, 399; II, 230, 256-257, 275; de l'arménien *a*, *ĕ*, *i*, *o*, I, 399; II, 230, note 5, 230, 275, 362, note 4.

R déplacé en sanscrit et en zend, 97.

R voyelle. Voir *Alphabet sanscrit* à l'article *r*.

RACINES. Elles manquent absolument

au chinois, 228, note 1. Les racines ne sont pas le produit de l'abstraction scientifique, II, xix. Toutes les racines indo-européennes sont monosyllabiques, I, 222-223. Différence entre les racines verbales et les racines pronominales dans les langues indo-européennes, I, 221-222; II, xx. Pour les racines verbales voir encore I, 223-225, où est établie la différence qui existe entre les racines des langues indo-européennes et celles des langues sémitiques. Cf. I, 225-230. Exemples de racines verbales en sanscrit et dans les langues congénères, I, 263-267. Cf. 231. Sur les racines verbales qui ont une diphthongue en sanscrit, I, 237, 258. Efforts tentés pour ramener une partie des racines verbales à des éléments plus simples, II, xxii-xxiii. Rôle des racines pronominales, II, xxiv-xxviii.

REDOUBLEMENT, III, LXI-LXIII. Sens du redoublement, II, xxi; III, 141. Redoublement dans les racines qui commencent par une voyelle : en sanscrit, III, 165; en grec, III, 165-166. Suppression du redoublement au parfait védique, III, 233, note 3. Redoublement dans les verbes intensifs, III, 141. Redoublement à l'intérieur du verbe en latin (*credidi, vendidi*), III, 158. Suppression du redoublement en latin dans les verbes composés, IV, 151, note 1. Redoublement attique en grec, III, 287. Sur la diphthongue *ai* dans la syllabe du redoublement en gothique, III, 223-224.

RÉFLÉCHI. Verbes réfléchis du lithuanien, III, 75 et suiv. Cf. *Passif.*

RENFORCEMENT DE LA VOYELLE, II, xxi-xxii. Voir *Gouna, Vriddhi.*

RÉPARTITION, IV, II.

SANNATATARA. Voir *Accentuation.*

SANSCRIT. Sa parenté avec les langues de l'Europe, reconnue pour la première fois par le Père Cœurdoux, I, xv. N'est pas considéré, par Bopp, comme la langue mère des idiomes indo-européens, I, xliii. Sens de ce mot, 2, note 1. Importance du sanscrit pour les recherches de grammaire comparée, 2, 3, 4, 5. Langues sanscritiques. Remarques sur cette dénomination. Son sens, 2, note 1, 21.

SEMI-VOYELLES du sanscrit (*y, r, l, v*), 53 et suiv.; du zend, 93 et suiv.; du vieux slave, 174 et suiv.; du gothique et de l'allemand, 142-143. En zend, les semi-voyelles ont une influence aspirante, 99. En grec, *y* et *v* manquent. Par quoi ils sont remplacés. Voir à l'article *Alphabet sanscrit* ce qui concerne *y* et *v* (plus haut p. 4). Voir aussi *Liquides*.

SÉPARATION DES MOTS, particulièrement en sanscrit, 191.

SIFFLANTES. Celles du sanscrit : 1° *ś*, 61-63; 2° *ṣ*, 63-64; celles du zend 101-104, 108-110. Les sifflantes du zend ont une influence aspirante, 99-100; sifflantes provenant de dentales en zend, 110, 206-207. Perte d'une sifflante en arménien, 417, note 2. Sifflantes du gothique, 143-145; du vieux slave et du lithuanien, 173, 178-183.

SONORES. Voir *Consonnes*.

SOURDES. Voir *Consonnes*.

SUBJONCTIF. Voir III, LXXIII-LXXV. Points principaux : le subjonctif du sanscrit, c'est-à-dire le lêṭ = le subjonctif du zend, du vieux perse et du grec; le subjonctif de l'arménien, du latin et des langues germaniques = le potentiel sanscrit; le subjonctif du lithuanien tient au précatif sanscrit. La 1re personne du pluriel de l'impératif gothique appartient réellement au lêṭ. Voir *Impératif*.

1° Subjonctif du védique, nommé lêṭ, formé par l'insertion d'un *a*, IV, 371. Voir en outre III, 5, 368. Lêṭ du moyen, III, 369; de l'imparfait, III, 370, 373; du 3e aoriste, III, 371. Lêṭ de l'aoriste avec les désinences du présent en védique, III, 372 (subjonctif de l'hindoustani, III, 192). Cf. aussi *Impératif* 1re personne.

2° Subjonctif du zend (= lêṭ du sanscrit); 2e personne du singulier en *âhi*, III, 387; ou bien en *âi*, III, 386-387; 3e personne en *âiti*, III, 431-432. Subjonctif de l'imparfait, III, 370, 373. Subjonctif imparfait du verbe substantif, III, 163. Sur le subjonctif du vieux perse (= lêṭ), III, 372, note 1.

3° Subjonctif (proprement potentiel) de l'arménien, I, 405-406.

4° Grec. Subjonctif = lêṭ sanscrit. Subjonctif de la conjugaison en ω, III, 384-385; de celle en μι, III, 382-384; des verbes en νυμι, III, 383.

5° Latin. Subjonctif (= potentiel sanscrit), III, 323-324. Voir aussi le tableau, III, 363-366. Subjonctif présent de la 1re conjugaison (*amem*), III, 340; de la 2e, de la 3e, de la 4e, III, 372-373, remarque. Voir encore, pour la 2e, III, 341; pour la 3e, III, 342-343; pour la 4e, III, 341-342. Subjonctif imparfait, III, 358. Subjonctif imparfait de la 3e conjugaison (en *ĕrĕm*), III, 187. Subjonctif imparfait du verbe substantif (*essem*), III, 359. Ancien subjonctif parfait en *sim* (*ausim*, etc.), plus-que-parfait en *sem* (*intellexes*, etc.), III, 148-151. Subjonctif parfait ordinaire (en *ĕrim*), III, 187, 363;

IV, 149, note 5. Subjonctif plus-que-parfait ordinaire, II, 290-291; IV, 149, note 5.

6° Lithuanien, lette, borussien. Le subjonctif ou optatif du lithuanien et du lette rapproché du précatif sanscrit, III, 334-336. Pour le subjonctif ou optatif lithuanien en particulier, III, 336-337. Subjonctif ou optatif aoriste du borussien, III, 357-358.

7° Subjonctif des langues germaniques = potentiel du sanscrit, III, 324-325, 332. Voir aussi le tableau, III, 363-366 (pour le gothique et le vieux haut-allemand). Subjonctif présent de la conjugaison forte en gothique, III, 343-345. 1ʳᵉ personne du singulier du même, III, 344. 3ᵉ personne du pluriel, III, 344, note 3. Subjonctif présent de la conjugaison faible en gothique et en vieux haut-allemand, III, 367-368. Subjonctif présent du vieux saxon, III, 372-373. Subjonctif du moyen en gothique, III, 63-64 (*bairaith*); III, 349, note 1. Subjonctif du parfait en gothique et en vieux haut-allemand (cf. le potentiel à redoublement ou potentiel du parfait en védique), III, 95, 324-325, 361-362. Sur la 1ʳᵉ personne du singulier du subjonctif parfait en gothique, III, 325.

SUBSTANTIF, II, XXIX-XXX.

SUBSTANTIFS ABSTRAITS qui gouvernent l'accusatif en sanscrit, IV, 126, notes 3 et 5, 133-134. Substantifs abstraits en *tio* qui gouvernent l'accusatif en latin, IV, 174. Pour les mots-racines qui sont des substantifs abstraits, voir *Mots-racines*. Pour le remplacement de l'infinitif par différents cas de substantifs abstraits, voir *Infinitif*.

SUFFIXES. Voir IV, I-IX. Deux manières de les classer, IV, IX-X. Liste des suffixes (les secondaires sont distingués des primaires par le signe *) :

Sanscrit *a*, gothique *a*, lithuanien *a*, grec *o*, latin *ŏ*, vieux slave *o*, §§ 857, 858, 859, 912, 919-921.

Sanscrit *â* (fém.), grec α, η, latin *a*, lithuanien *a*, vieux slave *a*, gothique *ô* (nom. *a*), *ôn* (nom. *ô*), § 921.

Sanscrit *i*, zend *i*, gothique *i*, vieux slave *i* (nom. ь *ĭ*), grec ι, ιδ, ιτ, latin *i*, lithuanien *i*, § 922; arménien *i*, *z*, par exemple όζ, thème όζι «serpent» = sanscrit *áhi*, de la racine *aṅh* «se mouvoir», p. 99, note 2.

Sanscrit *u*, grec υ, lithuanien *u*, gothique *u*, zend *u*, § 923.

Sanscrit *an*, *ân*, grec αν, εν, ον, ων, § 924; latin *ôn* (nom. *ô*), *in* (nom. *en*), gothique *an* (nom. *a*), vieux haut-allemand *on* (nom. *o*), § 926, IV, 277-278; arménien *an*, 395 et suiv., 594; sanscrit *an* (neut.), gothique *an* (nom. *ŏ*), § 926.

Sanscrit *in*, § 927; sanscrit **in*, grec **ωv*, latin **ŏn*, sanscrit **inî*, § 928.

Sanscrit *ana* (fém. *anâ*, *anî*), zend *ana*, grec *avo*, lithuanien *ûna*, gothique *ana* (nom. *an'-s*), *anôn*, fém. (nom. *anô*), § 930; arménien *uno*, p. 401.

Sanscrit *aniya*, §§ 902, 904, 905; zend *nya*, gothique *nja*, lithuanien *nja*, *inja*, § 904.

Sanscrit *âna*, § 791.

Sanscrit *as*, § 931; grec *es* (nom. *os*, *ης*, *ες*), **es*, zend **as*, latin *us*, *eris*; *us*, *or-is*; *ur*, *or-is*; *ur*, *ur-is*; *or*, *ôr-is*; **or*, *ôr-is*, §§ 932, 935, 936; gothique *isa*, neut. (nom.-acc. *is*), *is-tra*, *is-la*, *s-la*, *as-su* (*drauhtin-as-su-s*), § 933; vieux haut-allemand *us-ta*, *us-ti*, *os-ta*, *os-ti*, lithuanien *as-ti*, § 934.

Sanscrit *us*, § 935.

Sanscrit *is*, § 935.

Sanscrit *ya*, § 887; latin *iŏ* (neut.), § 888; sanscrit **ya* (neut.), gothique **ja*, latin **iŏ*, grec **ιo*, § 889; vieux slave **иє ije*, § 890; lithuanien **ja*, § 891; sanscrit *yâ* (fém.), gothique *jô* (nom. *ja* ou *i*), § 892; vieux slave *ja*, lithuanien *ia*, *ē*, § 893; latin *ia*, *iê*, *iôn*, **ia*, **iê*, **iôn*, grec *ια*, **ια*, § 894; vieux haut-allemand **î*, § 895; nouveau haut-allemand **e*, § 896; sanscrit **yâ*, grec **ια*, vieux haut-allemand **ja*, neut. (nom. *i*), gothique **ein* (nom. *ei*), § 896; sanscrit *ya* (part. fut. pass.), zend *ya*, gothique *ja*, lithuanien *ia* (nom. *is*), latin *iŏ*, grec *ιo*, §§ 897, 898; sanscrit **ya*, zend **ya*, grec **ιo*, **ια*, latin **iŏ*, *ia*, §§ 899, 900; latin *ia* pour sanscrit *î*, grec *ιδ* (?), § 900, IV, 228; gothique **ja* (fém. **jô*), **jan*, *jan*, sanscrit *ya*, zend *ya*, lithuanien *ia* (fém. *ē*), vieux slave *jo*, § 901.

Sanscrit *yu*, zend *yu*, lithuanien *iu*, grec *ευ*, § 943.

Sanscrit **îyâns*, *ûyas*, *yâns*, *yas*, voir *Degrés de comparaison*.

Sanscrit **îyâ*, voir *Composés possessifs*.

Sanscrit **êya*, grec **ειo*, **εo*, latin **ejŏ*, *eŏ*, § 956.

Sanscrit *ra*, *la*, *a-la*, *i-la*, *u-la*, *i-ra*, *u-ra*, *ê-ra*, *ô-ra*, § 937; zend *ra*, § 938; grec *ρo*, *λo*, latin *rŏ*, *la*, gothique *ra*, *la*, vieux haut-allemand *a-la*, *u-la*, *i-la*, *e-la* (nom. *a-l*), etc., § 938; lithuanien *a-la*, grec *α-λo*, *ε-λo*, *υ-ρo*, *υ-λo*, *α-ρo*, *ε-ρo*, latin *u-lŏ*, *u-la*, *e-rŏ*, *i-li* (?), § 939.

Sanscrit **ra*, **la*, **i-ra*, **i-la*, **î-ra*, **î-la*, zend **ra*, grec **ρo*, **λo*, latin **li* (?), § 940.

Sanscrit *ri*, grec *ρι*, latin *ri*, *e-ri*, § 941.

Sanscrit *ru*, lithuanien *ru*, § 942.

Sanscrit *va*, latin *vŏ*, *uŏ*, §§ 943, 944.

Sanscrit *vân, van,* zend *van,* § 945.

Sanscrit **vant, vat,* zend **vant, vat,* latin **ntŏ,* §§ 409, 410; lithuanien **leta, linta, la, ant,* § 411; sanscrit **vant, vat,* latin **lent, lentŏ,* grec εντ, § 957.

Sanscrit *vâns, vas, vat, uś* (fém. *uśî*), § 786; lithuanien *eṅ* (nom. *eṅ-s*), *usia* (nom. fém. *usi*), borussien *wun-s, un-s, on-s, an-s,* (nom. masc.), *usi,* zend *vâoṇh, uś; ûś* (fém. *uśî, ûśî*), §§ 786, 787; gothique *usia* (nom. plur. masc. *bêrusiós* « ancêtres »), § 788; grec οτ, υια, latin *ûri* (*sec-úri-s*), **ŏsŏ,* § 789; vieux slave *vŭś* (fém. *vŭśi*), § 790.

Sanscrit *na,* zend *na,* gothique *na,* lithuanien *na,* vieux slave но *no,* grec νο, latin *nŏ,* §§ 833, 834, 835; sanscrit *na* (fém. *nâ*), zend *na,* grec νο, νη, latin *nŏ, na,* vieux haut-allemand *na* (fém. *nô,* nom. *n', na*), § 839.

Sanscrit **i-na,* grec **ι-νο,* gothique **ei-na,* vieux haut-allemand **î-na,* lithuanien **i-na, *i-nia, *y-na* (= *î-na*), **ō-na,* vieux slave **єно e-no,* § 835; latin **î-nŏ, *î-na, *ê-nŏ, *ê-na, *â-nŏ, *nô,* § 836; sanscrit **î-na,* § 836.

Sanscrit **ânî,* fém. (*indrâ-ṇî, mâtulâ-nî,* etc.), grec **αινα, *ω-νη,* latin **ô-na, *ô-nia,* lithuanien **ē-nē,* vieux slave ъня *ŭnja,* vieux haut-allemand **inna,* nouveau haut-allemand *in, inn,* vieux norrois **ynja,* §§ 837, 838.

Sanscrit *ni* (fém.), grec νι, vieux slave *ni* (nom. нь *nï*), lithuanien *ni,* gothique *ni,* § 840.

Sanscrit *ni* (masc.), latin *ni,* vieux slave *ni,* lithuanien *ni* (fém.), § 848.

Sanscrit *nu s-nu,* zend *nu,* lithuanien *nu, s-nu,* gothique *nu,* latin *nu* (4ᵉ déclinaison), grec νυ, §§ 946, 947.

Sanscrit *nt, ant, t, at,* voir *Participe présent* et *Participe futur.*

Sanscrit *ma,* zend *ma,* grec μο, latin *mŏ,* lithuanien *i-ma,* gothique *ma,* vieux haut-allemand *ma,* §§ 805, 806; grec μη, latin *ma,* lithuanien *ma, mē,* § 807; gothique *mô,* § 948.

Sanscrit *mi,* gothique *mi,* § 948.

Sanscrit *mân, man, i-mân, i-man,* zend *man,* §§ 796, 797; grec μον, μων, μεν, latin *môn, min, môn-i-a,* § 797; grec μῑν, § 798; gothique *man,* vieux haut-allemand *mon,* lithuanien *men* (nom. *mû*), vieux slave мєн *men* (nom. мъı *mŭ*), §§ 799, 800; grec ματ, latin *men, min,* vieux slave *men* (neut.), sanscrit **i-mân, i-man,* vieux haut-allemand **mon,* § 799; arménien *man,* § 183ᵇ, I, 397; latin *mentŏ,* grec μινθ, μιγγ, vieux haut-allemand *munda* (nom. *mund*), § 803.

Sanscrit *mâna,* vieux prussien *mana,* lithuanien *ma,* grec μενο, latin *minŏ, mnŏ*, gothique *mônjô* (fém.), vieux slave *mo*, zend *mana, mna, mn*, §§ 791-795; arménien *mno*, § 183ᵇ, I, 400; latin *mulŏ*, § 803.

Sanscrit *mara, vara*, § 808.

Sanscrit *mant, mat*, § 957.

Sanscrit *ka, a-ka, â-ka, i-ka, u-ka, û-ka*, latin *û-cŏ, î-cŏ, i-cŏ, i-c, â-c, ô-c*, grec α-κο, ᾱ-κ, ῡ-κ, αικ (γυναικ) ou ακι, lithuanien *i-ka*, gothique *aga*, § 949; vieux haut-allemand *i-nga* (nom. *ing*), *u-ngâ* fém. (nom. *unga*) (?), § 950; arménien *a-ka*, par exemple *savaka* (nom. *savak* «enfant» = sanscrit *sâvaka* [même sens] de la racine *śvi* «croître», contractée en *śu*).

Sanscrit *ka, §§ 404, 951; gothique *ha, *ga, *i-g, § 951; latin *cŏ, grec *κο, *ι-κο, τι-κο, § 953; gothique, lithuanien, borussien *i-ska, vieux slave *i-sko*, grec ι-σκο, ι-σκη, § 952.

Sanscrit *t*, latin *t*, grec τ, §§ 907, 910.

Sanscrit *ta*, zend *ta*, lithuanien *ta*, latin *tŏ*, grec το, §§ 817, 818, 821; gothique *ta*, *da*, § 820; latin *dŏ*, § 819; vieux slave *to*, *lo*, §§ 822, 823; mahratte *lâ* (fém. *lî*, neut. *lo*), § 823, IV, 81, remarque (cf. bengali, *ibidem*).

Sanscrit *i-ta, latin *tŏ, grec *το, lithuanien *ta, vieux slave **to, sto*, §§ 824, 825.

Sanscrit *tâ, *tât, *tâti, grec τητ, latin *ta, tât, tût*, gothique *thô* (nom. *tha*), parfois *dô, dâ*, vieux haut-allemand *dô* (nom. *da*), anglais *th*, vieux slave *ta*, §§ 826-831.

Sanscrit *ti* (fém.), zend *ti*, gothique *ti, thi, di*, lithuanien *ti*, vieux slave *ti*, §§ 841, 865; grec τι, σι, σια, §§ 842, 843; lithuanien *tē* ou *tia*, *y-stē ou *y-stia*, vieux slave *sti, § 844; latin *ti, si, tiôn, siôn*, **tia, tiê*, § 844.

Sanscrit *ti* (masc.), lithuanien *ti*, gothique *ti, di*, lithuanien *ti*, *ćia* (euphonique *tia*), vieux slave *ti*, grec τι, latin *ti*, *sti (?), § 845.

Sanscrit *a-ti*, grec ε-τι, lithuanien *a-ścia* (nom. *a-stis*), § 847.

Sanscrit *ti, zend *ti*, latin *t*, § 414.

Sanscrit *tiya, zend *tya*, gothique *djan*, latin *tiŏ*, vieux slave *tijo* (nom. *tĩj*), lithuanien *ćia* ou *tia*, § 322.

Sanscrit *tu* (fém., infinitif), grec τυ, zend *tu*, § 862, IV, 161-165; latin *tu, su* (4ᵉ déclinaison, masc.), § 863; borussien *tu* (infin.), lithuanien *tu* (supin), vieux slave ть *tŭ* (supin), §§ 864, 866; gothique *tu, thu, du* (masc.), § 954; sanscrit *a-tu, â-tu* (masculin), § 955.

Sanscrit *târ, tr̥*, zend *târ*, grec τηρ, τορ, τη-ς, latin *tôr, tûrŏ*, vieux slave *telĭ* (thème *teljo*), §§ 646, 647, 810, 811, 814, 815ᵃ; sanscrit fém. *trî*, latin *trîc*, grec τριδ, τρια, τειρα, τιδ, §§ 119,

6.

811; latin *á-tor, *i-tór, grec *τη-s, *δη-s, *ι-δης, § 955.

Sanscrit tar, tr, tṛ, zend tar, thr, grec τερ, τρ, latin ter, tr, gothique tar, tr, thar, thr, lithuanien ter (nom. tē), vieux slave ter (nom. ti), §§ 144, 265, 812.

Sanscrit tra (fém. trâ), grec τρο, τρα, θρο, θρα, latin trŏ, tra, zend tra, thra, §§ 815, 816; gothique tra, thra, dra, vieux haut-allemand tra, dra (nom.-acc. tar, där), nouveau haut-allemand ter, anglais ter, § 815; gothique thlô, fém. (nom. thla), vieux haut-allemand nom. dla, dila, dela, dal, grec τλο, τλη, θλο, θλη; gothique thrô (nom. thra), vieux haut-allemand trô (nom. tra), tar, tera, ter, § 816.

Sanscrit *tra, zend *thra, § 420.

Sanscrit *trâ, § 295, II, 181.

Sanscrit *tara, zend *tara, grec τερο, latin *terŏ, gothique *thara, vieux haut-allemand *dara, § 291 et suiv.; vieux slave *toro, *tero, § 297.

Sanscrit *tama, zend *tĕma, latin *timŏ, *simŏ, gothique *tuman, tum'-ista, dum'-ista, §§ 291, 292, 295.

Sanscrit *tas, latin *tus, grec *θεν, vieux slave du, § 421.

Sanscrit *tana, latin *tinŏ, §§ 958, 959.

Sanscrit tavya, latin tĭvŏ, grec τεο, § 902; lithuanien tōja, vieux slave a-tajo (nom. a-taj), § 903.

Sanscrit *tya, gothique *thja, latin *tiŏ, grec *σιο, § 959.

Sanscrit tva, zend ܨܘܠ iwa, gothique tva, neut. (nom. tv), thvó, fém. (nom. thva), vieux haut-allemand don (nom. do), vieux slave tva, ba, lithuanien ba, bē (?), §§ 832, 862.

Sanscrit *tva, vieux slave *stvo, § 831.

Sanscrit *tvana, pràcrit ttana, vieux perse tana, grec fém. *συνη, adj. *συνο, lithuanien adj. tina, adv. tinay, § 850, IV, 145 et suiv., remarque, § 989, IV, 377 et suiv.

Sanscrit *ta, grec το, latin tŏ, lithuanien ta, vieux slave to, gothique tan, dan (nom. ta, da), §§ 322, 323.

Sanscrit *tam, latin *tem, § 425.

Sanscrit *ta, zend ta, latin ta, ti, § 425.

Sanscrit *dâ, vieux slave da, g-da, lithuanien da, § 422.

Sanscrit *dâ, grec *χα, § 325.

Sanscrit *śas, grec κις, § 224.

Sanscrit *sya, latin *riŏ (?), § 960; gothique arja, *arja, § 961.

Sanscrit *ha ou da, zend du, grec θα, gothique th, d, § 420.

Supin. 1° Latin. Supin en tum (cf. infinitif sanscrit en tum), IV, 165 et suiv.; en tû (c'est proprement l'ablatif du suffixe tu), IV, 172 et suiv. 2° Lithuanien. Supin en tum (cf. infinitif sanscrit en tum), III, 337; IV, 167 et suiv. 3° Vieux slave. Supin en *tŭ* (= infinitif sanscrit en *tum*), IV, 171-172.

SVARITA. Voir *Accentuation*.

TADDHITA (suffixes secondaires), IV, 249.

TATPURUSHA. Voir *Composés de dépendance*.

TEMPS, III, LIX. Ceux du sanscrit et du zend, III, 5-6. Noms des temps chez les grammairiens indiens, III, 5, note 1. Formation des temps, III, 123 et suiv. Temps principaux et temps secondaires, III, 7-10. Temps spéciaux et temps généraux ; les premiers prennent les caractéristiques de classe, les seconds ne les prennent pas. En sanscrit, les temps spéciaux sont le présent, le potentiel (= optatif grec), l'impératif, le prétérit à augment à forme unique ; les temps généraux sont : tous les autres temps, I, 231, note 1.

TÉNUES. Comment elles se comportent en sanscrit à la fin des mots, 88 ; devant les désinences grammaticales, 198-199. Ténue au lieu d'une moyenne en grec pour cause d'euphonie (racine sanscrite *gud'*, grecque κυθ), I, 149-150, 211-212. Loi des ténues chez Notker, 192-193. Exceptions, 193-194.

THÈME. Le thème est la forme fondamentale des mots, II, XXX.

THÈME DES MOTS. Cause de la diversité des déclinaisons, II, XXXII.

UDÂTTA. Voir *Accentuation*.

UMLAUT OU ADOUCISSEMENT. Il est amené par *i, î, j* en vieux haut-allemand, 121-122 ; en moyen haut-allemand, 122 ; en nouveau haut-allemand, 122-123. Faits analogues en zend, voir *Force d'assimilation*.

VERBE. Voir d'abord III, XXXVIII et suiv.; puis III, 1 et suiv. Changement de voyelle produit dans les verbes par le déplacement de l'accent, III, XLIV-XLVI. Sur les verbes de la 4ᵉ et de la 10ᵉ classe, III, L. Composés où le premier membre a l'air d'être un verbe, voir *Composés*.

VERBE SUBSTANTIF, en nouveau perse, III, 464, note 1.

VERBES DÉRIVÉS. Voir III, LXXVI et suiv. Cf. *Causatifs, Dénominatifs, Désidératifs, Imitatifs, Inchoatifs, Intensifs*.

VIEUX PERSE ou langue des Achéménides. Préface de la deuxième édition, 15.

VIRÂMA. Signe de repos en sanscrit, 67, 191.

VISARGA du sanscrit (transcrit par *ḥ*),

41. Emploi que l'on en fait, 43-44.

VOCALISATION de *j* et de *v* en germanique, 121, 142-143.

VOCATIF. Principaux passages qui concernent le vocatif singulier, 442-447. Tableau comparatif du vocatif singulier, 446-447. Remarques générales sur la formation du vocatif singulier, 443, *ibid.*, note 1, 445-446.

1° Sanscrit. Accent du vocatif singulier, 442. Sa formation, 443-444. Vocatif singulier terminé par *a* dans les thèmes en *a*, 443; par *a* dans les thèmes féminins en *â*, 446, note 1.

2° Zend. Outre le tableau comparatif voir 443, 446, note 1. Sur le vocatif singulier des thèmes en *i* et en *u*, 444.

3° Grec. Accent, 442-443. Formation, 445. Vocatif singulier terminé par ε dans la 2ᵉ déclinaison, 443; par οῖ dans les thèmes en ων, nominatif ω, 329.

4° Latin. Vocatif singulier terminé par *ĕ* dans la 2ᵉ déclinaison, 443. Voir de plus 445-446.

5° Lithuanien. Vocatif singulier terminé par *e* dans les thèmes en *a*, 443; par *au* dans ceux en *ŭ*, 444; par *ē* dans ceux en *i*, 445. Borussien. Vocatif singulier terminé par *a, e* dans les thèmes en *a*, 443, note 1.

6° Vieux slave. Vocatif singulier terminé par *e* dans les thèmes en *o*, par *o* dans ceux en *a*, par *e* dans ceux en *ja* (féminin), par *e* dans ceux en *jo*, par *u* dans ceux en *ŭ*, par *e* dans ceux en *ŭ* qui se changent en *o*, par *i* dans ceux en *i*, II, 142; par *a* dans les adjectifs féminins, II, 161.

7° Gothique. Sur le vocatif singulier des thèmes masculins en *i* et des thèmes masculins-neutres en *a*, I, 444-445; des thèmes féminins en *i* et en *u*, I, 444. Vocatif singulier terminé par *au* dans les thèmes masculins en *u*, I, 444. Vocatif singulier dans les adjectifs, I, 445. Vocatif singulier du vieux norrois, I, 445.

VOYELLE DE LIAISON dans la déclinaison, voir l'article *Datif B, d*; dans la conjugaison, III, 103; au futur auxiliaire du sanscrit, III, 110; à l'infinitif, III, 115, note 4. Voyelle de liaison du zend (*ĕ, i*), III, 110-111. Voyelle de liaison du sanscrit (*i*), du grec (α), du gothique (*u*), au parfait, III, 253-254. Voir aussi *Parfait*. Voyelle de liaison entre les deux membres d'un composé en grec, en latin, IV, 335-336; et aussi dans les thèmes à voyelle en grec, IV, 336. Voir aussi, pour ces deux langues, IV, 337-338. Sur les formes comme ὀρειβάτης, IV, 337. Thèmes terminés en grec par σ, ν, IV, 335-

336; par ρ, δ, ν, τ, θ, IV, 336; en latin par *s*, IV, 335, note 3, qui ne sont pas suivis d'une voyelle de liaison lorsqu'ils sont le premier membre d'un composé. Le gothique n'emploie jamais de voyelle de liaison dans ses composés, IV, 338.

VOYELLES. Les primitives sont *a*, *i*, *u*. Signes des voyelles en sanscrit, 67. En sanscrit, deux voyelles qui se rencontrent se combinent, 197. Le vieux slave paraît n'avoir pas de voyelles longues, 165. En lithuanien, l'accent allonge la voyelle qu'il frappe, IV, 352. Voir *Insertion d'une voyelle*, *Poids des voyelles*, *Allongement d'une voyelle*, *Renforcement de la voyelle*, *Changement de voyelle*, *Prosthèse*.

VRIDDHI. Signification du mot, 69. En quoi consiste la vriddhi, 69, 78. Traces de la vriddhi dans les langues indo-européennes, 78.

ZEND. Remarques générales sur la langue zende, 6-8. Authenticité de la langue zende, 15-16. Passages plus ou moins longs du Zend-Avesta expliqués dans la *Grammaire comparée*, 106, 382, note 2, 383, 433, 434; II, 32, 43, 50, 64, 65, 397, notes 2 et 3; III, 59, note 1, 64, note 1, 147, 258, 284, 286, 289-290, 314, note 1, 315, note 2, 317, 330, note 2, 350-351, 378, note 3, 379, 386, notes 1 et 2, 388, 402, note 1, 404, note 2, 435-436; IV, 60, note 1, 345, 398, 463.

TABLE DES MOTS.

A. — LANGUES DE L'INDE.

1° SANSCRIT.

a 1° *a*, lettre de l'alphabet, voy. *Alphabet sanscrit.*

2° *a* priv., II, 342, 418, 420; *a* au commencement des composés possessifs, IV, 357; des composés déterminatifs, IV, 362; des composés adverbiaux, IV, 372.

3° *a* augment, III, 168 et suiv.

4° *a* thème démonstratif, II, 333, 346; I, 374; II, 265; *éna, ayá,* I, 374; *asmãi,* zend *ahmái,* I, 105; II, 333; *asyãm,* I, 374; *ébis,* II, 26, 333.

aṅhú, gothique *angvus,* II, 170; IV, 87.

áṅhri, IV, 304.

ákar, ákaram, voy. rac. *kar.*

akká, 446, remarque 1.

akśa (= *akśi,* à la fin des composés, 265; II, 213; IV, 278.

akśi, akśán, étymologie, 265; déclinaison, IV, 277; = zend *aśi,* I, 105; IV, 224; lithuanien *akís,* IV, 269; gothique *augô,* thème *augan* (= *akśán*), IV, 277; arménien *akan* (= *akśán*), 1, 396. Pour sa forme à la fin des composés, v. *akśa.*

agáda, 212.

ágra, zend *aġra,* IV, 273, 257.

agní, latin *ignis,* 348; cf. IV, 119.

áṅgri, IV, 304.

ag (rac.), grec ἄγω, latin *ago,* arménien *aċi* «je menais», III, 205.

aṅġ (rac.), III, 227; cf. III, 205.

aṭ (rac.), *áṭiṭam,* III, 217; intensif *aṭáṭ,* III, 433.

aṭ (rac.), 320.

átas, II, 180; cf. II, 333; IV, 394.

áti, II, 364; IV, 387; arménien *ti,* II, 417; zend *aiti, as, aś,* 207; cf. IV, 388.

atikrámé, voy. *kram.*

atimátrám, IV, 372.

atiyaśas, 207.

atisundara, 207.

átra, II, 333, 407.

aíavá, II, 379.

ad 1° *ad* (rac.), cf. 263; III, 13, 15; gothique *at, ita,* I, 36; arménien *utem,* I, 397; III, 204, 407; vieux prussien *istwei,* IV, 170; *ádmi,* gothique *ita,* vieux haut-allemand *izu, izzu,* I, 150, 169; vieux slave *jamĭ,* 169; III, 15;

átsi, vieux slave *jasi*, III, 35; *átti*, vieux slave *jastĭ*, III, 50.

2° *ad* « qui mange », en composition, 291.

adás (neutre de *asáú*), I, 207; II, 306.

ádudruvan (rac. *dru*), III, 212.

áduhra (rac. *duh*), III, 213.

ádṛśran (rac. *darś*), III, 253.

ádb͐uta, 91.

admará, IV, 49.

adyá, II, 333, 366, 417; IV, 380.

ádara, ossète *dalag*; gothique *dalathrô*, etc., 148, 386; latin *inferus*, 50; II, 180; IV, 387.

ad͐amá, latin *infimus*, 50; II, 180; IV, 387.

ad͐ás, latin *infra*, 50; II, 31, 180, 411; IV, 387.

ad͐ástât, 385.

adi, II, 30, 364; cf. IV, 390.

an 1° *an* (privatif), voy. *a*.

2° *an* (rac.), grec ἄνεμος, latin *animus*, IV, 45; cf. 1, 263.

aná (thème démonstratif), II, 211, 336, 351; IV, 389, 397; arménien *in-ġn*, *su-in*, *du-in*, *nu-in*, II, 293, 345, 346; *anéna*, *anáyá*, II, 344.

anilá, irlandais *anal*, III, 270; IV, 81, 299.

aniśam, II, 416.

ánu, IV, 397.

anukṣaṇám, IV, 372.

anuǵñā́ (substantif), IV, 210, 243.

anuttamá, III, 168.

anudáttatara, 217.

anéka, III, 169.

ánéśam, voy. *naś*.

ánta, IV, 388.

antár, zend *antarĕ*, 79; expliqué et comparé (latin *inter*, gothique *undar*), II, 179, 350, 357; IV, 397.

antara, II, 178, 185, 351.

ántaréṇa, II, 181.

ánti, IV, 389.

antiká, IV, 389.

anyá = *aná* + *ya*, II, 178, 351; cf. I, 58, 551; II, 211; = zend *anya*, I, 94; arménien *ail*, I, 403; latin *alius*, II, 340.

anyatará, II, 178.

anyátra, gothique *aljathrô*, II, 407.

anyáta, latin *aliuta*, II, 417.

anyadā́, vieux slave *inogda*, *inŭda*, II, 414.

anyâdṛśa, II, 403.

ap « eau », 292.

ápa, son origine, II, 352, 181; IV, 390; latin *ab*, I, 92, 355; gothique *af*, IV, 384; au commencement des composés possessifs, IV, 359; avec sens négatif, IV, 393.

ápatya, IV, 324.

ápaptam, voy. *pat*.

ápara, son origine, II, 352; IV, 402; cf. II, 307, 357.

aparáhna, IV, 364, note 4.

ápas, latin *opus*, 297; IV, 267, 288, 296.

ápi, zend *api*, 95; cf. IV, 390.

ápnas, IV, 289.

abala, III, 169.

ábʰaya, IV, 362.

abʰi, son origine, II, 30; IV, 391, 392; zend *aibi*, 94; gothique *bi*, vieux haut-allemand *bî*, 120; latin *ob*, 11, 179; grec ἀμφί, II, 179.

abʰiǵñā́, voy. *ǵñā́*.

abʰítas, 120; II, 179; IV, 397.

abʰipraṇônumas (intens. rac. *nu*), III, 438.

abʰrá, 98.

am (rac.), 77.

amáti, lith. *amźis*, 77.

amása, 77.

amā́tya, IV, 324.

amu (thème pronominal, complétant la déclinaison de *asáú*); acc. sing. *amum*, 355; instr. sing. *amuna*, *amuyā́*, IV, 130; gén. sing. *amúṣya*, I, 355; duel *amúyôs*, IV, 130;

SANSCRIT.

pluriel *amí*, II, 39, 301.
amútra, II, 407.
ambá, 446.
ayakśmatáti, IV, 89.
ayám, son origine, II, 333; sur sa terminaison, II, 255, 300, 335; zend *aém*, I, 95, 355; II, 335; *ayań ǵanas* «je», II, 267; cf. *iyam, ima, idam, ana, a.*
ayás «qui va, qui est prompt», IV, 288.
áyas «fer», latin *aes*, gothique *ais*, IV, 262.
ar, r̥ (rac.), 287; III, 106; IV, 233, 273; désid. *araríś*, III, 429; causat. *arpáyámi*, III, 424.
ára, IV, 233.
árati, aratí, IV, 118.
árand'am, voy. *rad'.*
araríś, désid. de la rac. *ar*, III, 429.
arí, gén. sing. *aryás*, 414; nom. plur. *aryàs*, II, 47.
arindamá, grec ἱππόδαμος, IV, 255, 331.
ariśtátáti, IV, 89.
arć (rac.), IV, 238; part. fut. pass. *arćanī́ya*, IV, 238.
arǵ (rac.), *árǵiǵam*, III, 218.
árnas, IV, 289.
áría, dénom. *aríapáyámi*, III, 447.
ard (rac.), IV, 46.

ard', r̥d' (rac.), II, 250; III, 414.
ard'á, ossète *ardag*, 148; *árd'a*, latin *ordo*, nouveau haut-allemand *Ort*, II, 250.
arpáy, caus. voy. rac. *ar.*
árma, IV, 46.
aryas, voy. *ari.*
árvant, zend *aurvant*, 99.
álam, suivi d'un instr. ou d'un gér., IV, 128, 164.
alpaśás, II, 251.
allá, 446.
áva, zend *ava*, II, 355; IV, 393.
avadír, 222; *ávavad'ram*, III, 218.
avayáǵ, sa formation, IV, 244; nom. *avayás*, I, 318.
ávara = ava + ra, IV, 388, 401; gothique *vairs?* II, 196; latin *avernus*; arménien *i wair*, IV, 393.
avárma, IV, 388.
ávátsam, voy. *vas.*
ávi, latin *ovis*, 32; lithuanien *awis*, 57, 343; gothique *avistr*, IV, 69.
ávóćam, voy. *vać.*
avyatíśyai, voy. *vyat.*
aś (rac.), IV, 273; latin *acer*, IV, 304; latin *acu?* IV, 273; intens. *aśáś*, III, 433.
aśáni, IV, 273.
aśáś, voy. *aś.*
aśíti, II, 239.

áśman, zend *ásman*, nouveau perse *asmán*, 342; lithuan. *akmű'*, slave *kamū*, 63, 163; IV, 37, 38.
áśra, IV, 305.
áśrí, IV, 304.
áśru, neutr. 350; lithuanien *aśara*, 179; étym. 106; IV, 304; grec δάκρυ, gothique *tagrs*, *ibid.* et IV, 119.
áśrót, voy. *śru.*
áśva, étym. IV, 270; suffixe, IV, 304; zend *aspa*, I, 102; lithuanien *āśwa*, 1, 179; grec ἵππος, lat. *equus*, I, 38, 57; vieux saxon *ehuscalc*, IV, 305; dénom. *áśvasyā́mi*, III, 459; *aśváyāmi*, latin *equio*, III, 459.
áśvam, voy. *svi.*
aśvin, aśviná, II, 3.
áśtan, lithuanien *astűni*, II, 226; *áśtáu*, comparaison et déclinaison, II, 229; grec ὀκτώ, II, 272; lithuanien *astűm*, slave *osmĭ*, I, 179; gothiq. *ahtau*, 157; zend *asta*, 103; latin *octo*, 31.
aśtamá, II, 244, 248.
as 1° *as* (rac.) «être»; son origine, III, 126; comparaison en général, I, 263; *as* et *bú*, zend *ah, bú*; gothique *is-t, sij, bana, vas*; nouveau haut-allemand *is-t,*

bin, war, III, 126; présent de *as* en sanscrit et dans les langues congénères, III, 80, 130.

ásmi, gothique *im*, I, 120; III, 16; grec ἔμμι, εἰμί, III, 13; lithuanien *esmi*, III, 13; vieux slave *jesmĭ*, I, 169; III, 15.

ási, latin *es*, gothique *is*, grec ἐσσί, arménien *es*, I, 340; III, 38; zend *áhi*, I, 105; slave *jesi*, I, 180; III, 35.

ásti, I, 242; zend *aśti*, grec ἐστί, III, 49; gothique *ist*, I, 120, 157; III, 16; slave *jestĭ*, I, 166; III, 50; arménien *é*, III, 59.

smas, III, 81, 130.
sta, III, 81, 130.
sánti, III, 81, 130; vieux slave *suntĭ*, I, 166; III, 54; latin *sunt*, grec ἐντί, zend *hĕnti*, III, 51; nouveau haut-allemand *sind*, I, 120; arménien *en*, III, 60.

Prés. moy. *sé*, III, 83.

Potent. *syâm*, III, 322; gothiq. *sijau*, III, 83, 131; zend *q̇yem*, I, 81, 87; grec εἴην, latin *siem, sim*, I, 81; arménien. *izem*, I, 405.

Lêṭ (=subj. grec) *asas, asat*, III, 372.

Impér. *édi*, gr. ἴσθι, III, 41, 47, 73, 244.

Imparf. III, 159-163; *ásan*, 79; III, 58.

Part. prés. *san*, I, 79; IV, 5, 7; grec σας, IV, 13; *saŭ*, lithuan. *ēsanti*, IV, 5.

Pour *as* contenu dans différents temps, voir la table des matières à *Parfait, Aoriste, Futur*.

2° *as* (rac.), «jeter», III, 256; *as+ni* (*nyas*), II, 182.

asanśayám, IV, 372.

asas, asat, lêṭ *de as,* III, 372.

asáu, zend *śâo*, 106, 355; II, 300; cf. *adás, amú*.

así 1° *así*, latin *ensis*, II, 14; étym. IV, 24, 268.

2° *así*, voy. *as* « être ».

ásu, dénom. *asúyámi*, III, 457.

ásrgran, rac. *sr̥ǵ*, III, 253.

ásti, grec ὀστέον, albanais *áste*, 45, 46.

asmát, voy. *ahám*.
asmadíya, II, 390, 394.
asmábyam, voy. *ahám*.
asmáka, II, 277, 389.
asmákam, voy. *ahám*.
asmát, voy. *a* (th. dém.).
asmádr̥ś, II, 401.
asmán, voy. *ahám*.

asmábis, voy. *ahám*.
ásmi, voy. *as* « être ».
asmín, voy. *a* (th. dém.).
asmé, voy. *ahám*.
asmái, voy. *a* (th. dém.).
asyám, voy. *a* (th. dém.).
ásvidyam, voy. *svid*.
áhan, étym. 106; II, 86; zend *aśan*, gothique *dags*, IV, 278.

áham, I, 255; II, 255, 266, 300; zend *asém*, I, 108; v. perse *adam*, IV, 141; tableau comparatif, II, 277.

Acc. sing. *má, mám*, II, 257; vieux slave *man*, II, 261.

Instrum. *máyâ*, I, 358.

Dat. *máhyam*, latin *mihi*, I, 66; II, 11, 259, 260; zend *maibya*, II, 13.

Abl. *mat*, latin *met*, I, 381, 384; II, 259; *mattas*, I, 386.

Gén. *máma*, II, 260, 261.

Gén. dat. *mé*, zend *mói*, 84; II, 260, 289; vieux slave *mi*, II, 294.

Loc. *máyi*, latin *mei*, 438; II, 259, 287.

Nom. plur. *vayám*, zend *vaém*, I, 95, 98; II, 255, 264, 301; III, 10; *asmé*, proprement *ego et illi*, II, 265, = pâli *amhé*, grec ἄμμες, ἡμεῖς, I, 372;

II, 211, 264, 265, 301; III, 22.

Acc. *asmā́n*, grec ἡμᾶς, perse *má*, afghan *múṇga*, II, 255, 265.

Instr. *asmā́bis*, II, 26.

Dat. *asmábyam*, gr. ἡμῖν, II, 11 ; zend *maibyô*, II, 11, 13, 265.

Abl. *asmā́t*, II, 271.

Gén. *asmā́kam*, II, 78, 275, 287, 389, 394.

Gén. dat. acc. *nas*, II, 269, 270; III, 21.

Duel *āvā́m*, proprement «moi et toi», II, 271, 272; *nâu*, II, 271.

ahí, étym. et suffixe, IV, 268; arménien *ó*, II, 403 ; latin *anguis*, 134 ; lithuanien *angis*, IV, 269.

ahnâya, II, 86; IV, 375.

ahvam, voy. *hvê*.

ā́ (prép. «jusqu'à») suivi d'un inf. en *tôs*, IV, 159.

âǵṇa, IV, 210.

âtiṭam, voy. *at*.

âtmán, 320; III, 1.

ādí, slave *jedimĭ*, II, 211.

ādimá, II, 211.

ânavînót, intens. de la rac. *nud*, III, 439.

âp (rac.), latin *ad-ipiscor*, III, 42, 217;

âpipam, III, 217.

âpas, IV, 289.

ābʰaraṇa, 266.

ābyā́m, voy. *a*, thème démonstratif.

ā́yam « j'allais », voy. *i*.

âyasá, zend *ayaṇha*, IV, 264.

ârǵiǵam, rac. *arǵ*, III, 218.

âvavadʰíram, rac. *avadʰír*, III, 18.

āvā́m, duel, voy. *ahám*.

âvirbʰúta, IV, 394.

âviṣkṛta, IV, 394.

âvís, IV, 394.

āśiṣṭa, voy. *āśú*.

āśú, grec ὠκύς, II, 192; IV, 270; zend *âśu*, IV, 271; superl. *āśíṣṭa*, zend *âśiṣṭa*, latin *ôcissimus*, grec ὤκιστος, II, 192.

ās 1° *âs* «il était», voy. *as* «être».

2° *âs* (rac.), grec ἧμαι, III, 88; employé comme verbe substantif, II, 126; désid. *āsisiṣ*, III, 429.

āsádē, voy. *sad*.

âsan, voy. *as* «être».

âsanā́, IV, 189.

āsisiṣ, désid. de la rac. *âs*, III, 429.

ā́sís, *ā́sít*, imparf., voy. *as* «être».

âsyà, latin *os*, *oris*, 338.

ā́huvadyái, voy. rac. *hvê*.

i 1° *i* (rac.), III, 10, 14; grec εἶμι, III, 88, 89; gothique *aivs*, grec αἰών, latin *ævum*, I, 118; prés. de *i* et de εἶμι, III, 92; *ā́yam* « j'allais », III, 18; *i* + *pra*; *préśé* = *praíśé*, latin *í-re*, IV, 144.

2° *i* thème pronominal, II, 325; tableau comparatif, II, 328.

iě (rac.), 89, 131.

it, neutre tombé en désuétude, particule védique, 326, 330, 363, 372.

itara, latin *iterum*, II, 178, 325, 351, 352.

itás, II, 326.

iti, zend *ita*, latin *ita*, prâcrit et pâli *ti*, II, 326, 364, 412; IV, 387.

ittʰám, II, 325, 357, 417.

idám, II, 306, 333; cf. *ayam*, *iyam*, *ima*, *ana*, *a*.

idā́, II, 415.

idā́nim, II, 325, 415.

idʰma, zend *aēsma*, 206; IV, 44.

in-ōti (véd.), zend *paiti a nau-iti*, 267.

indrâṇî́, 279; IV, 103.

indrâpûṣṇós, II, 267.

indrâviṣṇî́, II, 267.

indʰ (rac.), 70.

imá, zend *ímaḍ*, etc., thème pronominal, 355; II, 267, 335, 336.

iyát, II, 325.

íyant, II, 396.

94 TABLE DES MOTS.

iyám, zend *ı̃m*, 355; II, 255, 334, 335; cf. *idám*.
iva, II, 360, 364.
iś (rac.), zend *yaśka*, 89.
íśu, IV, 271.
iśvínam, rac. *yaǵ*, IV, 131.
iśmá, IV, 44.
ihá, zend *iđa*, gothique *ith*, 170; II, 12, 325, 331, 408.
ihatyá, IV, 323.
ı̃kś (de *akś*) (rac.), 265; IV, 245; *áćikśam*, III, 218.
íd (rac.), *áididam*, II, 217.
idṛśa, II, 325, 401.
ír (rac.), 118.
ı̃vant = *íyant*, II, 396; *Kleine sanscr. Gramm.* 3° édit., p. 187.
íś (rac.), III, 265.
íśvara, suivi d'un inf. en *tôs*, IV, 159.

uktá, voy. *vać*.
ukś (rac.), gothiq. *auhsus*, IV, 273.
úkśan, zend *ukśan*, 85; gothique *auhsa*, 129; arménien *eṣn*, 398; II, 276; IV, 273, 276.
ugrá, zend *uǵra*, 99.
uććá, II, 50, 182, 184; IV, 396, 412.
ut, zend *uś*, 206; IV, 400; II, 182; IV, 269, 395.
uttara, grec ὕστερος, IV, 400; instr. neut. *uttará*, I, 363.
uttamá, II, 183; III, 168; IV, 400.
utía, zend *usta*, IV, 91.
utíita, voy. *siá*.
uda, latin *unda*, III, 89.
udán (neutre védique), gothique *vató*, lithuanien *wandů'*, IV, 279.
und (rac.), latin *unda*, III, 217; IV, 279; aor. *áundidam*, I, 40; III, 217.
úpa, formation, IV, 270, 384, 390, 395, 399.
upári, gothique *ufav*, 120; zend *upara*, IV, 91; formation, IV, 395, 399, 400.
ubʰá, *ubʰáú*, 153; II, 180, 350; véd. *ubʰá*, II, 3.
urú, grec εὐρύς, IV, 271; instr. véd. *uruyá*, I, 358; IV, 130.
uś (rac.), signification et comparaison, 71, 201, 297; II, 322.
uśás, déclinaison et comparaison, 297, 315, 316, 337; IV, 23, 287; IV, xx.
uśtra, arménien *uǵt*, 399.
úśman, IV, 31.
usrá, lithuanien *auśra*, 337.
úćimá, voy. *vać*.
ún (rac.), *áuninam*, III, 217.
úná, II, 210.
únaviṅśati, II, 237.
úrmi, IV, 310.
úh (rac.), gothique *aukan*, II, 359.

ṛ 1° *ṛ*, lettre de l'alphabet, voy. *Alphabet sanscrit*.
    2° *ṛ*, *ar* (rac.), voy. *ar*.
ṛkśá, grec ἄρκτος, latin *ursus*, arménien *arǵ*, 24, 51; IV, 275.
ṛǵ, voy. *raǵ*.
ṛǵú, zend *ërësu*, IV, 271.
ṛńǵásê (védique « pour orner »), IV, 145.
ṛṇá, 26.
ṛṇayắ-s, IV, 249.
ṛd' (rac.), voy. *ard'*.

ê (thème démonstratif), 364; II, 333.
êka, II, 209; III, 169.
êkatá, II, 247.
êkatará, grec ἑκάτερος, II, 177, 209, 330.
êkatamá, II, 177.
êkadắ, II, 413.
êkavára, II, 218.
êkaśás, grec ἅπαξ, II, 252.
êkádaśan, II, 232.
êtá, zend *aita*, vieux perse *aita*, arménien *aid*, 84; II, 296, 323, 337; déclinaison, II, 348; cf. *êśá*.
êtárhi, II, 361.
êd'a, grec αἴθος, IV, 254.
êdı̃, voy. *as* « être ».
êna, grec ἔν, οἷος, gothique *ains*, vieux

prussien *ains*, latin *oinos*, II, 210, 348, 355; déclinaison et comparaison, II, 338.
ébis, voy. *a* thème démonstratif.
ébyas, voy. *ibid*.
évá, zend *aiva*, 118; II, 210, 360.
évám, II, 210, 360.
éśa, zend *aśa*, osque *eiso*, arménien *ais*, II, 296, 337; déclinaison, II, 348; cf. *éta*.
éśām, éśú, voy. *a* thème démonstratif.

áićikṣam, voy. *íkś*.
ádidam, voy. *íd*.

óǵ (rac.), 33.
óǵas, zend *auṣô*, 33, 82.
ó'ṣṭa, slave *usta*, 171.

áúninam, voy. *ún*.
áúndidam, voy. *und*.

ka, pronom interr., 133, 138; II, 366; ossète *ka*, gothique *hvas*, I, 147; gothique *hvas*, nouveau haut-allemand *wer*, I, 50; sur *kis, kim*, cf. *ki*. Rapport de *kas* à *kim*, II, 340, neutre védique *kat*, I, 92, 138, 356; II, 366, 367; *kat*, préfixe, II, 367.
kasmái, I, 366.
kásmát, ossète *kamei*, I, 148.

kásmin, ossète *kami*, I, 148, 438; voy. aussi *ki, ku, káśćaná, káśćit*.
kakúd', 292.
káććit, II, 367.
kat, voy. *ka*.
katará, grec κότερος, πότερος, lithuanien *katras*, gothique *hvathar*, vieux slave *kotorü*, II, 177, 185, 368.
katamá, II, 177.
káti, latin *quot*, II, 396, 400.
kaiáńćaná, II, 385.
kaiáńćit, II, 384.
kaiám, II, 357, 370, 417.
katấ, zend *kuia*, latin *utí*, II, 418.
kadadvan, II, 367.
kadá, ossète *kad*, 148, 170; II, 413, 415.
kadáćaná, II, 385.
kadáćit, II, 384.
kan (rac.), 177; IV, 42.
kanyā̂, zend *kainé*, 96, 177; IV, 42.
kam (rac.), latin *amo, carus*, arménien *kamim*, 257; II, 164, 370; III, 407.
kaya, thème pronominal défectif, d'où *káyasya-ćit*, II, 369; arménien *ui*, zend *kaya*, II, 383.
kar 1° *kar*, *kṛ* (rac.), zend *kĕrĕnaumi*, vieux perse *akunavam*, 248; III, 104; latin *creo*,

I, 419; latin *cerimonia*, IV, 35; latin *cura*, IV, 265; latin — *cer* (*volucer*), — *crum* (*sepulcrum*), — *culum* (*piaculum*), IV, 61, 62; vieux prussien *kermens*, IV, 26. Conjugaison: prés. et pot. III, 95; véd. *kṛṇōmi*, III, 104; aor. véd. *ákaram, ákar*, III, 355, 371, 393; impér. *kṛdï*, III, 393; lêt *karat, karati*, III, 371; inf. *kártós*, IV, 160; *kar* en composition dans le parfait (*ćôrayāńćakára*), III, 258; en d'autres formes, III, 254; intens. *ćárkarmi, ćaríkarmi, ćaríkarmi*, III, 436; désid. *ćikîrś*, I, 39.
2° *kar, kṛ* (rac.), arménien *karnem*, grec κίρνημι, 305; III, 105.
kara (en composition), IV, 194.
karat, lêt de *kar*, III, 371.
karati, lêt de *kar*, III, 371.
karin, IV, 281.
kart, kṛt (rac.), ossète *kard*, 148; lithuanien *kertù*, III, 207; grec κείρω, IV, 64.
kárman, IV, 32.
kártós, inf. de *kar, kṛ*, IV, 160.

TABLE DES MOTS.

karhi, II, 361, 373.
kalp, *klp*, 23; III, 13; latin *corpus*, zend *kĕrĕfs*, IV, 26.
kaví, IV, 268.
káścaná, II, 385.
káścit, II, 285; neutre *kíńćit*, arménien *inć*, II, 382.
kásmát, voy. *ka*.
kásmái, voy. *ka*.
kásmín, voy. *ka*.
ká, voy. *ka*.
kắćit, voy. *káścit*.
káṅkś (rac.), gothique *hungrja*, 156.
kántára, arménien *antar̂*, II, 382.
kárú, IV, 272.
káryà, IV, 223.
kás (rac.), gothiq. *hasja*, III, 117.
ki, thème pronominal, II, 366, 372; *kis*, latin *quis*, grec τίς, I, 47, 134; cf. *nakis*, *mákis*; — *kim*, latin *quid*, I, 353; II, 255, 366, 372.
kińća, II, 382.
kińćit, arménien *inć*, II, 382; cf. *káścit*.
kit, 152; III, 372; lêṭ *ćikétati*, III, 372.
kintu, IV, 383.
kíyat, II, 373; cf. 396; *Kleine sanskritische Grammatik*, 3ᵉ édit., p. 187.
kíyant, II, 396.
kirámi, voy. rac. *kar* «mêler».

kirṇámi, voy. rac. *kar* «mêler».
kim, voy. *ka*.
kis, voy. *ki*; cf. *nakis*, *mákis*.
kídr̥kśa, II, 401.
kidr̥ś, II, 401.
kidr̥śa, II, 373, 401, 405.
kívant, voy, *kíyat*.
ku, préfixe, II, 369; thème pronominal, II, 366.
kutanu, II, 370.
kútas, II, 340, 370, 411.
kútra, II, 340, 370, 407.
kup, latin *cupio*, 235, 240.
kumár (rac.), 222, 254; III, 440.
kumárá (rac.), dénom. *kumáráy*, III, 440.
kulína, IV, 103.
kúha, slave *kŭde*, II, 370, 408.
kū́pa, arménien *gub*, II, 17.
kr̥ (rac.), voy. *kar* «faire».
kr̥t (rac.), voy. *kart*.
kr̥ti, latin *ars?* 24.
kr̥tvas, II, 253.
kr̥dắ, voy. *kar*.
kr̥ntatra, IV, 64.
kr̥mi, latin *vermis*, 24, 50, 61, 134.
kr̥śá, zend *kĕrĕśa*, IV, 355.
kr̥śi, pâli *kasi*, 25.
kr̥śnimán, IV, 37.
kr̥śti, zend *karsti*, 25.

kr̥̂ (rac.), voy. *kar* «mêler».
klp (rac.), voy. *kalp*.
kl̥pti, 23.
kêśa, armén. *gêsą́*, 394; II, 17.
keśin, III, 170; IV, 281.
kâiśya, IV, 215.
krand (rac.), 264; gothique *gréta*, 156; III, 221.
kram (rac.), *atikrámé*, IV, 146.
krayá, IV, 253.
krávya, 167; II, 401.
krimi = *kr̥mi*; v. celui-ci.
krî (rac.), III, 91; IV, 237.
krid̥ (rac.), 232.
krud̥ (rac.), *kruddắ*, II, 192.
krud̥ắ, 77.
kruś, zend *kruś*, 85.
krốda, 77.
klam (rac.), grec κμη, IV, 248.
kliś (rac.), III, 209.
kvá, II, 370.
kvàćit, II, 584.
kśaṇ (rac.), grec κτείνω, 51.
kśatrá, zend *kśaíra*, 104.
kśatriyáṇí, IV, 104.
kśápas, latin *crepusculum*, III, 425.
kśámắ, grec χθαμαλός, 51; dénom. *kśamáy*, III, 440.
kśayá, IV, 253.
kśayádvíra, IV, 333.
kśi (rac.), III, 425; zend *kśi*, I, 85.

kśip (rac.), III, 425 ; + ni (nikśip), II, 182.
kśipá, 330.
kśiprá, grec κραιπνός, III, 425; comparaison, II, 187.
kśud', 291; IV, 243.
kśétra, arménien keteġ, 399.
kśépiyas, kśépiṣṭa, de kśiprá, II, 187.
kśub' (rac.), vieux slave šŭbati, 181.

kaṇḍ (rac.), IV, 269.
kátvá, IV, 305.
kad (rac.), lithuan. kandu, kandis, IV, 269.
kan (rac), kátá, IV, 66.
kanitra, IV, 63.
kára, zend kara, 85.
kátá, voy. kan.
kyâ, latin inquam, 242.

gaṇaśás, II, 251.
gać (rac.), remplace gam; voir celui-ci.
guṅga, arménien ganẑ, 403.
gad (rac.), zend ġad, 88, 154; III, 13, 120; IV, 225, 232; désid. ġigadiś, III, 429.
gam (rac.), zend gam, 88, gothiq. qvam, 37, 234; substitue au présent gać, d'où ġáćati, zend ġaśaiti, 88; véd. gamati, IV, 141; pot. gaméyam, III, 356; pot. avec redouble-

ment, ġagamyâm, ġagamayât, III, 361; inf. gamadyâi, IV, 141; parf. ġagmimá, III, 243; intens. ġañgam, voy. celui-ci.
gar 1° gar, gṝ (rac.), prés. gṛṇâmi «je résonne» (védique «je loue»), III, 438; IV, 47, 170, 272.
    2° gar, gṝ (rac.), prés. girâmi, gilâmi «j'engloutis», III, 205, 438; IV, 47, 366.
gáríyas, gáriṣṭa, de gurú, 130; IV, 271.
gard', gṛd' (rac.), 156; IV, 156, 273.
gava (= gô en composition), arménien kow, 109, 401.
gavarâġan, 109.
gávya, 286.
gavyá, IV, 220.
gâ 1° gâ «aller», 259; arménien gam, III, 18; gothique gatvô; nouv. haut-allemand Gasse, IV, 96; prés. ġâgâmi, ġîgâmi; vieux haut-allemand gân; grec βίβημι, I, 212, 242, 244; III, 16.
    2° gâ (rac.) «chanter», 237.
gâtra, IV, 62.
gâdú, 212.
gâm, voy. gô «vache, taureau».
gâritra, IV, 63.

gâh (rac.), grec βαθύς, 212.
gir 1° gir = rac. gar, gṝ «je résonne, je loue».
    2° gir subst. «voix, louange», 335; III, 438; IV, 170; ossète ġurin, IV, 407.
girâmi, voy. gar «j'engloutis».
gilâmi, voy. gar «j'engloutis».
gír, nom. de gir, 335.
guṇá, nouv. perse gún, II, 208.
guṇṭ (rac.), 250.
gud' (rac.), 149, 212; voy. aussi guh.
gup (rac.), 50.
gurú, 130, 212; IV, 271; comparaison, 130; IV, 271..
guh (rac.), gr. κυθ, 124; prés. gúhâmi, 233; cf. gud'.
gúhya, IV, 223.
gṛd' (rac.), voy. gard'.
gṛdnú, 156.
gṝ (rac.), voy. gar «je résonne» et gar «j'engloutis».
gâi (rac.), 237.
gô 1° gô «vache, taureau», étym. 284, 285, 286; zend gaus, 83; grec βοῦς, 211; arménien kow, 401; déclinaison, 305; acc. gâm, 283, 357; à la fin des composés gava, 401.
    2° gô «terre», étym.

284, 285, 286; zend *sáo*, 109; gothique *gavi*, 156.
górasa, 285.
gmá («terre», véd.), 287.
granť(rac.), 249; II, 37; cf. *śranť*, *śraddadấmi*.
grab́ (rac.), voy. *grah*.
gras (rac.), 254.
grah, *grab́* (rac.), 235; latin *gero?* *gratus*, 202; slave *grabljun*, albanais *grabit*, 66; polonais *garniać*, IV, 393; forme *praty-a-gr̥hṇata*, 249.
glaú, 288.
glásnú, IV, 309.

ǵa (enclit.), grec γε, lithuanien -*g*, *gn*, II, 252; IV, 385; cf. *ǵá*, *ha*, *há*, III, 116.
ǵar, *ǵr̥* (rac.), *ǵáráyámi*, 47.
ǵarmá, grec Θέρμη, 47; zend *garéma*, 87; gothique *varmja*, nouveau haut-allemand *warm*, 135; ossète *garmkanin*, 149; suffixe, IV, 44.
ǵas (rac.), grec γαστήρ, IV, 56, 116.
ǵasmará, IV, 49.
ǵá, II, 257; IV, 385; cf. *ǵa*, *ha*, *há*.
ǵátáyámi, voy. *han*.
ǵáráyámi, voy. rac. *ǵar*.
ǵuś (rac.), 149.
ǵr̥ (rac.), voy. *ǵar*.
ǵórá, 130.

ǵna «qui tue», zend *ǵna*, *ǵan*, 87.
ǵrá (rac.), sa conjugaison, 37; III, 86, 124.

ća, latin *que*, *pe* (*nempe*, etc.), grec τε, gothique *uh*, zend *ća*, vieux perse *ćá*, II, 221, 339, 340, 358, 379, 384, 387; origine, II, 384.
ćakás (rac.), III, 88.
ćakś (rac.), II, 52; III, 88; *ćákśaśé*, IV, 145.
ćákśas, IV, 287.
ćákśaśé, voy. *ćakś*.
ćákśus, zend *ćasman*, II, 52; IV, 32, 296.
ćańćal, intens. de *ćal*, III, 87, 216, 435.
ćańćur, intens. de *ćar*, III, 87, 96, 216, 435; *ćańćuryánté*, III, 438.
ćátasar, *ćátasr̥* (thème), II, 221.
ćatur 1° *ćatur*, thème, zend *ćairu*, slave *cetürije*, 166; II, 221.
2° *ćatur*, adverbe, «quatre fois», zend *ćairus*, II, 224.
ćaturtá, formation, II, 186, 247, 248.
ćaturdaśá (ordin.), II, 245.
ćaturdaśan (card.), II, 232.
ćaturdá́, grec τέτραχα, II, 254.
ćatvár, origine, II, 221,

222, 223; I, 48, 571; prácr. páli *ćattáró*, I, 57; latin *quatuor*, lithuanien *keturi*, I, 134; gothique *fidvór*, *fidur*, I, 155; cf. *ćátasar*, *ćatúr*.
ćatvárińśát, II, 238, 241.
ćaná (encl.), II, 384.
ćaniskand, intens. de *skand*, III, 436.
ćand (rac.), latin *candeo*, *candéla*, IV, 42, 299.
ćapalá, III, 270; IV, 79.
ćar (rac.), 155; IV, 61; gothique *fara*, nouveau haut-allemand *fahre*, I, 234; II, 232, note 3; vieux perse *ćartanay*, IV, 378; *ćaranyámi*, III, 452; cf. *ćańćur*.
ćárikar, *ćárikar*, *ćárkar*, voy. *kar* «faire».
ćal (rac.), grec κέλλω, III, 425; cf. *ćańćal*, *ćáćal*.
ćáćal, intens. de *ćal*, III, 435.
ći (encl.), II, 358.
ćikétati, lêt. de *kit*, III, 372.
ćikírś, voy. *kar* «faire».
ćit 1° *ćit* encl. 353; II, 330, 372, 382, 384.
2° *ćit* (rac.), zend *ćit*, 153 267.
ćítya, IV, 226.
ćint (rac.), 153.
ćur (rac.), *ćóráyámi*, 254; *aćućuram*, III, 214, 219; *ćuraṇyámi*, III, 452.

ćêt, grec καί, II, 325, 387; IV, 383.
ćêtas, 153; IV, 287.

ćad (rac.), goth. *skadus*, 155; grec σκηνή, IV, 97; gothique *skalja*, *skildus*, IV, 219.
ćalá, latin *scelus*, IV, 291.
ćid (rac.), 48, 157, 246; zend *škĕnda*, 89; gothique *skaida*, 155; *ćinadmi*, gr. σχίδνημι, III, 107.
ćidắ, 330.
ćidi, IV, 268.
ćidirá, IV, 299.

ǵagamyâm, *ǵagamyât* (rac. *gam*), III, 362.
ǵágâmi, voy. *gâ* « aller ».
ǵágmi, IV, 268.
ǵagmimá (rac. *gam*), III, 243.
ǵágni, IV, 268.
ǵaṅgam, intens. de *gam*, gothique *gagga*, III, 87, 434.
ǵágaṅmi, voy. *ǵan*.
ǵan (rac.), zend *ṣan*, 88; gothique *keina*, 233; arménien ծնանել, ծին, 403; II, 292; gothiq. *uskijana*, III, 405; gothique *kin*, *kun*, *gvin*, *guma*, grec γυνή, IV, 34; vieux haut-allemand *kin*, *chin*, latin *gen*, grec γεν, IV, 36; gothique *qvéns*, IV, 269; *ǵâyé*, III, 403; *ǵágaṅmi*, grec γίγνο-

μαι, latin *gigno*, I, 246; zend *saṣâmi*, IV, 66; *ǵâtá*, IV, 66; *ǵanitávya*, latin *genitivus*, IV, 236.
ǵana, IV, 34, 254.
ǵánaka, grec γυναικ, vieux haut-allemand *kuning*, IV, 312, 313.
ǵáni, 40, 154; IV, 313.
ǵanitávya, voy. *ǵan*.
ǵanitắr (— *tr̀*), latin *genitor*, grec γενετήρ, irland. *genteoir*, 334.
ǵanitrí, latin *genitrix*, 301.
ǵániman, IV, 31, 36.
ǵánî, voy. *ǵáni*.
ǵánus (neutre), IV, 194, 297.
ǵantú, IV, 307.
ǵánman, latin *germen*, IV, 36; irland. *geanmhuin*, *geineamhuin*, IV, 205.
ǵanyú, IV, 306.
ǵap (rac.), zend *ǵañfnu*, 111.
ǵampati, grec γαμέω, 240.
ǵaýa, IV, 253.
ǵayús, IV, 297.
ǵar, *ǵr̀* (rac.), 154; IV, 271; cf. *ǵárant*, *ǵarás*.
ǵárant, grec γέρων, arménien ծեր, 403; III, 465.
ǵarás, grec γῆρας, 296; cf. aussi rac. *ǵar* et *ǵárant*.
ǵalamúć, IV, 244.

ǵahi, voy. *han*.
ǵâgar, *ǵâgr̀* (rac.), 222.
ǵâgarū̆ka, IV, 311.
ǵâgr̀ (rac.), voy. *ǵâgar*.
ǵâtá (rac. *ǵan*), IV, 66.
ǵấnu, zend *šĕnu*, 88, 109; gothique *kniu*, grec γόνυ, IV, 272.
ǵấyắ, IV, 232.
ǵâyé, voy. *ǵan*.
ǵi (rac.), *ǵiśé*, IV, 143.
ǵigadiś, voy. *gad*.
ǵíǵâmi, voy. *gâ* « aller ».
ǵíǵrâmi, voy. *grâ*.
ǵíǵnâs, voy. *ǵñâ*.
ǵítvan, IV, 33.
ǵítvara, IV, 33.
ǵiśé, voy. *ǵi*.
ǵíṣṇú, IV, 309.
ǵihvá, zend *hiṣva*, 105, 108.
ǵív (rac.), prés. *ǵívâmi* et caus. *ǵiváyâmi*, 154, 155, 265; gothique *qvius*, latin *vivo*, 135; vieux slave živŭ, russe živu, 164; lithuanien *atgaiwinu*, etc., zend *huǵiti*, 74; zend *su*, *ǵu*, *ǵva*, *ṣuvana*, 155; vieux slave živŭ, živeśi, III, 35; arménien *keam*, III, 18; lithuanien *sywiju*, III, 121; lithuan. *gywas*, *atgijù*, *atgaiwinù*, III, 417; formes : sanscrit *ǵívatât*, III, 66; *ǵivásé*, IV, 145; *ǵivápaya*, III, 427.
ǵíva, grec βίος, 155, 212; gothique *qvius*,

vieux haut-allemand *quek*, 58.
ǵîvatât, voy. *ǵîv*.
ǵîvâsé, voy. *ǵîv*.
ǵîvâtu, latin *victus*, IV, 164, 319.
ǵîvâpaya, voy. *ǵîv*.
ǵuś (rac.), 265; gothique *kiusa*, 72, 126; zend *sanśa*, 108; lét. *ǵóśiśat*, III, 371.
ǵuśṭi « qui aime », IV, 116.
ǵṛ̂ (rac.), voy. *ǵar*.
ǵóśiśat, voy. *ǵuś*.
ǵñâ (rac.), 259; zend *śnâ*, 87; lithuanien *źinaù*; vieux slave *snati*, *snajeśi*, 154; III, 35; *ǵñâ* + *abi*, polonais *obeznac*, IV, 392; caus. *ǵñâpáy*, III, 423; désid. *ǵíǵñâs*, grec γι-γνώσκω, latin *nosco*, III, 429.
ǵñâti, arménien ζanôt(i), II, 18; IV, 116.
ǵñâpáy, voy. *ǵñâ*.
ǵyâ (rac.), II, 189.
ǵyấyas, II, 189.
ǵyô (rac.), 237.
ǵyôtis, IV, 297.
ǵval (rac.), hindoustani ڳلنا *ǵalnâ*, IV, 189.

ḍi (rac.), 49.

ta (thème pronominal), II, 294; afghan *da*, II, 256; remplacé par *sa*, II, 298; voir *sa*; déclin. de *sa*, *ta*, II, 302; *tat*, I, 140, 343, 355, 356; II, 298; *tan*, *tam*, II, 307; *téna*, *tásmât*, I, 385; *tásmin*, I, 438; II, 298; *té* 1° nom. plur. masc. I, 169; II, 39, 42, 299, 301, 303; 2° fém. neutre duel, II, 304; *tás*, II, 39, 299; *téśu*, *tấsu*, I, 305.
takś (rac.), IV, 33; vieux prussien *teickut*, IV, 170.
tákśan, grec τέκτων, IV, 274, 275.
tañk, *tañć* (rac.), 99.
tañć (rac.), voy. *tañk*.
tat 1° *tat*, neut. de *ta*, voy. *ta*.
2° *tat*, adverbe, IV, 382.
tátas, II, 411.
táti, latin *tot*, II, 396, 400.
tatniré (rac. *tan*), III, 244.
tátra, II, 407.
tatrátya, IV, 323.
tấtâ, II, 342, 417.
tadấ, II, 361, 413; IV, 386.
tadấnîm, II, 325, 415.
tadîya, II, 390; III, XXXVII.
tan (rac.), gothiq. *thauja*, vieux haut-allemand *denju*, 150; grec τά-νυμαι, 248; latin *tendo*, IV, 42; *tatniré*, III, 244.

tanú 1° *tanú* « corps », IV, 271; loc. *tanvi*, I, 434.
2° *tanú* « ténu », ossète *taenag*; vieux norrois *thunnr*, I, 148; grec ταυυ-, IV, 270; latin *tenuis*, IV, 271.
tánus, IV, 297.
tántu, IV, 319.
tap (rac.), nouveau perse *tâften*, 86; ossète *taft*, 148.
tápana, IV, 284.
támas, II, 310; vieux haut-allemand *demar*, IV, 300.
tamasá, II, 310.
tar, *tṛ̂* (rac.), II, 175; IV, 60; védique *târiśat*, III, 371; *taruśéma*, III, 356, 357; *taruśyáti*, III, 356.
tárana, IV, 284.
taráddvéśa, IV, 333.
taralá, III, 270; IV, 299.
táras, *tarás*, IV, 286, 288.
táruṇa, zend *tauruna*, 99.
taruśéma, voy. *tar*.
taruśyáti, voy. *tar*.
tark (rac.), 153.
tarś, *tṛ́ś* (rac.), 130, 203.
táva, voy. *tvam*.
tavás, 315; IV, 288.
taviśá, *taviśî*, II, 9.
tásmât, voy. *ta*.
tásmin, voy. *ta*.
tádṛkṣa, II, 401.

tādṛś, nom. *tādṛñ*, II, 401.
tādṛśa, II, 401, 405; III, xxxvii.
tāpa, arménien *tap*, 14.
tāt, IV, 386.
tāriśat (rac. *tar*), III, 371.
tāvaká, II, 287, 389.
tāvant, *tāvat*, II, 308, 396, 399; III, xxxvii.
tās, voy. *ta*.
tigmá, IV, 44.
tig̃ (rac.), 296.
tirás, II, 175; IV, 414.
tiṣṭāmi, voy. *sthā*.
tisar, *tisṛ*, voy. *tri*.
tu 1° *tu* (rac.), IV, 257, 365; zend *tu*, III, 282; latin *tumulus*, *tumeo*, IV, 49; vieux prussien *touls*, II, 206; IV, 268; II, 9, 243. 2° *tú* particule, IV, 383.
tud (rac.), III, 47, 400.
túbyam, voy. *tvam*.
turaṇyāmi, III, 452.
turīya, II, 243, 247.
túrya, zend *túirya*, 94; II, 243, 247.
tul (rac.), latin *tuli*, III, 208.
tuvi, II, 206, 243; IV, 257.
tus (rac.), latin *tussis?* IV, 115.
tūna, slovène *tula*, II, 124.
tūrya, zend *túirya*, II, 247; cf. *túrya*.
tṛṅh (rac.), 153.

tṛṇá, 26; russe *tern*, IV, 85.
tṛtīya, II, 247, 248; I, 28; zend *ṛtīya*, I, 100.
tṛpti, grec τέρψις, IV, 112.
tṛś (rac.), voy. *tarś*.
tṝ (rac.), voy. *tar*.
té, gén. dat. sing., voy. *ta* et *tvam*.
tégas, 296; IV, 286.
téna, voy. *ta*.
tŏraṇa, III, 145.
tya, II, 313; déclin. 317; vieux perse *tyam*, II, 64; *tyat*, I, 429; *tyé*, vieux haut-allemand *dié*, I, 127.
traya (thème), voy. *tri*.
trayāṇām, voy. *tri*.
trayādaśan, II, 232, 235.
tras (rac.), 235; III, 241; ossète *tarsin*, I, 148; grec τρέω, latin *tremo*, IV, 49; latin *terreo*, III, 420; vieux slave *trasuṅ*, III, 35.
tri, ossète *aria*, 148; II, 219; origine, II, 220; *triśú*, *trīṇi*, I, 306; *trīṇām*, I, 306; II, 80, 220; *trayāṇām* (thème *traya*), II, 80, 220; *tri* (nom. plur. neut.), II, 51; *tisar*, *tisṛ*, zend *tisarô*, I, 104; II, 220.
triṁśá, II, 246.
triṁśát, II, 238, 241.
triṁśattamá, II, 246.
triguṇa, II, 208.

tritá, grec τρίτος, II, 247.
tridʰā, grec τρίχα, II, 254.
tris, zend *iris*, latin *ter*, grec τρίς, 419; II, 223.
tva (possess.), latin *tuus*, II, 392.
tvat, voy. *tvam*.
tvattas, voy. *tvam*.
tvadīya, II, 390, 392.
tvam, II, 255, 256, 300; gothique *thu*, vieux haut-allemand *du*, I, 150; grec τύ, σύ, I, 56; déclin. II, 282; sing. acc. *tvām*, II, 257, 262; *tvá*, II, 257; instr. *tváyā*, I, 359; véd. *tvā*, I, 359, 363; dat. *túbyam*, latin *tibi*, I, 66; II, 11, 260; abl. *tvát*, I, 381; II, 257; *tvattas*, I, 386; gén. *táva*, slave *tebe*, II, 260, 262, 282; gén. dat. *té*, *tvé*, zend *tói*, I, 84; II, 260, 289; vieux slave *ti*, II, 294; loc. *tváyi*, latin *tuī*, I, 438; II, 260, 288; duel nom.-acc. *yuvām*, proprement «toi et toi», II; 267, 269, 272; instr. dat.-abl. *yuvābyām*, loc. *yuvāyós*, II, 267; acc.-dat.-loc. *vām*, II, 267; plur. nom. *yūyám*, zend *yūśém*, I, 109; II,

255, 301; *yuṣmḗ*, proprement «toi et eux», gothique *jus* et thème *iṣva*, grec ὔμμες, ὑμεῖς, zend *yūs*, perse *śumā́*, I, 56, 144, 371; II, 78, 255, 267, 268, 301; acc. *yuṣmā́n*, grec ὑμᾶς, II, 268; instr. *yuṣmā́bis*, II, 25; dat. *yuṣmábyam*, grec ὑμῖν, II, 11, 265; abl. *yuṣmát*, II, 271; gén. *yuṣmā́kam*, nouveau haut-allemand *euer*, I, 368; II, 78, 275, 287, 389, 394; gén.-dat.-acc. *vas*, II, 269, 272; III, 21; loc. *yuṣmā́su*, lithuanien *jusūsè*, II, 268.

tvā́yā, voy. *tvam* (instr. sing.).

tvāyi, voy. *tvam* (loc. sing.).

tvar (rac.), zend *dvar*, III, 145; *turaṇyāmi*, III, 452.

tvā, voy. *tvam* (acc. et instr. sing.).

tvā́m, voy. *tvam* (acc. sing.).

tviṣ, IV, 243.

tvḗ, voy. *tvam* (gén.-dat. sing.).

daṅś (rac.), grec δάκνω, 106, 179; cf. 62; intens. *dándaṅśmi*, III, 436.

daṅśā́, IV, 253.

dáṅṣṭra, IV, 63, 70.
daṅṣṭrín, IV, 281.
daṅh (rac.), III, 437.
dákṣa, II, 188.
dákṣiṇa, 63, 104, 131; II, 178, 188; instr. neut. *dakṣiṇā́*, I, 363.
dakṣiṇī́ya, IV, 240.
dádāmi, voy. *dā*.
dadṛśḗ (rac. *darś*), III, 288.
dádāmi, voy. *dā*.
dánta, grec ὀδούς, gothique *tunthus*, vieux haut-allemand *zand*, 150; II, 257; III, 170.
dantín, III, 170; IV, 281.
danturá, IV, 302.
dándaṅś-mi, intens. de la rac. *daṅś*, III, 436.
dandah, intens. de la rac. *dah*, gothique *tandja*, III, 437.
dandram, intens. de la rac. *dram*, III, 434.
dam (rac.), grec δαμάζω, gothique *tamja*, 54, 254, 255; gothique *tamja*, vieux haut-allemand *zamōn*, 150; latin *domo*, IV, 76; grec δαμ, ἀδμήτ, I, 245; δμη, IV, 247.
damb, zend *dab*, III, 316.
dar, *dṛ* (rac.), gothique *gataira*, *distaira*, 37, 131; grec δέρω, slave *deruṅ*, III, 35, 118; intens. *dardar*, *dādar*, III, 436.
dará, IV, 254.

dardar, intens. de la rac. *dar*, *dṛ*, III, 436.
dárpaṇa, IV, 284.
darś, *dṛś* (rac.), gr. δέρκω, 153; vieux prussien *endyrītwei*, IV, 169, 244; fut. *drakṣyāmi*, III, 118; véd. *ádṛśran*, III, 253; *dadṛśḗ*, III, 228; inf. *dṛśḗ*, IV, 146; part. *dṛṣṭá*, grec ἄδερκτος, I, 24.
darh, *drah*, *dṛh* (rac.), 153; grec θρίξ, 150, 212, 260; gothique *tulgus*, II, 170.
dal (rac.), gothique *dails*, IV, 265, 269; vieux slave *děliti*, I, 156.
dalā́, gothique *dails*, 156.
dalmi, IV, 46, 310.
dáśan, origine et comparaison, II, 231, 233; I, 62; sur la dentale finale, II, 226; zend *daśa*, I, 102; gothique *taihun*, 131; arménien *dasn*, *tasn*, 146; lithuanien *dèśimtis*, v. slave *desańti*, 179; gothiq. *ainlif*, *tvalif*, nouveau haut-allemand *eilf*, *zwölf*, lithuanien *-lika*, 51.
dáśana, IV, 284.
daśamá, II, 228, 231, 244, 249.
dasyú, IV, 306.
dasrá, zend *aṅhra*, *aṇra*, 106.
dah (rac.), 106, 239; IV, 309; I, 38, 51, 174;

III, 134, 418, 437;
cf. *daṇḍaḥ.*

dáhana, IV, 284.

dá 1° *dá* (rac.) «donner»,
243; III, 12, 13, 15;
dá, dás, IV, 309; arménien *tam,* III, 17;
prés. *dádámi,* comparé
avec zend, grec, lithuanien, vieux slave,
latin, III, 83, 84,
85; lithuanien *dŭmi*
(= *dádámi*), I, 163;
vieux slave *dasi* (= *dádási*), III, 35; vieux
slave *dastĭ* (= *dádáti*),
III, 50; potent. III,
321; impér. *déhi,* III,
47; *ádadâm, ἐδίδων,
ádâm, ἔδων,* III, 86;
dátávya, latin *dativus,*
IV, 236; caus. *dápáyámi,* III, 151.

2° *dá* (rac.) «couper», grec δαίω, 237;
IV, 63.

dátávya, voy. *dá* «donner».

dátra 1° *dátrá* «don»,
IV, 63, note 2.

2° *dátra* «faucille»,
237; IV, 63, note 3.

dátrī́, latin *datrix,* 301.

dádar, voy. *dar.*

dápáyámi, voy. *dá* «donner».

dáman, IV, 31.

dámáyámi, voy. rac. *dam.*

dáru, grec δόρυ, gothique
triu, IV, 271.

dáś (rac.), part. parf. *dáśváṅs,* III, 244.

dás (rac.), zend *dáh,* III,
424.

ditá, III, 361.

dína, vieux slave *dĭnĭ,*
slovène *dan,* 166;
vieux prussien *deina,*
IV, 260; II, 353.

div 1° *div* (rac.). *div,* vieux
slave *déva,* 170, 177.

2° *dív* «ciel», 294;
latin *Jupiter,* grec Ζεύς,
283; latin *diú,* II, 310.

dívan, ossète *bon,* II,
333.

divas, II, 353.

divasá, II, 310.

divá-kará, latin *diés, biduum,* II, 310; IV,
370.

divátana, latin *diutinus,*
IV, 323.

divámaṇi, IV, 370.

divámadyá, IV, 370.

diś (rac.), 127, 131, 265;
III, 188; latin *dignus,*
IV, 97.

díp (rac.), intens. *dédípmi,
dédípími,* III, 432;
intens. dép. *dédípyámána,* III, 438.

díprá, IV, 79.

dīrġa, IV, 375.

duduvíta (rac. *dú*), III,
361.

dúrmanas, gr. δυσμενής,
315, 336; IV, 361.

dúvas, IV, 286.

dus, IV, 380; au commencement des composés possessifs, IV,
361; des déterminatifs, IV, 263.

duḥ (rac.), 124; IV, 57,
166; *áduḥra* «mulserunt», III, 70, 253;
duhấn «mulgeat», III,
70.

duhitár, 13, 156, 157,
167, 333, 397; II,
17; IV, 57.

duhḱ (rac.), III, 440.

dṛḍʿá, II, 170.

dṛś (rac.), voy. *darś.*

dṛśé, voy. *darś.*

dṛṣṭá, voy. *darś.*

dṝ́ (rac.), voy. *dar.*

dédíp, voy. *dip.*

dévá, formation, IV, 253.
vieux prussien *deiwas,*
I, 170; arménien *di,
der,* 400; II, 17.

dévátát, IV, 91.

dévátáti, IV, 90; IV, xix.

dévayá-s, IV, 249.

dévṛ, dévṝ́, dévára, 33,
34, 57, 170.

déha, gothique *leik,* 51,
119; II, 403.

dó (rac.), vieux perse *dí,*
III, 361; *ditá,* III,
361.

dódúy, intens. de la rac.
du, III, 438.

drakṣyámi, voy. *darś.*

dram (rac.), 261; intens.
dondram, III, 434.

druḥ (rac.), voy. *darh.*

drá (rac.), voy. *drái.*

drái, drá (rac.), IV, 46.

dru (rac.), 261; grec
δρέμω, 61; *ádudruvam,* III, 212.

drumá, grec δρῦς, δένδρον, III, 216.

dva, II, 216; zend *duyé*, I, 96; vieux slave *dŭva*, I, 167; vieux slave *vŭtorŭ*, grec δεύτερος, zend *bitya*, II, 185; *dvā́byām*, grec δυοῖν (son accent), I, 306.
dvandva, IV, 344.
dvā́daśan, II, 232.
dvā́daśá, II, 237, 245.
dvâr, 294, 335; III, 145.
dvấra, gothique *daúr*, grec θύρα, 129, 156; III, 145.
dvi (en composition), II, 217, 241.
dvigu, IV, 371.
dviguṇa, II, 208.
dvitấ, II, 247.
dvitī́ya, zend *bitya*, 100; II, 247.
dvidhấ, grec δίχα, II, 254.
dviś (rac.), zend *ḋbiś*, 91; IV, 244.
dvis, latin *bis*, II, 241, 260, 217.
dvéśa, zend *ḋbaiśa*, 91.

ďánus, IV, 296.
ďam (rac.), IV, 248.
ďar, *ďṛ* (rac.), *ďriyé*, III, 404; int. *ďárďarmi*; cf. zend *darĕdairyáḋ*, III, 435.
ďariman, IV, 31.
ďartrá, IV, 63.
ďárďar, voy. *ďar*.
ďárman, IV, 204.
ďarś, *ďṛś* (rac.), 150, 153; IV, 269; *ďṛśánt*, *ďṛśámāna*, IV, 13.
ďấ (rac.), 91, 150, 170, 242, 259; III, 12, 13, 14, 15, 262, 275; lithuanien *démi*, III, 120; vieux slave *déjuṅ*, III, 279; vieux slave *délo*, III, 446; prés. III, 79, 83; part. *hitá*, III, 361; *ďấ + vi (viďấ)*, I, 243; caus. *ďấpáyámi*, III, 151; contenu en formes verbales du sanscrit, IV, 210; du gothique et de l'allem., III, 260, 262, 263, 279; du grec, III, 275; IV, 210; du latin, III, 277; du vieux slave, III, 278, 279; du lithuanien, III, 150, 279; du zend, III, 280, 377; du slovène, III, 304; du polonais, russe, bohémien, serbe, III, 304.
ďấpáy, voy. *ďấ*.
ďấman, zend *dấman*, IV, 31, 32.
ďấyas, IV, 131.
ďấra, instr. *ďấrấ*, 361.
ďấv (rac.), zend *du*, IV, 141.
ďikṣ (rac.), III, 223, 241; IV, 309.
ďĭ 1° *ďĭ* (rac.), IV, 65.
2° *ďĭ* « ouvrage », IV, 210.
ďĭti, instr. *ďĭtī́*, 362.
ďu, *ďú* (rac.), IV, 46; vieux slave *duṅti*, *dunuṅti*, I, 164, 172; zend *du*, IV, 141; *duduvíta*, III, 361; intens. *ďóďŭyámána*, III, 438.
ďukṣ (rac.), IV, 309.
ďur, nom. *ďúr*, 335.
ďú (rac.), voy. *ďu*.
ďŭmấ, formation, IV, 44; I, 45, 50, 166, 219; II, 180; ossète (dimin.), I, 148; dénom. *ďŭmấyấmi*, *ďŭmấyáyámi*, III, 457.
ďṛ (rac.), voy. *ďar*.
ďŭr, nom. de *dur*, 335.
ďṛś (rac.), voy. *ďarś*.
ďṛśnuyấ, IV, 129.
ďḗ (rac.), zend *dé*, grec θῆσθαι, 91, 237, 334.
ďēnú, 239, 334; IV, 308.
ďēnuśyá, IV, 324.
ďmấ (rac.), latin *flare*, 61; III, 216; IV, 247.
ďyái (rac.), IV, 65; zend *adáonta*, III, 145.
ďriyé, voy. *ďar*.
ďru (rac.), IV, 47.
ďruvá, IV, 91.
ďvaṅs (rac.), gothiq. *drus*, 59; sa forme à la fin des composés, III, 412.
ďvan (rac.), gothiq. *drunjus*, 181; IV, 307.

na (thème pronominal), II, 336; (négation), II, 341; III, 173; IV, 380; avec le sens de « sicut », II, 342, 343.

nákis, II, 372, 377, 385.
naktaṅćara, II, 416.
náktam, 32, 39, 157; II, 416.
naká, 40, 47, 134, 163.
nagná, vieux slave nagŭ, IV, 89.
nad (rac.), gallois nadu, III, 438; intens. nánadati, III, 438.
nadá, IV, 253, 268.
nadī́, IV, 268; instr. plur. véd. nadyáis, II, 26.
nand (rac.), IV, 68.
nandana, IV, 68.
nandayantá, IV, 51.
nápát, latin nepós, IV, 57.
náptár, IV, 56.
naptí, latin neptis, vieux haut-allemand nift, IV, 57.
nábas, 314; II, 230; IV, 267.
námas, zend nĕmaś, IV, 286.
náyana, IV, 284.
nar, nr̥, grec ἀνήρ, 442; II, 257.
náva, latin novus, 31; compar. véd. návyas, II, 190; voy. návé.
navati, II, 239.
návan, II, 226; latin novem, I, 31; II, 230.
navamá, II, 228, 244, 248.
návé, latin nové, IV, 377.
návya, 133.

návyas, comparatif véd. de náva, II, 190.
naś (rac.), 235, 49, 305; III, 421; IV, 217, 269; naś+vi, armén. wnasem, IV, 410; ánéśam, III, 215, 223.
náśvara, IV, 49.
nas, voy. aham.
naḥ (rac.), 235; III, L.
nánad, voy. nad.
náná, II, 343.
náman, 164, 399; II, 257, 339; III, 108; IV, 39.
ni, son origine, II, 340, 360; IV, 397; II, 182; IV, 324; arménien n'-, IV, 410.
nikaṭá, IV, 324.
nikṣip, voy. kṣip.
nítya, IV, 324.
nidána, 66; IV, 296.
nidá, IV, 210.
nipat, voy. pat.
nibar, nibr̥, voy. bar.
niyam, voy. yam.
nirmá (= má + nis), voy. má.
niviś, voy. viś.
niś, 305; II, 416; III, XXXVII.
niśá, 305.
niśad (= sad+ni), v. sad.
nis, IV, 359.
nī́ (rac.), 78; néśatu, III, 391, 394.
nīćá, II, 50, 182; IV, 396, 412.
nu (rac.), III, 113; abipraṇónumas, III, 438.
nu (thème pronominal),

113, 41; II, 341; III, xxxv.
nud (rac.), ánavinót, III, 439.
nūnám, II, 343.
nr̥, voy. nar.
nét, II, 363; vieux perse naiy, lithuanien nei, II, 342, 387; zend nóid, II, 325.
nétra, IV, 62.
néma, zend naima, II, 215.
néśatu, voy. nī́.
náika, III, 169.
náu 1° náu « navire », 288, cf. 58; arménien nav, 401.
2° náu (duel), voy. aham.
nyas (ni + as), voy. as «jeter».

paktávya, voy. pać.
pákti, grec πέψις, latin coctio, IV, 112, 114.
paktrá, IV, 63.
pakvá, IV, 305.
pać (rac.), 31, 48, 60, 85, 134; III, 35; IV, 77, 274; paktávya, latin coctívus, IV, 236.
paćá, latin coquus, IV, 255.
paćatá, IV, 74.
páći, IV, 267.
pańćakr̥tvás, II, 252.
pańćáta, slave pantŭj, II, 244, 246, 248.
pańćadá, grec πένταχα, II, 254.
páńćan, son origine, II,

225, 226, 227, 232;
cf. I, 48, 134, 146.
pañćamá, II, 176, 180,
244.
pañćāsát, II, 237, 242.
pat (rac.), désidér. *pipaṭiś*, III, 175, 217.
pat (rac.), grec πετ,
πίπτω, πτῶσις, πέπτωκα, 243; II, 214;
III, 243; IV, 57, 248;
pat+ni, II, 182; *patāma* (lêṭ), III, 372;
ápaptam, gr. ἔπιπτον,
III, 214, 216; *paptimá*, III, 243; intens.
panīpat, III, 436; désid. *pitsa*, III, 223.
pátatra, IV, 64.
patāma, voy. *pat*.
páti, 32; IV, 115; gothique *faths*, I, 158;
gén. véd. *pátyus*, I,
414; loc. véd. *pátyāu*,
I, 432; dénom. *patīyāmi*, III, 456.
patéra, IV, 298.
pátnī, zend *paini*, grec
πότνια, 99.
pai (rac.), armén. *puīam*,
III, 106; grec πάτος,
III, 436.
patīn (*pánian*), III, 437;
IV, 161, 280; autre
thème *pai*, I, 291;
nom. *pánīs*, I, 320,
32, 147, 164.
pailīlá, IV, 81.
pad (rac.), III, 36, 425;
IV, 115, 273; intens.
panīpad, III, 436.
vadá, lithuanien *gas-*

pádà, latin *hospes*,
grec πέδον, IV, 116;
cf. rac. *gas*.
padminī, IV, 283.
pádva, IV, 305.
panīpat, voy. *pat*.
paṇī (rac.), III, 436.
pánian, voy. *patīn*.
paptimá, voy. *pat*.
pampul, intens. de *pal*,
III, 96, 435.
páyas, IV, 287.
par, *pṛ*, *pṝ* (rac.), 27,
177; latin *impleo*, IV,
248; prés. *píparmi*,
IV, 99; *pūrdí*, III,
393; désid. *púpūrś*,
I, 39.
pára, II, 353; IV, 402.
páram, IV, 406.
paramá, IV, 410.
parás, IV, 406.
parastāt, IV, 406.
párá, IV, 402, 403,
404.
páráñć, IV, 404.
parāri, II, 375.
paráhṇa, II, 353.
pári, IV, 402, 409.
parivrā́j, IV, 244.
pariśkar, *pariśkṛ*, IV,
317.
parút, grec πέρυσι, arménien *heru*, II, 375;
IV, 380.
páreṇa, IV, 402.
parédyus, II, 353, 374.
páláy, IV, 404.
paśú, zend *paśu*, 102;
gothique *faihu*, 131,
147; ossète *fos*, 147;
latin *pecus*, IV, 296;

gén. véd. *paśvás*, I,
414; instr. *paśvā́*, I,
362.
paścā́t, II, 50; IV, 375,
396.
pā 1° *pā* (rac.) « boire »,
prés. *pívāmi*, *pībāmi*,
243-244; III, 35,
209, 415; IV, 72;
pātavé, vieux prussien
pātwei, IV, 169; *pítvānam*, IV, 131; *pātá*,
pā́ntam, *pā́hí*, IV, 14;
pītá, IV, 72; désid.
pipás, III, 175.
2° *pā* (rac.) « dominer », prés. *pā́mi*, I,
158; IV, 56; caus. *pāláyāmi*, III, 425.
pātavé, voy. *pā* « boire ».
pātár, *pātṛ*, latin *pótor*,
IV, 59.
pātra, gothique *fódr*, IV,
69.
pāṭas, IV, 287.
pātā́ (véd.), IV, 14.
pāda, IV, 273; zend
pāda, I, 91; gothique
fótus, I, 146, 150;
II, 240.
pānīpad, intens. de *pad*,
III, 436.
pā́ntam (véd.), IV, 14.
pā́pman, IV, 31.
pār (rac.), grec περάω,
III, 91.
pārá, IV, 402, 403,
405.
pāraga, IV, 61.
pāráyāmi, voy. *pār*.
pārayiṣṇú, nom. plur. *pā́rayiṣṇvàs*, II, 47.

pârśvá, ossète *fars*, 147.
pâl (rac.) (*pâlâyâmi*), III, 425; cf. *pâ* « dominer ».
pâśyấ, IV, 221.
pâhí (véd.), IV, 14.
pi 1° *pi* (rac.), III, 113. 2° *pi* (préposition), IV, 391.
pitár, 155; II, 51; ossète *fid*, gothique *fadar*, I, 147; arménien *hair*, II, 37; déclin. I, 302 formation et étymol., IV, 57; *pitárâu*, II, 272.
pitṛvyà, IV, 241.
pits, désid. de *pat*, III, 223.
pipaṭiś, voy. *paṭ*.
piparmi, voy. *par*.
pipâs, voy. *pâ* « boire ».
píbâmi, voy. *pâ* « boire ».
pívâmi, voy. *pâ* « boire ».
piś (rac.), grec πίσσω, latin *pinso*, 50; vieux slave *piśjuṅ*, II, 322; III, 117.
pítá, voy. *pâ* « boire ».
pítvánam, v. *pâ* « boire ».
puṅgava, 401.
putrá, ossète *firt*, 149; dénom. *putríyâmi*, III, 456.
putravat, II, 360.
púpûrś, voy. *par*.
purấ, IV, 259.
purás, 129; IV, 396, 402, 408.
purástât, 385.
purâ, suivi d'un infinitif en *tós*, IV, 159.

puri', grec πολίς, 50; IV, 259.
purú, zend *póuru*, 83; IV, 270; grec πολύς, gothique *filu*, IV, 270; nom. plur. neut. *purû*, II, 51.
pú (rac.), 261; latin *purus*, 261; IV, 299.
púy (rac.), lithuan. *púti*, III, 213.
pûrṇa, zend *pĕrĕnó*, lithuanien *pílnas*, 177; IV, 99.
pûrva, zend *paurva*, vieux slave *prŭvŭj*, 99; II, 249; IV, 91.
pûrváhṇa, II, 86, 353.
púrvédyus, II, 310, 374.
púśan, IV, 234, 275.
pṛ (rac.), voy. *par*.
pṛtú, 27, 45; IV, 270.
pṝ (rac.), voy. *par*.
péśi, IV, 267.
pra, II, 179, 244; grec πρό, latin *pro*, zend *fra*, I, 92; IV, 402.
prač (rac.), gothiq. *frah*, *fraihna*, 27, 37, 89, 131, 147; latin *proco*, 32; latin *preces*, IV, 245; zend *pĕrĕś*, I, 88; III, 35; zend *frás*, IV, 243; vieux slave *prośiśi*, III, 35; russe *sprositj*, III, 35; arménien *harżanem*, III, 105; ossète *farsin*, I, 147.
praǵanayấmakar, III, 259.

práti, IV, 402; grec πρός, I, 350; IV, 40.
pratikṛti, armén. *patker*, vieux perse *patikara*, nouveau perse *paiker*, IV, 404.
pratiǵñá, IV, 210.
pratîpa, IV, 384.
pratyaham, IV, 372.
praí (rac.), 27; IV, 73.
pratamá, II, 180, 244.
pratimán, IV, 37.
prabâhavá (de *bâhu*), 358, 362.
prábud', voy. *bud'*.
pravá, IV, 210.
pramâṇa, vieux perse *frâmânâ*, nouveau perse *fermân*, arménien *hraman*, 339; IV, 404.
prayaččatât, voy. *yam*.
praśná, zend *fraśnĕm*, IV, 107.
prásaviśyadvam (rac. *su*), III, 395.
prasîâ, voy. *sîâ*.
prâṅč, 46.
prâtár, II, 179, 244.
prâvayáṅkriyât, III, 259.
prâhṇé, IV, 377.
prâhṇétana, IV, 377.
priyá, IV, 76; degré de comparaison, 259; II, 189.
prí (rac.), 261; III, 227; proprement dénom., I, 257.
prúśva, IV, 305.
préyas, II, 189.
prêśé, voy. *i* « aller ».
prếśḷa, II, 189.
plavá, 288; IV, 253.

plấvấyấmi, voy. plu.
plu (rac.), 57, 59, 171, 260; III, 117, 423; caus. plấvấyấmi, latin ploro, I, 59; lithuan. plấuju, grec πλύνω, III, 121.

pal (rac.), 52 ; intens. pampul, III, 96, 435.
palấ, 52.
péna, vieux slave péna, 52, 168.

banh (rac.), IV, 271.
baṇígyấ, IV, 220.
bad' (rac.), latin patior, grec παθ, 149; conf. bấd'.
band' (rac.), conjugaison, 249; gothique band, binda, 35, 75, 156; latin fido, grec πιθ, πείθω, albanais bind, 35, 149, 212; ossète baiin, III, 452; I, 264.
bấndu, IV, 272.
babûyất, III, 361.
bấmbañǵ, intens. de bañǵ, III, 436.
bambram, intens. de bram, III, 434.
barh (rac.), voy. varh.
bấlavant, son comparatif, II, 200; vieux slave bolij, ibid.
balín, voy. bấlavant.
bấlíyas, voy. bấlavant.
bahis, voy. vahis.
bahú, grec παχύς, 149, 212; βαθύς, IV, 271;

arménien baṣum, II, 207.
bahuvrîhí, IV, 349.
bahuśấs, II, 251.
bấd' (rac.), grec παθ, 212; lithuanien badù, IV, 156.
bấhú, grec πῆχυς, 149; 212; IV, 272; arménien baṣuk, II, 17; zend bấṣu, IV, 272; prabấhavấ, I, 358, 362.
bibấrmi, voy. bar.
bud'(rac.), bốdấmi, zend bud', 153; grec πυθ, latin puto, 71, 149, 212; gothique biuda, anabiuda; vieux haut-allemand biutu, boto, 76, 126, 156; III, 245, 400; IV, 276; lithuan. bundù, slave bŭdĕti, I, 167, 171; caus. bốdấyấmi, III, L; vieux slave buditi, lithuanien baudźiu, I, 171; III, 36, 121; bud' + pra, slovène prebuditi, IV, 405.
bund', 267.
bubúś, désid. de búś, III, 429.
brh (rac.), voy. varh.
brhấnt, voy. varh.
bốbúṣîmi, intens. de la rac. búś, III, 432.
brû (rac.), 283; zend mrû, 82, 96, 112; II, 15; vieux pruss. billîtwei, IV, 169; lithuanien burna, IV, 352; ấbra-

vam, ấbruvam, III, 18.

baks (rac.), grec φαγ, latin famês, 317; gothique basi, nouveau haut-allemand Beere, IV, 224.
bấga, lithuanien nabagas, IV, 352.
bagavant, 42.
baǵ (rac.), III, 241; IV, 49.
bañǵ (rac.), grec φθέγγω, 50; ἄγνυμι, III, 232; arménien bekanem, ébek, III, 105, 206; intens. bambañǵmi, III, 436.
band (rac.), gothiq. bats, IV, 265.
bayấ, 74; IV, 253.
bar, br (rac.), 1° bấrấmi, zend bar, gothiq. bar, baira, grec φέρω, latin fero, vieux slave beruṅ, III, 28, 29, 46, 48, 60, 62, 134, 144; gothique baira, bar, I, 37, 131; vieux haut-allemand biru, III, 17; vieux slave beruṅ, III, 15, 17; arménien berem, III, 18, 106. 2° bibấrmi, III, 165; bibấrśi, latin fers, III, 46; bibấrti, latin fert, III, 60. 3° formes diverses: bấrantí, gothique bairandei, I, 118; brtấ, grec ἄφερτος, I, 24;

vieux perse *parâbarta*, 25 ; *bar+ni*, II, 182 ; *buraṇyāmi*, III, 452.

bárgas, grec φλέγος, IV, 290, 296.

bártâr, *bártṛ*, IV, 58.

bá (rac.), III, 463 ; IV, 309 ; grec φημί, III, 88.

bátú, IV, 319.

bánú, IV, 68, 308.

bám (rac.), III, 463.

báma, III, 463 ; IV, 44.

báryă, IV, 58, 223.

báváy, voy. *bú*.

bás (rac.), IV, 109, 309.

bás, IV, 243.

básantá, IV, 51.

báskara, IV, 62.

básvará, IV, 49.

bitti, latin *fissio*, IV, 114.

bid (rac.), gothique *beita*, *andabeit*, 72, 235 ; III, 245 ; IV, 253 ; latin *findo*, I, 246 ; hindoustani *bédnâ*, IV, 190.

bidă, 77, 330.

bidú, IV, 265.

bidurá, IV, 299.

bidya, IV, 232.

bi (rac.), slave *bojati saṅ*, lithuanien *bijaù*, lette *bīt*, vieux prussien *biatwi*, 74, 75 ; IV, 61.

bí (subst.), 269 ; IV, 61, 243.

buǵ (rac.), goth. *biuga*, 72, 126, 155, 233 ; III, 247 ; arménien *buẓanem*, III, 105.

buraṇyāmi, voy. *bar*.

bú (rac.). 1° *bávâmi* ; rapport avec la rac. *as*, III, 126 ; I, 262 ; lithuanien *búti*, vieux slave *búti*, lette *buht*, I, 74, 154, 165, 167 ; IV, 171. 2° caus. *bâvdyámi*, latin *facio* (II, XVI), gothique *baua*, vieux haut-allemand *buân*, I, 124, 153 ; III, 423. 3° conjugaison : prés. en sanscrit, zend, vieux haut-allemand, grec, III, 128 ; *bútu*, III, 330, 393 ; *búša*, III, 389, 391, 394 ; *búšatam*, *upabúšatam*, III, 393, 394 ; *baviśyadvam*, III, 397 ; *búyâma*, III, 330 ; *babúyât*, III, 361 ; *búvat*, III, 371 ; en composition, III, 258. Voir aussi la table des matières à *imparfait*, *futur* du latin.

búdará, IV, 335.

búmi, latin *humus*, III, 41 ; IV, 309.

búyas, II, 189.

búyâna (rac. *bú*), III, 330.

búyišṭa, II, 189.

búri, degrés de comparaison, II, 189.

búś (rac.), 267 ; désid. *bubúś*, III, 429 ; intens. *bóbúś*, III, 432.

búšaṇa, 267.

búšnú, IV, 309.

bṛ (rac.), voy. *bar*.

bṛkuṭi, 28.

bṛtya, IV, 220.

bĕda, 77.

braŭs (rac.), vieux haut-allemand *ris*, III, 252.

braǵǵ (rac.), latin *frictum*, IV, 166.

bram (rac.), intens. *bambram*, III, 434.

brâǵ (rac.), 151, 264.

brătar, étymologie, IV, 57 ; I, 116 ; gothique *brôthar*, vieux haut-allemand *bruoder*, I, 146, 150 ; vieux slave *bratru*, lithuan. *brōlis*, I, 153 ; ossète *arvade*, I, 148 ; armén. *eǵbair*, I, 398.

brâtṛvyà, IV, 241.

brukuṭi, 28.

brú, grec ὀφρύς, 283 ; II, 257 ; vieux slave *brŭvĭ*, I, 167 ; ossète *arfug*, I, 148 ; lithuanien *bruwis*, gothique *brahv*, I, 153.

ma (thème pronominal), II, 335.

maṅh (rac.), *mah*, 153, 158, 281 ; II, 250 ; latin *magnus*, IV, 97 ; gothique *mag*, *mahts*, IV, 120 ; gothique *magus*, IV, 257 ; lithuan. *macis*, *macnùs*, IV, 309.

maǵavan, 301.

maǵǵ (rac.), 231.

mat, voy. *aham*.

TABLE DES MOTS.

matí, gothique *gamundi*, 158; vieux slave *pamantĭ*, IV, 111; grec μῆτις, IV, 111; latin *mens*, IV, 115; instr. *matí*, I, 362.
mattas, voy. *aham*.
matín (*mántan*), I, 319; IV, 280.
matnadvám (rac. *maní*), 249.
mad (rac.), 267.
madíja, slave *moj*, II, 390, 392.
mádu, 350, 148, 153; instr. *mádvâ*, 358; dénom. *madvasyâmi*, III, 459.
madupá, IV, 335.
madulíḥ, IV, 331.
mádya, zend *maidya*, 90, 94; latin *medius*, osque *mefiai*, 50; gothique *midjis*, ossète *midœ*, latin *medius*, 148, 310; grec μέσσος, II, 192; lithuanien *widus*, II, 211; *madyâ kártós*, IV, 159.
madyamá, gothique *midjuma*, II, 185.
madyamalôká, IV, 340.
madyalôká, IV, 340.
madvasy, dénom. de *mádu*, III, 459.
man (rac.), 158; IV, 57, 247; zend *man*, III, 203; latin *memini*, *moneo*, I, 219; III, 413; grec μέλλω, III, 309; μαίνομαι, 239; gothique *man*, *mun*, III, 243, 309; IV, 77; lithuanien *primĭ´nsiu*, I, 219; vieux prussien *menentwey*, IV, 170.
manas, zend *manaś*, grec μένος, IV, 287, 296; IV, xx.
manák, II, 212.
manuśyá, IV, 324; zend *maskya*, *maśya*, I, 104; vieux slave *muñśĭ*, 175.
manuśyatrá, II, 181.
maní (rac.), *matnadvám*, 249.
mántan, voy. *matín*.
mand (rac.), vieux haut-allemand *mendiu*, IV, 222; lět *mandiśat*, III, 371.
mandayátsaka, IV, 333.
mandiśat, voy. *mand*.
manyú, zend *mainyus*, IV, 307.
máma, voy. *aham*.
máyá, voy. *aham*.
máyi, voy. *aham*.
mar, *mṛ* (rac.), zend *mar*, *mahrka*, 101; latin *morior*, 32; III, 405; gr. μαραίνω, III, 405; vieux slave *mruń*, *morjuń*, III, 413; lithuanien *miŕstu*, *marinù*, III, 417; lette *mirt*, I, 101; goth. *maurthr*, III, 443; arménien *meranim*, III, 407; *miryé*, III, 404, 405; *mṛṇāmi*, III, 405; cf. *mṛtá*.
maratá, IV, 74.
máriman, IV, 31.
márta, arménien *mard*, II, 87.
martyatvaná, IV, 136.
mard, *mṛd* (rac.), latin *mordeo*, 24, 249; III, 226; IV, 270.
maryá, arménien *marṣ*, II, 13.
mas (rac.), 297; IV, 309.
maḥ (rac.), voy. *mañh*.
máha, arménien *meẓ*, 403.
mahat, *mahâñ*, II, 68; au commencement des composés *mahá*, IV, 354.
mahan, instr. *mahnâ*, zend *maṣana*, II, 93.
mahas, zend *maṣaś*, grec μῆκος, IV, 288, 290.
máhi, IV, 136.
mahitvá, instr. *mahitvâ*, 358, 361.
mahitvaná, IV, 136; instr. *mahitvanâ*, I, 358.
mahiśá, hindoustani *maihik*, *maihikâ*, *maihikí*, IV, 189, 287.
mahnâ, voy. *mahan*.
máhyam, voy. *aham*.
mâ 1° *mâ* (particule nég.), grec μή, arménien *mi*, II, 342, 343; III, 39.
2° *mâ* (rac.), IV, 309; conjug., III, 86; gothique *mita*, I, 247, 260; latin *modus*, *môs*, I, 338; lithuanien *mẽrà*, slave *mêra*, I,

SANSCRIT.

170; part. *mitá*, III, 362; *má + nis* (*nirmá*), IV, 56.
3° *má* (pr.), v. *aham*.
mâṅsá, arménien *mis*, II, 61; goth. *mimsa*, 144; vieux slave *maṅso*, russe *mjaso*, 43, 164, 169; lithuanien *mēsà*, IV, 259.
mă̄kis, zend *máćis*, II, 372, 377, 385.
mátár, *mátṛ́* « mère », 163, 331, 332, 333; « créateur », IV, 56.
mátulánī́, IV, 104.
mátṛvat, II, 360.
madṛkśa, mádṛ́ś, mádṛ́śa, II, 401.
mân (rac.), IV, 56.
mânavá, II, 130; III, 440.
mâm, voy. *aham*.
mâmaká, II, 287, 389.
mârǵ (rac.), *mṛǵ*, 27.
mâryà, zend *mairya*, IV, 232.
mâs, déclinaison, 297; zend *mâo*, 107, 340.
mâsa, IV, 23; latin *mensis*, II, 14.
mi (rac.), *méṡé*, IV, 143.
mitá, voy. *má* (rac.).
mitrá̆ « Mitra et Varuna », IV, 347.
mimnâs, voy. *mnâ*.
miḣ (rac.), zend *maiṣâmi*, 155; latin *mingo*, grec ὀμιχ, 50, 155; grec μοιχός (cf. sanscrit *méḣá*), IV, 254; gothique *maihstus*, I,

131; lithuanien *mēźù*, I, 154; III, 207; part. parf. *miḋvâṅs* (et non *miḣvâṅs*), III, 244.
muć (rac.), *mumugdi, mumóktu*, III, 393.
mud 1° *mud* (rac.), 267. 2° *mud* (subst.), 269; IV, 243.
mumukśú, nom. plur. *mumukśvàs*, II, 47.
mumugdi, mumóktu, voy. *muć*.
muś (rac.), 123; cf. *múś*.
mū́rti, 400.
mū́rdan, 49.
múrdanyà, 49.
múś (rac.), 123, 180.
mū́śá, mū́śă̄, vieux slave *mūśĭ*, 123, 180, 168; IV, 253.
mū́śika, IV, 311.
mū́śī́, 123.
mṛ (rac.), voy. *mar*.
mṛgayá, IV, 265.
mṛǵ (rac.), voy. *mârǵ*.
mṛtá, grec βροτός, latin *mortuus*, 24, 112; II, 230.
mṛ́ti, IV, 111, 115.
mṛtyú, IV, 307; zend *mĕrĕ́iyu*, I, 99.
mṛd (rac.), voy. *mard*.
mṛdú, grec βραδύς, 112; IV, 271; latin *mollis*, IV, 272; vieux slave *mladŭ*, II, 131; superl. *mrádíśṭa*, grec βράδιστος, I, 112.
mé, voy. *aham*.
méǵá, ossète *mijǵ*, 149; arménien *méǵ*, 394;

II, 17; cf. grec μοιχός, IV, 254.
médʼirá, IV, 302.
médʼilá, IV, 302.
méṡé, voy. *mi*.
mnâ (rac.), IV, 57; grec μνῆμα, I, 245; désid. *mimnâs*, gr. μιμνήσκω, latin *reminiscor*, I, 245; III, 430; IV, 247.
mriyé, voy. *mar*.

ya, déclinaison, II, 174, 155, 326, 332, 361; gr. ὅς, I, 55; *yásyâm*, I, 374; *yâ* (neut. plur.), II, 363; *yó yas, yaṅ yam*, II, 307; voir aussi *yat*.
yákṛt, 24, 56, 60, 351.
yać, voy. *yam*.
yaǵ (rac.), zend *yaṣ̌, yaś*, 108; IV, 237; arménien *hasel*, I, 403; grec ἅζομαι, ἅγιος, I, 56; IV, 232; *yaǵanī́ya*, zend *yaśnya*, *yéśnya*, IV, 257; *iśṭvínam*, IV, 131; cf. *yâǵyà*.
yâǵus, IV, 296.
yaǵñá, zend *yasnó*, IV, 107, 237.
yat (rac.), grec ζητέω, 34.
yat, zend *yaḋ* (neutre de *ya* et conjonction), IV, 382, 385.
yatará, vieux slave *jeterŭ*, II, 185.
yátas, II, 411.
yáti, II, 400.

TABLE DES MOTS.

yátra, II, 181, 407.
yátá, II, 417; IV, 385; nouveau perse *tá*, II, 417. Au commencement des composés adverbiaux, IV, 372.
yatávidî, IV, 372.
yatásraddám, IV, 372.
yadá, II, 413, 415.
yádi, zend *yéidi*, gothique *jabai*, 91; II, 363, 364; IV, 382, 384, 385.
yádivá, II, 379; IV, 382, 384, 385.
yam (rac.), 56; IV, 79; *prayaččatát*, III, 67.
yava, II, 176.
yaś (rac.), 95.
yaśás, 95; IV, 288.
yásyám, voy. *ya*.
yáhvi, duel véd. *yahví*, II, 8.
yá (rac.), *yâmi*, grec ζάω, 155; ἵημι, IV, 248; ἵεμαι, III, 88; latin *eo*, II, 326; zend *yárĕ*, gothique *jêr*, vieux haut-allemand *jâr*, grec ὥρα, I, 117; lette *jaht*, V, 171; caus. *yâpáy*, III, 422, 423, 424.
yácaná, IV, 189.
yâǵyà, grec ἅγιος, 56; IV, 225.
yát, IV, 385.
yâtrá, 155; IV, 63.
yâdṛiśa, II, 401.
yadṛs, II, 401.
yâdṛśa, II, 401, 405.
yâpáyâmi, voy. *yâ*.

yấma, arménien *śam*, 417.
yấman, IV,
yấyin, IV, 180.
yávat, yávant, grec ἧμος, ἕως, II, 308, 311, 396, 399.
yu (rac.), lithuan. *jaútis*, latin *jumentum*, 254; IV, 116.
yúkti, grec ζεῦξις, latin *junctio*, II, 193; IV, 112, 114.
yugmá, IV, 44.
yuǵ (rac.), grec ζυγ, latin *jungo*, 54, 246; arménien *luź*, *lźel*, 416; II, 362; *yóktávya*, latin *conjunctivus*, IV, 237.
yud 1° *yud* (rac.), cf. grec ὑσμίνη, IV, 35, 61; désidératif *yuyuts*, III, 217, 429.
2° *yud* (subst.), 269, 291; IV, 61, 243.
yudmá, IV, 35, 44.
yuyuts, voy. *yud* (rac.).
yúvan, déclinaison, 78, 301, 171; comparatif *yávîyas*, goth. *juhiṣa*, *juhiṣai*, 118, 144.
yuváyós, voy. *tvam*.
yuvábyâm, voy. *tvam*.
yuvám, voy. *tvam*.
yuśmát, voy. *tvam*.
yuśmadîya, II, 390, 394.
yuśmábyam, voy. *tvam*.
yuśmáka, II, 275, 389.
yuśmákam, voy. *tvam*.
yuśmádṛś, II, 401.
yuśmán, voy. *tvam*.

yuśmábis, voy. *tvam*.
yuśmásu, voy. *tvam*.
yuśmế, voy. *tvam*.
yúnî, latin *junix*, 301.
yúyám, voy. *tvam*.
yúśá, 172; III, 328.
yóktávya, voy. *yuǵ*.
yóktra, IV, 63.
yóni, IV, 119.
yâuvaná, 78.

ráihí, IV, 143.
rak (rac.), lithuanien *ranká*, vieux prussien *ranctwei*, IV, 170.
raktá, II, 362.
ránga, arménien *erang*, II, 362.
raǵatá, 78, 400, 403, 419; IV, 51.
raǵaní, IV, 293.
raǵ (rac.), *rǵ*, zend *raśnus*, IV, 308.
ráǵas, gothique *riqvis*, 144; IV, 293.
raǵǵ (rac.), latin *ligo*, IV, 272.
raǵǵu, IV, 272.
raǵórasa, IV, 293.
raṅǵ (rac.), goth. *idreiga*, IV, 265.
ráta, zend *rata*, latin *rota*, 45.
rad, *árandam*, III, 216.
ram, III, 121, 122; IV, 293.
ramati, lithuanien *rimastis*, IV, 118.
raśmí, IV, 92, 310.
ras (rac.), goth. *raṣda*, 60.
rása, latin *rós*, grec δρόσος, 338.

ráhas, grec λῆθος, IV, 286, 290.
rá (rac.), caus. rápáy, lat. rapio? III, 423-424.
rắga, arménien orak, II, 362.
rắǵ 1° rắǵ (rac.), 264. 2° rắǵ (thème), 290.
rắga, voy. rắǵan.
rắǵatá, 78.
rắǵan, 264; IV, 273; védique rắǵáná, II, 3; à la fin des composés, rắga, IV, 278.
rắǵní, IV, 58.
rắǵya, gothique reiki, 328, 352; IV, 218.
rấd̂ (rac.), gothique réda, vieux haut-allemand rấtu, 117.
rápáy, voy. rá.
rás (rac.), III, 423, 424.
ri (rac.), III, 113.
rič (rac.), 58, 70, 155, 247; III, 13, 207.
riś, zend iriṭ, III, 288.
riśva, IV, 305.
ru (rac.), slave rju, prés. revun, III, 114.
rukmá, IV, 44.
ruč 1° ruč (rac.), 58, 133; gothique louhmóní, IV, 29. 2° ruč (substantif), latin lux, 290, arménien luïs, 403; zend rauč, IV, 245.
rúčya, IV, 231.
ruǵ, 290.
rud (rac.), 258, 266; III, 14; lithuanien raudà, IV, 265; III, 161.

rudrắṇí, IV, 104.
rud̂ (rac.), première forme de ruḥ, II, 250; cf. ruḥ, ard.
rudirá, vieux slave rudétisań, lithuanien raudà, 167; III, 446; grec ἐρυθρός, latin ruber, II, 257; IV, 291; vieux saxon rod, vieux haut-allemand rot, I, 150.
ruḥ (rac.), première forme rud̂, proche parente de ard̂, II, 250; I, 266; zend rud, III, 203, 219; gothique lud, vieux haut-allemand liuti, nouveau haut-allemand leute, I, 133; III, 259; vieux slave roditi, IV, 279; latin robur, irlandais ruadh, IV, 291; róhiśyái, IV, 142.
rúhvan, IV, 307.
rúdra, IV, 291.
rếtas, IV, 286.
rái, rás, latin rés, 33, 283; II, 229.
róday, voy. rud.
ródasí « ciel et terre », IV, 347.
ródas, IV, 287.
ródra, 226.
rốman, 260; IV, 32, 36.
róhantá, IV, 51.
róhitá, 150; III, 446; cf. rudirá.
róhiśyái, voy. ruḥ.

laǵú, 153; grec ἐλαχύς,

lithuanien lengwas, 47; II, 257; IV, 270; latin levis, IV, 271; vieux slave lĭgŭkŭ, I, 167.
laǵǵ (rac.), gothique ló, 259.
lap (rac.), latin loquor, labium, 31, 60, 134; IV, 284; lithuanien lēpjù, vieux prussien lap, laipinna, I, 60; III, 121; IV, 169.
lápana, IV, 284.
lab̂ (rac.), grec λαμβάνω, 52; vieux prussien pallapsitwei, IV, 169; désid. lips, III, 223.
las (rac.), IV, 92.
lá (rac.), III, 424.
lãb̂a, vieux slave lovŭ, IV, 156.
lip, 246; III, 141, 150, 208.
lips, voy. lab̂.
liḥ (rac.), III, 122; I, 154; grec λιχ, λείχω, latin lingo, gothique laigó, 50, 66; caus. léháy, gothique laigó, lithuanien laiżau, III, 122; intens. léliḥ, III, 438.
lí (rac.), russe lĭju, III, 113.
lup (rac.), conjugaison, 232; III, 362; latin rumpo, I, 232; III, 308, 423; lithuanien lup, IV, 77; vieux prussien limtwei, lembtwei, IV, 169; intens. lốlóp, lốlup, III, 432.

lub̆ (rac.), IV, 169; I, 153; III, 112, 121.
lú (rac.), 263; grec λῡ, gothique *lus*, *liusa*, 247, 260; III, 412; vieux prussien *aulaut*, lithuanien *lawōnas*, IV, 393.
lŏlih, voy. *lih*.
lĕhá, IV, 254.
lĕháy, voy. *lih*.
lŏćána, IV, 284.
lŏbáy, voy. *lub̆*.
lŏlup, *lŏlôp*, voy. *lup*.
lŏhita, dénom. *lŏhitáti*, III, 463.

vaktrá, IV, 63.
vakś, IV, 65; gothique *vahsja*, zend *uks*, irlandais *fasaim*, I, 135, 236; III, 222; IV, 49; vieux haut-allemand *vahsamo*, IV, 36; lithuanien *ûsis*, IV, 269.
vákśas, IV, 287.
vakśé, voy. *vah*.
vać (rac.), latin *voco*, 32; serbe *vićem*, vieux slave *rekuṅ*, lithuanien *rekui*, *prárakas*, 60; vieux prussien *enwackêmai*, *wackitwei*, 60; IV, 169; *vóćêma*, III, 356; *vivóćati*, III, 372; *saṅvóćávahái*, III, 394; *ávóćam*, *úćimá*, *uktá*, III, 215.
váćas, zend *vaćaś*, IV, 287; grec ἔπος, II, 82; IV, 296.

vat, II, 360; IV, 307.
vatsá, alban. *vjɛт*, *vjɛтō̃*, 339, 340; II, 299, 375.
vatsará, albanais *vjɛтō̃́p*, 339, 340; II, 299, 360.
vad (rac.), 59; III, 76.
vádana, IV, 284.
vádatra, IV, 64.
vandaná, IV, 189.
vap (rac.), III, 256.
vam (rac.), latin *vomo*, 32; lette *vemt*, IV, 770.
vayám, voy. *aham*.
vará, gothique *vair*, 131.
varáhá, arménien *waraṣ*, II, 87, 383.
varuṇắnī, IV, 104.
varútra, IV, 298.
varéṇya, IV, 242.
vart, *vṛt* (rac.), vieux haut-allemand *wendu*, latin *verto*, nouveau haut-allemand *werde*, III, 266; *vavṛtyát*, *vavṛtita*, *vavṛtímahi*, III, 361.
vártman, 287; IV, 32.
vard, *vṛd* (rac.), IV, 232; vieux slave *rastiti*, III, 414; vieux slave *vlastĭ*, IV, 111; lithuanien *barzda*, russe *boroda*, IV, 85; *vṛdánt*, IV, 13; *vávṛdasva*, III, 394; *vávṛdĕ*, III, 394; *vávṛdádyâi*, IV, 140.
várman, IV, 32; dénom. *varmáy*, III, 444.
varś, *vṛś* (rac.), latin *verres*, IV, 119.

varh, *vṛh* (rac.), *barh*, *bṛh*, zend *barĕṣnu*, *bĕrĕṣya*, IV, 232.
val (rac.), grec ἔλυτρον, IV, 298.
vavṛtita, *vavṛtimahi*, *vavṛtyât*, voy. *vart*.
vaś (rac.), conjugaison, 70, 137; III, 132.
vas 1° *vas* (rac.) « habiter », goth. *vas*, *visa*, nouveau haut-allemand *war*, goth. *raṣn*, 37, 59; III, 127; *ávátsam*, *vatsyắmi*, I, 208; IV, 14.
2° *vas* (rac.) « vêtir », goth. *vasja*, latin *vestis*, vieux slave *riṣa*, 59, 183; III, 400; grec ἕννυμι, I, 248.
3° *vas* (pron.), voy. *tvam*.
vasanta, loc. *vasantâ*, IV, 161.
vasu, zend *vôhu*, *vaṇhu*, 81, 350; II, 192; IV, 271.
vasútáti, IV, 90, 91.
vástra, IV, 63.
vah (rac.), présent avec les formes correspondantes des langues congénères, III, 123, 124; zend *vas*, I, 108; gothique *vag*, *ga-vag*, *viga*, I, 37, 66; latin *veho*, grec ἔχω, ὄχος, I, 66; III, 28; lithuanien *wézu*, vieux slave *veṣuṅ*, I, 154; III, 28; caus. *váhâyâmi*,

gothique *vagja*, lithua-
nien *wážoju*, III, 28.
vahati, IV, 118.
vahis, slave *raş*, 60; arménien *baż*, II, 413.
váhni, IV, 119.
vá 1° *vá* (rac.), 170, 259;
vieux slave *réjeśi*, III,
35; goth. *vó*, III, 256;
anglais *weather*, lithuanien *wétra*, IV, 69.
 2° *vá* (particule),
latin *ve*, II, 360, 379;
IV, 307, 382.
váhyà, IV, 223.
váć, zend *váć*, latin *vox*,
grec ὄπ, 290; IV, 243.
vátár, vátṛ, 170.
váditra, IV, 63.
vád', voy. *bád'*.
vánara (rac.), II, 360.
vám, voy. *tvam*.
vára, II, 218.
várańváram, II, 218.
váráhi, upánáhâu, II, 8.
vári, latin *mare*, 61,
277, 350; II, xvi.
vávadúka, IV, 311.
vávṛdádyái, voy. *vard'*.
vávṛdasva, voy. *vard'*.
váś (rac.), zend *vaś*, III,
144.
váh, à la fin des com-
posés, sa déclinaison,
IV, 161.
váhana, vieux haut-allemand *wagan*, IV, 284.
vi, II, 181, 360; IV,
409.
viṅśá, II, 246.
viṅśáti, II, 237, 238,
240.

viṅśatitamá, II, 186, 246.
vid 1° *vid* (rac.) « savoir »,
gr. Ϝιδ, lat. *video*, 153;
III, 424; lith. *wéidzmi*,
I, 73; III, 417; vieux
slave *vidéti*, I, 165;
védmi, vieux slave *vémř*,
I, 168; III, 15; *vétsi*,
vieux slave *vési*, III,
35; *vétti*, vieux slave
vésti, III, 50; *vidéyam*,
III, 356; *sańvid(r)até*,
III, 253; *vidáṅkarótu*,
III, 260; *véda*, I,
140; III, 45, 98,
99, 243.
 2° *vid* (rac.) « trou-
ver », 232; *vétsyád-
vam*, III, 395.
vidáṅkarótu, voyez *vid*
« savoir ».
vidéyam, v. *vid* « savoir ».
vidvás, zend *vídvó*, II,
187.
vidavá, IV, 409; I, 169;
gothique *viduvó*, I,
118, 153; vieux slave
vidovo, russe *vdova*,
I, 153, 162, 165-
166; vieux prussien
widdewa, IV, 17.
vinás, voy. *naś*.
vináśakara, arménien
wnasakar, II, 61.
vivasvat, zend *vívaṅháo*,
vivaṇuható, 112, 318.
vivóćati, voy. *vać*.
viś 1° *viś* (rac.), zend *viś*,
III, 282; grec ἵκω,
III, 105; *viś + ni*, II,
182; intens. *vévéś,
véviś*, III, 432.

 2° *viś* (substantif),
zend *víś*, 395.
viśruta, 78.
víśva, zend *víśpa*, 102;
vieux slave *visǐ*, russe
vesj, lithuanien *wissas*,
166, 179; nom. plur.
neut. *víśvá*, II, 51.
viśvádá, II, 408.
viṣṇu, víṣṇavi, 434.
vî (rac.), IV, 63.
vṛka, IV, 91; zend *vě-
rěka*, *věhrka*, I, 101;
lithuan. *wilkas*, vieux
slave *vlŭkŭ*, I, 185;
IV, 99; gothique *vulfs*,
I, 312; vieux norrois,
vargr, IV, 106.
vṛkátát, IV, 91.
vṛt (rac.), voy. *vart*.
vṛtrahan, zend *věrětra-
ǵan*, 319.
vṛddǐ, IV, 116.
vṛd' (rac.), voy. *vard'*.
vṛś (rac.), voy. *varś*.
vṛśa, dénom. *vṛśasy*, III,
459.
vṛśatvá, instr. *vṛśatvá*,
358.
vṛśan, grec ἄρσεν, IV,
273.
vṛśasy, voy. *vṛśa*.
vṛṣṇi, latin *verres*, IV,
119.
vṛh (rac.), voy. *varh*.
vṛhát, zend *běrěśant*, 300;
II, 32; dénom. *vṛháyě*,
III, 458.
vétrá, IV, 63.
vétsyádvam, voy. *vid*.
védaná, 328.
véman, 239; IV, 31.

8.

véviś, véveś, v. viś (rac.).
véśa, grec οἶκος, latin vîcus, gothique veihs, vieux haut-allemand wîh, 119; IV, 254.
véśman, IV, 32.
vóćéma, voy. vać.
vyaî (rac.), avyatiśyâi, IV, 142.
vrać (rac.), gothiq. vrika, 37, 77.
vraćyá, gothique vrakja, IV, 215.

śańs (rac.), III, 281; vieux slave sańti, III, 60; latin cano, gothiq. hana, IV, 276.
śak 1° śák (rac.), latin caco, grec κακκάω, lithuanien śikù, irlandais cac, 351; cf. śakṛt.
2° śak «pouvoir», III, 209; śakéyam, III, 356; śagdí, III, 393; intens. śâśakmi, śâśakimi, III, 432.
śakṛt, 351; v. śak (rac.).
śakéyam, v. śak «pouvoir».
śákvân, IV, 307.
śańká, grec κόγχη, latin concha, 47.
śatá, II, 239; zend śata, I, 102; lith. śimtas, slave sto, 62, 179.
śataśás, II, 251.
śatrućna, 87.
śatvarí, 305.
śad, 305.
śántâti, IV, 90, 94.
śabd (rac.), 254.

śam (rac.), grec καμ, ἀ-κμή-τ, 245.
śayá, slave pokoj, III, 93.
śáyana, zend śayaném, 349; IV, 284.
śayyá, IV, 215.
śar, śṛ (rac.), 305.
śárman, IV, 32.
śarvarí, 305.
śal (rac.), gr. κέλλω, latin celer, excello, IV, 304.
śalyá, IV, 232.
śávas, zend śavaś, IV, 286; lithuan. śaunùs, IV, 309.
śaś (rac.), IV, 277.
śaśá, IV, 277.
śas (rac.), IV, 63; śádí, śáddí, III, 73.
śástra, IV, 63.
śâká, lithuanien śakà, russe suk, 179; IV, 366.
śávaka, arménien śavak, 14.
śás (rac.), conjugais., III, 89, 202; imparf., III, 160; arménien sast, II, 18; vieux perse îah? III, 281; son représentant en zend, III, 52.
śâśakimi, śâśakmi, voy. śak «pouvoir».
śíras, grec κάρα, IV, 119, 120.
śiróruha, 260.
śí (rac.), conjugaison, III, 63, 252; I, 261; III, 92; vieux slave sijuń, III, 35; vieux slave

poćiti, russe poćiju, III, 113, 414; gothique haims, IV, 310; latin quiesco, IV, 248; śété, védique śáyé, grec κεῖται, zend śaité, I, 104; III, 70.
śítá, III, 92, 93.
śukrá, zend śukra, IV, 299.
śúkla, III, 270; IV, 299.
śuć (rac.), śuśućíta, III, 361.
śúní, 301.
śundyú, IV, 307.
śubrá, zend śuwra, 98; IV, 299.
śuśućíta, voy. śuć.
śúśká, 63, 171; IV, 310.
śúśma, IV, 44.
śúśman, IV, 31.
śúrá, zend śúra, IV, 299.
śṛ́ngina, IV, 100.
śṛ (rac.), voy. śar.
śaućá, III, 440.
śrańk, śrańg (rac.), vieux haut-allemand slango, 100, 101.
śraí (rac.), 250.
śraddadâmi, latin crédo, 250; III, 277.
śraddá (substantif), IV, 210.
śrani (rac.), grec κλώθω, 249; cf. grani.
śram (rac.), grec κμη, IV, 248.
śrávas, zend śravaś, grec κλέος, IV,
śrá (rac.), vieux slave śréti, 181.

śri (rac.), IV, 71.
śrí, gothique *hleiduma*, II, 183, 184.
śrímat, degrés de comparaison, II, 184, 189.
śrílá, zend śríra, IV, 302; degrés de comparais., II, 184, 189.
śru (rac.), śṛṇőmi, śrávayāmi, 261; III, 422; vieux slave *sluti*, *slovuń*, grec κλύω, I, 171; III, 114; slovène *slut*, IV, 79; lithuanien *klausau*, *slówiju*, russe *slavlju*, III, 419; vieux prussien *klaus*, IV, 25; grec καλέω, κλάω, κλαίω, κλυτός, I, 78; III, 426; latin *clamo*, I, 59, 78; vieux haut-allemand *scrirumés*, I, 59; goth. *hliuma*, I, 123; IV, 36; vieux haut-allem. *hliumund*, IV, 42; śrudí, grec κλῦθι, III, 41, 393; śróśantu, III, 391, 394; áśravam, áśrőt, III, 393; śrutá, grec κλυτός, latin *clŭtus*, vieux haut-allemand *hlút*, I, 123; śráváyāmi, zend śrávayémi, I, 59, 78.
śréyas, voy. śrímat.
śréśṭa, voy. śrímat.
śrótra, IV, 63.
śran, déclinaison, 302, 305; zend śpā, 102;

grec κύων, latin *canis*, gothique *hunds*, 56, 62; II, 260; lithuanien *śuo*, russe *sobaka*, I, 62; irlandais *cu*, 333; arménien *śan*, *śun*, 397.
śváśura, 63; II, 165; grec ἐκυρός, vieux haut-allemand *swehur*, I, 56, 295; latin *socer*, 31; arménien *skesur*, II, 36; śváśuráu, II, 272.
śvaśrú, latin *socrus*, 31, 63, 283, 324; gothique *svaihrô*, grec ἐκυρά, 324; vieux slave *svekrŭ*, II, 128.
śvas, latin *cras*, 59; II, 375; IV, 380.
śvastána, latin *crastinus*, IV, 322, 323.
śvi (rac.), 260; latin *cresco*, 59; latin *cumulus*, IV, 49, 234; áśvam, III, 212; II, xvi.
śvit (rac.), 179.
śvid (rac.), vieux slave *svéśda*, 181.
śvétá, 134; vieux slave *svétŭ*, 168.
śvétyá, 179.

śaś (rac.), II, 227; zend *ksvas*, I, 64, 103; gothique *saihs*, 131; vieux slave *sěstĭ*, lithuanien *śeśini*, 181.
śaśṭí, II, 227, 238.
śaśṭá, II, 186, 244, 248.

śya, 106; cf. sya.

sa 1° sa (pron.), II, 39, 298, 299; déclinaison, II, 302; fém. sá, zend *há*, I, 105, 355; II, 298; sásmin, II, 298; sa sali, II, 307; voy. sága; cf. ta. 2° sa (préfixe), 179; IV, 411, 412; au commencem. des composés poss., IV, 359.
saṅvakṣyata, III, 395.
saṅdid(r)até, voyez vid «savoir».
saṇvóćávahái, voy. vać.
sakala, II, 215.
sakṛt, zend *hakěrěḍ*, 105; II, 213, 253.
sáki, zend *haki*, 85; gén. sákyus, 414; loc. sákyáu, 432.
sakitvaná, IV, 136.
sága, II, 258.
saṅǵ (rac.), gothique *sak*, IV, 215.
sać (rac.), latin *sequor*, lithuanien *seku*, 134; II, 371; IV, 77; sísakti, I, 244.
sáćá, IV, 412.
sáći, IV, 266.
sáćiva, latin *socius*, IV, 266.
saṅǵ, saṅǵ (rac.), IV, 77, 97, 121.
satí, voy. as «être».
satyá, dénom. *satyápáy*, III, 447.
sad (rac.), (sadámi, caus. sádáyámi), IV, 231;

118   TABLE DES MOTS.

III, 14, 414 ; gothique *sat*, vieux haut-allemand *saz*, I, 37; III, 239; gothique *sandja*, III, 437; grec ἕδ, III, 89; ἵζω, III, 441; ὁδός, IV, 254; congénères latins, III, 419; zend *had, had, hid'*, IV, 398; *sad+ni* (*niṣad*), armén. *nstim, nstem*, III, 407; IV, 399; *â-sâdé*, IV, 146.
sâdas, latin *sedés*, grec ἕδος, 314; IV, 267.
sadấ, II, 361, 413.
sadṛ́ś, II, 401.
sadyás, IV, 380.
sádman, IV, 32.
sadá, IV, 411.
san 1° *san*, voy. *as* «être».
2° *san* (rac.), III, 256.
sanắ, II, 361 ; IV, 380.
santi, voy. *as* «être».
sannatatara, 217.
sap (rac.), IV, 116.
saptan, II, 226, 228 ; zend *hapta*, I, 105 ; gothique *sibun*, 155.
saptatí, II, 238.
saptáia, II, 244.
saptamá, II, 228, 244, 249.
sápti, IV, 116.
sam, 168; II, 182, 340.
samá, II, 213, 215, 403; IV, 49.
samagra, II, 215.
samanta, II, 182.
samantatas, II, 182.
samantât, II, 182.

samám, IV, 411.
samắ, II, 360.
sámiti, IV, 114.
samíha, IV, 103.
samípa, IV, 384.
samúha, II, 359.
sampád, IV, 243.
sáras, grec ἕλος, IV, 287, 296.
sarimán, IV, 32.
sarǵ, sṛǵ (rac.); *ásṛgrañ*, III, 253; *sasṛǵyât*, III, 361.
sarp (rac.), III, 140.
sarpá, 101 ; III, 140.
sárva, II, 360, 413 ; latin *sollus*, I, 31 ; zend *haurva*, 99 ; vieux haut-allemand *sâr*, nouv. haut-allemand *sehr*, II, 360.
sarvátâti, zend *haurvatât*, IV, 90.
sarvátá, II, 417.
sarvadắ, II, 413.
sarvásás, II, 251.
sal (rac.), grec ἅλς, 295.
salilá, 295.
savitắr, -tṛ́, IV, 234.
savyá, zend *havóya*, 362 ; vieux slave *súj*, 180 ; II, 125 ; instr. neut.
savyắ, II, 363.
sasṛǵyât (rac. *sṛǵ*), III, 253.
sásni, IV, 268.
sásmin, voy. *sa*, pronom.
sah (rac.), part. parf. *sáhvâṅs*, III, 244; grec σχε (ἕσχον), σχη (σχῆμα), III, 28.
saḥá, zend *hada*, vieux

perse *hadá*, II, 12, 31, 408; IV, 411.
sahádêva, IV, 359.
sahásra, II, 242 ; zend *haṣanhra, haṣaṇra*, I, 106, 108; II, 242.
sahasraśás, II, 251.
sáhôra, IV, 298.
sâ 1° *sâ* (rac.), III, 256; désid. *sísâs*, III, 256.
2° *sâ*, voy. *sa*, pron.
sâkám, IV, 411, 412.
sâkṣắt, 388.
sâtí, III, 257.
sâd' (rac.), IV, 230.
sâdyà, IV, 231.
sâmi, II, 215; I, 33.
sâmudrá, IV, 261.
sârddắm, IV, 411, 412.
sâviṣat (rac. *su*), lêṭ, III, 371.
sâsahí, IV, 268.
sâsmar, intens. de *smar*, III, 435.
si (rac.), lette *seet*, IV, 170.
sikti, zend *hikti*, 85.
sindu, zend *hĕndu*, 89.
siv (rac.), v. slave *śivuń*, lithuanien *suwù*, 180; russe *śĭju*, III, 113.
sísâs, voy. *sâ* (rac.).
síman, IV, 32 ; arménien *himan*, I, 397.
su 1° *su* (rac.), zend *hu*, III, 378, 379.
2° *su* (préfixe), IV, 380; au commencement des composés possess., IV, 361 ; des détermin., IV, 362.
3° *su, sú* (rac.) «pro-

créer», 125; IV, 58; lêṭ *sávišat*, III, 371; impératif *prásavišyadvam*, III, 394, 395.

suk (rac.), III, 440.

suka, dénom. *sukáy*, III, 440.

subadra, zend *hufēdris*, 93.

sumánas, grec εὐμενής, IV, 298, 361.

sur (rac.), pour *svar*, IV, 232; I, 56; zend *ǵarĕnŏ*, I, 295; IV, 66; slave *chvaljuň*, III, 117.

súvana, IV, 234.

sušṭuti, instr. *sušṭutí*, 362.

sû (rac.), voy. *su* « procréer ».

sūnú, gothique *sunus*, vieux slave *sūnŭ*, lithuanien *sūnùs*, 124, 166, 277, 306; IV, 309; loc. *sūnávi*, I, 434.

súra, 295; IV, 234.

súrya, grec ἥλιος, ἕλη, lithuanien *saulē*, gothique *sauil*, 295; IV, 232.

súryā́ « discours », IV, 234.

sṛǵ (rac.), voy. *sarǵ*.

sṛmará, IV, 49.

séhá, arménien *hén*, 401.

sév (rac.), 267.

sóbaná, IV, 285.

skand (rac.), intens. *ćániskand*, III, 436.

sku (rac.), grec σκῦτος, latin *cutis*, IV, 296.

stan (rac.), latin *tono*, *tonitrus*, grec στέντωρ, nouveau haut-allemand *Donner*, 32; IV, 68, 255.

stanayitnú, IV, 68.

stamb (rac.), III, 211.

star, stṛ, stṝ (rac.), grec στορ, 124, 245; latin *struo*, goth. *strauja*, 247; strṇómi, gr. στόρνυμι, III, 93; stṛṇā́mi, lat. *sterno*, III, 108; grec στρω, IV, 248.

starimán, latin *stramen*, IV, 32.

stár, stṛ (plur. *stáras*), zend *stárĕ*, *stárô*, 102, 399; gothique *stairnô*, 131, 157; arménien *astǵ*, grec ἀστήρ, 399; cf. *stṛtá*.

stiǵ (rac.), gothique *stig*, vieux haut-allemand *stig*, grec στείχω, 77, 126, 157, 264.

stu (rac.), zend *štu*, *frašṭuyê*, 94, 96; zend *štauman*, IV, 204; gothique *staua*, IV, 276.

stṛ 1° stṛ (rac.), voy. *star*. 2° stṛ « étoile », voy. *stár*.

stṛtá, 24.

stṝ (rac.), voy. *star*.

strî, IV, 58.

sia, voy. *as* « être ».

stal (rac.), vieux haut-allemand *stellu*, III, 425.

stá (rac.), 260; zend *štá*, gothique *standa*, 90, 247; employé comme verbe subst., III, 127; tíšṭámi, I, 37, 157, 239, 242, 294, 296, 369; conjugaison du présent, III, 124; *stitá*, III, 362; *utṭita* (*stá* + *ut*), III, 117; *pra-stá*, lithuan. *prastóju*, IV, 402; caus. *stápáy*, III, 151; lithuanien *stówju*, III, 422; grec στέλλω, III, 425.

stáná, arménien *stan*, 392, 400.

stápáy, voy. *stá*.

stáman, IV, 32; lithuanien *stomů*, IV, 37.

stávará, IV, 49.

stitá, voy. *stá*.

stíti, IV, 114.

stirá, stéyas, stéšṭa, II, 189.

stúrá, 171.

stéyas, stéšṭa, voy. *stirá*.

snáva, 289.

sná (rac.), 288; zend *šná*, 102.

snu (rac.), grec νέω, 288; III, 215; gothique *sniumundó*, I, 288.

snušá, 100, 167, 337.

snéhan, IV, 273.

spirá, spéyas, spéšṭa, II, 189.

sma 1° sma (particule), II, 266; III, 174.

2° sma (pronom annexe), 366, 374.

3° sma (verbe), voy. *as* « être ».

smar, smṛ (rac.), latin *me-*

mor, nouveau haut-allemand *Schmerz*, grec Μορμώ, 327; vieux haut-allemand *mâriu*, IV, 319, note 2; intensif *sắsmarmi*, III, 435.

smi (rac.), 260; slave *sméjuṅ*, III, 35; lette *smeet*, III, 332.

smî, féminin de *sma*, voy. *sma* pronom.

smṛ (rac.), voy. *smar*.

sya, vieux perse *hya*, 428, 429; II, 63; III, 311, 312; IV, 307; *sya* et *śya*, I, 106; II, 315; cf. *tya*.

syâm, voy. *as* 1° «être».

sraṅs (rac.), sa forme à la fin des composés, IV, 23.

sru (rac.), grec ῥέω, III, 114, 215; latin *rutum*, *rivus*, IV, 166; lithuan. *srauju*, *srōwė́*, IV, 216.

srótas, grec ῥέος, IV, 287, 296; IV, xx.

sva, zend *hva*, *ǵa*, 86, 105; II, 289, 330; IV, 307; II, 289, 290, 291, 293; grec σφός, latin *suus*, I, 56; II, 293, 390; lithuanien *sáwas*, II, 84.

svágana, 333.

svatas, zend *hatô*, grec ἔθεν, II, 289.

svad (rac.), IV, 224.

svan (rac.), latin *sono*, 31;

vieux slave *svĭnêti*, III, 90, 121; I, 181.

svaná, latin *sonus*, II, 260; IV, 255.

svap (rac.), II, 404; III, 420; latin *sopor*, I, 31; vieux slave *sŭpati*, I, 167; gothiq. *slêpa*, vieux haut-allemand *slâfu*, *insuepiu*, I, 58, 156; nouveau perse *khuften*, I, 86.

svápna, zend *ǵafna*, persan *khâb*, 86, 92; grec ὕπνος, vieux norrois *suếfn*, 56; lithuanien *sắpnas*, vieux slave *sŭpanije*, 163, 179; latin *somnus*, IV, 107; arménien *ǵun*, II, 36; instr. *svápnayâ*, I, 358.

svabánu, II, 289.

svabú, II, 289.

svayaṅvara, II, 289.

svayám, II, 255, 289, 293, 300, 333, 390; armén. *inǵn*, *inǵean*, II, 293.

svayamprabá, II, 289.

svayambú, 86; II, 289, 293.

svar, *svṛ* (rac.), 56; III, 424.

svar (rac.), voy. *sur*.

svàr «ciel», IV, 233; I, 295; IV, 234; zend *hvarĕ*, *hûr*, I, 56, 79, 105; irlandais *speur*, 333.

svargá, arménien *erkni*, II, 413.

svargatás, armén. *herknust*, II, 413.

svásâr, *svásṛ*, 333; IV, 58; II, 323; latin *soror*, I, 31; lithuanien *sessû*, vieux slave *sestra*, 163, 179; zend *ǵanha*, persan *khâher*, I, 85; arménien *ǵuir*, II, 36; gén. plur. *svásrâm*, II, 81.

svasía, II, 289.

svâd (rac.), zend *ǵâstrĕm*, IV, 66.

svâdú, 58, 179, 277; IV, 270; latin *suavis*, IV, 271.

svâdyá, IV, 224.

svâmín, IV, 321.

svit, II, 330.

svid (rac.), vieux haut-allemand *swizan*, 100; latin *sudo*, II, 260; *ásvidyam*, *ásvidam* III, 209.

svṛ (rac.), voy. *svar*.

svḗda, grec ἱδρώς, nouveau haut-allemand *Schweiss*, II, 391.

ha, II, 257, 258; IV, 385; cf. *há*, *ǵa*, *ǵá*.

haṅsá, 42, 66, 153.

hatnú, IV, 68.

han (rac.), zend *ǵan*, *san*, III, 213; IV, 141; arménien *senum*, III, 106, 407; grec θαν, θνη, I, 66; III, 288; IV, 247; latin *fendo*, IV, 42; gothique *dauthus*, IV, 318; impér.

ǵahí, II, 378; part.
hatá; grec Θνητός, I, 253; caus. ǵátáy, III, 108.
hanú, grec γένος, gothique kinnus, IV, 194.
hayá, arménien ζi, 403.
har, hr (rac.), latin gero? grec χείρ, 202.
hárana, arménien ζern, 403.
harit, latin viridis, 188; zend ṣairit, II, 64.
harimán, zend ṣarvan, grec χρόνος, IV, 32, 308.
harś, hrś (rac.), 239; grec χαίρω, latin hilaris, 235, 316; IV, 267, 347.
harśayitnú, IV, 68.
harśulá, IV, 299.
háviman, IV, 204.
hásta, zend ṣasta, nou-

veau perse dest, 108; II, 266; IV, 141.
hastín, II, 266; IV, 281.
há 1° há (rac.), grec χηρός, 243; III, 86.
2° há (particule), II, 257, 258; IV, 385; cf. há, ǵa, ǵá.
hi, zend ṣi, lithuanien gi, 109; II, 373; III, 213; IV, 585.
hitá (rac. dá), III, 361, 362.
himá, 66, 154; arménien ζiun, 403.
hu (rac.), IV, 234.
huvát, huvaná, voy. hvé.
huvé, huvéma, voy. hvé.
huvémahi, huvéya, v. hvé.
húmáhé, voy. hvé.
hr (rac.), voy. har.
hrd, 66; II, 321, 373; latin cor(d), I, 24; arménien sirt, lithuanien śirdis, 393.

hrdaya, 26; II, 321, 373.
hrś (rac.), voy. harś.
hémá, 78.
háimá, 78.
haimantá, 66.
hyas, 50; II, 373; IV, 380.
hyástana, latin hesternus, II, 374; IV, 322.
hrí 1° hrí (rac.), IV, 61.
2° hrí (substantif), IV, 61, 243.
hvé (rac.), zend du, ṣbayémí, vieux slave svati, 154; IV, 140; par contraction hu, IV, 140; huvé, IV, 140; huvéma, huvémahi, huvéya, IV, 140; húmáhé, IV, 141; hávaté, IV, 141; áhvam, III, 212; huvát, huvaná, áhuvádyái, IV, 140-141.

2° PÂLI.

amhé, II, 264.

imamhá, II, 338.
imissá, II, 337.

utu, 26.

kasi, 25.

gunavan, 42.

cáttáró, 57; II, 223.

tá, II, 336.
tassá, II, 337, 340.
tassátáya, II, 337.
táya, II, 337.
ti, II, 412, 418.
tina, 26.
tissá, II, 337, 340.
tissáya, II, 337.
tumhé, II, 268.
tésan, II, 336, 337.
tésánan, II, 337.

na, II, 336.
nan, II, 336.
namhi, II, 336.
nosmin, II, 336.
náya, II, 337.
nésan, II, 336.
nésánan, II, 336.

mayam, II, 264.
mha, 366.

sunótu, 25.
só, II, 336.

3° PRÂCRIT.

aṭṭáraha, II, 237.
aṇṇa, 55, 248; II, 352; III, 301.
amhé, 366.
amhésu, amhéhiṅ, II, 26.

kérisô, II, 402, 405.

gaṇaadi, 257.
gadua, IV, 135.

ǵéttúṇa, IV, 135.

ćauddaha, II, 237.
ćattârô, 57.
ćintémi, ćintémha, 256.

ǵaï, II, 364.
ǵîvâbédu, ǵîvâbéhi, III, 427.

tai, 371.
tâdisô, II, 402.
târisô, II, 402, 405.
ti, II, 412, 418.
tumammi, et tumasmi, 372.
tumé, 371.
tumhé, II, 268.
tumhésu, tumhéhiṅ, II, 26.

daha, II, 237.
déviê, 96.

pâni, II, 323.

bahúé, 96.
bâraha, II, 237, 241.

ḃaavaṅ, 42.

maï, maé, 371.
mamammi et mamasmi, 371.
mâlâé, 96.
mudô, IV, 78.
mha, 366.

yârisô, II, 405.

riṇaṅ, 26.

váraha, II, 237.

sé, 84; II, 288, 289, 290; cf. vieux slave si, II, 131.

hattûṇa, IV, 135.
hidaya, 26.
hômi, III, 304; IV, 34, 83.

4° BENGALAIS.

Quelques noms de nombre seulement, II, 237.

5° MAHRATTE.

ŏmhâlâ, IV, 135.

kélâ, IV, 81.

ǵô, IV, 81.

tumhâlâ, IV, 135.
tulâ, IV, 135.

túṅ, IV, 134.
tô, IV, 81.
tvâ, tvâṅ, IV, 83.

pâhilâ, IV, 81.

bâlŏpŏn, IV, 136.

ḃâû, IV, 134.

miṅ, IV, 82.
mŏlâ, IV, 135.
myâ, IV, 81.
myâṅ, IV, 82, 83.

hôtâ, IV, 82.

6° HINDOUSTANI.

Ce que Bopp écrit tantôt *a*, tantôt *ŏ*, est toujours écrit *o*.

aṭárah, II, 237.
áṭ, II, 237.

igárah, II, 237.

unís, II, 237.

ek, II, 237.
ekávan, IV, 190.

ćár, II, 237.
ćaudah, II, 237.

ǵalná, IV, 190.

ća, II, 237.

tirpan, IV, 190.

tín, II, 237.
tumhárá, II, 287.
térah, II, 237.
térá, térí, II, 287, 394.

das, II, 237.
dó, II, 237.

nau, II, 237.

paćás, IV, 190.
páćpan, IV, 190.
pandrah, II, 237; IV, 190.
páńć, II, 237; IV, 190.

bárah, II, 237.
báwan, IV, 190.

bis, II, 237.

bédná, IV, 190.

marná, márná, IV, 190.
maihik, maihiká, maihikí, IV, 189.
mérá, mérí, II, 287, 394.

wé, IV, 191.

satáwan, IV, 190.
satrah, II, 237; IV, 190.
sát, II, 237.
sólah, II, 237.

hamárá, II, 287.

7° TSIGANE.

pén, pen, II, 323.
pes, II, 323.

bolapen, II, 323.

miro, miri, II, 394.
mulo, IV, 78.

B. — LANGUES IRANIENNES.

1° PERSE DES INSCRIPTIONS CUNÉIFORMES.

abara, 140.
adam, IV, 141.
adína, III, 361.
ahatiy, III, 372.
ahy, 30.
aita, 30, 84; II, 348.

ak'unauś, 25, 82, 207.
ak'unavam, 248.
aniyaná, IV, 413.
astiy, 30.
aiurá, III, 281.
auramaṣdá, 30.

avástáyam, III, 427.
áha, III, 161.
áiśa, 30.

bagaibiś, II, 27.
bagáha, II, 44.

TABLE DES MOTS.

bábirauv, 30.
bâbir'uś, 207.
bágayadaiś, 428.
biyâ, III, 405.

ćakriyâ, III, 362.
ćartanay, IV, 378.
ća, II, 379.
ćićikráiś, 428.
ćišpâiś, 427.

dï (rac.), III, 363.
dïta, III, 362.

framánâ, 339.
framâtář, 339; IV, 57.

gaubatay, 50.

haćâ, 388; IV, 413.
hadâ, II, 408.
hid'u, II, 69.

huva, II, 84, 292, 349.
hya, hyâ, II, 63, 65, 317.

kabuğiyâ, 388; II, 69.
karta, 25.
kâra, 121.
k'uruś, k'urauś, 207.

kśapa-vâ, II, 27.

patikara, IV, 404.
patipayauvâ, III, 402.
pârsâ, 388.
pât'uv, 30.

ma, 392.
maiy, 30; III, 389.
martiyahyâ, 415.
martiyâ, II, 44.
mahyâ, 415, 428.

naiy, II, 342.

parâbarta, 25.
patiy-âiśa, 30.

rauća-pati-vâ, II, 27.
raućabiś, II, 27.

śa, śi, II, 349.

taiy, III, 389.
tya, tyam, II, 63, 64, 315.
t'uvam, II, 84.

tah, III, 281; IV, 378.
tastanay, IV, 378.

ufrât'u, 27.

vaśnâ, II, 314.
v'iyakʻnahya, 415.

2° NOUVEAU PERSE.

Les suffixes possessifs, II, 348.
asmán, 342.
âmden, 158.

íśán, II, 70.

bár, II, 218.
báśem, III, 307.

pukhten, 85, 158.

berden, 158.
pes, II, 50; IV, 396.
besten, besteh, 158, 206.
peiker, IV, 404.

peimúden, IV, 404.
bínem, IV, 65.

tâ, II, 417, 418; IV, 385.
táften, 86, 158.
tú, II, 13.

khudâ, 86.
kháb, 87.
kháher, 87.

dáden, 158; dehem, III, 273.
dásten, 158.
dánisten, dánem, III, 423.

dest, IV, 141.
diden, bínem, IV, 65.

sih, II, 220.
śumâ, II, 13, 257.

fermán, 339; IV, 404.
fermúden, IV, 404.
fermâjem, 339.

kéś, 91.

guften, 50.
gún, II, 208.

mâ, II, 13, 257.

mânden, 158.
men, II, 13, 70.

nihâden, III, 273.

hestem, III, 273.
heśt, III, 273.

3° ZEND.

a-, an-, privatif au commencement des composés possessifs, IV, 357; déterminatifs, IV, 362.
aêm, 95, 355; II, 335.
akarsta, 106; IV, 363.
aǵa, II, 49.
aiaurunô, voy. âtarvan.
adaranta, III, 145.
adavata, III, 144.
adâonta, III, 145.
advarěnta, III, 145.
aḍ-mâ-yavaṅm, III, 315.
an-, voy. a-.
ana, II, 344, 345; I, 357, 259.
an-aǵra, IV, 357.
antarĕ, 79; II, 178, 179.
anya, anyô, 94, 110.
aṇhaḍ « il était », III, 147, 161, 213.
aṇhěn « ils étaient », 79; III, 56, 147.
aṇhâo (sanscrit asyâs), 374; cf. aiṇhâo.
aṇhé, II, 302; cf. aiṇhé.
aṇhu, abl. aṇhauḍ, 382; loc. aṇhvó, 433; II, 32.
aṇhra, aṇra, 106.
ap, nom. âfs, 92, 317; âpěm, 92; upaḍ, 382; aiwyô, 98; âpa-ur-varé, IV, 345.

apayasái, III, 387.
apěrěsaḍ, III, 144.
api, 95.
apipyúśim, IV, 17.
abavaḍ, III, 144.
aměrětât, II, 2; IV, 91; aměrětâtěm, II, 2; aměrětatâoś-ćâ, II, 2, 8; aměrětaḍbya, I, 91; II, 2.
aměrěśanta, IV, 345.
aměśa, aměśé śpěnté, aměśéśća śpěnté, II, 8; aměśaṅś-ća, II, 67.
ayaṇha, IV, 263.
ayéni, III, 350.
arstât, IV, 91.
ava, II, 355; IV, 393; avaḍ, II, 397; avaṇhái, I, 374; avaṇhâḍ, I, 374, 383; II, 337.
avaǵasái, III, 387.
avaira, II, 407.
avaḍa, II, 356.
avaṇt, avâo, 318; II, 397.
avamairyâité, III, 405.
avavant, II, 397.
avaśata, III, 144.
avaṣěm, III, 29.
avivaṣâhi, III, 387.
aś (rac.), 263; aś « il était », III, 161, 162.
aśaṇhaḍ, III, 144.
aśtěm, III, 162.

aśti, 94, 263; III, 49, 130.
aśtvainti, 433.
aśnaǔm-ća, aśné, II, 85.
aśpa, aśpô, 102, 341; IV, 305; aśpanaṅm, II, 76; aśpaiśva, II, 82, 85.
aśpinâ-ćâ, II, 3.
aśman, nom. aśma, 342, 345.
aś, cf. as, 206.
aśanâś, IV, 244.
aśa-hyâ « puri », 415.
aśauǵaś, IV, 288.
aśâ, nom. aśa, 207.
aśavan, nom. aśava, 319, 300; déclin., aśaǔm (voc.), 113; aśauni (duel), II, 8; aśavana (plur. neut.), II, 48; aśaunis (acc. plur. fém.), II, 67.
aśi, 105, 398; II, 213; IV, 269.
as, 206.
asauǵaś, 207.
asǵarětěmaṅbyô, 207.
asǵarěnâo, 207.
asta, 103; II, 229.
astěma, II, 248.
aṣauṣa, 357.
aṣěm, 108, 155; II, 255.
aṣi, aṣis, IV, 268, 269.
aṣiṣanâitibis, II, 73.
aṣyô, II, 43.

ahi, 105, 107; III, 34, 130.
ahura, IV, 227.
ahé, II, 302; cf. aṇhé.
ahmái, sanscrit asmāi, 105; III, 144.
ahmākĕm, 366; II, 281.
ahmāka, II, 389.
ahmi, 438; III, 28, 130.
ahmya, 374.

aiti, 207.
aiṇhão, III, 374; cf. aṇhão.
aṇihé, II, 302; cf. aṇhé.
aibi, 95; IV, 392.
aiwi, IV, 392.
aiwyo, voy. ap.

aiibis, aibis (sanscr. ēḃis), 94; II, 73.
aita (cf. aiśa), 84; II, 296, 348; aitad, II, 296; aitahmi, I, 433; aita (plur. neut.), II, 48; aitaiśaṅm, I, 84, 104; II, 77; aitãoṇhaṅm, II, 78; aitaṇhaṅm, II, 80, 305; aitaiśva, I, 104.
aiṇaṇhão (cf. sanscr. ēna), II, 336.
aiṇayiti, 267.
aiva, 118; II, 210, 360.
aivandaśan, II, 232.
aivandaśō, II, 232.
aiśma, 206; aiśmaṅśća, II, 67.
aiśa, nom. aiśō, fém. aiśa, II, 296, 347; cf. aita.

aurvant, 99.

aum, II, 357.
auśo, 82.

á (prépos. á śĕnubyaśćid), II, 2.
átars, 97, 103, 317, 335; II, 67; átraś-ća, I, 425; átrō, II, 67; átrad, áiraṅm, 382; IV, 66.
átápayéiti, 92, 94.
átarvan, átrava, aiaurun, 97, 99; II, 67.
ápĕm, voy. ap.
áfríti-s, 342; áfrítōis, 426; áfrítōid, 381.
áfrīnáni, III, 386.
áfrīnámi, 261.
ábĕrĕta, 98.
áyāśaṇuha, 95.
áyéśé, 95; IV, 288.
ávaiḍayĕmi, 95.
áśu, IV, 271; áśista, II, 192; IV, 271.
ástāya, III, 386, 427.
áhuirya, IV, 226, 249.
áoṇha (sanscrit āsa), 107; III, 285; áoṇhĕnti, áoṇhĕnté, III, 286; áoṇharĕ, áoṇhairi, áoṇhairé, II, 285, 286; áoṇhấḍ, III, 163.
áaṇhaṅm (sanscrit ásām «harum»), 107; II, 80, 305.

ĕrĕśu, IV, 271; ĕrĕśu (plur.), II, 5; ĕrĕśūs, II, 66.

i (rac.) (dans upaíti), 260.

iia, II, 235, 417.
iira, II, 86, 325, 331, 407.
iḍa, II, 12, 325, 350, 408.
ima, imaḍ, 355; II, 335; IV, 413; imĕm, II, 335; imaṅm, II, 335; imaṅ, II, 67.
irií (rac.), 206; III, 288; IV, 78; iríṭyéiti, iriśyéiti, III, 288; iríriiaré, iríriiré, III, 287, 288, 289; iríriiuśaṅm, IV, 17; iristō, I, 206; IV, 78.
ím (sanscrit iyám), 106, 355; II, 335.

uiti, 94; II, 417; IV, 270.
uktō, IV, 73.
ukśan, 85.
ukś (rac.), 236; III, 222.
ukśyaṅś, IV, 6.
uǵra, 99.
utayúiti, II, 9.
upanayéni, III, 388.
upafraśayayāhi, III, 387.
upabĕrĕiwōtara, IV, 95.
upara, IV, 91, 402.
uparatāt, IV, 91.
uparōkairyō, IV, 402.
upavaṣāhi, III, 387.
upaṣōiḍ, II, 175; III, 351.
upaíti (rac. i), 260.
uba (sanscrit ubāú), ubōyō, 83; II, 32; ubōibya, II, 28.
arúruduśa (rac. rud), III, 65, 167, 218.

ZEND. 127

urv (rac.), 97.
urva, 97.
urvan, 97.
urvanta, 97.
urvarâ, abl. urvarayâḍ, 382; plur. urvaráoś-ća, 107.
uś, uṣ, 206; III, 378.
uśaṣayaṇha, 107; III, 64, 145, 290, 404.
uś-a-histata, 206, 207.
uśâna, IV, 30.
uśĕhista, uśihista, 444; III, 111; IV, 401.
uṣṣayata, III, 404.
uṣṣayéinté, III, 62, 404.
uśaś, nom. uśâó, acc. uśâoṇhĕm, 297; IV, 287.
usta, ustatât, IV, 91.
uṣ, voy. uś.
uṣiróhva, II, 85.
uṣuksyanti, 236.
uṣdáǵyamna, uṣdâǵyamnanaṁ, III, 317; IV, 30.
uṣdáta, uṣdátanaṁ, III, 317; IV, 402.
uṣbarĕm, III, 145.
uṣvaṣaiti, IV, 402.

katayô, II, 401.
katara, II, 384.
kataraśćiḍ, 384.
kaḍ, 92, 134, 356; II, 366, 367, 368.
kana, II, 93.
kaya, II, 49, 376, 384.
karsta, 25, 97, 106.
karsti, 25; IV, 110; karstayaića, I, 365; IV, 171.

kaś-ĕ-îwaṁm, 93, 100, 312.
kaśtê, 312.
kaśnâ, 312; II, 367.
kahmdi (sanscr. kásmâi), 366.
kainê, 96, 177; IV, 232.
kâ, 277, 341.
kĕrĕnaumi, 248; III, 104; kĕrĕnûiśi, III, 34; kĕrĕnauiti, I, 94; hĕrĕnûité, I, 94; III, 135; kĕrĕnvô, I, 110, 251; III, 145; kĕrĕnauḍ, I, 82; III, 146; kĕrĕnuyâḍ, III, 352; kĕrĕnûidî, III, 41; kĕrĕnavâni, -vâné, -vâhi, III, 381, 383.
kĕrĕfs, acc. kĕrĕpĕm, kĕhrpĕm, 92, 101, 317; IV, 26.
kĕrĕśaukśan, IV, 335.
kĕrĕśâśpa, IV, 335.
ke, 81.
ku- (préfixe), II, 369, 370.
kuta, II, 370.
kuira, II, 370.
kudaḍ, II, 370.
kô, 344.
kya, II, 49, 376.
kva, II, 370.

kara, 85.
krauṣda, II, 192.
krauṣdyéhî, II, 192.
kruś, 85.
kśaitôpuirî, IV, 335.
kśi, 85.
kśaira, 104.
kśapan, II, 27; kśafné,

II, 27, 86; kśafnaṁm, kśapóhva, II, 85.
kśama, d'où kśamaḍ, kśamâkĕm, II, 285; I, 411; cf. kśma.
kśaya, IV, 264.
kśayaṅś, 111.
kśma, d'où kśmaḍ, I, 411; II, 285.
kśvas, 64, 103; II, 227, 228.
kśavaśaśi, II, 213; IV, 356.
kśvaśksaparĕm, IV, 370.
kśvasti, II, 238, 241.
kśvasdaśĕm, II, 233.
kśvaiwâoṇhó, II, 43.

ǵa, 86; II, 291.
ǵadâta, 86; II, 291.
ǵaṇha, ǵaṇharĕm, 87.
ǵafna, 87, 92; IV, 107.
ǵar (rac.), IV, 66.
ǵaratu, III, 377.
ǵaranĕm, IV, 284.
ǵarĕti-s, IV, 110; ǵarĕteé, I, 365; III, 379.
ǵarĕnaś, gén. ǵarĕnaṇhó, 295; IV, 66, 289.
ǵarĕnuható, -hantĕm, 300.
ǵahé, II, 291.
ǵâ, 358, 359; II, 291.
ǵâis, II, 291.
ǵâtrĕm, IV, 66.
ǵâstrĕm, IV, 66.
ǵyem (sscr. syâm « sim »), 81, 87; ǵyâḍ, ǵyâmá, ǵyâtâ, ǵyen, 81.

gaya, 265.
garĕma, 87.

TABLE DES MOTS.

-gara (=latin -vorus), IV, 264, 366; gara, forme de gairi, II, 66.
gava, II, 65.
gairi, d'où garóis, gairyó, garayó, gairís, gara, II, 66.
gaíta, gaítya, IV, 227.
gau, 284; gáus, 83, 342, 345; II, 72; geus, I, 430; II, 54; gaubís, II, 73.
gaumat, 284.
gausa, 149.
gâum « terram », 109; II, 63.
gâus, voy. gau.
gĕna, ğĕna, 154; ğĕnâbís, II, 73.
geus, voy. gau.
ğĕna, voy. gĕna.
-ğna « qui tue », 87; IV, 264.

ća, 84, 85; II, 379; son influence sur les désinences casuelles qui le précèdent, I, 312, 314, 365.
ćatrućaśman, IV, 356.
ćatrudaśa, ćatrudaśĕm, II, 232, 245.
ćatrudaśan, II, 232.
ćatrumáhya, II, 222; IV, 370.
ćatruśva, II, 222, 399.
ćatrus, 97; II, 222, 223.
ćatrusnaṅm, v. ćatwâró.
ćatwarĕpaitistanyaó, II, 222.
ćatwarĕsata, II, 238.

ćatwarĕšangró, III, 436.
ćatwâró, ćatrusananm, ćatrusnaṅm, II, 222;
ćatwâró śata, II, 48.
ćarád, III, 370.
ćaśman, IV, 32; ćaśmanad, I, 382; ćaśmaini, I, 94; II, 6.
ćit (rac.), ćinahmi, ćinasti, ćisti, ćismahi, ćismaidé, 267.
-ćid, II, 384, 397.
ćvad, II, 397.
ćvaṅś, ćvantĕm, 318; II, 397.

ğağmúsi, 99.
ğağmúśyáo, IV, 17.
ğağmúśtĕmó, IV, 17.
ğad (rac.), 88.
ğan (rac.), IV, 141.
ğanaiti, III, 213.
ğanáni, III, 381, 386.
ğafra, IV, 299.
ğam (rac.), ğaśaiti, 88.
ğaśad, III, 146.
ğaśĕn, III, 146.
ğaṅfnu, 111; IV, 299, 308.
ğainti, III, 213.
ğiğisaṇuha, ğiğisáiti, III, 431.
ğí (rac.), 155; IV, 235.
ğív (rac.), IV, 235.
ğívya, 265.
ğu (rac.), 155.
ğya (rac.), IV, 235.
ğva, 265.
ğvainti, III, 62.

ta (cf. hó), II, 294, 301; tad, I, 140, 341; II,

298, 299; tĕm, II, 294, 295; dĕm, dim, II, 294, 295; té, táo, II, 39, 299; tá, II, 49; tá nara yá, II, 48; tauibyó, II, 304.
takma, 99.
tataśa, III, 283, 289.
tad, voy. ta.
tad-iwâ-pĕrĕsanm, III, 315.
tanu, 97, 342; IV, 271; tanûm, I, 113; tanuyé, I, 365; tanaud, tanvad, tanavad, I, 382; taneus, I, 426; tanvi, I, 434; tananm, II, 77.
tafnu, 92; IV, 308.
taró, II, 175; IV, 414.
tava, 98; II, 283.
tauibyo, voy. ta.
tauruna, 99.
tá, táo, voy. ta.
tĕm, voy. ta.
tevíśi, II, 8.
tisaró, 104; II, 220; tisaró śata, II, 48; tisraṅm, II, 86.
tu (rac.), III, 282, 283.
tutruyé, III, 282, 283.
túirya, 94, 96, 97; II, 248; túirim, I, 96; túiryéhé, I, 414.
túiryé, 177; IV, 242.
tútava, III, 147, 283.
tûm, II, 256.
té 1° té, nom. plur. de ta, voy. ta.
2° té, pron. enclitique, II, 261, 283, 289; III, 350, 389.

ZEND. 129

tói, 84; II, 261, 283;
III, 350.

iri, II, 219; iráyó, II,
47; irayaś-ća, iryaśća,
II, 66; irayaṅm,
iryaṅm, II, 76, 220.
iriksaparĕm, IV, 370.
iritya, 100; II, 247,
248.
iridaśa, iridaśĕm, II,
232, 235.
iridaśan, II, 232, 235.
iriśata, II, 238.
iriśva, II, 215, 399;
iriśūm, I, 96.
iris, II, 223.
iryaśća, iryaṅm, voyez
iri.
iwaḍ, II, 283.
iwahmí, 371; II, 283.
iwahyá, 415; II, 259.
iwaṅm, II, 283.
iwá, II, 283.
iwávań, 318; II, 397.
iwé, III, 350.
iwói, II, 261, 283, 289;
III, 350.

daiáni, III, 386; daiánité,
III, 389.
daiuśó, III, 1; IV, 17.
dadámi, III, 28, 84.
dadĕnté, III, 53.
dadĕmahi, 79; III, 22.
dadúṣbis, IV, 17.
dada, dadá, III, 263,
283, 289.
dadaṅm, 259; III, 146,
289.
daďáiti, 94.
dadváo, dadváoṅha, daď-

váoṅhĕm, II, 48; III,
281; IV, 16, 17.
daṇhu, daṇhvó, 413; II,
47; IV, 399.
dab (rac.), daibiśyanté,
-ti, III, 316.
dayadwĕm, III, 354.
darĕǵa, 106.
darĕtrĕm, IV, 66.
darśi, IV, 269.
daśa, 102; II, 231.
daśĕma, II, 245.
daśta, III, 203.
daśina, 104; daśinabáṣvó,
362.
daṣdi, 90, 206; III, 41,
47, 48; daṣdimé, III,
389.
dahmayáḍ, 382.
daṅm, III, 204.
daidyaṅm, III, 28, 29,
352.
daiṇhu, daiṅh(á)vó, II,
47; IV, 399.
daiṇhupaiti, IV, 399.
daiwis, 98.
daina, 334.
daiváis, II, 27.
daiwayáǵ, IV, 244.
daiwôdáta, cf. grec Θεόσ-
δοτος, IV, 343.
dá (rac.), 91, 259.
dáta, 341, 342; II, 12;
III, 295.
dátarĕ, 44, 79.
dátarĕm, 332.
dátĕm, 341, 342.
dátó, IV, 73.
dáiró, 425.
dádarĕśa, 79, 97; III,
250, 283, 289.
dáma, 321; IV, 32.

dámabyó, 95.
dámahva, II, 85.
dáyata, dáyáma, dáyaṅm,
dáyáo, dáyáḍ, III,
329, 330, 352, 353,
354.
dáhis, IV, 266.
dáidí, daídí, 91; III, 41,
393.
dáuṇhá, III, 393.
dĕm, II, 294, 363.
didvaiśa, III, 283, 289.
dim, II, 294, 363.
diś (rac.), 265.
du (rac.) « parler » et « cou-
rir », IV, 141.
duǵda, 92, 342, 345,
380.
duyé, 96; II, 6, 217.
dusmatĕm, 109; IV, 362.
dusmanaś, IV, 361.
dusskyauina, IV, 361.
duśúktĕm, 109; IV, 362.
duśvaćaś, IV, 361.
duśvarĕstĕm, IV, 362.
dé (rac.), 91.
dóitra, III, 145; IV, 65.
dyaṅm, III, 330.
driwis, 98; IV, 269.
druǵ, nom. druḱs, 290,
317; druǵaḍ, 382;
druǵĕm, druǵim, II,
363.
druǵĕmvanó, -vánó, IV,
264.
drva, drvatát, IV, 91.
drvâspa, 446.
dva, II, 4, 216.
dvadaśa, II, 237, 245.

dkaiśa, 91.
dbaiśa, 91.

9

dbaiśótauurvâo, IV, 264.
dbiś (rac.), 91.

naptarĕm, 92; *nafĕdró*, 92, 425.
namánópaiti, 444.
nar, nom. *nâ*, 110, 312.
nara, II, 4, 48.
naraśća, II, 48.
naranm, II, 81.
nareus, II, 67.
nars, 97, 424.
nava, II, 330.
navaksaparĕm, IV, 370.
navaiti, II, 239.
naśu, IV, 272; *naśunanm*, II, 77.
naicis, II, 377, 384.
naida, II, 342.
naima, *nainê*, II, 86, 215.
nâ, voy. *nar*.
náma, 342, 345.
námi, IV, 269.
náśa, IV, 157.
nái, III, 387.
náirikayâo, II, 3, 7.
náuma, II, 248.
náonhanad, 382.
nĕmaś, IV, 286.
nĕmói, III, 350.
nĕrańs, II, 67, 68.
ne, 81; II, 280.
nidaiĕm, III, 281.
nidaityanm, *nidaitíta*, III, 281, 353.
nidayéinté, III, 402.
nidáta, II, 12.
nidítayĕn, III, 281.
nivaidayémi, 91; III, 412.
niśtarĕ, II, 179.

nis-had, *nis-had*, *nis-hid*, IV, 398.
niśdarĕdairyâd, III, 436.
niśbaraiti, 109.
nó, II, 280.
nóid, 106, 110; II, 325, 342, 349, 387.
nmána, *nmánya*, IV, 223.
nmánópaitis, *nmánópainí*, IV, 365.
nyâkó, *nyâkê*, 177.

pataya, 360.
patanm, III, 370.
patóis, 84.
painí, 99.
pańća, 110; II, 224, 225.
pańćadaśĕm, II, 237.
pańćamáhya, IV, 370.
pańćâśata, II, 238, 242.
para, IV, 404, 408.
parakantayaića, IV, 171.
parśta, III, 203.
paśu-s, 44, 102, 103, 342, 344; *paśeus*, 80; *paśvó*, *paśavó*, II, 45; *paśvanm*, II, 77.
paśćaita, II, 397.
paiti (subst.), 99, 103, 342, 344; *paiti*, 446; *paitim*, 113.
paiti (prépos.), III, 144; IV, 402.
paitinidaitíta, III, 353.
paitibĕrĕta, 358.
paitivać, IV, 403.
pairi, IV, 409.
pairiyauśdaitíta, III, 280, 354.
pairis, IV, 409.
pauurva, 99; II, 249.

pauurvatât, IV, 91.
pâda, 91; *pâdanańm*, 111; *padaibya*, II, 28.
pĕrĕtáo, 434.
pĕrĕtu, 28, 45; IV, 163.
pĕrĕnáné, III, 384.
pĕrĕné, 177.
pĕrĕnó, 177; IV, 99.
pĕrĕnómáo, IV, 363.
pĕrĕś, 88; *pĕrĕśad*, III, 144.
pĕrĕśanuha, *pĕrĕśáiti*, III, 432.
pĕrĕśahi, 268.
pĕrĕśá, III, 315.
pĕśótanva, II, 49.
pipyúśim, IV, 17.
pukdŏ, 93; II, 245.
puirĕm, 79.
póuru, 83; IV, 271.
póuruqáira, IV, 66.

fra, 92; IV, 402; *frača kĕrĕntĕn*, III, 147.
fraiaś, IV, 291.
fraiĕmó, II, 244.
fradadáiâ, III, 43, 47.
frafrávayámi, 262.
frafrávayáhi, 262; III, 387.
framĕrĕyéiti, III, 405.
framruyáo, III, 352.
fravaksyanm, III, 315.
fravaksyâ, III, 315.
fravaśayó, II, 45.
fraváka, IV, 158.
fraśa, IV, 158.
fraśtarĕtó, 24; IV, 73.
fraśtuyé, 96.
fraśnayanuha, III, 402.
fraśnádayĕn, III, 378.

ZEND.

fraśněm, IV, 107.
fraśrávayó, III, 35.
fraśruíti, 362.
fraṣayaydhi, III, 387.
frahárayéné, III, 386.
frá, IV, 402.
fráiwaréśěm, III, 145.
frádaiśaěm, frádaiśayó, III, 145.
frádadvíra, IV, 333.
frádadviśpaṅm - huǵaíti, IV, 333.
frávayéiti, frávayóid, 262.
frás, IV, 243.
frínámi, 261.
fru (rac.), 262; III, 387.
fsuyaṅś, 103, 300, 317.

baksahi, 107.
band (rac.), 206, 264.
bandayéni, III, 388.
barayěn, 110; III, 56, 344, 349.
baraṅn, III, 370.
baraita, III, 343, 344.
baráné, baráma, III, 389.
baréiryád, 382.
barěn, III, 146.
barěmaněm, IV, 30.
barěsma, 321.
barěśnus, IV, 308.
barěṣnu, IV, 232.
baróid, baróis, 84; III, 343, 344.
barvadbyaṅm, II, 11.
bavahi, III, 34.
bavaiti, 93, 262.
bavainti, 94, 242, 244; III, 62.
bavaintyáo, 425.
baśla, 206; IV, 73.

baṅṣaś, IV, 290.
báṣu, IV, 272; báṣva, báṣvú, báṣava, báṣavó, báṣváo, I, 362; II, 3, 5.
běrětó, IV, 73.
běrétwa, IV, 95.
běrěṣant, běrěṣantěm, běrěṣató, běrěṣaité, 300;
běrěṣanta, II, 48; běrěṣěnbya, II, 32.
běrěṣaś, IV, 290.
běrěṣya, IV, 232.
bi (préf.), II, 218, 241.
bitya, 100; II, 66, 185, 247.
bipaitistana, II, 218.
bis, II, 66, 218, 241.
biṣaṇhra, IV, 356.
bud (rac.), 153.
buyáma, buyata, III, 352; buyád, III, 337.
bú (rac.), 262.
búidyaita, III, 349.
búidyóimaidé, III, 69, 350.
búśyaṅś, búśyaintí, IV, 308; búśyantěm, -tím, III, 314.
búśyaṅśta, III, 312, 314, 316.
búśyéiti, búśyéiti, III, 312; IV, 153.
byárě, IV, 370.
bráta, 332, 342, 345.
brátarěm, 332.
bráiraṅm, II, 81.
bráiró, 307.
bráturyé, 177; IV, 241.
brvadbyaṅm, II, 11.

mató, IV, 73.
mad, II, 278; IV, 413.

madu, 342, 345.
man (rac.), 111.
mana, II, 260, 261, 262.
manaś, 297; IV, 287;
manaṇhó, I, 107;
manebís, I, 81; II, 73.
mar (rac.), 101.
marěirěm, IV, 66.
maśyéhí, II, 192, 197.
maśya, II, 48; cf. maskya.
maśyáoṇhó, II, 43.
maskya, maśya, 95, 104.
maskyéhé, 95.
maṣana, II, 93.
maṣaś, IV, 290.
maṣista, II, 192; maṣistaṅ, II, 67.
maṣdadáta, IV, 366.
mahi, mahí, III, 316.
mahrka, 101, 410.
maṅira, 111; III, 203;
maṅiraṅśca, II, 67.
maṅm, II, 277.
maṅśta, III, 203.
maidya, 90, 94.
maidyói, 84, 431; III, 350.
mainyu, 94; IV, 307;
mainyu, I, 444; mainyó, I, 444; mainyeus, I, 413; mainyeud, I, 382; mainyú, II, 5.
maibyá, maibyáća, II, 13, 277.
maibyó, II, 13.
mairya, IV, 232.
mairyáiti, III, 405.
maiśman, IV, 32; maiśmana, II, 93.
maiṣámí, 155.
má, II, 277.

TABLE DES MOTS.

mâćis, II, 372, 377, 384.
mâṣdayaśnôis, 434.
mâo, mâośća, 107, 297; II, 51; IV, 23; *mâoṇha*, II, 51; *mâoṇhĕm*, I, 107, 297; IV, 23; *mâoṇhô*, I, 107.
mĕrĕktâr, 410.
mĕrĕćanuha, mĕrĕnćaṇuha, 410; III, 378.
mĕrĕíyu, 99.
mĕrĕyéïti, III, 405.
mimarĕksaṇuha, mimarĕksáiti, -saité, 410; III, 432.
mé, II, 277, 289; III, 350, 389.
môi, 84; II, 277, 289; III, 350.
mrû (rac.), 112; *mrûyé*, I, 96; *mraum*, III, 146; *mraus*, III, 35, 146; *mraud*, I, 82, 112; III, 146; *mraoutû*, III, 377.

ya, II, 361.
yaía, III, 388; IV, 385.
yaíra, II, 407.
yad, 434; II, 64; IV, 385.
yava, yavatât, II, 276; IV, 91.
yavad, II, 397.
yavanô, II, 3.
yavaniṣ, II, 397.
yavaiti, II, 397.
yaś (rac.), IV, 237.
yaśka, 89.
yaśna, IV, 107, 237.
yaśnya, IV, 223, 237.

yaṣatâoṇhô, II, 43.
yaṣ (rac.), 108; IV, 237.
yaṣamaidé, II, 3.
yaṣainti, III, 62.
yaṣái, III, 386.
yaṣáné, III, 388.
yahmái, yahmi, yahmya, 373, 439.
yaṅm, II, 64.
yaiibyo, 95.
-yauḍa, IV, 264.
yaum, III, 146.
yauṣdaiáni, III, 280, 386.
yauṣdaiénté, III, 280.
yauṣdadáiti, III, 280.
yauṣdayaṅm, III, 280.
yauṣdaiítta, III, 354.
yauṣdáta, III, 393.
yauṣdáira, -dáirya, IV, 65, 227.
yauṣdáiti, III, 280; IV, 110.
yá, II, 49, 65, 363.
yâtava, II, 49.
yârĕ, 52, 117; II, 373.
yâśaṇuha, III, 378.
-yâṣa, IV, 264.
yâirya, 94; IV, 227.
yâoṇhayaṇuha, III, 378.
ye, 81.
yim, II, 65, 363.
yûs, 372; II, 269; III, 21.
yûsmad, 411; II, 286.
yûsmaiibya, II, 285.
yûsmákĕm, 411; II, 286.
yûṣĕm, 109, 417; II, 269.
yéidî, 91; IV, 384.
yćṇhé, 111.
yéśnya, 94; IV, 237.

yéṣi, 106; IV, 384.
yô, 81; II, 65.
yôi, 84; III, 850; *yôi katayô*, II, 401.

raǵis, IV, 266; *raǵôiḍ*, I, 382.
ratu, raiwé, 97, 365; *raiwé, raivaića*, 84; *raiwô, ratavô*, II, 66.
raia, 45.
raiaistâo, III, 147.
raiwé, raiwô, voy. *ratu*.
raśaṅśtât, IV, 91.
raśnus, IV, 308.
raṣ (rac.), IV, 308.
raiśayaḍ, III, 288.
rauć, IV, 245.
raućâo, II, 50, 71.
raućebîs, II, 73.
rauḍa, IV, 158.
raudahé, 266.
raudayaṅm, III, 147, 258.
râs (rac.), 264.
rud(rac.), 266; III, 203, 219.
rusta, 206; III, 203.

vaém, 95, 98; II, 280.
vaksayatô, III, 59.
vaća, II, 48.
vaćaś, 307; IV, 287.
vaćâo, II, 50.
vaćebîs, II, 73.
vaćô, 342, 345; II, 397.
vandi, III, 387.
vanâd, III, 370.
vanhi, III, 385.
vaṇuhi, II, 7.
vaṇhatu, III, 377.
vaṇhana, II, 93.

ZEND.

vaṇhavé, 365.
vaṇhu, 83, 365; IV, 271.
vaṇhutât, IV, 91.
vaṇhudâo, -dâoṇhó, II, 51.
vayaṅm, II, 76.
vayó, II, 45.
varĕd'ayêmi, III, 386, 414.
vavaća, III, 283.
vâsĕn, III, 147.
vaśtrĕm, IV, 65.
vaṣâmi, 155; vaṣaiti, 108; vaṣâhi, III, 387.
vaṣĕm, III, 28, 29.
vaṣĕmnĕm, IV, 30.
vahista, II, 191.
vahmayêmi, IV, 223.
vahmyó, IV, 223.
vahyó, II, 192.
vahrka, 25.
vairi, 342, 344; IV, 269.
vaida, III, 45.
vaidista, II, 187.
vaiśta, III, 45, 46, 47.
vaućĕm, -ćaḍ, III, 215.
vâkśĕm, III, 144.
vâks, 103, 290, 342, 345; IV, 243.
vâća, II, 48.
vâd'ayéni, III, 388.
vâstra, vâstravat, IV, 65.
vâstrya, III, 147; IV, 65; vâstryaṅśća, II, 67.
vdo, II, 272, 284.
vĕrĕidi, 94; IV, 266.
vĕrĕka, 25, 101.
vĕrĕtrogna, 87.

vĕrĕtragau, 87; vĕrĕtra-gd'o, 319.
vĕrĕtraṣaṅśtĕma, II, 67, 175.
vĕhrka, 25, 101; vĕhrkó, 312; vĕhrkaś-ća, 312; vĕhrkâd, 381; vĕhr-kahó, 414; vĕhrkâoṇhó, II, 43.
ve, 81; II, 285.
vid (rac.), 91.
vindâi, III, 387.
vindĕnti, 268.
vítuśîm, IV, 17.
vídaivaḍbiś, II, 73.
víduśê, IV, 17.
vídvâo, IV, 16.
vídvó, II, 187.
vívaṇhâo, 318; vivaṇu-ható, 112; III, 378.
vívíśé, III, 147, 282.
viś 1° víś (subst.), 395; víśaḍ, 382, 383.
2° víś (rac.), III, 282.
víśati, víśaiti, II, 238, 240.
víśanha, III, 378.
víśâi, III, 386, 388.
víśané, III, 386.
víśpa, 102; víśpeśća, II, 39.
vú, II, 285.
vóhu, 83, 350; II, 192; vóhú, II, 50.

śata, śatĕm, 102; II, 238, 239, 240.
śayanĕm, 349; IV, 284.
śavaś, IV, 286.
śaité, II, 6.
śaité, śaita, 104, 106, 261.

śaućant, śaućantâḍ, 300, 382; śaućantaṅm, śau-ćĕntaṅm, 300; II, 80.
śauśyaṅś, -yantó, śauś-kyantó, III, 314.
śĕṅhaiti, III, 52.
śukra, IV, 299.
śufraṅm, 98.
śuwra, IV, 299; śuwraṅm, śuwrya, I, 98.
śúnô, 301.
śúra, IV, 299.
śkĕnda, 89.
śta, III, 130.
śtauman, śtaumainé, IV, 204.
śtaumi, 102.
śtaura, 171.
śtâ (rac.), 90, 260.
śtârĕ, 399; śtârô, 102.
śtĕrĕnayĕn, 252.
śtĕrĕnaita, 252; III, 256, 351.
śtu (rac.), 94.
śtúidi, 94; III, 41.
śtri-ća, 314; śtreus, II, 67.
śnayaṇuha, III, 378, 402; śnayaita, III, 378, 402.
śnâ (rac.), 102.
śnâdâ, III, 282; III, 378.
śpâ, śpânĕm, 102, 302, 319; III, 147.
śpĕnta, 102; śpĕntakyâ, śpĕntaqyâ, 87, 415.
śpĕntôtĕma, II, 175.
śrayana, II, 93.
śravaś, IV, 287.
śrâvayêmi, 59, 261; III, 422.

TABLE DES MOTS.

śrĭtra, IV, 3o2.
śrĭrauḳśan, IV, 355.

śao, 106.
śé, 106.

sayana, 103 ; cf. śayana.
sé, 106 ; II, 290.
skautna, 357.

ṣa (rac.), IV, 235.
ṣan (rac.), 88, 111 ; II, 12 ; IV, 235.
ṣanaḍ, III, 213.
ṣantu, IV, 163.
ṣantupaitis, IV, 365.
ṣayadwĕm, 155, 265.
ṣaraiustrayó, II, 45 ; ṣaratustróiḍ, I, 382.
ṣaraiustrófróḱta, IV, 366.
ṣarvan, IV, 308.
ṣavana, 265 ; IV, 285.
ṣaśta, 108 ; ṣaśtayó, II, 33 ; ṣaśtaibya, II, 28.
ṣaṣámi, IV, 66.
ṣaṅm, 108, 287.
ṣaṅhyamana, 111 ; III, 317 ; IV, 3o ; ṣaṅhyamanaṅmća, III, 317.
ṣaṅhyamna, IV, 3o.
ṣainté, III, 213.
ṣairi, IV, 249.
ṣairit, II, 64.
ṣauśa, 108, 265, 357 ; IV, 158.
ṣáta, IV, 73 ; ṣátanaṅmća, III, 317.
ṣáiri, IV, 249.
ṣáo, 106, 109, 287.
ṣĕnhaité, ṣĕnhaiti, III, 135.

ṣĕmĕ, ṣĕmi, 287.
ṣi, 106, 108.
ṣima, 154.
ṣí (rac.), 155 ; IV, 235.
ṣu (rac.), 155.
ṣbayémi, 154.
ṣĕnu, 88, 109.
ṣná (rac.), 88, 154, 259.

haḱĕrĕḍ, 105 ; II, 213.
haḱi, 85 ; haḱaya, 362.
haća, IV, 413.
haira, IV, 411.
haḍa, II, 12, 31, 408 ; IV, 411.
hankárayémi, 110.
hapta, 105 ; II, 228.
haptaió, II, 244.
haptáiti, II, 238.
hava, 362.
havóya, 362 ; havóya báṣvó, 362.
haṣaṇhra, 108 ; II, 243 ; haṣaṇhra, I, 105 ; haṣaṇhré, II, 6.
haṣaṇhróǵauṣa, IV, 356.
haṅm, IV, 411.
haurva, 97, 99.
haurvata, II, 2.
haurvatát, II, 2 ; IV, 90, 91.
hauma, III, 379.
há, 105, 277 ; II, 298, 303.
hĕntĕm, 79.
hĕnti, 110 ; III, 51, 83, 130.
hĕndu, 89 ; II, 69.
hiḱti, 85 ; hiḱtayaića, IV, 171.

histámi, III, 87, 230, 273 ; histahi, III, 87, 125 ; histaiti, III, 87, 125, 273.
hiṣva, 105, 108, 341, 344 ; hiṣvayái, 365 ; hiṣvayáo, 425 ; hiṣvanaṅm, II, 76 ; hiṣváhva, II, 82.
hu (rac.), III, 167, 378, 379.
hukĕrĕfs, IV, 361.
huǵíti, 74, 265 ; IV, 361 ; huǵítayó, I, 265.
hunúta, III, 167, 289, 378, 379.
hunvata, III, 290.
hunnaṇuha, III, 378.
hupuira, IV, 361.
hufĕdris, 93.
humata, II, 48 ; IV, 363.
hurváośćá, II, 2.
huṣka, II, 175 ; IV, 310.
huṣkótara, II, 175.
húḱta, II, 48 ; IV, 73.
húró, 56, 295 ; IV, 233.
hé, 106 ; II, 288, 289, 290 ; III, 350.
hó, II, 288, 302.
hói, 84 ; II, 288, 289, 290 ; III, 350.
hma, voy. à la table des matières l'article *Pronom annexe*.
hmahi, III, 130.
hyaḍ, II, 317.
hva, 87, 105 ; II, 291 ; hvaibya, II, 28.
hvarĕ, 56, 79, 105, 295 ; IV, 233.

4° AFGHAN.

da, dé, II, 258.

hagha, haghê, haghú, II, 258.

miṅga, II, 258.

5° ARMÉNIEN.

a (pronom annéxe dans *s'-a, d'-a, n'-a*); instr. *-a-v, -a-vq̇*, II, 347.
aġam, 409; subj. *aġaizem*, 405; fut. 1ʳᵉ pers. *aġaźiź*, 2ᵉ p. *aġasźes*, 409.
aid, II, 348, 349.
aidi, II, 412.
aidust, II, 412.
ail 1° *ail* (pron.) «alius», 403; thème *ailo*, 416; gén. *ailoi*, prononcé *ailó*, 416, 417; dat. *ailum*, 417.
  2° *ail* (conjonction) «sed», IV, 382.
ain, thème *aino*, II, 348, 349, 412, 413; abl. *ainmanê*, I, 391.
ainust, II, 413.
air, II, 37, 207.
ais, thème *aiso*, II, 345, 348; gén. *aisr*, II, 251; adverbes dérivés de *ais*, II, 411, 412.
aisqaṅ, II, 349.
akn, thème *akan*, 396; II, 61; gén. dat. *akan*, 392, 396; nom. plur. *akunq̇*, 396; acc. *akuns*, II, 61.

ambiź, IV, 358.
an (privatif) au commencement des composés possessifs, IV, 357; déterminatifs, IV, 363.
anah, IV, 358.
anbav, IV, 358.
andust, II, 413.
aṅgét, IV, 363.
anhair, IV, 358.
antar, thème *antara*, II, 381.
anti, II, 412.
anun, 399.
anusutiun, IV, 137.
apa, IV, 390, 393.
apaṣén, IV, 359.
apatuin, IV, 359.
arari «feci», III, 210, 219; prés. *aṙnem*.
arġo (thème), abl. *arġoi*, prononcé *arġó*, II, 88.
arẓat, 400.
aṙ, voy. *aṙnum*.
aṙaġin, II, 251.
aṙaġnerord, II, 251.
aṙi, aṙéq̇, voy. *aṙnum*.
aṙnem, aoriste *arari*, III, 210, 219.
aṙnum, aor. *aṙi*, impér. aor. *aṙ, aṙéq̇*, III, 106, 392.

aṣt, II, 349, 411, 412.
astġ, thème *asteġ*, 399.
asti, II, 349, 412.
astust, II, 412.
atamn, thème *ataman*, 397.
aẓi «egi» (aor. 1ʳᵉ pers.; 3ᵉ personne *éaẓ*), III, 205.

baġkumn, IV, 137.
barekamutiun, IV, 137.
baṣuk, thème *baṣuka*, II, 17.
baṣum, II, 207.
baż, II, 413.
bekanem, III, 105; aor. 3ᵉ pers. *ebek, ébek*, III, 205.
bekumn, IV, 137.
berem, III, 18, 28, 39, 106; aor. 1ʳᵉ pers. *beri*, 3ᵉ pers. *eber, éber*, III, 205.
buẓanem, III, 105.

ćaruknutiun, IV, 137.
ćorq̇, ćors, thème *ćori*, II, 224.
ćorutiun, IV, 137.

da, III, 347, 350.

dasn « dix », II, 231 ;
voy. *tasn*.
dehpet, IV, 898.
dev, II, 17.
di, thème *dio*, 400.
dnem, aor. *edi*, III, 204 ;
ed, III, 204 ; *edaq́*,
III, 204.
dster, gén. dat. de *dustr*,
voy. *dustr*.
dsteragir, IV, 358.
du « tu », II, 276, 278,
279 ; *sq́es*, II, 62,
282 ; *q́ev*, II, 263 ;
q́es, II, 12, 13, 263 ;
q́én, I, 392 ; II, 36,
263 ; *duq́*, II, 276 ;
s-ʒes, II, 275, 276 ;
ʒevq́, II, 285 ; *ʒes*, II,
275, 276, 285 ; *ʒénǵ*,
II, 16, 275 ; *ʒer*, II,
275, 276, 285.
duin, II, 345, 349.
dustr, 13, 396, 397 ; II,
17 ; *dster*, I, 396 ;
dsteré, 396, et non
pas *duster, dusteré*, I,
396, 397, 404.
duq́ « vous », II, 276.

e prononcé *je*, I, 402.
eavin, thème *eavian*, II,
228, 229.
ebek, aor. de *bekanem*,
III, 205.
eber, aor. de *berem*, III,
205.
ed, aor. de *dnem*, III,
204.
edaq́, aor. de *dnem*, III,
204.
eder = grec ἔθης, 2ᵉ pers.

sing. aor. de *dnem*,
III, 204.
edi, aor. de *dnem*, III,
204.
eǵbair, 398.
eǵbairasér, IV, 358.
ekaq́ « wir gingen », aor.
de *gam*, III, 205.
eki, aor. de *gam*, III,
205 ; 2ᵉ pers. *ekir*, III,
39 ; 3ᵉ pers. *ekn*, III,
205.
em « sum », III, 28 ; *es*
« es (tu es) », III, 38 ;
é « est (il est) », III,
59 ; *en* « sunt », III,
60 ; subj. *iżem, iżes,
iżé*, voy. *iżem* ; impér.
er, III, 392 ; pl. *eruq́,
óq́*, III, 148 ; imparf.
éi « eram », III, 148,
159, 163, 205 ; *éir*
« eras », II, 382 ; III,
148, 163 ; *ér* « erat »,
I, 405 ; III, 148, 163 ;
II, 382 ; *évaq́* « eramus », III, 148 ; *éiq́*
« eratis », III, 148 ;
éin « erant », III, 58,
148, 163.
eóin, thème *eóian*, II,
228, 229.
eóʒ « ungebat », 1ʳᵉ pers.
óʒi, III, 205, 210.
er, imp. de *em*, III, 392.
ereǵtasan, II, 232.
eresun, II, 46, 242.
eri, II, 220.
erir, II, 250.
erkir, II, 250.
erkotasan, II, 232.
erkrord, II, 250.

erku, erkuq́, II, 46, 219.
errord, II, 250.
eruq́, imp. de *em*, III,
392.
es 1° *es* « ego », II, 255,
277 ; *s-is* (et non *smes*,
II, 275), II, 62, 262 ;
inev, II, 262 ; *inʒ*, II,
12, 16, 262, 275,
278 ; *inén*, I, 392 ;
II, 262 ; *im*, II, 262,
275, 278, 293 ; *meq́*,
II, 274 ; *s-mes*, II,
275, 277 ; *mevq́*, II,
280 ; *mes*, II, 280,
281 ; *ménǵ*, II, 16,
281 ; *mer*, II, 275,
286, 287.

2° *es* « tu es », III, 38.
esn (thème *esan*), *esamb,
esné, esinq́, esins, esanż*,
398 ; II, 35, 61, 276.
et, aor. de *tam*, 407 ; III,
204.
etes, aor. de *tesanem*, III,
205.
etu, aor. de *tam*, 407 ;
III, 204.
etun, aor. de *tam*, 407 ;
III, 204.
etuq́, aor. de *tam*, III,
204.
etur, aor. de *tam*, 407 ;
III, 204.
eté, IV, 385.
eviean, II, 288.
eviin, II, 228.
evii-v, evii, II, 229.
evin, evian, II, 229 ; III,
152.
evinevtasn, II, 232.
evini, II, 228.

ARMÉNIEN.

evinutasn, II, 232.

ĕnni, II, 231; cf. *inan*.

é «est», III, 59.
éaq́ «eramus», III, 148.
éaż «egit», 1ʳᵉ pers. *ażi*, III, 205.
ébek, aor. de *bekanem*, III, 205.
éber, aor. de *berem*, III, 205.
ég «il descendit», aor. de *iganem*, III, 205.
éi «eram», voy. *em*.
éin «erant», voy. *em*.
éiq́ «eratis», voy. *em*.
éir «eras», voy. *em*.
éker «il mangea», III, 205 (remplace *utem*).
éq́ «vous êtes», voy. *em*.
ér 1° *ér* = «erat», v. *em*.
   2° *ér* = «cujus», gén. de *i*, II, 382.
és̆, *is̆anq́*, II, 35.
étes «il vit», aor. de *tesanem*, III, 205.

galust, 398; IV, 137 (gén. *galsean* et non *galustean*).
gam, III, 18, 39; aor. *eki*, *ekir*, *ekaq́*, III, 204.
ganż, 403.
ganżem, III, 464.
ger, IV, 400.
gerabun, IV, 400.
getun, 401.
gés, *gésq́*, 394; II, 17.
gin, II, 208.
gir, *grow*, II, 37.

gowest, IV, 137.
grean, *grenoi*, prononcé *grenó*, II, 37.
gub, *gubo*, *gbi*, II, 17.

hair, II, 37, 207.
hairanum, IV, 358.
ham, IV, 411.
hamagorż, IV, 411.
hamamarmin, IV, 411.
hambarżumn, IV, 137.
hamberel, IV, 412.
han-, IV, 411.
hanguin, IV, 412.
hariur, II, 242.
harżanem, aor. *harżi*, III, 105.
has̆ar, II, 242.
haż, II, 62.
haz̆er, II, 37.
heru, IV, 380.
hén, 401.
himn, *himan*, 397.
h-inén, abl. de *es* «ego», II, 262.
hing, II, 227.
hingerord, II, 251.
hivandanam, III, 465.
hra-, IV, 404.
hraman, IV, 404.

h, préposition mise devant l'ablatif, 393.
h-ailust «aliunde», II, 413.
H·akobus, 403.
has̆el, 403.
h-erknust «coelitus», II, 413.
hisun, II, 242.
h-ormé «quô», 393.
H·osep, 403.

H·udas, 403.
h-umé, *h-ummé* (de *o*), II, 383.

i 1° *i* (pron.), *ér*, *im*, *s̆-i*, *iv*, *i mé*, II, 382.
   2° *i* (prépos.), II, 382.
ibaz̆ust, II, 413.
iganem, aor. *igi*, *ég*, III, 206.
-ik, enclit. dans *aisoqik*, *aisovik*, II, 348.
im «meus» et «mei», gén. de *es* «ego», II, 263, 275, 293; dat. de l'interr. *i*, II, 382.
i mé, voy. *i* (pron.).
i méng, voy. *méng*.
-in dans *suin*, *nuin*, *duin*, II, 345, 346.
inan, *inn*, *ĕnni*, *inunq́*, *innunq́*, II, 230, 231, 262.
inć, II, 382.
inev, instr. du pron. *es* «ego», II, 262.
inén, *h-inén*, abl. sing. du pron. *es* «ego», 392; II, 262.
inn, *innunq́*, voy. *inan*.
inq́n, II, 293, 294, 345, 346.
inunq́, voy. *inan*.
nż «mihi» (de *es* «ego»), II, 13, 16, 262, 275, 286.
is̆anq́, voy. *és̆*.
iur «suus» et «sui», instr. *iurev*, abl. *iurmé*, II, 262, 292.
iuraz̆in, II, 292.
iv, instr. de *i*, voy. *i*.

TABLE DES MOTS.

ivín, thème *ivían*, II, 229.
ižem « sim », subj. de *em* « sum », 2ᵉ pers. *ižes*, 3ᵉ pers. *ižê*, 405 ; III, 39, 60, 322.
ižéng̣, voy. *žéng̣*.

kamim, III, 407.
kainatamn, IV, 363.
keam, III, 18.
keri « je mangeai », remplace *utem*, 3ᵉ pers. *éker*, III, 205.
kerp, IV, 358.
ketǵ, thème *keteǵ*, 399.
kés, IV, 463, note 2.
kisamard, IV, 363.
kow, thème *kowu*, 401.

k̇arnem, III, 105, 108.
k̇rok̇tam, III, 465.

leard, 61 ; *ljeard*, 168.
luis, 403.
luž « jugum », 415 ; II, 362.
lžel « jungere », 415 ; II, 362.
lži « implevi », 408.

mair, II, 37, 207.
mard, instr. *mardov*, 400 ; gén. *mardoi*, prononcé *mardô*, 417 ; II, 87.
mardakerp, IV, 358.
mardakér, IV, 366.
mardamah, IV, 365.
mardaiiv, IV, 365.
marmin, 400 ; IV, 29.
marṣ, II, 13.

meq̇ « nos » (sing. es «ego»), II, 280.
mer « noster » et « ἡμῶν », II, 281, 292.
meranm, III, 407.
metasan, II, 232.
mevq̇, voy. *es* (pron.).
meṣ, voy. *es* (pron.).
mež, 403.
mežagin, II, 208.
mêg, 394 ; instr. plur. *migaž*, II, 17, 87.
mêǵ, 411.
mék, thème *mêka*, II, 212.
méng̣, *i méng̣* « a nobis », II, 16, 274.
mi 1° *mi* « μή », II, 342 ; III, 39.
2° *mi* « unus », thème *mio*, II, 212.
miǵór, IV, 363.
min, instr. *mnow*, II, 212, 213.
mis, II, 61.
mu, II, 212.

n, prép. dans *nstim*, *nstem*, IV, 399.
na, II, 347 ; I, 415 ; *nma*, I, 393 ; *nmané*, I, 391 ; *nora*, I, 415 ; II, 347 ; *noq̇a*, II, 347 ; *nožané*, I, 392 ; II, 347.
nav, thème *navu*, 401.
nkarem, IV, 399.
nma, dat. de *na*, voy. *na*.
nmané, ablat. de *na*, voy. *na*.
nnin, dat. de *nuin*, II, 346.

noq̇a, nom. plur. de *na*, voy. *na*.
noq̇imbq̇, instr. plur. de *nuin*, II, 346, 349.
noq̇in, nom. plur. de *nuin*, II, 346.
noq̇umbq̇, instr. plur. de *nuin*, II, 346, 349.
nora, gén. sing. de *na*, voy. *na*.
nožané, abl. plur. de *na*, voy. *na*.
nstem, *nstim*, III, 407.
nṣ, *nṣ*, prép. dans *nṣ-deh*, IV, 398.
nṣ-deh, IV, 398.
nuin, II, 346, 348, 349 ; *noq̇imbq̇*, II, 348.

o (prononcé *wo*) « qui », II, 383.
or « qui », thème *oro*, II, 362 ; abl. *h-ormê*, I, 393 ; gén. *oroi*, prononcé *oró*, I, 416 ; datif *orum*, I, 393.
orak, II, 362.
orakanek, II, 362.
ord, thème *orda*, *ordı*, II, 250, 251.
orear, II, 37.
orearq̇, II, 37.
oroi, prononcé *oró*, voy. *or*.
orum, voy. *or*.
ow, variante de *o*, II, 383.
óž, thème *óži*, 14, 403 ; II, 61.
óžanem, aor. *óži*, *eóž*, III, 205, 210.

ARMÉNIEN.

pahust, 398; IV, 137 (gén. pahstean, et non pahustean).
patker, IV, 404.
psakem, III, 465.

ṗahest, IV, 137.
ṗuīam, III, 106.

q̇arasun, II, 66.
q̇arketġ, 399.
q̇arsun, II, 242.
q̇aṙ, II, 224.
q̇aṙord, II, 250.
q̇eṣ « tibi », dat. de du, II, 12, 13, 263, 282.
q̇ev, instr. sing. de du « tu », 392; II, 36, 263, 282.
q̇én « a te », abl. sing. de du « tu », 392; II, 36, 263.
q̇o « tui », II, 36, 263.
q̇ow, variante de q̇uiow (voy. q̇ui), II, 276.
q̇oż, variante de q̇ui, au lieu de q̇uioż, II, 276.
q̇san, II, 46, 224, 242, 263.
q̇ui « tuus », II, 276 (q̇uiow, q̇ow, q̇uioż, q̇oz).
q̇uir, II, 36, 307.

sa, II, 347, 350.
sast, II, 18.
sermanem, IV, 38.
sermn, IV, 38.
sirem, 409; subj. siriżem, 405; fut. sireżiż, sireszes, 409.
sirt, 393; II, 18.

skesur, II, 36.
snund, 398; IV, 137 (gén. snudean et non snundean).
soq̇avq̇, instr. plur. de sa, II, 346.
sowaw, instr. sing. de sa, II, 346.
stan, instr. stanav, 392, 400; gén. stani, 417; dat. stani, 416.
suin, II, 349, 350.

ṣ, placé devant l'accusatif, II, 62.
ṣ-aisosik, forme de ais, II, 348.
ṣavak, 14.
ṣenum, III, 106, 407.
ṣ-haż, II, 62.
ṣ-i, acc. de i, II, 381.
ṣ-is « men », acc. de es « egon », II, 62, 262; ṣ-is, et non pas ṣ-meṣ, II, 275.
ṣ-meṣ « ἡμᾶς », II, 275.
ṣ-o, ṣ-ow, acc. de o, ow, II, 383.
ṣ-q̇eṣ « ten », II, 62, 282; cf. beṣ.
ṣ-uis, acc. plur. de o « qui », II, 383.
ṣ-ξeṣ « ὑμᾶς », II, 275, 286.

śan, nom. śun, 397.
śoreq̇tasan, II, 232.
śun, voy. śan.

ṣ̌am, 416.

taġiq̇, voy. tam.

tai, prononcé tá, voy. tam.
tam « do », 402; III, 17; tai, tá « dat », III, 55, 59; taż « dabo », I, 406; taġiq̇ « dabitis », 407; aor. etu, etur, et, tuaq̇, etuq̇, etun, I, 407; III, 204, 205.
tap, 14.
taq̇użanem, 137.
tasn (et non pas dasn), II, 46, 231.
tesanem, aor. tesi, etes ou etes, III, 204, 205.
tég, 394.
tġaianam, III, 465.
ti « valde », II, 417.
tur, 400.

taq̇ust, IV, 137.
ié, IV, 385.
tiv, IV, 365.
toġum, 406; III, 106; subj. toġużum, I, 406.

uġt, uġtu, 399, 401, 416.
uiq̇, nom. plur. de o « qui », II, 383.
uir, gén. sing. de o « qui », II, 383.
uiż, abl. plur. de o « qui », II, 383.
usti, II, 412, 413.
utem, 397; III, 205, 407; cf. éker, keri.
ut, II, 229.

wair, IV, 393.
waraṣ, II, 87, 383.
waraṣanman, IV, 366.

wardaguin, IV, 358.
waṣem, III, 123.
wer, IV, 400.
weraberel, IV, 400.
wež, II, 227, 228.
wnasakar, II, 61.
wnasem, IV, 409.

žamaqutiun, IV, 137.

ẓavar, II, 276.
ẓer (nom. du «tu») «ὑμῶν» et «vester», II, 275, 286.
ẓeṙn, 403.
ẓes «ὑμῖν», II, 275, 286.

ẓi, 403.
ẓuin, 403.

ẓanót, II, 18.
ẓer, 403.
ẓeranam, III, 465.
ẓin, II, 292.
ẓnanel, 403.

6° OSSÈTE.

a-, IV, 407.
abon, II, 334.
a-chasin, IV, 407.
ar-, IV, 407.
ar-chasin, IV, 407.
ardag, 148.
arfug, 148.
arsei, 395.
artzawin, IV, 407.
aria, 148.
arvade, 148, 399.
atzawin, IV, 407.

batin, III, 452.

čarinč, 183.

dalag, 148.

dimin, 148.

fandag, 147.
fars, 147.
farsin, 147.
fid, 147.
firi, 149.
fonz, 147.
fos, 147.

ǵar, ǵarm-kanin, 149.
ǵos, 149.

ǵurin, IV, 407.

ka, kad, kamei, kami, 148, 391.
kard, 148.

midæ, 148.
mijg, 149.
müd, 148.

ra-, IV, 407.
radtun, IV, 407.
raǵurin, IV, 407.
ratzawin, ravadun, raẓdaechun, IV, 407.

tænag, 148.
taft, 148.
tarsin, 148.

umei, 391.

wad, woni, III, 464.

C. — LANGUES DE LA GRÈCE.

1° GREC.

ἀ (dans ἀγάλακτος, etc. = sanscrit sa), IV, 360, 411-412.
ἀ, ἀν, priv., II, 344-345; III, 171. Au commencement des composés possessifs, IV, 357-358. Au commence- ment des composés déterminatifs, IV, 363.
ἁ (fém. de ὁ), II, 298.
Ἀβαντίς, IV, 228.

GREC. 141

ἀβλήτ, I, 245.
ἀγ (rac.), voy. ἅγιος, ἄζω.
ἀγάλακτος, ἀγάλαξ, IV, 360, 411-412.
ἀγγελία, IV, 218.
ἀγγέλλω, 240.
ἀγήγερκα, III, 218.
ἅγιος, 56; IV, 225.
ἀγκυλόω, III, 442.
ἀγμός, IV, 44.
ἄγνυμι, III, 231-232, note; ἔαξα, ἔαγα, III, 231-232.
ἀγνώτ, IV, 90, note 8, 247-248.
ἄγνωτος, IV, 363.
ἀγοράων, ἀγορέων, II, 79.
ἀγοράζω, IV, 441-442.
ἀγοράομαι, IV, 441-442.
ἀγορεύω, IV, 252, remarque.
ἀγρῷ, I, 431.
ἄγυρις, IV, 267.
ἀγχόνη, IV, 189.
ἄγω, III, 205, note 7; ἤγαγον, III, 216, 219.
ἀγωγή, III, 287.
ἀγωγός, ἀγωγεύς, III, 287, 433; IV, 254.
ἀγωνίζομαι, III, 441.
ἀγώνιος, IV, 227.
ἀδαμάντινος, IV, 100.
ἀδελφικός, IV, 317.
ἀδελφός, IV, 360, 412.
ἀδερκής, IV, 297.
ἄδερκτος, 24.
ἄδηκτος, IV, 73.
ἀδμήτ, 245.
ἀείκαρπος, IV, 357.

ἀειπαθής, IV, 357.
ἀεισθενής, IV, 357.
ἀεκαζόμενος, III, 458.
ἄζω, 56; IV, 211, 225.
ἀηδών, IV, 274; vocatif ἀηδοῖ, 329.
ἄημαι (thème), IV, 39.
ἀθανασία, IV, 113.
Ἀθήναζε, 54, note 1.
Ἀθηναῖος, IV, 227.
Ἀθήνησι, II, 82.
ἀθλεύω, III, 463.
αἰ, II, 299.
αἴγειος, IV, 321.
Αἰγινήτης, IV, 320.
αἰγίπους, IV, 338.
αἰδώς, 337; IV, 290.
αἴθαλος, IV, 301.
Αἰθιοπία, IV, 228.
αἰθός, IV, 254.
αἴθω, 70; III, 98, note 1.
αἴθων, IV, 274.
αἴκ (thème), IV, 244.
αἰκάλλω, III, 450.
αἱματηρός, IV, 303.
αἱματίζω, III, 441, 444.
αἱματόω, III, 442, 444.
Αἰνείαο, 419.
αἰολόμορφος, IV, 350.
αἰσχίων, αἴσχιστος, II, 187.
αἰχμητά, IV, 256, remarque.
αἰών, 118, note 1.
ἀκαθαρσία, IV, 113.
ἄκαινα, IV, 104.
ἀκεστός, IV, 85, 251, remarque.
ἀκέστρα, IV, 70, note 5.
ἀκή, IV, 251, remarque, 272, note 5.
ἀκμαῖος, IV, 227.

ἀκμή, IV, 251, remarque.
ἀκμήτ, 245.
ἀκοή, IV, 251, remarque.
ἀκοντίζω, III, 441.
ἀκοντιστής, IV, 55.
ἄκος, IV, 251, remarque.
ἄκουσμα, IV, 38.
ἀκουστής, ἀκουστός, ἀκουστικός, IV, 85, 117, 251, remarque.
ἀκούω, ἤκουσμαι, II, 200, note.
ἀκρατέστερος, II, 188.
Ἀκρισιώνη, IV, 104.
ἀκρός, IV, 272, note 5.
ἀκρωτήρ, IV, 320.
ἀκταίνω, III, 451.
ἄκτωρ, 335.
ἀκύμων, ἄκυμος, IV, 39.
ἀκωκή, IV, 272, note 5.
ἀλ (seul thème en λ), voy. ἅλς.
ἀλαλάζω, III, 433.
ἄλαλκον, III, 218.
ἀλαπαδνός, IV, 97.
ἀλγέω, III, 444.
ἀλδήσκω, III, 462.
ἀλεαίνω, III, 451.
ἀλείφω, III, 141, note 2; ἀλήλιφα, III, 218.
ἄλετος, ἀλετός, IV, 78.
ἀλετρίς, IV, 55.
ἀλήθεια, IV, 218.
ἀληθεύω, III, 463.
ἄλητον, IV, 78.
ἀλθήσκω, ἀλθίσκω, III, 462.
ἅλιος, IV, 227.
ἁλίσκομαι, ἁλώσομαι, III, 462.
ἀλλά, IV, 382.

ἀλλογενής, IV, 341.
ἀλλοθεν, II, 257.
ἀλλοθι, II, 30.
ἅλλομαι, 238.
ἄλλος, 55, 58; II, 193, 212, note 1, 352, 354, note 3; III, 301.
ἄλλοσε, II, 350.
ἄλλοτε, II, 352.
ἄλλου, IV, 377.
ἀλοητός, IV, 72.
ἀλοκίζω, III, 441.
ἄλοχος, IV, 360; cf. 412.
ἅλς, 203, 294.
ἀλωπεκιᾶς, IV, xx, 249.
ἄλως, 337.
ἁμαξαῖος, IV, 227.
ἁμαξιτός, IV, 85.
ἁμαρτία, IV, 218.
ἁμάρτιον, IV, 213.
ἀμβλίσκω, III, 462.
ἀμείνων, 239; II, 194.
ἀμητός, ἄμητός, IV, 72.
ἄμμε, ἄμμες, ἀμμέσι, ἀμμέων, ἄμμιν, voy. ἐγώ.
ἀμοιβαῖος, IV, 227.
ἀμπελεών, IV, 283, note 1.
ἀμπελικός, IV, 317.
ἀμπελόεις, IV, 322.
ἀμπελών, IV, 283.
ἀμπλακία, IV, 218.
ἀμπλάκιον, IV, 213.
ἄμπωτις, ἄμπωσις, IV, 111, 112.
ἀμφάδιος, IV, 225.
ἀμφί, II, 31, 180; IV, 391.
ἀμφιδρυφής, IV, 297.

ἄμφω, II, 180, 350.
ἀν- privatif, voy. à privatif.
ἄν, II, 344.
ἀνά, II, 351; IV, 397.
ἀναγωγία, IV, 218.
ἄναιμος, IV, 39, 352.
ἀναίμων, IV, 39.
ἀνανδρωτός, IV, 84.
ἄναξ, vocatif ἄνα, 445.
ἀναπόδεικτος, IV, 73.
ἀνδρία, IV, 218.
ἀνδρίζω, III, 441.
ἀνδρόβουλος, IV, 356.
ἀνδροβρώτ, IV, 247.
ἀνδρόφαγος, IV, 366.
ἀνδρών, IV, 283.
ἄνεμος, 263; IV, 45.
ἀνέχω, III, 28, note 7.
ἀνήκεστος, IV, 251, remarque.
ἀνηκής, IV, 251, remarque.
ἀνήκουστος, IV, 251, remarque.
ἀνήμερος, IV, 363.
ἀνήρ, I, 442, note 2; II, 257; III, 251, remarque; ἀνδρός, I, 197; ἀνδράσι, ἀνδράσσιν, ἀνδρέσσιν, II, 83, note 2, 85, note 3.
ἀνθρακία, IV, 221.
ἄνοια, IV, 218.
ἄνοικος, IV, 357.
ἄντα, IV, 388.
ἀντί, IV, 388.
ἀντιάω, III, 442.
ἀντιβίην, ἀντίβιον, IV, 373.
ἀντρόθε, III, 29, note 6.

ἄνυμι, 248, 263, note 2.
ἀνυστός, IV, 251, remarque.
ἀνύτω, III, 108; ἤνυσμαι, III, 200.
ἄνω, I, 385, note.
ἀνώγμεν, III, 254.
ἀνώδυνος, IV, 252, remarque.
ἀνώνυμος, IV, 39.
ἄπαις, IV, 357.
ἀπάλαμνος, IV, 39-40.
ἅπαξ, II, 251-252.
ἀπατεών, IV, 275.
ἄπιον, IV, 263.
ἁπλοῦς, II, 213, note 2.
ἀπό, 92, 355; II, 181; IV, 390.
ἀπόθριξ, IV, 359.
ἀπόθυμος, IV, 359.
Ἀπολλώνιος, Ἀπολλώνιον, IV, 227-228.
ἀποτισάντω, III, 23.
ἄπους, IV, 357.
ἀπράγμων, IV, 39.
ἀπτώτ, IV, 247.
ἄπυρος, IV, 352.
ἀραρίσκω, III, 429.
ἀργιόδους, IV, 338.
ἀργίπους, IV, 338.
ἀργύρεος, IV, 321.
ἄργυρος, 481; IV, 303.
ἀρηγών, IV, 274.
ἀρήν, II, 85.
ἀριστερός, II, 184.
ἀριστεία, IV, 218.
Ἀριστώ, 330.
ἄρκτος, 24, 51, 88, note 1; IV, 275, note 3.
ἀρνός, ἀρνάσι, II, 85, note 3.

GREC. 143

ἀροτός, ἄροτος, IV, 72.
ἄροτρον, IV, 63.
ἀρόω, III, 117; IV, 237.
ἀρρενόω, IV, 442.
ἄρρην, II, 85, note 3; IV, 273-274.
ἄρσην, IV, 273-274.
Ἀρτεμώ, 329, 331.
ἀρύτω, III, 108.
ἀρχέπολις, IV, 333.
ἀρχίζωος, IV, 334.
ἀρχιθάλασσος, IV, 344.
ἀρχικέραυνος, IV, 344.
ἀρχυροτριβ, IV, 245.
ἀρωγός, IV, 254.
ἀρωματικός, IV, 317.
ἀσθενέω, III, 444.
ἀσκόρ (lacon.), 65.
ἀσπάσιος, IV, 227.
ἆσσον, II, 188.
ἀστήρ, 399.
ἀστικός, ἀστυκός, IV, 317-318.
ἀτιτάλλω, III, 217, 433.
αὖ, II, 356-357.
αὐαίνω, III, 452.
αὐγή, 33.
αὐερύω, II, 357.
αὔθαιμος, IV, 352.
αὖθι, II, 356, 358.
αὖθις, II, 356.
αὐλητρίς, IV, 55.
αὐλός, IV, 300.
αὐλωτός, IV, 84.
αὐξάνω, 253.
αὐονή, IV, 199.
αὐτάρ, II, 357.
αὖτε, II, 357.
αὕτη, II, 296-297; voy. οὗτος.
αὐτηί, II, 331; voy. οὑτοσί.

αὐτῆμαρ, II, 308.
αὐτίκα, II, 417.
ἄϋτμήν, IV, 33.
αὐτόδουλος, IV, 357.
αὐτόδικος, IV, 357.
αὐτοθάνατος, IV, 357.
αὐτόκομος, IV, 357.
αὐτομήτωρ, IV, 357.
αὐτόμοιρος, IV, 357.
αὐτόπτης, IV, 365.
αὐτός, II, 296, 322, 356, 358; αὐτάων, αὐτέων, II, 79.
αὐτόφι, II, 21-22; IV, 391.
αὐτῶ, 386.
αὔω, 71; III, 452.
αὔως (éol.), 337.
ἄφερτος, 24; IV, 73.
ἀφέσλαλκα, III, 231.
ἄφνω, 385, note.
ἄφοβος, IV, 357.
ἀφραίνω; III, 450.
ἀχλύω, III, 463.

βᾱ (rac.), 241; voy. βίβημι.
βάθος, IV, 290, xx.
βάθρα, IV, 63.
βαθύς, 212; IV, 271.
βαθύστερνος, IV, 355.
βάκτρον, IV, 63.
βάλλω, rac. βαλ et βλη : sur le rapport de βαλ à βλη (dans βέ-βλη-κα, βλήσω, etc.), III, 28, note 7, 430, note; IV, 57; pour βέβληκα, voy. aussi I, 245; rapport de ἔ-βαλλ-ον à ἔ-βαλ-ον, III, 209; βάλλο pour βαλjo, I,

238; issu de βᾱ, III, 425.
βαμβαίνω. 61; III, 87.
βαμβάλλω, III, 87.
βαρύς, 130, 212, note 2; IV, 271.
βασιλεύω, III, 463.
βασιλίς, 279.
βασίλισσα, 279.
βάσιμος, IV, 117, note 3.
βάσσων, II, 192.
βασλακτής, IV, 55.
βατραχομυομαχία, IV, 349.
βελεμνο (thème), IV, 40.
βέλος, IV, 40, note 3.
βελτιόω, III, 444.
βη (rac.), 259; IV, 62; voy. rac. βᾱ et βίβημι; voy. aussi βάλλω.
βηλός, IV, 300.
βίβημι, rac. βη (voy. cette racine), 212, note 2, 244, 259; III, 16, 230; IV, 62.
βιβρώσκω, III, 428.
βίηφι (ἦφι βίηφι), II, 21; βίηφιν (κρατερῆφι βίηφιν), II, 22.
βίος, 155, note 1, 212, note 2, 265.
βίοτος, IV, 72.
βλαβερός, IV, 303.
βλαστάνω, 253.
βλη (rac.), voy. βαλ.
βλῆμα, IV, 39.
-βλη-τ (à la fin d'un composé), IV, 247.
βλύζω (de βλυjω), 55, 238.
βλύω, 55, 238, 262.

βυαθησίω (dor.), III, 302.
βοηματ, IV, 39.
βοητύς, IV, 163.
βοοτρόφος, IV, 336.
βορβορύζω, III, 435.
Βορεάδης, IV, 320.
Βορέαο, 419.
βουκέφαλος, IV, 356.
βουπλήγ, IV, 245.
βοῦς, 33, 212, note 2.
Thème : βου, 284.
Formes : βοός, βοΐ, 33, 305; βοῦ, 443; βοῶν, 305; βουσί, 305; βοέσσι, II, 83.
βουτρόφος, IV, 336.
βραβεύω, III, 463.
βραδύς, βράδισ7ος, 112; III, 270.
βράσσων, II, 192.
βρίζω, 54, 238.
βρόμος, IV, 155.
βρόντημα, IV, 39.
βροτός : βρ pour μρ, 112; II, 230; III, 108.
En outre, voy. I, 24.
βρυχημάτ, IV, 39.
βρῶμα, IV, 38.
βρωτύς, IV, 163.
βύζω (de βυjω), 55, 238.
βύω, 55.

γα (dor. éol. = γε), II, 258.
γαγγαλίζω, III, 435.
γάγγραινα, III, 435.
γαῖα, 286.
γάλα, 285.
γαμέτης, IV, 55.
γαμέω, 240.

γάνυμαι, 248.
γάρ, II, 273; IV, 385.
γαργαίρω, III, 435.
γασ7ήρ, IV, 56.
γάσ7ρις, IV, 56.
γδουπέω, γδοῦπος, 50.
γε, II, 258.
γελασείω, III, 320.
γελασ7ύς, IV, 163.
γελάω, IV, 248; ἐγέλασσα, IV, 151.
γέλοιος, IV, 227.
γέλως, IV, 248.
γεν (rac.), 244; voy. γίγνομαι, 244; γίνομαι, 244.
γενέθλη, IV, 70.
γενειάω, III, 442.
γενέτειρα, III, 36.
γενετήρ, 134; IV, 54-55.
γενέτης, 134; IV, 55.
γένος, 296; IV, 194, 296.
γένυς, IV, 194.
γεοειδής, IV, 340.
γεοφόρος, IV, 340.
γεροντικός, IV, 317.
γέρων, 403.
γεύω, 265.
γεωγράφος, IV, 337.
γῆθος, IV, 290.
γῆρας, 296.
γηράσκω, III, 462.
γηράω, III, 444.
γηρυγόνος, IV, 336.
γῆρυς, IV, 272.
γηρύω, IV, 273.
γίγγλυμος, III, 435.
γιγγραίνω, III, 435.
γίγνομαι (rac. γεν), 244; cf. γίνομαι, 244.

γιγνώσκω (rac. γνω, par exemple dans γνῶθι), 259; III, 428-429; cf. γινώσκω.
γίνομαι (pour γίγνομαι, rac. γεν), II, 181; 223; cf. γίγνομαι.
γινώσκω (pour γι-γνώσκω, rac. γνω), II, 223; cf. γιγνώσκω.
γλαγοπλήγ, IV, 245.
γλακτοφάγος, 285.
γλεῦκος, IV, 290.
γλίχομαι, 232.
γλυκαίνω, IV, 451.
γλύμμα, IV, 38.
γλύσσων (de γλυκjων), 238; II, 192-193.
γλύφανον, IV, 284.
γνάθων, IV, 281, 283.
γνω (rac.), voy. γιγνώσκω.
γνώμη, 317.
γνώμων, IV, 33.
γνῶσις, 259.
γνωτός, IV, 72.
γονάρ (lacon. = γονάς), 65.
γόνυ, IV, 272, note 1.
Γοργώ, Γοργών, 327, 329.
γουνάζομαι, III, 441.
γούνασσι, II, 83.
γράμμα, IV, 38.
γραφίς, IV, 268.
γραφεύς, IV, 306.
γυναικίζω, III, 441.
γυναικών, IV, 283.
γυνή, thème γυναικ, 40; II, 53; IV, 34, note 5, 312.

δαέρ (thème), 33, 34.
δαιδάλλω, III, 433.
δαιμονικός, IV, 317.
δαίμων, IV, 33.
δαίνυμι, 239 ; δαινῦτο, III, 42, 381.
δαίς, δαίτη, 239.
δαιτρόν, IV, 63.
δαιτρός, 239.
δαίω, 51; δάηται, ἐδαόμην, δέδηα, 240.
δακ (rac.), 83.
δακέθυμος, IV, 333.
Δακία, IV, 229.
δάκνω (rac. δακ), ἔδακον, 62, 250; III, 102, 107, 212, 436.
δάκρυ, 106; IV, 119, 304; δακρυόφιν, II, 24.
δακρυόεις, VI, 322.
δακρύομαι, III, 463.
δακρυχέων, IV, 330.
δαλός, IV, 300.
δαμ (rac.), 249; cf. δαμνήμι, δαμάζω, δαμάω, δμη, δμητ.
δαμάζω, 19, 257; III, 103.
δάμαρ, 351.
δαμασίβροτος, IV, 331.
δαμάω, IV, 247.
δαμνάω, 253.
δάμνημι, δάμνᾰμεν, 249, 253; ἐδάμην, III, 209.
δάνος, IV, 289, remarque.
δαπάνη, IV, 189.
δαρθάνω, III, 105; IV, 46.
δασάσκετο, III, 198, 202.

δέ, II, 306, 307.
δέαρ, 351.
δέδηα (δαίω), 240.
δέδιμεν, III, 254.
δεικ (rac.), 127, 275.
δείκνυμι, 253; III, 188; δεικνύᾱσι, III, 52; δεικνύς, II, 59; δειχθησοῦντι, III, 276, note; δεικνύω, 253.
δειλία, IV, 218.
δειλός, IV, 300.
δεῖμα, IV, 39.
δεῖνα, II, 307, 355, 373.
Δεινώ, 330.
δείπνησ7ος, IV, 72.
δεισιδαίμων, IV, 331.
δέκα, 62; II, 226, 231, 313.
δεκάς, II, 231.
δέκατος, II, 248.
δεξιός, 63.
δέμα, IV, 40.
δένδρον, III, 216.
δέος, 351.
δέρκω, 153; II, 402; III, 118; ἔδρακον, δρακῶ, 245; III, 118; δέδορκα, III, 249.
δέρω, III, 118.
δέσμα, IV, 32, 39.
δέσμη, IV, 47.
δεσμός, IV, 47.
δέσποινα, IV, 104.
Δεύς, 284; voy. Ζεύς.
δεύτερος, II, 185, 244.
δέω, IV, 32.
δή, II, 310.
δηλόω, III, 462.
Δημήτηρ, 47; III, 423.
δημότης, IV, 320.

δήν, II, 310.
δηριάομαι, δηρίομαι, III, 443, 463.
δῆρις, IV, 267.
δηρόν, IV, 375.
δι-, II, 217.
διαλυσίεσσι, II, 83.
διαρρώξ, IV, 245.
διδάσκαλος, IV, 301.
διδάσκω, III, 423, 428.
διδράσκω, III, 428.
δίδυμνο (thème), IV, 40.
δίδωμι, 37 ; rac. δω, 241; appartient à la 3ᵉ classe sanscrite, 243; III, 12, 13, 230; διδω, διδο et tout le présent de l'indicatif, III, 84, 85; δίδωτι, 243; imparfait et 2ᵉ aoriste, III, 84, 85; διδόντι, διδόᾱσι, III, 51; δίδου, δίδοι, III, 42; δώομεν, δώησιν, III, 384; optatif présent, III, 321-322; ἔδωκα, III, 198; ἔδων, III, 86, 204; δός, 206; II, 351, 378; III, 393.
διέχω, III, 28, note 7.
δίζυγ, IV, 245.
Διί, 57, 284; cf. Ζεύς.
δίκαιος, IV, 227.
δικαιοσύνη, IV, 136.
δικαστήριον, IV, 214.
δικαστής, IV, 55.
δικογράφος, IV, 337.
διμήτωρ, II, 217.
δινεύεσκε, III, 198, 461.
Διονύσιος, Διονύσια, IV, 227.

Διονύσῳ (inscription), 329.
Διός, 284; cf. Ζεύς.
δίπορος, IV, 356.
διπόταμος, IV, 356.
δίπους, IV, 356.
δίς, II, 217.
δίχα, II, 254.
διχῆ, II, 254.
διφάω, III, 442.
δμη (rac.); cf. rac. δαμ.
-δμή-τ, IV, 247.
δοίδυξ, III, 443.
δοκιμασία, IV, 113.
δολερός, IV, 303.
δολιχός, IV, 375.
δολιχόσκιος, IV, 355.
δολόεις, IV, 322; δολόεσσα, I, 279.
δόμα, IV, 38.
δορκάς, δόρκη, IV, 254.
δόρυ, IV, 272.
δόσις, IV, 112.
δότηρ, 334; IV, xx, 54.
δότης, 334; IV, 55.
δοτός, IV, 73.
δουλεύω, III, 463.
δουλοσύνη, IV, 136.
δουπέω, δοῦπος, 50.
δραίνω, III, 462.
δρᾶνος, IV, 289.
δράω, III, 462.
δρέμω, ἔδραμον, δέδρομα, 61, 261.
δρέπανον, IV, 284.
δρομεύς, IV, 306.
δρόμος, IV, 156.
δρόσος, 338.
δρῦς, III, 216.
δύναμις, IV, 46.
δύο, II, 217; δυοῖν, 306.
δυόδεκα, II, 235.

δυς, 109; δυς, au commencement des composés possessifs, IV, 361; au commencement des composés déterminat. IV, 363.
δυσάγγελος, IV, 363.
δυσανάπορος, IV, 261.
δυσάπιστος, IV, 363.
δυσήκεστος, δυσηκής, IV, 251.
δυσήνυστος, δυσήνυτος, IV, 251.
δύσηρις, IV, 251.
δύσλεκτρος, IV, 361.
δυσμενής, thème δυσμενές, 315, 336, 337; IV, 361; δυσμένην, 337.
δύσμοιρος, IV, 361.
δύσμορφος, IV, 361.
δυσπέμφελος, IV, 301.
δυσπρόσμαχος, IV, 261.
δυσπρόσωπος, IV, 361.
δύστροφος, IV, 261.
δύσφορος, IV, 261.
δυσώλεθρος, IV, 251.
δυσώνυμος, IV, 251.
δύω, voy. δύο.
δυώδεκα, II, 235.
δώδεκα, II, 233, 235, 236.
Δωδῶνι, 430.
δώμασσι, II, 83.
δῶρον, 400.

ἕ (pronom), II, 290, 294, 306, 330.
ἔασι, II, 52.
ἑϐδομήκοντα, II, 238.
ἕϐδομος, II, 234.
ἐγερσίχορος, IV, 331.

ἐγώ et ses cas, II, 277.
Singulier: nominatif, ἐγώ, plus complet ἐγών, II, 255, 256, 257.
Génitif μοῦ, ἐμοῦ, ἐμέο, ἐμεῖο, ἐμέθεν, ἐμεῦ, μεῦ, ἐμεῦς, II, 257; particulièrement μοῦ, II, 257, 278, 355; ἐμοῦ, II, 275, 288, 355; ἐμέθεν, II, 31; ἐμέος, ἐμοῦς, ἐμεῦς, 420.
Datif μοί, 431; II, 257, 261; ἐμοί, II, 275; ἐμίν, II, 12, 277.
Accusatif μέ, ἐμέ, II, 257, 306.
Duel: thème νω, II, 272; nominatif-accusatif νῶϊ, νώ, II, 272; νῶε, II, 273; génitif-datif νῶϊν, II, 279.
Pluriel: nominatif ἄμμες, II, 211, 264, 265, 301; III, 82; ἡμεῖς, II, 211, 265, 301.
Génitif ἀμμέων, ἡμῶν, II, 265.
Datif ἄμμιν, ἡμῖν, ἀμμέσι, II, 265, 280.
Accusatif ἄμμε, ἡμᾶς, II, 265.
Tableau général des cas de ἐγώ, II, 277 et suiv.
ἐδ (rac.) «manger», 263.
ἑδ (rac.) «être assis», III, 89; cf. ἕδρα.

GREC.

ἐδάην, III, 423.
ἐδαόμην, voy. δαίω.
ἐδητύς, IV, 163.
ἔδομαι, III, LXXIII.
ἕδος, 315; IV, 267, 290.
ἕδρα, III, 89; IV, 300.
ἔζω, 54.
ἔθεν, II, 290.
ἐθέλησθα, III, 45.
εἰ, II, 364; IV, 383.
εἶδαρ, II, 351.
εἴδυλος, IV, 301.
εἴκατι, II, 238, 240; cf. εἴκοσι.
εἴκελος, IV, 301.
εἴκοσι, IV, 240.
εἰκοστός, IV, 246.
εἰκάζω, III, 442.
εἴκτον, III, 99, 254; cf. ἔοικα.
εἰκών, IV, 274, 280.
εἷμα, IV, 39.
εἰμί « je suis »; rac. ἐς, 242, 263. Le présent, III, 81. En outre ἐμμί, εἰμί, III, 12, 82; ἔσσι, III, 36; I, 340; εἶς, II, 351; ἐστί, I, 242; ἐσμές, ἐσμέν, ionien εἰμέν, III, 292; pluriel ἐντί, III, 51, 83; subjonctif présent, III, 382; optatif présent, I, 81; III, 322; participe présent, IV, 5; impératif ἴσθι, III, 41, 73; imparfait, III, 148, 159; ἦν « eram », III, 148, 159; ἦα « eram », III, 44, 293; d'où ἔα, III, 293; ἦσθα, III, 44, 293;

255; ἦς, ἦν « erat », III, 160; ἦσαν, I, 79, III, 56. Sur ἔσκον, ἔσκε, III, 198, 428, 461; futur, III, 301, 302, 382.
εἶμι, ἴμεν, 32, 70; III, 12, 89, 92. Rac. ι, I, 241; ἴασι, III, 52; subjonctif, III, 382.
εἷο (= οὗ), II, 94.
εἷος (= ἕως), II, 400.
εἴρην, IV, 274.
εἴρων, IV, 274.
εἷς, ἕν, II, 210, 211; cf. μία.
εἰς, II, 350.
εἷσα (rac. ἑδ), III, 89.
εἶσθα, III, 45.
εἴως, II, 400.
ἕκαστος, II, 177, 246, 252.
ἑκάστοτε, II, 352.
ἑκάτερος, 33; II, 177, 209, 210, 252, 330.
ἑκατόν, II, 239, 240.
ἑκατοστός, II, 246.
ἐκεῖνος, II, 354.
ἐκεινοσί, ἐκεινωνί, II, 331.
ἐκέκλετο, III, 214.
ἑκούσιος, IV, 227.
ἔκπαγλος, IV, 300.
ἐκτάδιος, IV, 225.
ἐκτός, II, 411.
ἕκτος, II, 186.
ἐκτός, II, 211.
ἑκυρά, 324; II, 165.
ἑκυρός, 56, 63; II, 165.
ἐλαιοπώλης, IV, 248.
ἐλάσασκε, III, 302, 461.
ἔλασκε, III, 198.

ἐλάσσων, II, 192, 193.
ἐλαφηβολιών, IV, 283.
ἐλαχύς, 47; II, 257; III, 424; IV, 270.
ἔλεγχος, IV, 155.
ἐλεητύς, IV, 163.
ἐλελίζω, III, 433.
ἔλη, 295.
ἐλήλυθα, III, 287.
ἔλμιγγες, IV, 42.
ἔλμινθ, IV, 42.
ἕλος, IV, 296.
ἐλπίς, IV, 267.
ἔλυτρον, IV, 298.
ἔμετος, ἐμετός, IV, 72.
ἐμήμεκα, III, 287.
ἐμο (thème), ἐμό-ς, II, 257, 275, 288, 393.
ἐν, II, 350; IV, 397.
ἕνδεκα, II, 233, 235.
ἐνδιάω, III, 442.
ἐνελαύνω, IV, 252.
ἐνενήκοντα, II, 238, 239, 242.
ἐνέχω, III, 28.
ἐνήκοος, IV, 252.
ἐνήλατον, IV, 252.
ἔνθα, II, 31, 350, 408; IV, 45.
ἐνθαῦτα, II, 297.
ἔνθεν, II, 31, 350.
ἐνθεῦτεν, II, 297.
ἔνιοι, II, 211, 352.
ἐνιόκα, II, 211.
ἐνίοτε, II, 211, 352.
ἔννατος, II, 248.
ἐννέα, II, 226, 230, 313.
ἔννεον, II, 230.
ἔννηφιν, II, 23.
ἔννυμι, 248.
ἐνταῦθα, II, 31, 297,

356, 408; IV, 45.
ἐντεῦθεν, II, 297, 356.
ἐντός, II, 411.
ἐνώμοτος, IV, 252.
ἐξ, IV, 394; sur ἐξ, au commencement des composés déterminatifs, IV, 363.
ἕξ, II, 227.
ἑξήκοντα, II, 238, 242.
ἐξήραμμαι, III, 200.
ἕξις, 211.
ἔξοδος, IV, 363.
ἔξως, voy. ἔχω.
ἔοιγμεν, III, 254.
ἔοικα, III, 99, 248, 254.
ἐούρουν, ἐούρηκα, III, 231, 232.
ἐπ (rac.) (ἕπομαι), 264.
ἐπεσβόλος, IV, 335.
ἔπεφνον, III. 180, 213; IV, 73.
ἐπέφραδον, III, 180, 213.
ἐπητύς, IV, 163.
ἐπί, IV, 390.
ἐπιβασία, ἐπίβασις, IV, 113.
ἐπιγελασ]άρ (lacon.), 65.
ἐπιδεικνύμην, III, 339, 341.
ἐπίδερκτος, IV, 73.
ἐπίσ]ασις, IV, 332.
ἐπισ]ήμων, IV, 32.
ἐπιτήδειος, IV, 227.
ἔπος, IV, 296; ἔπεσσι, II, 83; ἐπέεσσι, II, 83.
ἑπ]ά, II, 228, 313.
ἐπ]άσ]ομος, IV, 352.
ἔρδομαι, IV, 248.

ἐργασ]ήριον, IV, 214.
ἐρείπιον, IV, 213.
ἐρείπω, III, 424.
ἐρετμός, IV, 251.
ἔρευθος, IV, 290.
ἐριδαίνω, III, 451.
ἑρμάζω, III, 441.
ἑρματίζω, III, 441.
ἑρπετόν, III, 140.
ἑρπετός, IV, 74.
ἕρπω, III, 140.
ἔρρωγα, III, 221.
ἐρυθρός, 151; II, 257; IV, 290, 291.
ἐρυσίχθων, IV, 331.
ἔρως, 336; IV, 248.
ἐς (rac.); c'est la racine du verbe εἰμί «je suis», 242, 263; voy. εἰμί.
ἔσθηματ, IV, 39.
ἔσκον, voy. εἰμί.
ἑσπέρα, II, 353.
ἔτειος, IV, 227.
ἑτέρηφι, II, 22.
ἐτήσιος, IV, 227.
ἔτος, 339.
εὖ, au commencement des composés possessifs, IV, 361; au commencement des composés déterminatifs, IV, 363.
εὐαγής, IV, 297.
εὐανάγωγος, IV, 261.
εὐάνοικτος, IV, 363.
εὐγενής, -ές, 350.
εὐδαιμονέσ]ερος, II, 188.
εὐδαιμονία, IV, 218.
εὔδηλος, IV, 363.
εὐδιεινός, IV, 99.
εὐέμβολος, IV, 261.
εὐηκής, εὐήνυσ]ος, εὐή-

νωρ, εὐήρετμος, IV, 251.
εὐθυντής, IV, 55.
εὐκάτοχος, IV, 261.
εὐλαβής, IV, 297.
εὐμεγέθης, IV, 361.
εὐμελής, IV, 361.
εὐμενής, IV, 297, 361.
εὔμηλος, εὔμορφος, IV, 361.
εὐπέμπελος, IV, 301.
εὐπερίγραφος, IV, 261.
εὕρεσις, IV, 119.
εὑρετής, IV, 56.
εὑρέτις, IV, 56.
εὑρίσκω, εὑρήσω, III, 462.
εὐρυκρείων, IV, 363.
εὐρυνέφην, 337.
εὐρυόπα, IV, 257.
εὐρύς, IV, 271.
εὔυδρος, IV, 352.
εὔφορος, IV, 261.
εὐφραίνω, III, 450.
εὐώδης, IV, 251.
εὐώνυμος, II, 184; IV, 251.
ἐφ-, au commencement des composés déterminatifs, IV, 363.
ἔφθορα, III, 231.
ἔφοδος, IV, 363.
ἐχέτλη, IV, 70.
ἐχθίων, ἔχθισ]ος, II, 187, 194.
ἔχις, 134, 403; IV, 268.
ἐχυρός, IV, 301.
ἔχω, 66, 211; III, 28; ἕξω, 385; III, 28; cf. σχε.
ἔψαλκα, III, 231.

GREC.

ἕως, II, 400.
ἑωσφόρος, 337.

ζάω, 265.
ζεά, II, 276.
ζέννυμι, 248.
ζεύγνυμι, III, 209; rac. ζυγ, 54.
ζευκτός, IV, 73.
ζεῦξις, II, 193; IV, 112.
Ζεύς, 284; cf. Δεύς, Διός, Διί.
ζηλωτής, IV, 55.
ζημία, 56.
ζητέω, 34.
ζούγωνερ (laçon.), 65.
ζυγ (rac.), voy. ζεύγνυμι.
ζώννυμι, 248.
ζῶστρον, IV, 63.

ἡβάσκω, III, 462.
ἡγεμόνιος, IV, 227.
ἡγεμών, IV, 33.
ἤδη, II, 415.
ἡδονή, IV, 189.
ἡδύς, 277, 278; IV, 270, 375; ἡδίων, II, 199.
ἡλικία, IV, 218.
ἡλίκος, II, 362, 405.
ἧλιξ, II, 402.
ἥλιος, 295.
ἧμαι, III, 89; ἧσται, ἧστο, I, 242; cf. κάθημαι.
ἡμερινός, IV, 99.
ἡμεροδρόμος, IV, 337.
ἥμερος, 56.
ἡμι-, 33; II, 215.
ἡμίενος, ἡμικύων, IV, 363.
ἥμισυς, II, 215.

ἧμος, II, 308, 362, 400, 416.
ἠνεμόεις, IV, 251.
ἤνεμος, IV, 251.
ἠνεμόφοιτος, IV, 251.
ἠνεμόφωνος, IV, 251.
ἤνθον (dor.), III, 418.
ἡνίκα, II, 416.
ἧπαρ, 24, 56, 351; II, 416.
ἠπύτα, IV, 256.
ἠρέμα, ἠρεμέω, ἠρέμας, ἠρεμέστερος, III, 121; IV, 292.
ἤρεμος, III, 121.
ἥρως, 337.
ἧφι βίηφι, II, 21.
ἠχέτα, IV, 256.
ἠχώ, 331.
ἠώς, 337.

θαλάσσιος, IV, 227.
θαλασσόω, III, 442.
θαν (rac.), voy. θνήσκω.
θανατιάω, III, 456.
θάνατος, IV, 74, 247.
θανατόω, III, 444.
θάπτω, ἐτάφην et suiv. 211; ἐθάφθην, τεθάφθαι, τεθάφθω, τεθαφαται, 221; τέταφα, III, 227.
θάρσος, IV, 290.
θαρσύς, IV, 271.
θάσσων, 211; II, 188.
θαυμάσιος, IV, 227.
θέαινα, 278; IV, 104.
θεάομαι, IV, 65.
θέατρον, IV, 65.
θέλγητρον, IV, 63.
θέμις, IV, 46.
θεόδοτος, IV, 366.

θεοείκελος, IV, 367.
θεοπρόπιον, IV, 214.
θεόπυρος, IV, 352, 372.
θεόσδοτος, IV, 343.
θεότρεπτος, IV, 367.
θεόφιν, II, 22, 24.
θεράπαινα, 278; IV, 282.
θεραπονίς, 280; IV, 4.
θερμαίνω, III, 451.
θερμασία, IV, 113.
θέρμη, 47; IV, 52.
θέσις, IV, 113.
θέσφατος, IV, 343.
θεωρός, IV, 299.
θη (rac.), voy. τίθημι.
θηλυγονία, 334.
θῆλυς, 334.
θήρ, 335.
θῆσαι, 334.
θησαυροφύλαξ, IV, 365.
θημών, IV, 33.
θῆσθαι, 237.
θλίβω, 233.
θνήσκω, rac. θαν (ἔθανον), 66; III, 288; et θνη, IV, 247; voy. aussi I, 245; IV, 73.
θνητός, 253.
θοός, IV, 254.
θρασύς, 150; IV, 271.
θρέμμα, 211.
θρεπτήρ, 211.
θρῆνυς, IV, 309.
θρίξ, 149, 150, 212, 260; échange du θ et du τ (θρίξ, τριχός), 211.
θρύμμα, 211.
θρύπτω, ἐτρύφην, 211.
θυγατερ (thème), 302, 397.

θυμός, 45, 50, 219; IV, 45.
θύρα, 129; θύρηφι, II, 22; IV, 391.
θύσθλον, IV, 70.
θυσία, IV, 113.
θύω, IV, 45.
θωρακίζω, III, 441.

ι (rac.), voy. εἶμι.
ἰ (thème) = lat. *vis*, II, 22; cf. ἶφι.
ἰ, ἴ, II, 330; cf. ἴν.
ἰ, démonstratif inséparable dans οὑτοσί, II, 331.
ἰάλλω, III, 425.
ἰάπ7ω, III, 425.
ἴᾶσι, III, 51.
ἰατρεύω, III, 463.
ἰδ (rac.) (Ϝιδ), voy. οἶδα.
ἴδιος, II, 390.
ἴδμεν, voy. οἶδα.
ἴδμων, IV, 32.
ἴδρις, ἴδρι, 350; IV, 304.
ἰδρώς, II, 391.
ἵεμαι, III, 88.
ἰζάνω, III, 102, 105.
ἵζω, 54; III, 441.
ἵημι, III, 88, 89, 425; ἥσω, III, 88, 425; ἧκα, III, 198.
ἰθαίνω, ἰθαρός, 70.
ἰθυτμή, 245.
ἰθύω, III, 463.
ἱκανός, IV, 285.
ἱκάνω, III, 105.
ἱκέτης, ἱκέτις, IV, 56.
ἱκνέομαι, III, 105.
ἱκριόφι, II, 22.
ἵκω, III, 105.

ἱλάσκομαι, III, 462.
Ἰλιόφιν, II, 23.
ἵμερος, IV, 155.
ἴν, II, 331.
Ἰναχίς, IV, 262.
ἴομεν, III, LXXIII.
ἱππάζομαι, III, 441.
ἱππασία, IV, 113.
ἱππεύς, IV, 306, XIX.
ἱππόδαμος, IV, 255.
ἱππονώμας, IV, 248.
ἵππος, 38, 57; IV, 305.
ἱππότα, IV, 256.
Ἱπποτάδης, IV, 320.
ἱππότης, IV, 320.
ἱππών, IV, 282.
ἰσαίτερος, II, 189.
ἴσθι, voy. εἰμί.
ἰσόπεδον, IV, 363.
ἴσος, II, 399.
ἴσ7ημι, 157; III, 12, 88, 126, 230; conjugaison, III, 84, 85, 86; ἱσ7έᾶσι, III, 51; ἵσ7η, III, 42; ἱσ7άς, I, 267, remarque, 318; ἱσ7ᾶσα, I, 280; ἕσ7ηκα, III, 231; ἔσ7ην, III, 204; rac. σ7ᾱ, σ7η, I, 241, 260.
ἰσχυός, IV, 97.
ἶφι, II, 22; cf. thème ι.
ἰχθυάω, III, 441, 442.
ἰχθυοφάγος, IV, 336.
ἰχθύς, ἰχθύεσσι, II, 83.

καθαίρω, III, 450.
καθαρτής, IV, 55.
κάθημαι, καθῆσ7ο, ἐκάθητο, III, 89.
καί, II, 387.
κάκη, IV, 52, 313.

κακία, IV, 218.
κακιόω, III, 444.
κακκάω, 351.
καλέω, III, 426; καλέεσκον, III, 198, 461; καλέσκετο, III, 198.
Καλλισ7ώ, 330.
καλόν, IV, 375.
καλύπ7ρα, IV, 63.
καμ (rac.), 245; conf. κάμνω.
κάματος, IV, 74.
κάμῑνος, IV, 35.
κάμνω, IV, 247; cf. καμ.
καμπύλος, IV, 301.
κάρα, IV, 120.
καρδία, 26, 66; II, 273.
καρδιόδηκτος, IV, 73.
κάριον, IV, 263.
καρκαίρω, III, 435.
κάρρων, II, 193, 194.
κατά, II, 351; IV, 413.
καταρρώγ, IV, 245.
καταφρυάω, III, 442.
κάτω, 335.
κέαρ, 66.
κεῖμαι, III, 89, 92; κεῖται, 104, 261.
κεῖνος, II, 354, 355.
κείρω, IV, 64.
κέκραχθι, III, 394.
Κεκροπίδης, IV, 320.
κεκρύφελος, IV, 301.
κέλης, IV, 304.
κέλλω, III, 426; IV, 304.
κέρας, 351.
κερατίζω, III, 441.
κερματίζω, III, 441.
κεσ7ός, IV, 73, 78.
κευθμών, IV, 33.
κεύθω, voy. rac. κυθ.

κεφαλῆφιν, II, 21.
Κεφάλων, IV, 281, 283.
κηδεμών, IV, 33.
κῆδος, IV, 290.
κῆνος, II, 354.
κῆρ, 66, 335; II, 273.
κηραίνω, III, 451.
κήρυξ, IV, 312.
κίρνημι, III, 105.
κίχρημι, III, 87.
κλάζω, 54.
κλαίω, κλαύσομαι, 78; κλαίοισθα, III, 45.
κλαυθμός, IV, 44.
κλαυσιάω, III, 442, 456.
κλάω, 78.
Κλειώ, 330.
κλέος, IV, 287.
κλέπτω, IV, 319.
κλοπός, IV, 254.
κλυ (rac.), 261; κλῦθι, III, 41.
κλύδων, IV, 274.
κλυτόβουλος, κλυτόπαις, IV, 355.
κλυτός, 78, 123; IV, 73.
κλύω, III, 114; cf. rac. κλυ.
κλωθώ, 249.
Κλωθώ, 330; Κλωθῶες, 331.
κμη (rac.), IV, 247.
-κμή-τ, IV, 247.
κνισσόω, III, 441.
κόγχη, 47.
κοικύλλω, IV, 443.
κοιμάω, III, 93, 415.
κοῖος, II, 368.
κοίτη, III, 93, 415.
κοῖτος, III, 415.
κολακεύω, III, 463.

κομμός, IV, 44.
κόμπος, κομπός, IV, 254.
κόνιος, IV, 227.
-κοντα (dans les noms de nombre), II, 239.
κόπανον, IV, 284.
κοπετός, IV, 72.
κοπίς, IV, 268.
κόραξ, 290.
κορεύομαι, III, 463.
κόρηθρον, IV, 64.
Κορίνθιος, IV, 227.
κορμός, IV, 44.
κορυθάϊξ, IV, 245, 336.
κορυθαίολος, IV, 336.
κόρυς, 290, 336.
κορύσσω, 240.
κορωνίς, IV, 268.
κόσος, II, 368.
κότε, II, 355, 368.
κότερον, 355.
κότερος, II, 185, 368.
κοτυληδονόφιν, II, 24.
κουρά, IV, 265.
κουρεῖον, IV, 214.
κραδαίνω, κραδάω, III, 452.
κράζω, 54.
κραιπνός, III, 425.
κρατισ]εύω, III, 463.
κρατύς, II, 194.
κρείσσων, 238, 279; II, 192.
κρείων, III, 425.
κρεμάθρα, IV, 63.
κρηδεμνο, IV, 40.
κρίζω, 54.
κρίσιμος, IV, 117.
προκωτός, IV, 84.
Κρονίδης, IV, 230.
κρυερός, IV, 303.
κρύπτω, III, 108.

κτάομαι, 50.
κτείνω, 51.
κτείς, 329.
κτῆνος, IV, 289.
κυδίων, κύδισ]ος, II, 187.
κυθ (rac.), κεύθω, 124, 149, 212.
κυκλάμῖνος, IV, 35.
κυμαίνω, III, 451.
κυναγωγός, IV, 336.
κυναλώπηξ, IV, 336.
κυνάω, III, 442.
κυνίζω, III, 441.
κυνόδους, IV, 336.
κυνοθαρσής, II, 24; IV, 356.
κυνόφρων, IV, 356.
Κυπρόθε, III, 22.
κυφός, IV, 254.
κύων, 56, 62, 260, 294; κυνός, κυνί, κύνα, 302, 305; κυνῶν, 305; κυσί, κύνεσσι, 302, 305; II, 83.
κωκυτός, IV, 72.
κωμήτης, IV, 320.
κωνωπεών, IV, 283.
κῶς, II, 368.

λαβ (rac.), voy. λαμβάνω.
λαβίς, IV, 268.
λαγιδεύς, IV, xx.
Λάκαινα, 278.
λακερός, IV, 302.
λαλητρίς, IV, 55.
λαλίσ]ερος, II, 168.
λαμβάνω; rac. λαβ, 52, 247; III, 103, 107; ἔλαβον, III, 209.
λαμπαδηφόρος, IV, 337.
λαμπαδίας, IV, xx, 249.
λαμπρός, IV, 299.

152 TABLE DES MOTS.

λαμυρός, IV, 303.
λανθάνω, ἔλαθον, III, 209.
λάχεσις, 330; IV, 119.
λέαινα, 278.
λέγω, λεγόντω, III, 23.
λείβηθρον, IV, 63.
λειμών, IV, 33.
λεῖος, IV, 121.
λειπόγαμος, IV, 333.
λείπω, ἔλιπον, λέλοιπα, 58, 70, 155, 232; II, 236; III, 98, 132, 248.
λείχω, 50, 66, 201.
λέκτρον, IV, 63.
λεόντειος, λεόντεος, IV, 321.
λεοντιδεύς, IV, xx.
λεπίς, IV, 268.
λευκόπτερος, IV, 355.
λευκομέλας, IV, 349.
λευκόφθαλμος, IV, 355.
λευκός, 58, 133.
λῆθος, IV, 290.
ληπτός, IV, 73.
λήσμων, IV, 32.
ληστήριον, IV, 214.
λῆστις, IV, 112.
ληστρίς, 278; IV, 55.
λιβρός, IV, 299.
Λιβύαθε, III, 22.
λιγνύς, 37, 51; IV, 309.
λιθάζω, III, 441.
λίθινος, IV, 100.
λιμήν, IV, 33.
λιμοθνής, IV, 248.
λιμπάνω, 247, 253.
λιπ (rac.), voy. λείπω.
λιπαρός, IV, 303.
λιπομήτωρ, λιπόναυς, IV, 333.

λίπος, III, 141.
λίσσομαι, 238, 279.
λιχ (rac.), voy. λείχω.
λογοθήρας, IV, 248.
λογοποιός, IV, 336.
λοιπός, 77; IV, 255.
λοπός, IV, 255.
λουτρόν, IV, 63.
λούω, III, 421.
λοχάω, III, 442.
λυγρός, IV, 299.
λύκαινα, 278; IV, 104.
λυμαντής, IV, 55.
λύσιος, IV, 227, 332.
λῡσίπονος, IV, 332.
λύσις, IV, 332.
λυχνεών, IV, 283.
λύχνος, 58.
λύω, 247, 262; λύσᾱς, 318.

μάθος, IV, 290.
μαιμάζω, μαιμάσσω, III, 433.
μαίνομαι, 239; II, 194; III, 36.
μακαρία, IV, 218.
Μακεδονία, IV, 228.
μακρός, degrés de comparaison, II, 187.
μάκτρα, μάκτρον, IV, 63.
μάλα, II, 193.
μαλάσσω, III, 450.
μᾶλλον, II, 193.
μανθάνω, 247, 253; III, 107.
μανία, IV, 218.
μαντιπόλος, IV, 336.
μάντις, IV, 116.
Μαραθῶνι, 430.
μαραίνω, III, 405, 452.

μαρμαίρω, III, 435.
μάρτυς, μάρτυρ, 335; IV, 319.
μαχητής, IV, 55.
μέγα, IV, 375.
μεγάθυμος, IV, 355.
μεγαίρω, III, 450.
μεγακλεής, μεγακύδης, IV, 355.
μεγάλα, IV, 375.
μεγαλέμπορος, IV, 363.
μεγαλίζω, III, 455.
μεγάλο (thème), II, 195, note 2; éol. (acc. pl.), μεγάλαις, II, 56.
μεγαλοδαίμων, μεγαλομήτωρ, IV, 363.
μεγαλόπολις, IV, 354.
μέγεθος, IV, xx, 229, remarque.
μέγιστος, II, 186, 192, 195.
μέδιμνο, IV, 40.
μέθυ, 148, 350.
μεθύομαι, III, 443, 463.
μεθυπλήξ, IV, 336, 340.
μείζων, II, 193, 195; μείζω, II, 212.
μειλίσσω, III, 450.
μειόω, III, 444.
μείς (ionien), 329.
μείων, II, 194.
μελάγχολος, IV, 336.
μελαίνω, III, 450.
μελάμβωλος, IV, 355.
μελάμπεπλος, IV, 336.
μελάνδετος, IV, 336.
μελανόκομος, IV, 355.
μελανόζυγ, IV, 245.
μελανόφρων, IV, 336.
μελάνυδρος, IV, 352.
μέλᾱς, 267, 319, 337;

II, 59; μέλαις, I, 329;
II, 56; III, 43; μέ-
λαινα, 278.
μελεσίπ7ερος, IV, 337.
μέλι, 350.
μέλισσα, 279.
μελισσών, IV, 283.
μελιτόεις, IV, 322.
μέλλω, III, 309.
μελλώ, 329, 330.
μέμβλεται, 196.
Μεμνονίδης, IV, 320.
μενετός, IV, 74, 75.
μένος, 296, 336, 350;
III, 309; IV, 287.
μέντοι, II, 295.
μέριμνα, IV, 40.
μερμαίρω, III, 435.
μέρμερος, III, 435.
μερμηρίζω, III, 435.
μεσαίτατος, II, 189.
μεσημβρία, 196.
μεσολαβής, IV, 297.
μέσσος, II, 192; III, 301; μέσσοι, I, 431.
μετά, IV, 413.
μή, II, 342, 343; III, 39.
μῆδος, IV, 290.
μῆκος, IV, 290.
μηλίς, μῆλον, IV, 263.
μήν, 341.
μῆνις, IV, 267.
μηνίω, III, 443, 463.
μητερ, 302.
μητίετα, IV, 256.
μητιόεις, IV, 322.
μητίομαι, III, 443, 463.
μῆτις, IV, 111.
μητρυιά, IV, 241.
μία, II, 212, 213.
μίγνυμι, ἐ-μίγ-ην, III, 209.

μικρόν, μικρά, IV, 375.
Μιλήσιος, IV, 227.
μιμνήσκω, μνήσω, 245;
III, 428, 430; IV, 247.
μίν, II, 340, 365.
μνῆμα, 245.
μνήμων, IV, 33.
μοιμύλλω, μοιμνάω, III, 433.
μοιχάς, μοιχή, μοιχός, IV, 254.
μολύβδαινα, IV, 104.
μονήρης, IV, 252, re-
marque.
μονομάχιον, IV, 214.
μόνος, II, 213.
μορμύρω, III, 435.
Μορμώ, Μορμών, 328.
μορφόω, III, 441.
Μουσοτραφής, 162.
Μουσοφίλης, 162.
μοχθηρός, IV, 303.
μυκηθμός, IV, 44.
μυρίπνοος, IV, 338.
μυρμηκιά, IV, 221.
μῦς, 338.
μυσαρός, μυσερός, IV, 303.
μυσκέλενδρον, IV, 335.
μυωπίζω, III, 441.

ναυβάτης, IV, 343.
ναυπήγιον, IV, 214.
ναῦς, 288; νᾱός, νηός, 33, 78; ναῦ, 443;
ναῦφιν, II, 22, 24;
νάεσσι, II, 83.
ναυσιβάτης, IV, 343.
Ναυσίθοος, Ναυσιθόη, IV, 343.
Ναυσιμέδων, IV, 343.

ναύσ7αθμος, II, 24; IV, 366.
ναύτης, IV, 256, re-
marque.
νεηγενής, IV, 337.
νεκρός, 49, 305; III, 421; IV, 299.
νέκυς, 49, 305; II, 77; III, 421; IV, 272;
lacon. νέκυρ, I, 65;
νέκυσσι, νεκύεσσι, II, 83.
νεμεσάω, III, 442.
νέμεσις, IV, 119.
νεοζυγ, IV, 245.
νεόμηνν, IV, 337.
νεφεληγερέτα, IV, 256.
νέφος, 315; IV, 267.
νέω, νεύσομαι, 288.
νεώσοικοι, IV, 343.
νη-, II, 341; voy. les
deux mots suivants.
νήκερως, II, 341.
νηκηδής, II, 341.
νηοφόρος, IV, 336.
Νηρεύς, Νηρηΐς, IV, 262.
νῆσος, IV, 256.
νικάω, 305; III, 442.
νίκη, 305.
νίκημι, 305.
νικηφόρος, IV, 337.
Νικώ, 330.
νίν, II, 340.
νίπ7ρον, IV, 63.
νίψ, 270.
νοερός, IV, 303.
νόμοις (acc. plur.), II, 56.
νοσερός, IV, 302.
νοσηρός, IV, 303.
νουνεχόντως, IV, 330.
νύ, II, 340; III, xxxv.

TABLE DES MOTS.

· νυκτίβιος, νυκτόβιος, IV, 338.
νύμφαις (acc. plur.), II, 56.
νῦν, II, 340; III, xxxv.
νύξ, 39.
νυός, 337.
νυχθήμερον, IV, 348.
νωΐτερος, II, 273.
νώνυμνο, IV, 39.

ξύλινος, IV, 100.
ξύν, III, 198; IV, 412.

ὁ, ἁ, τό, II, 298, 299. Voy. aussi II, 38, note. La déclinaison complète, II, 302. Sur οἱ, αἱ, voy. aussi II, 299. Cf. τό.
ὀγδοήκοντα, II, 238, 239, 242.
ὄγδοος, II, 229, 234, 244, 245.
ὀγδώκοντα, II, 238.
ὅγε, II, 258.
ὀδ (rac.) (εὐ-ώδ-ης), IV, 251.
ὀδοντωτός, IV, 85.
ὁδός, IV, 254, 256.
ὀδούς, II, 256.
ὀδύνη, IV, 252.
ὀδυρμός, IV, 44.
ὄζω, 54.
ὅθεν, II, 411.
ὅθι, II, 30; IV, 390.
οἵ, II, 290, 294, 330.
οἶδα, rac. Ϝιδ, 153; sur οἶδα, ἴδμεν, voy. 140; III, 44, 45, 98, 99, 243, 255; sur οἶσθα,

voy. III, 44, 45, 98, 255.
οἴκοι, 431.
οἰκόπεδον, IV, 365.
οἶκος, IV, 254.
οἰκοφύλαξ, IV, 365.
οἶμος, IV, 44.
οἰνεών, IV, 283.
οἰνηρός, IV, 303.
οἰνοθήκη, IV, 365.
οἰνών, IV, 283.
οἶος, II, 210.
οἷος, II, 362, 391.
δῖς, 57, 343.
ὀκριδομαι, III, 442.
ὀκτώ, 157, 179; II, 229, 272.
ὄλεθρος, IV, 251.
ὀλιγάκις, II, 251.
ὀλίζων, II, 194.
ὄλλυμι, 248; ὀλέσσω, III, 301.
ὅλμος, IV, 44.
Ὀλυμπιᾶσι, II, 82.
ὀμῆλιξ, II, 402, 403.
ὀ-μιχ (rac.), 50.
ὄμνυμι, IV, 252.
ὁμός, II, 213; IV, 49.
ὁμοῦ, IV, 377.
ὀμφαλωτός, IV, 84.
ὁμώνυμος, IV, 352.
ὅμως, 385.
ὀνίνημι, III, 217, 433, 462.
ὄνομα, 399; II, 256; III, 108; IV, 251.
ὀνομάζω, III, 411.
ὀνομαίνω, III, 450.
ὀνομάκλυτος, IV, 339.
ὄνος = «as» (au jeu des dés), II, 211.
ὄνυξ, 39, 47, 134, 290.

ὀξυδερκής, IV, 297.
ὀπ (rac. et thème), 265, 270, 290; IV, 244, 278.
ὀπιπτεύω, III, 217, 433, 462.
ὄπις, IV, 267.
ὁπλομάχης, IV, 248.
ὀπωπέω, ὀπωπή, III, 462.
ὄργανον, IV, 284.
ὀρειβάτης, IV, 338.
ὀρεινός, IV, 99.
ὄρειος, IV, 227.
ὀρεσκῷος, IV, 335.
ὀρθρινός, IV, 99.
ὄρνυμι, III, 106.
ὄρος, ὄρεσσι, 296; II, 82; ὄρεσφι, II, 23, 24.
ὀρχήστρια, 278, 281.
ὀρχηστρίς, IV, 55.
ὀρχηστύς, IV, 163.
ὀρώρυχα, III, 218, 287.
ὅς, ἥ, ὅ, 56; II, 362, 393.
ὅσος, II, 362, 395, 398, 399.
ὀστέον, 45.
ὅτε, II, 356, 414.
ὅτι, 354.
οὐ, II, 343, 358.
οὗ, II, 290, 294, 330.
οὐδενόσωρα, IV, 343.
οὐκ, II, 358.
οὐκί, II, 358.
οὖν, II, 358.
οὐράνιος, IV, 227.
οὐρανόθι, II, 30; IV, 390.
οὐρανός, IV, 347.

GREC.

οὗτος, αὕτη, τοῦτο, II, 296.
οὑτοσί, II, 331.
οὕτω, 385.
οὐχί, II, 358.
ὀφρυόω, III, 443.
ὀφρύς, 283; II, 256.
ὄχανον, IV, 284.
ὀχετλον, IV, 70.
ὄχος, 66; III, 28; IV, 296; ὄχεσφι, II, 22, 24.

πάγιος, IV, 225.
πάγκακος, παγχάλκεος, IV, 336.
παθ (rac.), 150, 212.
πάθος, IV, 290.
παιδαγωγός, IV, 336.
παιδεραστής, IV, 336.
παιδίσκος, -ίσκη, IV, 316.
παιδοτρίβ, IV, 245.
παιδοτρίβης, IV, 248.
παιπάλλω, III, 433.
παῖς, 336.
παιφάσσω, III, 433.
παλάμη, IV, 40; παλαμῆφιν, II, 21, 22.
παλαμναῖος, IV, 40.
πάλλα, IV, 225.
πάλλω, 238; III, 425; IV, 225.
παλμός, IV, 44.
πάλος, IV, 155, 225.
παμβασιλεύς, παμμῆτις, IV, 336.
παμφαίνω, III, 434.
πανδακέτης, IV, 55.
πανδαμάτωρ, IV, 336.
πανδεκής, IV, 297.
πανήγυρις, IV, 252.

παντελής, IV, 336.
παντογόνος, IV, 336.
πάντοθε, III, 22.
πανώλεθρος, IV, 252.
παρά, IV, 405.
παραδωσείω, III, 320, 458.
παράχρημα, IV, 373.
παρθένος, IV, 256.
πᾶς, πάντεσσι, II, 83.
πατήρ, 105, 302; déclinaison, 302; πατράσι, II, 85.
πάτος, III, 437.
πάτριος, IV, 227.
πατρυιός, IV, 241.
παυσάνεμος, IV, 331.
παύω, πέπαυνται, πεπαύαται, III, 53.
παχύς, 149, 212.
πεδινός, IV, 99.
πέδον, IV, 116.
πείθω, III, 98; πέποιθα, I, 35; III, 248; πείσω, I, 209; πέπεισμαι, -πεῖσαι, -πεῖσ7αι, I, 200; rac. πιθ, I, 35, 149, 211, 264.
πειθώ, 329, 330.
πεῖραρ, πεῖρας, 351.
πεῖσις, IV, 112.
πεῖσμα, 35.
πεισμονή, IV, 31.
πελεκάω, III, 442.
πέμπε, 48; II, 225; cf. πέντε.
πέμπ7ος, II, 176, 246.
πεμφρηδών, III, 435.
πενία, IV, 218.
πένταχα, πενταχῇ, II, 254.

πέντε, 47, 48; II, 225, 226.
πεντήκοντα, II, 238, 242.
πεπαίνω, III, 450.
πέπιθον, III, 214.
πέπομαι, 243.
πεπ7ός, IV, 77.
πέπωκα, 243; III, 415; cf. rac. πω.
πέπων, IV, 274.
πέρ, II, 354.
πέραν, III, 405, 406, 409.
πέρας, 351.
περάω, III, 91.
πέρην, IV, 406, 409.
περί, IV, 410.
περιρρώγ, IV, 245.
περισ7ερεών, IV, 283.
περισ7ερών, IV, 283.
περιώδυνος, IV, 252.
περνάω, 253.
πέρνημι, 253; III, 91; IV, 237.
πέρπερος, II, 354.
Περσίς, IV, 228.
πέρυσι, II, 375.
πέσσω, 60.
πέσυρες, 48; II, 223.
πετάννυμι, 248, 253.
πευθήν, IV, 275.
πεύθομαι, πέπυσμαι, 71; rac. πυθ, 71, 150, 212.
πεῦσις, IV, 112.
πέψις, IV, 112.
πήγνυμι, ἐπάγην, III, 209; πήγνυτο, III, 341.
πηγός, IV, 254.
πηλίκος, II, 402, 405.

πημονή, IV, 31.
πηνίκα, II, 416.
πήχυιος, IV, 227.
πῆχυς, 149, 212; IV, 272.
πιθ (rac.); prés. πείθω, voy. πείθω.
πιθών, IV, 283.
πίμπλημι, III, 87, 216, 435.
πίμπρημι, III, 87, 216, 435.
πίνω, III, 415; πῖθι, I, 243.
πίομαι, III, LXXIII.
πιπίσκω, III, 428.
πιπράσκω, III, 428.
πίπ7ω, rac. πετ, II, 214; III, 214, 243; IV, 57, 247; ἔπιπ7ον, ἔπετον, ἔπεσον, III, 214; πέπ7ωκα, πεπ7ηώς, I, 245; III, 439.
Πισάτης, IV, 320.
πίσορ, 65.
πίσ7ις, 250; IV, 112.
πισ7ός, IV, 73, 78.
πίσ7ρα, IV, 63.
πίσυρες, 37, 48; II, 223, 273.
πιφαύσκω, III, 428.
Πλαταιᾶσιν, II, 82.
πλάτος, IV, 290.
πλατύς, 27, 45; IV, 74, 271.
πλεκ (rac.), πέπλεγμαι, 200.
πλεονάζω, III, 444.
πλεύμων, IV, 33.
πλέω, πλεύσομαι, 57, 262.
πλῆκτρον, IV, xx, 63.

πλήξιππος, IV, 331.
πληρόω, III, 444.
πλησίον, IV, 375.
πλησμονή, IV, 31.
πλοάς, IV, 254.
πλόκανον, IV, 284.
πλόος, IV, 155.
Πλούτων, IV, 281, 283.
πλυ (rac.) (prés. πλέω), 57, 262.
πλύνω, 262; III, 121.
πλωάς, IV, 254.
πνεῦμα, IV, 39.
πνεύμων, 419; IV, 33, 68.
πο (rac.), abréviation de πω; voy. πω.
ποδαλγής, ποδένδυτος, IV, 336.
ποδήνεμος, IV, 336.
ποδήρης, IV, 252.
ποδίζω, III, 441.
ποδοπέδη, II, 109.
ποδώνυχος, IV, 252.
πόθεν, II, 257, 411.
πόθι, II, 30, 361, 377; IV, 390.
ποιέω, ποιούντο, III, 23; ποιόντασσι, II, 83.
ποίημα, IV, 38.
ποιητής, IV, 55.
ποικίλλω, 240.
ποικιλτής, IV, 55.
ποιμήν, IV, 33, 37.
ποῖος, II, 368, 387, 391.
ποιός, II, 387.
ποιμαίνω, III, 450.
ποιπνύω, III, 433.
πολεμέω, πολεμίζω, III, 441.

πολεμικός, IV, 317.
πολεμόω, III, 441, 442.
πολίαρχος, IV, 333.
πολίπορθος, IV, 336.
πόλις, 50; πόλεως, 214, 426; πολίεσσι, -εσι, II, 83.
πολιτεύω, III, 463.
πολίτης, IV, 320.
πολλάκις, II, 251.
πολυβαφής, IV, 297.
πολύκομος, IV, 350.
πολυνίκης, IV, 248.
πολυπράγμων, IV, 39.
πολύς, IV, 270.
πολύσκιος, IV, 350.
πολύχρυσος, IV, 355.
πομπός, IV, 254.
πόνος, IV, 155.
πόπανον, IV, 284.
πορτί, IV, 403.
πορφύρα, πορφύρω, III, 435.
πόσε, II, 350.
πόσις, 32; IV, 116.
πόσος, II, 368, 387, 395, 398, 399.
ποσός, II, 387.
πόσ7ος, II, 246.
ποτάμιος, IV, 227.
πότε, ποτέ, II, 356, 368, 387.
πότερος, II, 177, 368.
ποτί, IV, 403.
πότμος, IV, 44.
πότνια, 99.
ποτός, πότος, 243; IV, 72.
ποῦ, IV, 377.
πούς, ποσί, 200; ποσσί, II, 84.
πρᾶγμα, 350; IV, 38.

πράσσω, 230; III, 103;
 πραξίομεν, III, 302;
 πρασσύντασσι, II, 83.
πρειγευτάνς, II, 55.
πρίαμαι, IV, 237.
Πριαμίς, IV, 262.
πρό, 92; II, 244; IV,
 402; πρό, au com-
 mencement des com-
 posés déterminatifs,
 IV, 363.
προδωσέταιρος, IV, 332.
πρόθυμα, IV, 363.
προίκτης, 89.
προλείψίω, III, 302.
πρός, 206, 350; II,
 351; III, 160; IV,
 400, 403.
προσήγορος, IV, 252.
πρόσφυγ, IV, 245.
προτί, II, 351; IV, 400,
 403.
πρωΐ, II, 179.
πρῶτος, II, 244.
πτῆσις, IV, 57.
πτίσσω, 50.
πτόλις, 50.
πτω (rac.), IV, 247.
πτῶμα, 245; IV, 57.
πτώσιμος, IV, 117.
πτῶσις, 245; IV, 57.
πυθ (rac.), voy. πεύθο-
 μαι.
Πύθιος, 328.
πυθμήν, IV, 33.
Πυθοδῶρος, Πυθοκλῆς,
 328.
Πυθώ, 327, 328.
Πυθών, 328.
Πυθῶος, 328.
πυρβόλος, πυρόβολος,
 IV, 336.

πυρόεις, II, 29; IV,
 322.
πυρόω, III, 442.
πύσλις, IV, 112.
πω (rac.), πῶθι, 243;
 III, 415; abrégé πο,
 ἐ-πό-θην, I, 243.
πῶ, 386.
πῶμα, 243.
πῶς, II, 368.

ῥαφίς, IV, 268.
ῥέθρον, IV, 70.
ῥέος, IV, 296.
ῥέω, III, 114.
ῥηγμίν, IV, 35.
ῥήγνυμι, III, 221.
ῥῆμα, IV, 38.
ῥήν, II, 85.
ῥητορικός, IV, 317.
ῥιγηλός, IV, 303.
ῥιζοτόμος, IV, 337.
ῥίπτω, IV, 424.
ῥίψασπις, IV, 331.
ῥοδεών, IV, 99, 283.
ῥοδών, IV, 283.
ῥοδωνιά, IV, 283.
ῥύγχαινα, IV, 282.
ῥυματ, IV, 38.
ῥυμός, IV, 44.

σα- (dans σαφής), IV,
 412; cf. IV, 360.
σακεσπάλος, 196, 296;
 IV, 335.
σακεσφόρος, IV, 335.
Σαλαμῖνι, 431.
Σαλαμίνιος, IV, 227.
σάλπιγξ, III, 424.
σαυσαρός, 171.
σαφής, IV, 360, 412.
σέβομαι, 267.

σείρ, 56; IV, 234.
Σειρήν, 56; IV, 234.
σείριος, 56.
σειρός, 56.
σέλας, 56, 295.
σελήνη, 56, 295.
σεμνός, III, 453; IV,
 96.
σημαίνω, III, 450.
σημαντρίς, IV, 55.
σημασία, IV, 113.
σήμερον, II, 298, 309,
 366; IV, 373.
σῆτες, II, 298.
σθεναρός, IV, 303.
σιγηλός, IV, 300.
σιδήρειος, IV, 321.
σιτών, IV, 283.
σκεδάννυμι, 248.
σκελετός, IV, 74.
σκέπανον, IV, 284.
σκεπανός, IV, 284.
σκηνή, IV, 97.
σκήπων, IV, 274.
σκιαγράφος, IV, 337.
σκίδνημι, 48, 157; III,
 107.
σκιερός, IV, 303.
σκοτεινός, IV, 99.
σκῦτος, IV, 296.
σός, II, 287, 393.
σοφία, IV, 218.
σπάκα (médique), 62.
σπάνις, σπανός, IV, 108.
σπαρνός, IV, 97.
σπάω, ἔσπασμαι, III,
 200.
σπερμαίνω, III, 450.
σπερμοφόρος, IV, 339.
σποδία, IV, 221.
στα (rac.), présent ἵ-στη-
 μι, 241.

σ]αγών, IV, 274.
σ]άδιος, IV, 227.
σ]αθμών, IV, 33.
σ]ατός, IV, 74, 75, 227.
σ]αφυλοφόρος, IV, 334.
σ]άχυς, IV, 272.
σ]εγασ]ρίς, IV, 55.
σ]εγνός, IV, 96.
σ]είχω, 157; IV, 272; rac. σ]ιχ, 264.
σ]έλλω, II, 193; III, 425.
σ]έντωρ, IV, 255.
σ]ερίσκω, III, 462.
σ]εφανίσκος, IV, 316.
σ]έφανος, IV, 285.
σ]η (rac.), voy. ἵσ]ημι.
σ]ῆθος, IV, 296; σ]ήθεσφι, II, 24.
σ]ήμων, IV, 33.
σ]ήσιος, IV, 332.
σ]ησίχορος, IV, 332.
σ]ιβαρός, IV, 302.
σ]ιγμή, 317.
σ]ιλβός, IV, 254.
σ]ιχ (rac.), voy. σ]είχω.
σ]οῖχος, 77.
σ]ολμός, IV, 44.
σ]ονόϜεσσαν, IV, 322.
σ]ορ (rac.), voy. σ]όρνυμι.
σ]ορέννυμι, 247, 253.
σ]όρνυμι, rac. σ]ορ, 24, 124, 247; III, 93, 94; IV, 247; ἐσ]όρνυν, ἐσ]όρνυον, ἐσ]τόρνυ, ἐσ]τόρνυε, III, 19; cf. σ]ρω.
σ]όχος, IV, 272.
σ]ραταγοῖς (acc. plur.), II, 56.
σ]ρα:ηγία, IV, 218.

σ]ρατηγιάω, III, 456.
σ]ρατηγίς, IV, 268.
σ]ρατόπεδον, IV, 365.
σ]ρατός, IV, 73.
σ]ρεβλός, IV, 300.
σ]ρω (rac.); IV, 247; cf. σ]όρνυμι.
σ]ρώννυμι, 247.
-σ]ρώ-τ, IV, 247.
σ]υγ (thème), IV, 244.
σ]ύγιος, IV, 225.
σ]υγνός, III, 453; IV, 96.
σ]υφελός, IV, 301.
σ]ωμύλος, IV, 303.
σύ, sa déclinais., II, 281.
En outre, singulier nominatif τούν (béot.), τύνη (dorien), τουνή (lacon.), II, 256; τύ, I, 56; II, 256, 281; σύ, I, 56; II, 272, 281.
Génitif τεοῖο, τεύ, τεῦ, τεοῦς, σεῖο, σέθεν, σοῦ, II, 257, 258.
Datif τείν, II, 280; τοί, σοί, I, 431; II, 261.
Accusatif τρέ, I, 59; τέ, σέ, II, 306.
Duel, thème σφω, II, 272.
Nominatif-accusatif σφώ, σφῶε, σφῶϊ, II, 273.
Génitif-datif σφῶϊν, II, 282.
Pluriel nominatif ὕμμες, ὑμεῖς, I, 56; II, 265, 286.

Génitif ὑμμέων, ὑμῶν, II, 265.
Datif ὕμμιν, ὑμῖν, II, 265, 280, 285.
Accusatif ὕμμε, ὑμᾶς, II, 265.
Συβαρίτης, IV, 320.
συγγάλακτος, σύγγονος, IV, 360.
συμμαχίς, 279.
σύμμορφος, IV, 360.
σύν, 167; III, 198; IV, 412; σύν, au commencement des composés possessifs, IV, 360.
συναχθησοῦντι, III, 276.
συνδιαφυλαξιόμεθα, III, 302.
σύνθρονος, σύνοδος, IV, 360.
σύνοικος, σύνομβρος, IV, 360.
σύνοπλος, σύνορκος, IV, 360.
σύνορος, σύνταφος, IV, 360.
συντελής; IV, 360.
συνώνυμος, IV, 39.
σῦς, 349.
σφαγίς, IV, 268.
σφέ, II, 294.
σφεῖς (thème σφι), II, 290, 292, 330; σφίν, φίν, II, 292; σφίσι, II, 290; σφωέ, II, 273; ψίν (=σφίν), II, 294.
σφός, 56; II, 290, 393.
σφῶε, etc., voy. σύ; σφωέ, voy. σφεῖς.
σφωΐτερος, II, 273.

σχε (rac.), σχη (σχήσω), III, 28.
σχιδ (rac.), σχίζω, 48.
σχίδη, 48.
σχίζα, 55.
σχίζω, 54, 55, 238.
σωτήριος, IV, 227.
σωφρόνως, 386.
σωφροσύνη, IV, 136.

τάλᾱς, 319, 337; IV, 274; éol. ταλαίς, I, 329; τάλαινα, I, 278.
τᾱλίκος, II, 403.
Ταντάλίς, IV, 262.
τανύγλωσσος, IV, 270.
τάνυμαι, 248.
τανύπεπλος, IV, 355.
ταῦρος, 171.
ταὐτό, II, 296.
ταφή, 211.
ταχύ, IV, 375.
ταχύς, 99; θάσσων, I, 211; II, 188.
ταώς, 337.
τε, II, 386.
τέ, σέ, voy. σύ.
τέθριππον, IV, 371.
τεΐν (ῒ), voy. σύ.
τεῖος, II, 400.
τείμαις (accusatif plur.), II, 56.
τείως, II, 400.
τεκμαίρομαι, III, 450.
τέκνον, IV, 97.
τέκος, IV, 296.
τέκταινα, 278.
τεκταίνω, IV, 450.
τέκτων, IV, 274, 275.
τέλειος, IV, 227.
τέλεσμα, τελεσ7ής, III, 201.

τελεσφόρος, 296; IV, 335.
τελέω, τετέλεσμαι, III, 201; ἐτέλεσσα, III, 360; IV, 151.
τέμενος, IV, 289.
τέμνω, III, 107.
τενθρηδών, III, 435.
τεός, II, 287.
τέρας, 350; III, 160.
τέρην, IV, 274; τέρεινα, I, 278; III, 36.
τερπικέραυνος, IV, 334.
τερπνός, IV, 112.
τέρσομαι, 130, 203.
τέρχνος, IV, 289.
τέρψις, IV, 112.
τεσσαράκοντα, II, 238, 241.
τέσσαρες, 48; II, 223; τέτρασι, τέσσαρσι, II, 85.
τεσσαρεσκαίδεκα, II, 233.
τεσσαρήκοντα, II, 241.
τέταρτος, II, 186, 248, note 3.
τετράκις, II, 241.
τετράκυκλος, IV, 356.
τετρανυκτία, IV, 371.
τετραοδία, IV, 371.
τετραόδιον, IV, 371.
τετραπλοῦς, II, 241.
τέτραχα, τετραχῇ, II, 254.
τετρώκοντα, II, 241.
τέτ7αρες, 57; II, 223, 236.
τέτυκον, III, 214.
τευχίζω, III, 444.
τεῦχος, τεύχεσσι, 296; II, 82.

τέχνη, IV, 108.
τέως, II, 400.
τήγανον, IV, 284.
τηλίκος, II, 355, 362, 403, 405; III, xxxvii.
τηλικοῦτος, II, 297.
τηλύγετος, IV, 73.
τήμερον, II, 298; IV, 373.
τῆμος, II, 308, 362, 399, 416; III, xxxvii.
τηνίκα, II, 311, 338, 355, 415; III, xxxvii.
τῆνος, II, 355, 417.
τηνῶ, τηνῶθε, τηνῶθεν, 386.
τῆτες, II, 298.
τίθημι, rac. θη, 91, 170, 241, 243, 259; III, 12, 13, 230. Sur le présent, voy. III, 84; τίθητι, 243; τιθέντι, III, 51, 52; τιθέᾱσι, III, 51; τίθει, III, 42; τιθένς, I, 317; τιθείς, I, 329; III, 42; ἐτίθεσαν, ἔθεσαν, ἐτίθεντο, III, 186; τίθησθα, III, 45; ἔθηκα, III, 199; ἔθην, III, 204.
τίκτω, III, 108, 109.
τιμητός, IV, 76.
τιν, II, 355.
τίννυμι, 248.
τίρ (lacon.), 65.
τίς, 47; II, 368; τινός et τίνος, II, 386, 387.
τιτρώσκω, III, 428.
τλήμων, IV, 32.
-τμή-τ, IV, 247.
το (thème), τᾱ (thème),

TABLE DES MOTS.

déclinaison, II, 302; cf. II, 295. Sur la forme τό, I, 140, 344, 354; τοί, ταί, au lieu de οἱ, αἱ en dialecte épique, II, 299; cf. II, 40; τοῖν, II, 303; τοῖσι, ταῖσι, I, 306; τοίς (comme acc. pl.), II, 56; τόνς, II, 55.
τόθεν, II, 411.
τόθι, II, 361.
τοῖος, II, 362, 391; III, XXXVII.
τοῖσδεσσι, -δεσι, II, 306.
τοιοῦτος, II, 297.
τοκάς, IV, 254.
τοκογλυφέω, IV, 330.
τολμάω, III, 442.
τολμήεις, IV, 322.
τομή, 330; IV, 265.
τομός, IV, 254.
τονθορύζω, IV, 435.
τόσος, II, 362, 395, 398, 399.
τοσοῦτος, II, 297.
τότε, II, 356.
τούν, voy. σύ.
τουνή, voy. σύ.
τουτῶ, 386.
τράγειος, IV, 321.
τραπελός, IV, 301.
τρέ, voy. σύ.
τρεῖς, voy. le thème τρι.
τρέφω, III, 98; θρέψω, I, 211; ἐθρέφθην, τεθράφθαι, I, 211.
τρέχνος, IV, 289.
τρέχω, θρέξομαι, 211.
τρεψίχρως, IV, 331.
τρέω, IV, 91.

τρι (thème), II, 219;
τρισί, τριῶν, I, 306.
τριάκοντα, II, 238, 241.
τριακοστός, II, 246.
τρίβω, 233; τέτριμμαι, τέτριψαι, τέτριπται, 199.
τρίβων, IV, 274, 280.
τριετής, 340.
τριημερία, IV, 371.
τριήρης, 331; IV, 252.
τριμμός, IV, 44.
τρινύκτιον, IV, 371.
τριοδία, IV, 371.
τριπήχυιος, IV, 227.
τρίπους, IV, 356.
τρίς, voy. le thème τρι.
τρισκαίδεκα, II, 233.
τρίτος, II, 247.
τρίχα, τριχῇ, II, 254.
τριώβολον, IV, 371.
τρόμος, IV, 155.
τροφεῖον, IV, 214.
τρόφις, IV, 269.
τροχαλός, IV, 301.
τρόχις, IV, 268.
τροχός, τρόχος, IV, 254.
τρύγητος, τρυγητός, IV, 72.
τρυγών, IV, 274.
τρύφος, 211.
τρώγ, IV, 246.
τύ, voy. σύ.
τύμπανον, IV, 284.
τύνη, voy. σύ.
τυπάς, IV, 254.
τύπτω, III, 102, 108; τέτυφα, III, 227; τετυφός, I, 350; III, 160; τύψαις, II, 56; τύψας, I, 267; τέτυμμαι, I, 199· τύ-

πλοισι, τύπτοισα, III, 42.
τυρόεις, II, 29.
τυφώς, 337.
τυχ (rac.), τέτυγμαι, τέτυξαι, τέτυκται, 199.
Τύχων, IV, 283.
τωθάζω, III, 433.
τώς, II, 58.

ὕαινα, IV, 104.
ὑδρηρός, IV, 303.
ὕδωρ, III, 89.
ὑλήεις, IV, 322.
ὑπαρχόντασσιν, II, 83.
ὑπέρ, IV, 395, 399.
ὑπέρμορον, IV, 373.
ὕπνος, 56; II, 404; IV, 107.
ὑπό, IV, 390, 395.
ὗς, 349.
ὑσμίνη, IV, 35.
ὕστερος, ὕστατος, IV, 400.
ὕψι, IV, 400.

φᾶ (rac.), voy. φημί.
φαγ (rac.), φάγω, 317; IV, 224.
φαγή, 330; IV, 265.
φαεινός, IV, 99.
φαίνω : πέφασμαι, πέφανται, III, 200; φανήσειν, III, 276.
φᾱμί, voy. φημί.
φανερός, IV, 302.
φανός, IV, 254.
φαρμακοτρίβης, IV, 248.
φάσις, IV, 111.
φάσμα, III, 200.
φάτις, IV, 111.
-φατος, IV, 73.

GREC.

φειδώ, 329, 330.
φειδωλός, IV, 300.
φεισμονή, IV, 31.
φεν (rac.), IV, 73; έ-πε-
  φν-ον, III, 180, 214;
  IV, 73.
φενάκη, φέναξ, IV, 312.
φερέπονος, IV, 333.
φερέσβιος, φερεσσάκης,
  IV, 332.
φερεσ7άφυλος, IV, 334.
φέρετρον, IV, 64.
φερνή, IV, 97.
φέρω, φέρουσα, 280.
φεύγω, rac. φυγ; cf.
  έφυγον, 71, 232; III,
  132; πέφευγα, III,
  248.
φηγός, IV, 256.
φημί, rac. φᾱ, 241; III,
  88; έφησθα, φῆσθα,
  III, 45.
φῆμις, IV, 46.
φθίδιος, IV, 225.
φθονερός, IV, 302.
φθορά, 330; IV, 265.
φι = σφι (thème), II,
  292.
φιλ (rac.), 261; φιλέω,
  III, 462; πεφίληκα,
  III, 227.
φιλητός, IV, 76.
φίλητρον, IV, 63.
φιλόβοτρυς, IV, 333.
φιλόγαμος, IV, 333.
φιλοτήσιος, IV, 227.
φίλος, IV, 76.
Φίλντφ, 329.
φίν = σφίν, II, 292.
φλεγ (rac.), 151, 264.
φλεγμονή, IV, 31.
φλέγος, IV, 290, 296.

φλεγυρός, IV, 301.
φλέγω, rac. φλεγ, 151,
  264.
φλογμός, IV, 44.
φλόξ, 270, 290; IV,
  244.
φλύω, 262.
φοβερός, IV, 303.
φόβος, IV, 155.
φολιδωτός, IV, 84.
φονεύς, IV, xix.
φόνος, IV, 155.
φοξίχειλος, IV, 338.
φορά, 330; IV, 265.
φορμικτής, IV, 55.
φράδμων, IV, 32.
φράζω, 54.
φρέαρ, 351.
φρήτρηφιν, II, 21, 22.
φρικ, 290.
φρίσσω, 238; II, 193.
φρύγιος, IV, 225.
φρύγω, 223.
φρυκτός, IV, 73.
φυγ (rac.), voy. φεύγω.
φυγή, 330, IV, 265.
φυγόμαχος, φυγόπολις,
  IV, 333.
φύζα, 55.
φυλακίς, φυλάκισσα, 119.
φύλακος, IV, 312.
φυλλοσ7ρώτ, 245; IV,
  247.
φυξάνωρ, IV, 331.
φύξιος, IV, 227.
φυσιολόγος, II, 109; IV,
  336.
φυτός, IV, 73.
φύω, 262; III, 129;
  έφῦν, III, 264.
φωσφόρος, 337; IV,
  336.

φωταγωγός, 336.

χαίρω, 239, 316; II,
  193; III, 36; IV,
  347.
χαλαίνω, χαλάω, III,
  452.
χαλκεών, IV, 283.
χαλκίναος, χαλκίοικος,
  IV, 338.
χαμᾶζε, χαμάθεν, 51.
χαμαί, 51, 431.
χαμαλός, 51; IV, 303.
χανδάνω, έ-χαδ-ον, III,
  209.
χαρά, 330.
χαριξιόμεθα, III, 302.
χάρις, 318; IV, 267.
χάρμα, IV, 39.
χαρμονή, IV, 31.
χείλιοι, II, 243.
χείλων, IV, 283.
χεῖμα, 66.
χειμαίνω, III, 450.
χειμών, IV, 33.
χείρ, 202, 335.
χειρόδεικτος, IV, 73.
χειροποίητος, IV, 367.
χείρων, 239; II, 193;
  III, 36.
χειρωτός, IV, 76.
χελιδοῖ (vocatif), 329.
χέλλιοι, II, 243.
χέρνιψ, IV, 245.
χέρρων, II, 193.
χηλίοι, II, 243.
χήν, 42, 66.
χηρός, 243.
χῆτις, 243; IV, 111.
χῆτος, IV, 296.
χβαμαλός, 51.
χθές, 50; II, 374.

11

χθεσινός, IV, 99.
χίλιοι, II, 243.
χιών, 66.
χόανος, IV, 285.
χόδανος, IV, 285.
χρόνος, IV, 308.
χρυσόω, III, 442.
χρώννυμι, 248.
χυμός, IV, 44.
χύτλον, IV, 70.

ψάλτρια, 281.
ψευδής, IV, 298.

ψεῦδος, IV, 289, 298.
ψευσ̓ισ̓υγ, IV, 245.
ψεύσω, 209.
ψηγρός, IV, 299.
ψηφίς, 279.
ψιν = σφίν, II, 293.
ψυγρός, IV, 299.

ὦα, IV, 251.
ὠατωθήσω, III, 276.
ὧδε, 385.
ὠθέω, 240.

ὠθίζω, III, 103.
ὤϊον, IV, 251.
ὠκύπους, IV, 355.
ὠκύς, ὤκισ̓ος, II, 192;
    IV, 270, 271.
ὠμοβρώτ, IV, 90, 247.
ᾠόν, IV, 251.
ὤπ, IV, 245.
ὥρα, 118.
ὠρικός, IV, 317.
ὤροπον, III, 216.
ὡς, 385.

2° ALBANAIS.

ἀδα, II, 333.
ἀs̱tε̱, 45.

ἠjἀs̱-τε̱, II, 228.

grabit 66.

δίτε̱, II, 299.

es̱tε̱, 169.

ισ̄, III, 162, 163.
ισ̄νε, III, 163.
ίs̱tε̱, 169.

jam, 169.
jés̱ε̱ «eram», jés̱ε
    «eras», jés̱ε̱μ «era-
    mus», jés̱ε̱τε̱ «era-
    tis», III, 162, 163.

kå, 34.
kam, 34, 50.
kånε̱, kém, kêmi, kěmi,
    kênε̱, kêt, 34.
xjενε, xjεν, 301-302.
krimb, 135.
krüm, 50, 135.

μότρε̱, II, 323.

νάτε̱, 305.

pas, II, 50.

σιυjέτ, II, 299, 375.
σόντε, σοτ, II, 299.

υjεσ̄, 339.
υjετ, 339; II, 299.
υjετσ̄, 339; II, 299.
υjετσ̄άρ, 339; II, 299.

D. — LANGUES DE L'ITALIE.

1° OSQUE.

Abellaneís, 420.
Abellanuí, 337.
Abellanús, II, 41.
akum, IV, 154.

conventionid, 383, 384.

deikum, IV, 154.
dikust, IV, 152, 155.

dolud, 384.

eisak, 421.
eiseís, 421.

OSQUE, OMBRIEN. 163

eiso, II, 348.
eitiuvad, 384.
eituas, 427.
esaí, 435.
estud, III, 66, 376.

fefakust, IV, 150.
fuid, III, 330.
fusid, III, 310.
fust, III, 310; IV, 152.

Herentateí, 421.
Herentateís, 421.

idík, II, 327.
imprufid, IV, 379.
inim, II, 339.
iok, II, 326, 347.
ionk, II, 326, 328.
iúk, II, 327, 347.
izic, 79; II, 326, 347.

licitud, III, 66, 376.
ligatúis, II, 75.
ligúd, 384.

maimas, 427.
mallud, 384.
Maniúí, 377.
Maras, IV, 257.
medicim, II, 47.
medikei, 378; II, 47.
mefiaí, 50, 435.
moltas, 427.
moltaum, IV, 154.
múinikeí, 435.

nesimois, II, 75.
Núvlanúi, 377.
Nuvlanúis, II, 75.
Núvlanús, II, 44.

pas, II, 41.

praesentid, 384, 395,
  II, 47.
preivatúd, 384.
pruhibust, IV, 152.
pús, II, 41.

quaisturei, 378.
scriftas, 429; II, 41.
slaagid, 384.
staied, III, 330.
suvad, 384.

Tanas, IV, 257.
tereí, 435.
toutad, 383.
toutai, 379.
trúbarakavum, IV, 155.

viaí, 50, 435.

zicolus, II, 80.
zikolois, II, 75.

2° OMBRIEN.

Abellanum, II; 80.
afero, aferu, IV, 154.
Akeṛuniamem, 436.
ambrefurent, amprefus,
  IV, 152.
anglome, 437.
arvamen, 436.

buf, IV, 206.

carsome, 437.
covortust, IV, 152.

egmazum, 491; II, 79.
cine, II, 338.
eisazunk, II, 79.

eizuk, esuk, eizuc, II,
  347.
ene, enem, eno, enom,
  enu, enuk, enumek,
  II, 338.
erar, 421.
erek, II, 347.
erér, 421.
ero, erum, IV, 154.
esme, esmei, 371.
esuk, II, 347.
esumek, II, 339.
esunume, esunumen, 437.

fakurent, IV, 152.
fakust, IV, 152.

famerias, 427.
fuia, III, 330.
furent, fus, fust, IV,
  152.

ife, II, 21.
inuk, inumek, II, 338.
iust, IV, 152.

nomné, 378.
Noniar, 427.
Nuvlanum, II, 80.

patré, 378.
pertome, 437.
Pumperias, 427.

pusme, 371.

rubiname, 436.
ruseme, 437.

somo, 437.

tiom, II, 282.
to, II, 412.
tota, IV, 257.
toteme, 436.
tris, II, 15; III, 206.
tu, II, 411.

tuta, IV, 257.

vukumen, 437.

zicolam, II, 80.

3° LATIN.

ab, 92, 355; IV, 390.
abavius, IV, 363.
abdo, III, 277.
abiegnus, IV, 103.
abjicio, III, 20; abjectus, III, 36.
abnormis, IV, 351, 359.
abortio, III, 439.
abripio, 36.
abs, 196.
abscondo, IV, 317.
absens, 79; IV, 5, 7.
abspello, IV, 317.
abstineo, IV, 317.
abstraxe, IV, 148.
abundantia, IV, 51.
abusivus, IV, 235.
accepso, IV, 149.
accessus, IV, 165.
accúso, 40.
acer, IV, 304.
acetasco, III, 460.
acquíro, 40, 119.
acrimonia, IV, 35.
actuarius, IV, 324.
actus, IV, 165.
acuo, IV, 272.
acupedius, IV, 355.
acus, IV, 272.
ad, IV, 390.
ademo, ademsit, IV, 149.
adhuc, II, 341.

adipiscor, III, 42, 217.
adjectivus, IV, 235.
admisse, IV, 149.
admodum, IV, 372.
adveho, 132; advexe, IV, 149.
advena, IV, 255.
adversarius, IV, 324.
ædifico, IV, 330.
ægrimónia, IV, 35.
æi, æius, æorum, voy. is.
æquiparo, IV, 330.
ærarius, IV, 324.
æreus, IV, xvi, 321.
æs, IV, 262.
æstus, III, 439, 440, 445.
æternus, IV, 323.
ævum, 118.
affatim, IV, 372.
affero, 131.
Africánus, IV, 103.
aggredior, aggredíri, III, 459.
agilis, IV, 302.
agmen, IV, 38, 39.
ago, III, 204; égi, III, 182; axo, III, 315; IV, 149.
agrestis, IV, 117.
agricola, agricolum, II, 79.

alatus, IV, 84, 86.
albeo, III, 439.
albicomus, IV, 350.
Albis, Albim, 348.
albŏgalerus, IV, 334, 363.
albor, IV, 292.
alburnus, IV, 323.
alibi, 378; II, 11.
alicubi, 378; II, 371.
alicunde, II, 371, 409.
aliénus, IV, 102.
alimónia, alimónium, IV, 35.
alipes, IV, 356.
aliquis, II, 371; aliqua, II, 377.
aliquotiens, aliquoties, II, 252.
aliter, II, 196.
aliubi, II, 409.
aliunde, II, 407.
alius, 55, 58; II, 352.
aliuta, II, 417.
almus, IV, 45.
alter, 311; II, 196, 351.
altisonus, IV, 87.
altitudo, IV, 87.
altus, 287; vieux latin ablatif altod, 383.
alumnus, 400; III, 79; IV, 29.

alvus, IV, 256, 306.
am- (dans *amplector*, etc.), IV, 39.
amans, 138.
amaresco, III, 460.
amaritudo, IV, 302.
amaror, IV, 292.
amasco, III, 461.
amb- (*amb-itus*), IV, 391.
ambages, IV, 267.
ambagio, IV, 217.
amb-eo, IV, 391.
ambivium, IV, 370.
ambo, II, 9, 180, 350, 409; *ambóbus*, II, 74; *ambábus*, II, 74.
ambulacrum, IV, 61.
amicio, IV, 392; *amicibor*, III, 157.
amicitia, IV, 112, 114.
amiculum, IV, 301.
amicus, IV, 311; *amicibus*, II, 74.
amissis, IV, 149.
amo, 257; II, 371; *amatus*, IV, 75; *amatum*, IV, 167.
amor, 65, 339; IV, 292, 293.
amphora, génitif pluriel *amphorum*, II, 79.
amplector, IV, 392.
ampiius, IV, 374.
an, II, 344.
an- (dans *anfractus*), IV, 391.
angor, IV, 292.
anguicomus, IV, 356.
anguipes, IV, 356.
anguis, 134; IV, 269.
angustus, IV, 295.

anima, 263.
animadverto, IV, 330.
animus, 263; IV, 45.
annus, IV, 392.
anser, 42.
ante, IV, 389.
anteloquium, IV, 363.
antepes, IV, 363.
antestamino, III, 80.
antistes, IV, 247.
appendix, IV, 311.
aratrum, IV, 64.
arborárius, IV, 324.
arboresco, III, 460.
arborétum, IV, 85.
arbós, 338.
arcesso, III, 460.
argenteus, IV, xvi, 321.
argentum, 400, 419.
argumentum, IV, 41.
aro, III, 117.
ars, 335.
artifex, IV, 246.
artificium, IV, 214.
arundo (*-din*), 320.
asinus = gothique *asilus*, lithuan. *ásilas*, v. slave *oselŭ* (thème *oselo*).
asporto, 210.
assideo, 41, 131.
assiduus, IV, 306.
astútus, IV, 84.
atavus, II, 417.
atricolor, IV, 355.
atticisso, III, 459.
attraho, 132.
auctor, 333.
auctumnus, 266.
aucup (thème), IV, 246.
aucupo, 38.
audacter, II, 179.
audeo, *ausim*, IV, 149.

audio, 255; *audibo*, III, 157; *audibant*, III, 157; *auditum*, IV, 167; *auditus*, IV, 75.
aufero, II, 357, 365; IV, 392.
aufugio, II, 357, 365; IV, 392.
augur, IV, xxv.
augurális, IV, 303.
aulicus, IV, 317.
auresco, III, 460.
aureus, IV, 321.
aurifodina, IV, 365.
aurifur, IV, 365.
aurítus, IV, 84.
auróra, 71, 337; IV, 287.
aurum, 71.
auspex, IV, 334.
aut, II, 357.
autem, II, 307; III, xxxv.
avernus, IV, 393.
averuncassere, IV, 152.

baculus, IV, 61.
balbus, 61.
barbaria, *barbariés*, IV, 218.
barbatus, IV, 84.
bellicus, IV, 317.
Bellóna, IV, 104.
bene, IV, 147.
benedico, IV, 330.
benedicus, IV, 363.
bi-, II, 218.
bibo 1° *bibo* (verbe), 246; *bibi*, *bibitum*, III, 209. 2° *bibo* (substantif), 320.
biceps, II, 218.
bicornis, IV, 351.

bicorpor, IV, 352, 356.
bidens, II, 218; IV, 356.
biduum, IV, 370.
biennis, II, 42.
biennium, IV, 370, 371.
bijugis, II, 42.
bilinguis, IV, 351.
binoctium, IV, 370.
bipes, IV, 356.
bis, II, 218, 241, 260.
bôs, génitif pluriel *boverum*, II, 79.
bovînus, IV, 102.
bucco, IV, 281.

caco, 351.
cadîvus, IV, 306.
cado, *câsum*, 203.
cadúcus, IV, 311.
cæcus, II, 214.
cædés, 314; IV, 267.
cæsariês, IV, 281.
cæsim, IV, 114.
cæso, IV, 281.
calveo, III, 439.
campestris, IV, 117.
candéla, IV 299.
candeo, IV, 299.
caneo, III, 439.
canis, 62, 293, 321; II, 45, 260; variante *canés*, I, 316.
canitia, *canitiés*, 177.
cano, IV, 276; *cecini*, 36, 111, 180, 181, 214, 224, 242; *cantum*, I, 203.
capacia, IV, 218.
capesso, III, 460.
capillus, IV, 120.
capio, 240; III, 111; IV, 217; *cépi*, III,
181, 215, 223, 242;
capso, IV, 149.
capistrum, IV, 69.
capito, IV, 281.
captívus, IV, xvi, 235.
carbonesco, III, 460.
careo, *carint* (=*careant*), III, 341.
caritas, IV, 302.
carnâlis, IV, 303.
carnifex, IV, 246.
carnificina, IV, 102.
carnivorus, 311; IV, 366.
carus, 311; IV, 299.
castigo, III, 457.
castimônia, IV, 35.
Castor, génitif *Castorus*, 413.
castrum, IV, 64.
câsus, IV, 165.
causidícus, 233.
cedo, *cessi*, 202; *cessum*, 202.
celebresco, III, 460.
celer, 321; IV, 304.
celox, IV, 311.
censeo, *censum*, 203.
censorius, IV, 228.
centum, II, 239.
cerasum, IV, 263.
Cerés, 316, 340; génitif *Ceresus*, 413.
cerimônia, IV, 35.
cerno, III, 107.
certamen, IV, 39, 138.
ceterus, II, 178.
cinctûtus, IV, 84.
cinereus, IV, 321.
cingulum, IV, 301.
cinis, IV, 297.
cis, II, 178, 377.
citra, II, 178, 377.

civicus, IV, 317.
clamo, 61, 261; III, 421, 422.
clamor, *clamós*, 339.
claresco, III, 461.
clarigo, III, 457.
classicus, IV, 317.
claudo, *clausi*, III, 429.
claustrum, 202; IV, 64.
cluo (rac. *clu*), 261; III, 421.
clûtus, 123; IV, 73.
cocles, II, 214.
coctio, IV, 112, 114, 115, 220.
coctívus, IV, 235, 236.
coctor, III, 298.
cœlestis, IV, 117.
cœlicola, IV, 255, 256, 259, 334.
cœlicus, IV, 317.
cœlitus, II, 411.
cœnaturio, III, 458.
cœno, III, 439, 445.
cognomentum, IV, 41.
collega, IV, 255.
collído, 40.
collígo, 41, 131.
colloquium, IV, 213.
colo, *cultum*, 203.
coloro, III, 439
columba, 164.
combibo (substantif), IV, 275.
comedo, *comésum*, 202.
com-es, *com-it-is*, IV, 247.
comestura, 202.
comestus, 202.
commodum, IV, 374.
commodus, IV, 360.
communio, IV, 218, 220.

communis, IV, 360.
con- au commencement des composés possessifs, IV, 360.
concha, 47.
concludo, 40, 284.
concolor, IV, 360.
concordia, IV, 218.
concors, 335; IV, 351, 360.
conculco, 39, 234.
concupiscor, III, 461.
concutio, 138; II, 371; *concussi*, 100.
condo, III, 277.
confero, 131.
confertim, IV, 114.
confinis, IV, 360.
conformis, IV, 360.
conjugium, IV, 213.
conjunctivus, IV, 236.
conjux, 290; IV, 246.
connubium, IV, 213.
conscriptes (vieux latin), II, 40.
conserva, IV, 363.
consideo, 131.
consors, IV, 360.
consortium, IV, 213.
consudasco, III, 461.
consulatus, IV, 319.
consumse, IV, 148.
contagio, IV, 217.
contagium, IV, 213.
contiguus, 36; IV, 306.
contingo, 234; II, 340; III, 217; *contactus*, 36.
continuo, 387; IV, 376.
contrâ, 387; II, 182.
contrarius, IV, 324.
contubernium, 38.

conventionid (vieux lat.), 383.
convivium, IV, 213.
coquo, 60, 134; *coctum*, 31.
coctus, IV, 77.
coquus, IV, 255, 306.
cor, 24, 66; II, 373.
corám, IV, 408.
cordâtus, IV, 84, 86, 102.
cornesco, III, 460.
corpus, 350; IV, 26, 296.
cosmitto, 196.
cras, 59; II, 375.
crastinus, IV, 322.
creatura, IV, 26.
crédo, 250; III, 204, 277; *crédidi*, III, 158.
creo, 419; IV, 26, 61.
crepusculum, III, 425.
cresco, *crévi*, *crétum*, 59, 260; II, xvi.
crînis, 260; IV, 120.
-cubus, IV, 255.
cujas, II, 370.
cujus, *cuja*, II, 394.
cujatis, II, 370.
cum, II, 182; III, 198, xxxv; IV, 412.
cumulus, 260; IV, 49.
cupidus, IV, 75.
cupio, 240.
cura, IV, 265.
curro, *cucurri*, III, 180, 214; *cursum*, 203.
currus, IV, 272.
cursim, IV, 114.
cursus, IV, 165.
custodio, *custodîbant*, III, 157.

cutis, IV, 296.

dativus, IV, 236.
dâtrix, 301.
deargentassere, IV, 152.
decem, 62; II, 228, 77.
decemvir, IV, 363.
deciduus, IV, 306.
declivus, IV, 306.
decôrus, IV, 263.
demo, *dempsi*, *demptus*, 196.
demolio, *demolibor*, III, 157.
démum, II, 309.
démus, II, 309.
déni, II, 240.
dénique, II, 311, 415.
dentatus, IV, 84.
denuntio, *denuntiamino*, III, 80.
depeculassere, IV, 152.
desidia, IV, 213.
deus, génitif plur. *deum*, II, 79; datif plur. *diibus*, II, 74.
dexter, 63; II, 178.
dexterior, II, 179.
dextimus, II, 179; *dextumus*, II, 188.
dico (rac. *dîc*), 127, 232, 265; III, 187, 342; futur *dicem*, III, 342; *dicebo*, III, 157; impératif *dic*, III, 375; parfait *dixi*, III, 185, 186; *dixis*, *dixe*, IV, 149; participe *dictus*, IV, 73; supin *dictum*, IV, 166.
dictatored (vieux latin), 383.

TABLE DES MOTS.

-dĭcus, IV, 255.
diés (diei), II, 310.
difficilis, IV, 363; difficile, 374.
difformis, IV, 351.
dignus, IV, 97.
diluviés, III, 212; IV, 217.
diluvium, III, 212; IV, 213.
dimidius, II, 215.
disciplína, IV, 102.
disco, III, 423.
dissidium, IV, 213.
dissimilis, IV, 363.
ditesco, III, 460.
diú, II, 310.
diutinus, IV, 323.
divido, divísi, 201; III, 429; divisse, III, 203; divísum, I, 203.
divum, sub divo, 284.
do (rac. da), 243; III, 401, 83, 84; dăbam, dăbo, III, 158; duim, III, 204, 323; datus, IV, 73; datum, IV, 166.
doceo, III, 423; docui, IV, 39, note; doctum, IV, 39, note, 167, remarque.
docilis, IV, 302.
doctrína, IV, 102.
documen, documentum, IV, 39.
dolor, 65.
dominicus, IV, 317.
domino, III, 439, 445.
domo, IV, 76; domitus, IV, 73.
dônec, II, 307, 415.

dónicum, II, 307, 415.
dormio, IV, 46; dormibo, III, 157.
dúco (rac. dŭc), 124, 232, 233, note 3; impératif duc, III, 365, note 1; ductus, IV, 165; ductum, IV, 166.
dudum, II, 307.
dulcesco, III, 460.
dum, II, 307, 309.
duo, II, 9, 217; duóbus, II, 74; duábus, II, 74.
duodecim, II, 233, 236.
duodecĭmus, II, 245.
duomvires (vieux latin), II, 40.
dux, 124, 270, 290; IV, 246.

eburnus, IV, 102.
edax, 290; IV, 311.
edo 1° edo (verbe), 263; és, edimus, estis, III, 83; est, I, 202; III, 83; estis, I, 202; edim, III, 323; essem, III, 359, 360; édi, III, 182; ésum, I, 202; IV, 166.
   2° edo (substantif), 320; IV, 275.
effigia, effigiés, 177.
egénus, IV, 97.
ego, II, 255; egomet, II, 270; génitif mei, II, 259, 278; datif mihi, I, 66, 378; II, 11, 259; accusatif mé, II, 259; memet, II, 270;

med, I, 384; ablatif mé, II, 259; nós, II, 270, 301; III, 21; nosmet, II, 270; nostri, II, 286, 394; nostrum, II, 286, 394; nobis, II, 16.
egregius, IV, 228.
emem (vieux latin = eundem), II, 335.
emo, IV, 79; émi, III, 182.
enim, II, 340.
ens, IV, 5, 7.
ensis, II, 14; IV, 24, 268.
eo (rac. i), 242, 260; II, 328; iens, euntem, II, 328; itum, IV, 166.
eó (adverbe), 389.
equa, equábus, II, 74.
equ-es, equ-it-is, IV, 247.
equio, III, 459.
equus, 57; IV, 305.
erigo, 41.
errabundus, IV, 52-53.
erro (substantif), 320; IV, 275.
escas (génitif), 426.
escit (vieux latin), voy. sum.
esurio, III, 458.
ex, IV, 394.
exactus, 36.
exanimis, IV, 359.
exaquesco, III, 460.
excello, IV, 304.
excedo, excessis, IV, 149.
excidium, IV, 213.
excubiæ, IV, 217.

LATIN.

exercitium, IV, 116.
exercitus, génitif *exercituus*, 413.
eximius, IV, 225.
exitium, IV, 115.
expers, 36; IV, 359.
expugnassere, IV, 152.
exsanguis, IV, 352, 359.
exsequiæ, IV, 217.
exsugo, exsugebo, III, 157.
exterior, II, 179.
externus, IV, 102.
extimus, II, 176; IV, 400.
extinguo, extinxem, extinxit, IV, 149.
extrà, 387; II, 181.

facilis, IV, 302; *facile*, I, 277; IV, 374.
facillimus, II, 177; *facilumed*, IV, 379.
facinus, IV, 289.
facio, 57; III, 423; futur *faciem*, III, 342; *féci*, III, 181, 214; *faxim*, I, 405; III, 359; *faxem*, III, 359; IV, 149; *faxo*, IV, 149; *facteis* (vieux latin), II, xvi, 40.
fagus, IV, 256.
fallax, IV, 311.
fallo, falsum, 203.
fâma, 317; IV, 46.
famélicus, 317.
familia, génitif *familias*, 426; datif *familiai*, 379.
famulus, IV, 49.

fāri (rac. *fâ*), 242; *famino*, III, 80.
fecundus, III, 80.
femina, III, 80; IV, 58.
fendo, IV, 42.
fer, IV, 255.
ferinus, IV, 102.
fermentum, IV, 45.
fero (rac. *fer*), 242; *fers*, III, 46, 83; *fert*, III, 60, 83; *ferimus*, III, 83; *fertis*, III, 48; impératif *fer*, III, 375; imparfait du subj., III, 359; infinit. *ferre*, IV, 144.
ferocia, IV, 218.
ferocio, III, 439.
ferox, IV, 311.
fertus, IV, 73, 75.
férus, 311.
ferveo, IV, 45.
fervidus, IV, 74.
fetura, III, 80.
fetus, III, 80.
-ficus, IV, 255.
fides, 35, 233.
fidicen, 320.
fido (rac. *fid*), 35, 71, 147, 211, 233, 264.
fidŭcia, IV, 311.
fidus, IV, 255.
figo, fixum, 202.
figulus, IV, 301.
fimbridius, IV, 84.
fimêtum, IV, 85.
findo, 232, 246; *fidi*, III, 208; *fissum*, I, 202; IV, 166.
finio, III, 439.
finis, IV, 120.

fio, III, LXXXII, 405.
firmus, IV, 45.
fissio, IV, 114.
fissipes, IV, 355.
flagro, 151, 264.
flamen, 320.
flamma, 264, 317; IV, 46.
flammesco, III, 460.
flecto, III, 109.
flexanimus, IV, 334, 355.
flô (rac. *flâ*), 61, 242; III, 216; *flâtum*, IV, 166.
Florentia, IV, 229.
floreus, IV, xvi, 321.
flôs, 338.
flosculus, 338.
fluctuo, III, 439, 445.
fluidus, IV, 74.
flumen, IV, 38.
fluo (rac. *flu*), 59, 262.
fluor, IV, 292.
flustrum, IV, 64, 69.
fodio, 459; *fodiri*, III, 459, note 1; *fôdi*, III, 180, 214.
fœderifragus, IV, 338.
fœdus, 34, 71, 338; IV, 291.
forceps, IV, 247.
forma, IV, 31.
formosus, IV, 20.
formus, IV, 45.
fortis, IV, 45.
fractio, IV, 114.
fractura, IV, 313.
fragesco, III, 461.
fragilis, IV, 302.
fragmen, IV, 39.
frango, frégi, III, 181,

214; *fractum*, IV, 166.
-*fragus*, IV, 255.
fráter, 116.
fremébundus, IV, 53.
fremor, IV, 292.
frico, frictum, IV, 166; *frictus*, IV, 73.
frigidus, IV, 74.
fronto, IV, 281.
fructifer, 40; IV, 334.
fructuosus, IV, 20.
fruor, fruimino, III, 80.
fu, rac. qui remplace *es* «être», 263; *fuam*, III, 129, 154, 310; *fuas, fuat, fuant*, III, 129; *fui*, III, 129, 154, 190; *fuvi, fuvimus, fuvisset*, III, 129, 212; *fueram*, III, 290; *fore*, III, 155.
fuga, IV, 265.
fugio, fugi, III, 180.
-*fugus*, IV, 255.
fulcimen, IV, 39.
fulcrum, IV, 61.
fulgeo, 151, 264.
fulgetra, fulgetrum, IV, 64.
fulgidus, IV, 74.
fulgor, IV, 292.
fulgur, IV, 296.
fulmen, IV, 38.
fumigo, III, 457-458.
fumus, 45, 50; II, 180; IV, 45.
fúnis, IV, 120.

Galba, IV, 257.
Gallia, IV, 229.
gallina, IV, 102.
gaudium, IV, 213.
gelasco, III, 460.
gemébundus, IV, 52, 53.
géminus, III, 80; IV, 36.
gemisco, III, 461.
gener, IV, 301.
generasco, III, 461.
genitivus, IV, 236.
genitor, 334; III, 298; IV, 55.
genitrix, 278, 301.
genitura, IV, 52.
genius, IV, 225.
genú, 350.
genus, 296, 338, 350; IV, 194, 296.
-*ger*, IV, 255.
Germania, IV, 229.
germen, IV, 36, 38.
gero 1° *gero* (verbe), 202; *gessi*, 201; *gestum*, 203.
2° *gero* (substantif), IV, 275.
gerulus, IV, 301.
gigno (rac. *gen*), 246; *genitus*, IV, 73; *genitum*, IV, 166.
gingrio, III, 437.
-*ginta*, dans les noms de nombre, II, 239.
glúma, IV, 46.
glúten, 249.
Gnœus, II, 328.
gnarus, 259; IV, 299.
gnateis (vieux latin), II, 40.
Græcia, IV, 229.
græcisso, III, 459.
grátus, 202.
gravis, 130; IV, 271;

gravius, I, 338, 350.
grus, gruis, gruem, 349.
gula, III, 438.
gulo, IV, 281.
gurgulio, III, 438.
gustus, 265.

habeo, 256.
haurio, IV, 65.
haustrum, IV, 65.
hemo, IV, 33; *hemonem*, I, 320.
herbesco, III, 460.
heri, 50; II, 374.
hesternus, 50; II, 374; IV, 323.
hic (pronom), II, 300, 347, 377; *hæc*, 377, 379; *hoc*, 378; *huic*, 347; *hunc*, 300, 347; *hôc*, 347.
hic (adverbe), II, 377.
hicce, II, 377; nominatif pluriel *hisce* (vieux latin), II, 40.
hiems, 66.
hilaris, 316.
hinc, II, 410.
hirundo (*hirundin*), 320.
Hispalis, Hispalim, 348.
hodie, II, 309, 366.
hodiernus, IV, 323.
homicida, IV, 339.
homo, 320; IV, 33, 276; *homónem*, I, 320.
honestus, IV, 84.
honorificus, IV, 338.
honórus, IV, 263.
hordus, II, 12.
hornus, II, 373, 381.
horrificus, IV, 338.
hospes, IV, 116.

hosticus, IV, 317.
hostis, 309; II, 127; IV, 116.
humus, III, 41; IV, 256, 310.

ibi, 378; II, 11, 326, 376; IV, 391.
idem, II, 306, 310.
igneus, IV, 321.
ignis, IV, 119.
ilignus, IV, 103.
ille, 55; II, 39, 300, 377.
illic, illíc, II, 376.
illim, II, 409.
illinc, II, 410.
illó, 389.
im=eum, voy. *is*.
imago (imagin), 320.
imbellis, IV, 266, 351, 357, 358.
imberbis, IV, 266, 302, 357, 358.
imbricitor, III, 365.
immó, II, 271, 308, 326.
immunis, IV, 267, 360.
imperatorius, IV, 228.
impetrassere, IV, 152.
impleo, IV, 248.
impotens, IV, 358.
in, II, 350, 409; IV, 397.
in- (privatif), III, 172.
incendium, IV, 213.
incensit, IV, 149.
incesso, III, 460.
incipisso, III, 459.
incrementum, IV, 41.
incubus, IV, 255.
incus, IV, 247.

inde, II, 350, 409.
index, IV, 247.
indigena, IV, 247, 255.
indiges, IV, 247.
induco, induxis, IV, 149.
inedia, IV, 217.
inermis, 36, 38; IV, 302, 351, 357.
iners, 335; IV, 357.
inertia, IV, 218.
infantia, IV, 218.
infelix, IV, 363.
inferior, 50.
infernus, IV, 103, 393.
inferus, II, 180.
infimus, 50; II, 180.
infra, 50.
ingenium, IV, 225.
ingenuus, IV, 306.
initium, IV, 114.
inimícus, 36; IV, 363.
injexit, IV, 149.
inopia, IV, 218.
inops, IV, 357.
inquam (rac. *qua*), 242; III, 8, 128.
insidiæ, IV, 217.
insipidus, 36; IV, 363.
insomnis, IV, 357.
insulánus, IV, 103.
insulsus, 38; IV, 363.
integer, IV, 299.
intelligo, intellexes, IV, 149.
inter, II, 179, 180, 350; IV, 397.
interdius, II, 310.
interior, II, 179.
interitus, IV, 165.
internus, IV, 102.
interregnum, IV, 363.
interrex, IV, 363.

intimus, II, 176, 177; IV, 400.
intrá, II, 181.
intus, II, 180.
inuádo, inuási, IV, 149.
involucre, IV, 61.
ipse, II, 39, 293, 300; *ipsus*, II, 300.
irascor, III, 460.
is, 313; II, 326; *ea*, II, 326; *id*, I, 92, 344, 357; II, 326; *éjus*, II, 327; *aeius*, II, 327; *ei* (datif), II, 327; *aei*, II, 327; *eum*, II, 327; *im*, I, 346; II, 40, 326; *eo* (ablatif), II, 327; nominatif pluriel *eis* (vieux latin), II, 41; génitif *eorum*, II, 328; *œorum*, II, 327; datif-ablatif *ibus*, II, 326; *eabus*, II, 327.
iste, II, 39, 295, 300; *istud*, I, 140, 344, 356; II, 302; *istíus*, II, 295; *istí* (datif), I, 379.
istic, istíc, II, 376.
istim, II, 409.
istinc, II, 410.
ita, II, 325, 342, 417.
Italia, IV, 229.
item, II, 326; III, xxxv.
iterum, II, 178, 325, 326, 352.
itĭdem, II, 418.
itio, IV, 114.

jacio, III, 423.
jam, II, 326, 365, 415.

janitor, IV, 320.
jecur, 24, 56, 351.
jejunium, IV, 213.
jocus, IV, 155.
jubeo, jussi, 201.
judex, 233; IV, 247.
jugum, IV, 255.
jumentum, IV, 117.
junctio, IV, 112, 114.
junctura, IV, 51.
jungo, 54, 246; *junctum*, IV, 166; *junctus*, IV, 73, 77.
junior, IV, 88.
júnix, 301.
Júpiter, 284; *Jovi*, 284; *Jovem*, II, 310; *Joverum*, II, 79.
jurgo, III, 457.
jús «jus», 172; III, 328.
justitia, IV, 112.
justus, IV, 84.
jútum, IV, 166.
juvenesco, III, 460.
juvenis, 293, 321; II, 45.
juventa, IV, 86, 88.

labesco, III, 461.
labes, IV, 267.
labio, IV, 281.
labium, IV, 284.
labor, labós, 339.
lac(t), 285.
lacero, 62.
lacesso, III, 459.
lacrima, 51.
lædo, læsi, III, 429.
languor, IV, 290.
laniéna, IV, 102.
laniger, IV, 259, 334.

lapis, lapiderum, II, 79.
lapidesco, III, 460.
lapidosus, IV, 20.
larignus, IV, 102.
lascivibundus, IV, 53.
lascivio, III, 439.
laudo, III, 439.
latus, 45.
lavacrum, IV, xx, 61.
lavo, III, 421.
legirupa, IV, 255.
lego, legí, III, 180, 214.
-legus, IV, 255.
leibereis (vieux latin), II, 40.
lénis, IV, 120.
lepus, 338.
levámen, IV, 39.
levasso, IV, 151.
levigo, III, 457.
lévir, 34, 311.
levis, IV, 372.
lex (leg), 270, 290.
libet, III, 112.
lien, liénis, 320.
lignum, 38, 51.
ligo, IV, 372.
lingo, 50, 66.
lino, III, 107.
linquo (lic), 155, 247.
lippio, III, 439.
litigo, III, 457.
locuples, IV, 334.
longimanus, IV, 351.
longipes, III, 460.
longisco, III, 460.
longitudo, III, 460.
loquax, IV, 312.
loquor, 31, 60, 134; IV, 284; *locútus*, II, 371.
-loquus, IV, 255.

lubet, III, 112.
Luccéjus, IV, xvi, 321.
luceo, 58.
lucerna, IV, 323.
lucidus, IV, 74.
lucrum, IV, 61.
ludicer, ludicrus, IV, 61.
ludius, IV, 228.
ludus, IV, 155.
lumen, IV, 36, 39, 120.
lumino, III, 439, 445.
luminosus, IV, 20.
luna, IV, 120.
lustrum, IV, 64, 69.
lux (lúc), 58, 290; IV, 245.

magis, II, 14, 188, 195, 199.
magister, II, 188; pluriel *magistres* (vieux latin), II, 40.
magnanimus, IV, 355.
magnifico, IV, 330.
magnus, IV, 97, 309.
major, 281; II, 194, 195; *majósibus*, II, 187; *majus*, I, 338.
male, IV, 147.
maledico, IV, 330.
maleficus, IV, 363.
malluviæ, IV, 334.
malo, II, 396.
manceps, IV, 246.
mandúcus, IV, 312.
máne, IV, 323.
maneo, mansi, III, 180, 184; *mansum*, I, 203.
manipulus, 40; IV, 334.
manstutor, 195.
manus, IV, 309.

LATIN.

mare, 61, 277, 350; marid (vieux latin), 384; II, xvi.
marínus, IV, 102.
marítus, IV, 84.
Marius, IV, 228.
Marticultor, IV, 365.
más, 338.
masculus, 338.
maternus, IV, 102.
matresco, III, 460.
matrimónium, IV, 35.
matróna, IV, 104.
matutínus, IV, 323.
maximus, II, 176.
medicus, IV, 312.
medius, 50, 310.
melior, meliósibus, II, 187.
Mellóna, Mellónia, IV, 104.
memini, 219; III, 419.
memor, 327.
mendacium, IV, 214.
mens, IV, 115.
mensis, 341; II, 14; IV, 24.
mergo, mersum, 203.
mergus, IV, 255.
merídies, 51, 422; IV, 363.
meróbibus, IV, 334.
merus, 311.
messis, IV, 115.
-met (egomet, memet), II, 270.
metuo, III, 463.
meus, II, 392.
mille, II, 243.
mingo, 50, 155; mictum, IV, 166.
minister, II, 188; pluriel ministris (vieux latin), II, 40.
minor, II, 188, 196, 198, 212; minus, II, 14, 188, 196, 199, 206.
minuo, III, 463.
mirabundus, IV, 53.
miraculum, IV, 62.
miror, 261.
mirus, 261, 311.
misereor, III, 439, 446.
misericors, IV, 351.
miserimónium, IV, 35.
missio, IV, 220.
mistura, IV, 51.
mitigo, III, 457.
mitto, mísi, 201.
módus, 339.
mola, IV, 255.
molitus, IV, 74.
molimen, IV, 39, 138.
mollis, IV, 271.
moneo, III, 419; monĭtum, IV, 167; monĭtus, IV, 74, 76.
monimentum, IV, 39.
montánus, IV, 103.
monumentum, IV, 39, 41.
monstrum, 195; IV, 64.
Morbónia, IV, 104.
mordeo, 24, 249; momordi, III, 180, 226, 242.
morior, 32; III, 405; morímur, III, 459; mortuus, I, 24; II, 230. Cf. III, lxxxii.
mors, IV, 115.
mós, 338.
motio, IV, 220.
mulceo, mulsi, 201.
mulctra, mulctrum, IV, 64.
mulgeo, mulsi, 200.
mulgétra, mulgétrum, IV, 64.
multicaulis, IV, 355.
multicolorus, IV, 360.
multicomus, IV, 350.
multiformis, IV, 266.
multigenus, IV, 352.
multiplex, II, 74.
multivius, IV, 350.
multum, IV, 374.
mundities, IV, 116.
munificus, IV, 334.
múnus, IV, 267, 289.
murus, 311.
mús, 123, 338.
muscerda, 338; IV, 336, 363.
muscipula, 338; IV, 300, 336.
musculus, 338.

nam, II, 338, 339.
nanciscor, III, 461.
nascor, II, 371.
naso, IV, 281.
nasútus, IV, 84.
natívus, IV, xvi, 235.
naufragus, 288; IV, 255, 334.
nauta, 288; IV, 256.
navalis, navaled, 383.
navigo, III, 457.
návis, 58, 284, 288.
ne, II, 341, 342, 343, 358.
nec, II, 358, 379.
neco, 305; III, 421.

necto, III, 109; nexum, I, 203.
nefandum, nefas, II, 341, 343.
nefastus, IV, 84.
nefunus, II, 341.
negotium, IV, 363.
nemo, II, 342.
nempe, II, 340; III, xxxv.
nénu, II, 342; IV, 384.
nepós, IV, 57.
neptis, IV, 57.
neque, II, 343, 358.
nequeo, II, 343.
nequis, II, 377.
Nerva, IV, 257.
neuter, II, 177.
nex, 49, 305; IV, 245.
ni- (dans nisi, etc.), II, 341.
nigror, IV, 292.
nihil, II, 341.
nisi, II, 341.
nitidus, IV, 74.
noceo, 305.
nocivus, IV, 306.
noctesco, III, 460.
nocticolor, IV, 338.
nocturnus, IV, 323.
nocuus, IV, 306.
nolo, II, 415, 417.
nómen, 339; génitif nóminus (vieux latin), 413.
nomenclator, IV, 338.
nominátim, IV, 115.
nomino, III, 439, 444.
nón, II, 342.
nónáginta, II, 239.
Nonia, IV, 228.
Nonius, IV, 228.

nónus, II, 230, 239.
nosco, II, 371; III, 429, 430, 431; nóvi, I, 259; nótum, IV, 166; nótus, IV, 72.
noster, II, 270.
nové, IV, 376.
novem, 31; II, 228, 230.
novus, 31.
nox, 32, 305; II, 417.
noxius, IV, 228.
nubés, 314; IV, 267.
nudius, II, 310.
num, II, 340.
Numa, IV, 257.
nunc, II, 309, 338.
nuncupo, 38; IV, 330.
nupturio, III, 458.
nůrus, 337.
nux, nucerum, II, 79.

ob, II, 179; IV, 392.
obdormisco, III, 461.
obescit, III, 461.
obex, IV, 246.
obiter, II, 179.
objexim, IV, 151.
obsequium, IV, 214.
obsidio, IV, xvi, 217.
obsidium, IV, 214.
obsolesco, 196.
obviam, II, 179; IV, 372.
occido, 40.
occiduus, IV, 306.
occupo, 38; IV, 330.
ócissimus, II, 192.
Octavia, IV, 228.
Octavius, IV, 228.
octávus, II, 229, 245.
octo, 31; II, 229.
october, II, 218.

octóginta, II, 239.
óculus, 265; II, 213; IV, 245, 278.
odium, IV, 214.
odor, 65; IV, 292.
oinos, II, 210, 339.
olitor, IV, 320.
olle, II, 377; olloes (vieux latin) = illis, II, 75.
olus, IV, 296.
opera, IV, 288.
opifex, IV, 267, 320, 338.
opperio, opperibor, III, 157.
oppidánus, IV, 103.
optimus, II, 176, 183; IV, 400.
opulens, 318.
opulentus, II, 397.
opulesco, III, 461.
opus, 296; IV, 267, 296.
orbátio, IV, 220.
Orbóna, IV, 104.
orcinus, IV, 102.
ordo, II, 250.
origo (origin), 320.
ortus, IV, 165.
ós, oris, 338.
oscen, 320.
ostendo, 210; IV, 317.
oviparus, 311; IV, 255.
ovis, 32, 57, 343; pluriel ovés, 76.
óvum, IV, 251.

pabulum, IV, 45.
pæninsula, IV, 363.
pallesco, III, 461.
palmáris, IV, 325.
palmárius, IV, 325.

pallidus, IV, 74.
pānis, IV, 120.
parco, parsum, 203.
parcus, IV, 255.
paries, IV, 247.
pario, peperi, 131; *partum*, 203; *parîre*, III, 459.
pariter, II, 179.
parricida, IV, 255, 256.
pars, 335.
parturio, III, 458.
-*parus (oviparus)*, 311; IV, 255, 409.
parvus, parvibus, II, 74.
pasco, pavi, IV, 33, 45, 120.
passim, IV, 114.
passus, IV, 114.
pater, 155.
paternus, IV, 102.
patior, 150.
patricus, IV, 317.
patrisso, III, 459.
patritus, IV, 84.
patrius, IV, 228.
patrôna, IV, 104.
patronatus, IV, 319.
pauperia, pauperiés, 177; IV, 218.
pax, 270; IV, 245.
pecten, 320; IV, 275.
pecto, III, 109.
pecû, 350.
pecuînus, IV, 102.
pecus, 44, 291, 338; IV, 296.
pedica, IV, 317.
pedisequus, IV, 317.
pedo (substantif), IV, 281.
pellex, 270; IV, 246.

pello, III, 36, 426; *pepuli*, III, 208.
pendex, IV, 311.
pendo, pensum, 203.
per, IV, 406.
perdo, III, 277; *perduim*, III, 340.
pereger, II, 353.
perendie, IV, 406.
peregrînus, II, 353.
perendinatio, II, 353.
perendino, II, 353.
perendinus, II, 353.
perennis, 75.
perperus, II, 354.
perficio, perfectus, 36.
perfidia, IV, 218.
permagnus, IV, 363.
perniciés, IV, 217.
perpetuo, 385, 387; IV, 376.
perspicuus, IV, 306.
pertica, IV, 311.
pessumdo, III, 278.
petisso, III, 459.
Petréjus, IV, 321.
piaculum, IV, 62.
-*piam (quispiam)*, II, 378.
piceus, IV, 321.
piger, IV, 299.
pignus, IV, xx, 289.
pigritia, pigritiés, IV, 114.
pinso, 42, 50; *pistum*, IV, 166.
pirum, IV, 263.
piscina, IV, 102.
piscis, 157.
piscor, III, 439.
piscosus, IV, 20.
pius, 261.

Placentia, IV, 229.
plango, 264; III, 221.
planitia, planitiés, 177.
planto, III, 439.
plebéjus, IV, 321.
plebs, 293.
plecto, III, 109.
plénus, IV, 97.
plerumque, IV, 374.
plerus, IV, 299.
plôro, 59; III, 421.
plumesco, III, 460.
pluo (rac. *plu*), 59, *pluvit, pluvissé*, III, 212.
pluries, II, 252.
plus, II, 199, 206.
pluvia, pluvius, III, 212; IV, 217.
pô (rac.), 243; voy. *poculum, potor, potum*.
póculum, 243; IV, 62.
pódex, IV, 311.
poëta, IV, 256.
pol- (*polliceor*), IV, 403.
Pomóna, IV, 104.
pométum, IV, 85.
Pompéjus, IV, xvi, 321.
pômum, IV, 45, 263.
pons, 31; III, 437; IV, 115.
populus, vieux latin *populoi*, 379; *populeis*, II, 40.
por- (*porrigo*), IV, 403.
porrigo, IV, 403.
pos- (*possideo*), IV, 403.
possideo, IV, 403.
possum, poteram, potero, possim, possem, III, 189; *potui*, III, 189; *posse*, IV, 144.
post, II, 50; IV, 396.

posterus, II, 50.
posticus, IV, 396.
postumus, II, 176, 183.
potens, IV, 5, 7.
pôtio, 243.
potis, 32; IV, 116.
potissimum, IV, 374.
pûtor, 243; IV, 59.
pôtum, 32, 243; IV, 166.
potura, IV, 45.
potus, IV, 45.
præ, IV, 403.
præceler, IV, 363.
præcello, IV, 304.
prædad, 383.
prædico, IV, 275.
prædulcis, IV, 363.
prædurus, IV, 363.
præfamen, IV, 38.
præfari, præfamino, III, 80.
præmodum, IV, 374.
præsagium, IV, 214.
præsens, 79; IV, 5, 7.
præses, IV, 246.
præsentia, IV, 218.
præsul, IV, 246.
præter, II, 179.
prætorius, IV, 228.
preces, IV, 245.
premo, pressi, 201.
pridem, II, 310.
pridie, II, 310.
primarius, IV, 324.
primo, IV, 376.
primum, IV, 374.
primus, II, 244; IV, 410.
princeps, IV, 246.
principatus, IV, 319.
principium, IV, 214.

pristinus, IV, 323.
privignus, IV, 104.
prô, 92; IV, 402.
proavus, IV, 363.
proco, 32.
procus, IV, 255.
prod- (prod-eram), IV, 403.
produco, produxe, IV, 149.
proficiscor, III, 461.
profiteor, profitemino, III, 80.
progredior, progredimino, III, 80.
promiscuus, IV, 306.
promo, prompsi, 196.
promptus, 196.
pronepos, IV, 363.
prope, IV, 384.
propitius, IV, 323.
propter, II, 179.
protervus, IV, 306.
providentia, IV, 51.
proximus, II, 176.
pudibundus, IV, 53.
pudicus, IV, 311.
pudor, 339; IV, 292.
pudoricolor, IV, 356.
puellasco, III, 460.
puer, 311.
puerasco, III, 460, 461.
pueritia, pueritiés, IV, 114.
puerpera, IV, 334.
pulcer, 311; *pulcerrimus*, II, 177.
pulmo, 419; IV, 33, 68.
puls, 335.
pungo, pupugi, III, 218.
purgo, III, 457.
puritas, IV, 87.

pûrus, 261, 264, 311; IV, 299.
puter, IV, 304.
puto « je pense », 150.
puto « je purifie », 262.

quadraginta, II, 234, 238, 241.
quadrivium, IV, 370.
quadru- (quadru-pes), II, 223.
quadrupes, II, 223; IV, 356.
quadrurbs, IV, 356.
quæro, 34.
quaistor (quæstor), 34.
quâlis, II, 406.
quam, II, 308.
quam (quis-quam), II, 378.
quando, II, 415.
quantus, II, 396.
quartus, II, 224.
quater, II, 224.
quatio, 138; II, 371; *concutio, quassum*, I, 202.
quatuor, 48, 134; II, 224, 234.
quatuordecim, II, 233.
que, II, 221, 340, 358, 378, 384.
quercétum, IV, 85.
querimônia, IV, 35.
quernus, IV, 102.
qui, diffère de *qui-s*, II, 300; *quod*, I, 92, 134; II, 332, 367, 368; *quô*, II, 370; *quojus*, I, 419; II, 370; *cujus*, I, 138, 419; II, 370, 394;

LATIN.

quoi, II, 371; *cui*, I,
 138, 379; II, 370,
 371; *quó*, II, 368;
qués, II, 40, 376;
quí, II, 368; *quæ*, II,
 368; *quórum*, *quárum*, I, 65; II, 368;
 quium, II, 376; *quós*,
 quás, II, 368.
quí (adverbe), II, 376.
quia, II, 376.
quidam, II, 306, 310.
quidem, II, 310.
quiés, IV, 248.
quiesco, *quiévi*, *quiétus*,
 261; IV, 248; *quiétum*, IV, 166.
quíni, II, 342.
quinquaginta, II, 234,
 238, 241.
quinque, 134; II, 225.
quinquefolius, IV, 356.
quinquertium, IV, 370.
quinqueviri, IV, 363.
quintus, II, 244.
quippe, II, 340, 376;
 IV, 384.
quis, 47, 137; II, 300,
 372; *quid*, I, 353;
 II, 372.
quispiam, II, 371.
quisquam, II, 371.
quisque, II, 340, 371.
quisquis, II, 307.
quó (adverbe), 389.
quod (conjonction), IV,
 384.
quondam, II, 310.
quot, II, 396, 400.
quotidianus, II, 400.
quotidie, II, 400.
quotiens, *quoties*, II, 252.

quum, III, xxxiv-xxxv.

rabiés, IV, 217.
rapidus, IV, 75.
rapína, IV, 108.
rapio, III, 423.
raptus, IV, 165.
raré, IV, 379.
raró, 385, 387; IV,
 376, 379.
rastrum, IV, 64.
re-, IV, 403.
rebellio, IV, 218.
recedo, recesset, IV, 149.
recens, IV, 374.
recidívus, IV, 306.
reconciliassere, IV, 152.
red-, IV, 403.
regimen, IV, 39.
regína, IV, 102.
regno, III, 439.
regnum, III, 464; IV,
 97.
rego, 264; *rexi, rectum*,
 200.
regula, IV, 301.
reliquus, IV, 255.
remigo, III, 457.
reminiscor, III, 430.
rémus, IV, 69.
rés, 33, 283.
residuus, IV, 306.
retinax, IV, 311.
rex, IV, 245; *regerum*,
 II, 79.
rideo, rísi, III, 429.
ridiculus, IV, 62.
rivus, IV, 167.
róbur, IV, 292.
robustus, IV, 84, 292.
rodo, rósum, IV, 166.
Románus, IV, 103; datif

sing. *Romanoi* (vieux
 latin), I, 379; II, 88.
rós, 338.
rostrum, IV, 64.
rota, 45.
ruber, IV, 292.
rubesco, III, 461.
rudis, 266.
rudor, IV, 292.
ruína, IV, 108.
rumpo, 232; III, 208,
 362, 423; *ruptum*,
 IV, 166.
ruo, rutum, IV, 166.
ruptura, IV, 51, 313.
rús, rúris, 266.
rutrum, IV, 65, 69.

sacrificium, IV, 214.
sacriportus, IV, 363.
sæpe, IV, 384.
sal, 203, 295.
salignus, IV, 103.
salínus, IV, 102.
sam (=*eam*), II, 298.
sanguis, 320.
sanguisuga, IV, 339.
sapidus, IV, 74.
sapio, 240.
sapor, IV, 292.
sapsa, II, 298.
scabiés, IV, 217.
scabo, scábi, III, 180,
 214.
scelerátus, IV, 103.
scelestus, IV, 84, 292.
scelus, IV, 292.
scindo, 48, 157, 232,
 246; *scicidi*, III, 209;
 scidí, III, 208; *scissum*, IV, 166.
scio, scíbam, III, 157.

scius, IV, 255.
scriba, IV, 256.
scribo, scripsi, 200; III, 179, 180; *scripse*, IV, 149; *scriptum*, I, 200.
sê, II, 290, 294.
secundarius, IV, 324.
secundo, IV, 376.
secundum, IV, 374.
secundus, IV, 52.
secúris, IV, xvi, 20.
sed, 384; IV, 383.
sedeo, III, 14, 419.
sedes, 314, 315; IV, 267.
sedimen, IV, 39.
sedimentum, IV, 41.
sedo, III, 419.
segmen, IV, 38.
segnis, IV, 121.
sella, IV, 300.
sêmen, III, 114; IV, 37, 38.
sementis, IV, 115.
sémi, 33; II, 215.
semideus, IV, 363.
semidies, IV, 363.
semimortuus, IV, 363.
semino, IV, 38.
sempiternus, IV, 323.
senátor, IV, 320.
senátus, IV, 319; génitif *senatuos*, I, 413.
senecta, IV, 86.
séni, II, 242.
sentisco, III, 461.
septem, II, 228.
september, II, 218.
septimus, II, 245.
septuaginta, II, 242.
sepulcrum, IV, 61.

sequax, IV, 311.
sequor (rac. *sec*), 134, 264; *secutus*, II, 371.
-*sequus*, IV, 255.
sermo, 56, 320; IV, 33, 234.
sero, satum, 246; *sévi*, III, 114, 190.
serpens, III, 140.
serpo, III, 140; *serpsit*, IV, 149; *serptum*, IV, 166.
sêrus, 311.
servio, servibó, III, 157.
servitium, IV, 114.
sevérus, 311, remarque.
sex, II, 227.
sexaginta, II, 242.
sextus, II, 244.
si, IV, 383.
sibî, 378; II, 11, 82, 260, 292, 294.
sic, II, 291, 379; IV, 383.
siccus, 63; IV, 310.
sido, III, 420.
significo, IV, 380.
signum, IV, 97.
silvestris, IV, 117.
similis, IV, 49.
sinister, II, 178, 183, 188.
sinisterior, II, 179.
sinistimus, II, 179, 188.
sinistumus, II, 179.
sino, III, 107, 190.
siquis, siqua, II, 377.
sisto, 244, 246; III, 88, 125.
sitibundus, IV, 53.
sitio, III, 439.
sitis, sitim, 348.

sive, II, 379; IV, 383.
socer, 31, 63, 311; II, 165.
socera, II, 165.
socius, IV, 266; génitif du pluriel *socium*, II, 80.
socors, IV, 351.
Socratés, 315.
socrus, 31, 63, 283.
sól, 295; IV, 234.
solamen, IV, 39, 138.
solánus, IV, 103.
sollus, 31; II, 188; *sollistimus*, II, 188.
solstitium, IV, 114.
sŏlum, III, 257.
solvo, solútum, 262.
somnus, IV, 107.
sono, 31; *sonitum*, IV, 166.
sonor, IV, 292.
sonórus, IV, 264.
sonus, II, 260; IV, 255.
sópio, 32, 40, 60; II, 404; III, 420.
sopor, 31; IV, 292.
sopórus, IV, 264.
sopórifer, IV, 338.
soror, 31; IV, 58.
sororio, III, 439.
sororius, IV, 228.
sós (=*eos*), II, 298.
spargo, sparsi, 201.
spectaculum, IV, xx, 61.
spectrum, IV, 65.
speculum, IV, 301.
specus, specis (=*specibus*), II, 73.
sperno, III, 107.
splendidus, III, 270; IV, 74.

LATIN.

sponsis (forme verbale), IV, 149.
spopondi, III, 229.
spúma, IV, 46.
spuo, 157.
stagnínus, IV, 102.
statio, IV, 114.
sterno, 24, 250; III, 93, 107, 108; *strávi*, III, 118; *strátum*, III, 118; IV, 166; *strátus*, 24; IV, 73.
stimulus, IV, xvii, 49.
stitium, IV, 114.
sto (rac. *stá*), 157, 242, 260, 323; III, 88, 401; *stĕti*, III, 229; *státum*, IV, 166.
statuo, III, 463.
status, IV, 165.
stramen, IV, 31, 38.
stridulus, IV, 301.
strúma, IV, 46.
struo, 247, note 2.
studium, IV, 213.
suavis, IV, 271.
sub, IV, 390, 395.
subítô, 387.
subter, II, 179, 181.
subtus, II, 180, 411.
sucerda, IV, 365.
sudo, II, 260.
suffŏco, 40.
sui, II, 291, 294.
sum 1° *sum* (pr.), II, 298.
2° *sum* (rac. *es*), 241; *sum*, III, 8, 82, 128; *es*, I, 340; III, 38; *sumus*, III, 54, 82; *sunt*, III, 54, 82; *siem*, *sies*, *siet*, *sient*, I, 38, 81; *sim*, III,

323; *es* «sois», III, 375; *esse*, III, 359, 360; *eram*, I, 65; III, 159, 163, 164, 358; *erámus*, III, 163; *erant*, 163; *essem*, III, 359, 360; *ero*, *eris*, I, 65; III, 164, 299; *escit*, III, 198, 461.
summus, II, 177.
sumo, *sumpsi*, *sumptus*, 196.
su-ovi-taurilia, IV, 349.
super, IV, 395, 399.
superbia, IV, 218.
superescit, III, 461.
supernus, IV, 103.
superstes, *super-stit-is*, IV, 247.
sus, *suis*, *suem*, 349.
suspicio, IV, xvi, 217.
suus, 56; II, 392.

tabellárius, IV, 324.
tabulínus, IV, 102.
talio, IV, 217.
talipedo, IV, 330.
tális, II, 295, 406.
tam, II, 295, 308.
tamen, II, 295.
tandem, II, 295, 310.
tango, 156, 264; *tetigi*, 36; III, 181, 217, 218, 227.
tantus, II, 295, 396.
taurus, 171.
tegimen, IV, 39.
tegmen, IV, 39.
tegula, IV, 301.
tegulum, IV, 301.
tegumen, IV, 39.

tellús, 338.
temo, IV, 33.
temperint, III, 341.
tenax, IV, 311.
tendo, IV, 42.
tener, IV, 301.
tenerasco, *teneresco*, III, 460.
tentamen, IV, 39.
tentum, 203.
tenuis, IV, 271.
tepidus, IV, 74.
ter, 419; II, 224.
tergeo, *tersum*, 203.
terminus, III, 79; IV, 415.
termo, IV, 33.
terra, génitif *terrás*, 426.
terreo, III, 420.
terrestris, IV, 117.
terricola, IV, 259.
terrificus, IV, 338.
tertius, 419; II, 248; *tertio*, I, 387.
tertius decimus, II, 245.
testimónium, IV, 35.
testis, III, 126.
textrínus, IV, 102.
Tiberis, *Tiberim*, 348.
tibicen, IV, 363.
tignarius, IV, 324.
tignum, IV, 33, 97.
timidus, IV, 74.
toga, IV, 255.
tondeo, *tonsum*, 203.
tonitru, 32; IV, 68.
tono, IV, 255.
tonsor, IV, 102.
tonstrínus, IV, 102.
tonstrix, IV, 102.
torqueo, *tortum*, 203.
torreo, 130; *tostum*, 203.

torridus, IV, 74.
torus, IV, 255.
torvus, IV, 306.
tot, II, 295, 396, 400.
totidem, II, 295, 400.
totiens, totiés, II, 252, 295.
totus, II, 307; IV, 257.
tractim, IV, 114.
trado, III, 204.
traho, traxi, tractum, 201; *traxis, traxet*, IV, 149.
trans, II, 175, 221; IV, 415.
transfuga, IV, 255.
tredecim, II, 233.
tremisco, III, 461.
tremo, IV, 49.
tremulus, IV, 49, 301.
trés, II, 220; *tria*, II, 50.
tribunatus, IV, 319.
tribuo, III, 463.
triduum, IV, 370.
trig´simus, II, 246.
triginta, II, 238.
trinoctium, IV, 370, 371.
tripectorus, IV, 372.
tripes, IV, 356.
tristimónium, IV, 35.
tristitia, IV, 116.
triumviratus, IV, 319.
trivium, IV, 370.
tu, II, 256; *tumet*, II, 270; *tuí*, II, 260, 275; *tibí*, I, 66, 278; II, 11, 260, 261; *té*, II, 257; *ted*, I, 384; *vós*, II, 270, 301; *vestrum*, II, 286, 394; *vestrorum*, II,

286; *vestrí*, II, 286, 394; *vobís*, II, 14.
tubicen, 36, 320.
tueor, IV, 258.
tulí, III, 208; *tetulí*, III, 208.
tum, II, 295, 307.
tumeo, IV, 49.
tumet, voy. *tu*.
tumulus, IV, 49.
tunc, II, 295, 338, 410.
tundo, 232; III, 400; *tutudí*, III, 208, 214, 218, 224, 242; *túsum*, IV, 166.
turrítus, IV, 84.
tussis, IV, 115; *tussim*, I, 348.
tuus, II, 392.

ubí, 138, 378; II, 11, 371, 376, 381; IV, 391.
ullus, 55.
uls, II, 377.
ulterior, 55.
ultimus, 55; II, 176; IV, 400.
ultra, 55; II, 377, 407.
unanimis, IV, 334.
unda, III, 89, 215; IV, 279.
unde, II, 371, 381, 408.
undecim, II, 233, 235.
undecǐmus, II, 245.
ungo, III, 205, 227; *unctum*, IV, 166.
unguentum, IV, 51.
unguis, 134.
unicus, IV, 317.
unio, IV, 218, 220.
-unquam, II, 371.

unus, II, 210.
urbánus, IV, 103.
urbicus, IV, 317.
uro, ustum, 71; *ussi, ustum*, 201; *ustus*, IV, 73. Cf. II, IV.
ursus, 51; II, 88; IV, 275.
uspiam, II, 371.
usquam, II, 371.
usque, II, 371.
ut, II, 357; IV, 385.
uter, 138; II, 177, 371, 372, 381; *utríus, utrí*, I, 387.
uterque, II, 381.
utí, II, 357, 417.
utinam, II, 418.
utíque, II, 418.
utrubí, 378; II, 11; IV, 391.
utrum, IV, 384.
uxor, 333.

vacívus, IV, 306.
vacuus, IV, 306.
vadum, IV, 255.
vagabundus, IV, 52.
vagus, IV, 255.
Valentia, IV, 229.
Vallónia, IV, 104.
ve, II, 360, 379; IV, 383.
vectis, IV, 116.
vehiculum, IV, 62.
veho, 66; III, 28; *veheris, veherem, vehere*, I, 131; *vexi*, 200; III, 179, 184; *vectum*, I, 201; IV, 166.
Vejentánus, Vejentínus, IV, 102, 103.

LATIN, FRANÇAIS, ESPAGNOL.

vello, vulsum, 203.
vellus, IV, 296.
velox, IV, 311.
vendo, III, 278; *vendĭdi*, III, 158.
venio, venibo, III, 157.
venum, d'où *veno, venui* (datif), *veno* (ablatif), IV, 155.
venumdo, IV, 155.
Venus, 338; gén. *Venerus*, 413.
verberit, III, 340, 345.
verêtrum, IV, 64.
vermis, 24, 50, 135.
vernus, IV, 103.
verrés, 316.
versicolor, IV, 355.
versútus, IV, 84.
vertex, IV, 311.
verto, III, 266, note 5; *versum*, I, 203.
Vertumnus, 400; III, 79; IV, 29, 30.
vérus, 311.
vesper, II, 353.
vespertinus, IV, 323.
vesperus, II, 353.

vester, II, 270.
vestis, 182.
veterânus, veterînus, IV, 103.
veternus, IV, 103.
vetus, 339.
vetustesco, vetustisco, III, 460.
vicésimus, II, 246.
victus, IV, 164.
vicus, 382; IV, 254.
video, 153; III, 424; *vidi*, III, 180, 214; *visum*, IV, 166.
vidua, IV, 409.
vigésimus, II, 246.
viginti, II, 238, 240.
vinculum, IV, 301.
vindemia, IV, 217, 334, 340.
vindicta, IV, 86.
vir, 311; vieux latin *vireis*, II, 40.
viresco, III, 461.
viridis, 188.
virtûs, 317.
virulentus, II, 397.
virus, 311.

vis, II, 22.
víso, III, 429, note 4.
vitabundus, IV, 53.
vitrum, IV, 64.
vividus, IV, 74.
vivo, vixi, victum, 57, 135, 265; *vixet*, IV, 149; *vivebo*, III, 157.
voco, 32; IV, 245.
volo (rac. *vel, vul*), 242; *vis*, 204; *vult, volumus, vultis*, III, 83; *velim*, III, 323; *vellem*, III, 359; *velle*, IV, 144.
Voltumna, IV, 30.
volucer, IV, xx, 61.
-volus, IV, 255.
vomicus, IV, 311.
vomitus, IV, 165.
vomo, 32.
vorax, 290; IV, 311.
vortex, IV, 311.
-vorus, 311; IV, 255.
vox, 290; IV, 245.
vulnificus, IV, 338.

4° FRANÇAIS.

acquérir, j'acquiers, pl. *nous acquérons*, III, 132.

dix, II, 232.
douze, II, 232, 234, 238; III, 189.

onze, II, 232, 234, 238; III, 189.
quarante, II, 238.
rien, II, 385.
savoir, je sais, nous savons, III, 132.

tenir, je tiens, nous tenons, vous tenez, ils tiennent, III, 131.
treize, II, 232, 234, 238; III, 189.
trente, II, 238.

5° ESPAGNOL.

querimos, quiero, III, 132.

E. — LANGUES LETTES.

1° VIEUX PRUSSIEN.

ainangimmusin, IV, 18.
ains, II, 210.
alga, IV, 260.
antars, II, 185.
arwi, arwis, 350.
arwiskas, IV, 316.
as (rac.), 263.
asmai, 263; III, 37.
assai, asse, assei, III, 37.
astin, 348.
attrātwei, IV, 169.
au-, IV, 4, 392.
audasei, III, 357.
aulausé, IV, 19.
aulausins, aulauūsins, IV, 18.
aulaut, IV, 392.
aulauwussens, IV, 18.
aumūsnan, IV, 392.
aupallusis, IV, 18.
auschaudītwei, IV, 169.

bausei, III, 357.
biātwei, biatwei, IV, 169.
billiton, 349.
billītwei, IV, 169.
billu, IV, 276.
boúsai, III, 357.
bouse, III, 357.
bout, IV, 170.
brati, III, 270.
busei, III, 357.

cristnix, IV, 260.
crixtilaiskas, IV, 260.

dainaalgenikamans, IV, 260.
dais, daiti, 169; III, 345.
dasai, III, 357.
dase, III, 345, 357.
dat, IV, 170.
dati, III, 345.
dātun, dāton, IV, 4, 168.
dātwei, IV, 169.
deina, IV, 260.
deiwas, 170, 422; *deiwa, deiwe, deiws, deiwas*, 443; *deiwan*, 53, 345; *deiwans*, II, 55.
deiwiskas, IV, 316.
dereis, III, 345.
dīla, IV, 260.
dilants, IV, 4.
dīlnikans, IV, 260.

ebsignāsi, III, 357.
emprīkisins, IV, 4, 5, 7.
endiris, III, 345.
endyrītwei, IV, 169.
engaunai, 250.
enimts, IV, 25.
enimumne, IV, 25, 26.
enwackēmai, 60; IV, 169.
essei, III, 37.

galbsai, galbse, III, 357.
gallintwei, IV, 169.
gannan, 40; cf. *gennan*.

gemton, IV, 168.
gennan, 154; *gennai, gennans*, II, 55.
girtwei, girtwey, IV, 170, 397.
giwantei, IV, 4.
giwasi, giwassi, 154, 265; III, 37.
giwit, IV, 170.
guntwei, IV, 170.

idaiti, ideiti, 169; III, 345.
imais, 169.
immais, immaiti, immase, immati, III, 345.
immusis, IV, 18.
iouson, II, 78, 286.
is, IV, 397, 398.
ist, IV, 170.
istwei, istwe, IV, 170.

ka, 356; IV, 26.
kan, 53.
kasmu, 370, 376.
kawydan, 349.
kermens, kermnen, kermenen, kermenan, IV, 26.
kirdītwei, IV, 169.
klantīwuns, IV, 17.

laip (rac.), 60.
laipinna, 60.
lap (rac.), IV, 169.

VIEUX PRUSSIEN, LITHUANIEN.

leigintwey, IV, 169.
lembtwey, IV, 170.
limtwey, IV, 170.

madlitwey, IV, 169.
maisei, 415, 423.
maldaisin, *maldaisei*, II, 205.
massais, II, 205, 206.
menentwey, IV, 170.
mukinsusin, III, 357.
murrawuns, IV, 17.
mútin, 334.
mylis, III, 345.

na, IV, 397.
neikaut, IV, 259, remarq.
newints, II, 230.
ni, II, 341.
niaubillintis, IV, 4.
nidruwingin, II, 76.
no, IV, 397.
nouson, II, 78, 281.

pallapsitwei, IV, 169.
pansdan, IV, 396.
pecku, 350.
pergimnis, 424, note 2.
pirsdan, IV, 396.
pogirsnan, IV, 397.
poklausîmanas, IV, 25.

pokûnsi, III, 357.
polinka, 58.
prêigimnis, 424, note 2.
puoton, III, 415.
pûton, *putwei*, IV, 168.

quai, *quoi*, II, 43.

ranctwei, *rancktwey*, IV, 170.
ripintin, IV, 4.
ripintinton, IV, 4.

schlúsitwei, IV, 169.
seisei, III, 357.
sen, IV, 412.
sîdans, 318; IV, 4.
smunintwey, IV, 170.
sta, 356; IV, 26.
stai, 169; II, 43.
stan, 346.
stanintei, IV, 4.
stans, II, 43.
stat, IV, 170.
stâtwei, IV, 169.
steisiei, *steissiei*, *steise*, 376, 423; IV, 169.
steison, II, 78.
stesmu, 389.
ston, 346.
sundintwey, IV, 170.

swintai, II, 43.
swintan, II, 76.
swintintwey, IV, 170.

tannei, *tans*, II, 43, 354; IV, 323.
tauta, IV, 258.
tawai, II, 229.
tawiskas, IV, 316.
teickut, IV, 170.
tennâ, IV, 323.
tickinnaiti, *tickinnimai*, III, 345.
tienstwei, IV, 170.
tîrtian, II, 248.
toúlan, *toúls*, II, 205; IV, 268.
turrîtwei, IV, 169.
tussise, III, 357.
twaise, 415, 423.

uraisin, *uraisins*, II, 205.

wack (rac.), 60; *wackitwei*, IV, 169.
waitiaintis, IV, 4.
waldnix, IV, 260.
warguseggientins, IV, 4.
westwei, IV, 170.
widdewu, IV, 17.

2° LITHUANIEN.

abù, *abbù*, 153; II, 217.
akis, IV, 269, 278.
akmenynas, IV, 101.
akmenú'tas, IV, 101.
akmû' (*akmuo*), *akmèns*, 63, 163, 322; IV, 37, 272; I, 306.

âlkstu, III, 109.
anàs, *ans*, *anà*, II, 344, 345, 355.
andai, II, 414.
angis, IV, 269.
ant, IV, 388.
àntraip, *àntraipõ*, II,

364; IV, 384.
antràs, II, 185, 351.
anûdu, II, 4.
ap- (dans *apauksinu*), IV, 390.
api (dans *api-pjaustu*), IV, 390.

artójis, IV, 237.
arù, IV, 236.
ásilas, II, 37.
asiléné, IV, 105.
aś, 155; II, 255.
ašara, 179.
ášarōju, III, 446.
ášmas, II, 244.
aśtrus, IV, 272.
aśtúni, 179; II, 226, 229.
aśtùntas, II, 244.
áśwa, 38, 57, 179; IV, 305.
at- (dans at-eimi), IV, 388.
at-gaiwinù, 74; III, 417.
at-gijù, 74; III, 417.
atleid, III, 327.
atpirktójis, 310; IV, 237.
atsi-lēpju, 60.
atsinesu, III, 76.
átwiras, IV, 259.
augmú', IV, 37.
auksinas, IV, 101.
auksinis, IV, 101.
aukštumas, IV, 45.
auksadarys, IV, 342.
auksakalys, aukskalys, IV, 342.
áušōme, áuštame, III, 208.
auśra, 71, 337.
awis, 57, 344; IV, 69.
awgnéné, IV, 105.

bádas, IV, 153.
bagōtystē, IV, 113.
baidaù, 75.
báimé, 75; IV, 47.
bajùs, 75.

balnininkas, IV, 259.
baltas, 163.
báltōju, III, 446.
bálù, 163.
barnis, IV, 108.
bartinas, IV, 380.
barzda, IV, 85.
barzdaskuttis, barzdskuttis, IV, 342.
barzdú'tas, IV, 85.
baudźiù, III, 121.
bēdnas, IV, 101.
bégté, IV, 113.
bēgúnas, IV, 285.
bernéné, IV, 105.
biaurýbē, IV, 47.
bijaù, 74.
bijōtinas, IV, 380.
-bjaurus, IV, 305.
bredù, bridaú, III, 207.
brōléné, IV, 105.
brólis, 153.
bú (rac.), 74, 262.
budrùs, 167; IV, 305.
bundù, 167.
burna, IV, 352.
búsiu, II, 320.
búti, 153, 165, 166, 262.
búwaù, 74; III, 213.

ćiscius, IV, 306.
cýstiju (cýstas), III, 447.

dangalas, IV, 301.
dangiskas, IV, 316.
dangùs, IV, 273.
darbininkas, IV, 259.
darkumas, IV, 45.
darkùs, 352.
dawjaú, III, 150, 151.

debesis, II, 230; IV, 267.
deda, 243.
dedù, 243, 259.
degańs, 317.
deganti, 174, 281.
degesis, IV, 295.
degikas, IV, 312.
déginu, III, 418.
degsenti, 281.
degù, degsiu, degti, 210; III, 418.
degusi, 281.
dejù, IV, 265.
déjau, III, 150.
démi (démi), 170, 243, 259; III, 13, 15, 150.
dést, 243; III, 50.
désimtis, 62, 179; II, 231, 239.
déśiné, 104.
déweris, 34, 170.
déwiškas, II, 393; IV, 316.
dewyni, II, 230; III, 108.
déwystē, IV, 113.
didburnis, IV, 342, 352.
didey, IV, 378.
didgalwis, IV, 342, 352.
didi, dide, didis, 282.
dirbau, dirbsiu, dirbti, 210.
dýgstu, III, 109.
dywdarys, IV, 342.
dywnas, IV, 101.
dōdi, III, 327, note 2.
drasumas, IV, 45.
drasùs, 150; IV, 271.
draúgalas, IV, 301.
drausmé, IV, 47.

LITHUANIEN.

drysti, 153.
drungnùs, IV, 308.
drúta, IV, 47.
drútumà, IV, 47.
du, II, 217; du kartù, II, 253.
dudi, III, 327, note 2.
du karts, II, 253.
dukté (dukté), dukter, 167, 306; duktèrs, dùkters, 332; dukteriēs, 332; dukterú, 332.
dùlkētas, IV, 86.
dūma, dūmai (dúmai), 148; IV, 45; doŭmań, doúman, I, 219.
dumblótas, IV, 86.
dumóju, IV, 45.
durnóju (durna), III, 447.
dusià, 175.
dŭd (rac.), III, 33.
dŭda, 243.
dŭˊdje, III, 333.
dŭdu, 243.
dŭkgi, II, 388.
dŭˊmi, 163, 243; III, 13, 71, 85, 150.
dŭsnùs, IV, 309.
dŭˊsti, dŭˊst, 209, 243; III, 50.
dwéjū, II, 33.
dwi, II, 217.
dwikōjis, IV, 356.
dwylika, 51; II, 233, 235.
dźaúgsmas, IV, 47.

ed (rac.) «manger», 209.
edesis, IV, 295.
édme, 242.
edmene, 242.
édmi (édmi), 209, 242, 263; III, 12.
ēdrùs, IV, 305.
ei (rac.) «aller», eimì, eiti, 73; III, 12, 13; eisi, III, 36.
eismé, IV, 47.
ejïmas, IV, 44.
es (rac.) «être», 263; voy. esmì.
ésańs, pour ésanti, IV, 5, 7.
ésie, III, 333.
esmì (rac. es), III, 12, 13, 82.
ésiù, 209.
ést (ést), 241, 263; III, 50.
éste, 241.
ésti (ésti), 209, 241; III, 50.

gadinù, III, 417.
gadnùs, IV, 308.
gaidýs, IV, 232.
gailestis, IV, 119.
gaminù, III, 417.
ganýtōjis, IV, 237.
garbé, IV, 47.
gárbintōjis, IV, 237.
gaspadà, IV, 115.
gaspadináuju, III, 448.
gaspadōrauju, III, 448.
gatáwiju (gátawas), III, 447.
gáunu, 250; III, 107, 108, 211.
gawaú, III, 211.
géda, IV, 265.
gédmi, III, 13.
gédu, III, 120.

gelbētōjis, IV, 237.
gélbmi, III, 13; gélbsi, 36; gélbt, 50.
gelstù, III, 109.
gemù, III, 417.
gendù, III, 417.
gentis, IV, 116.
géras, 352; gerésnis, II, 202; géray, IV, 377.
gerýbē, IV, 47.
gésmé, 176, 282; IV, 47.
gést, III, 50.
-gi (dans kas-gi), II, 388.
gimimas, IV, 44.
giriù, IV, 47.
girna, 154.
gýju, 74.
gýwas, 74, 154, 265; III, 417.
gywastis, IV, 118, 295.
gywénu, 74, 154.
gnýbju, 240; III, 112.
gráuju, 74; III, 416.
grażésnis, II, 202.
grażumas, IV, 45.
grébju, 235.
grēkininkas, IV, 259.
grēktwanis, IV, 342.
grúdżu, 240.
gruwaú, III, 213.
grūwù, 74; III, 213, 416.
gúdumas, IV, 45.

ìlginu, III, 419.
ìlgis, IV, 215.
ilgumas, IV, 45.
ilstù, III, 109.
issilaìkaus, III, 76.
iś, IV, 398.

TABLE DES MOTS.

išdrẽcks (išdrŋ́ks, iš-
 drŋ́ks), 219.
ištisas, IV, 259.

jau, II, 365.
jaunikkátis, 171.
jaunikkis, 175, 176.
jaunystē, 171; IV, 113.
jaun-ménů, 171, 172.
jautis, IV, 117.
jawai, II, 276.
jédwi, II, 156.
jeib, IV, 384.
jeig, IV, 385.
jey, II, 364; IV, 385.
jeygi, IV, 385.
jéygu, IV, 385.
jéškau, III, 122.
jėškóju, 89.
jijė̃, II, 156.
jijì, II, 156.
jis (masc.), ji (fém.),
 II, 156, 363.
jósiu, III, 425.
jōsmů, IV, 37.
jōwarinis, IV, 101.
jùdu, jùdwi, 283, 284.
juka (jukka), 172, 173;
 III, 328.
jùma, II, 279, 284.
jùmus, 368; II, 14.
jungiu, participe junktà,
 IV, 77.
jùs, jūs, 368, 372; II,
 265, 268.
jusiškis, II, 393.
jūsyjė, jūsý, II, 268.
jůsu, 368; II, 78.
jusůsè, II, 268.
jŭ́ dis, IV, 215.
jŭ́ du, II, 4, 156.
jŭ́ kas, IV, 156.

kad, II, 414.
kadà, 170; II, 413.
kadaí, II, 414.
kaípō, kaip, II, 364;
 IV, 384.
kaistù, III, 109.
kaluénē, IV, 105.
kamegi, kamgi, II, 388.
kamśtis, IV, 117.
kandis, IV, 269.
kándu, IV, 269.
kankinù, III, 417.
kaṅsnis, IV, 239.
kůras, IV, 156.
karáuju, III, 448.
kàrštis, IV, 250.
kartais, IV, 375.
kàrtas (wénaṅ kàrtaṅ),
 II, 253.
kas, 134; II, 367.
kasgi, II, 388.
katraip, IV, 384.
katras, II, 185.
kēla, II, 398.
kēlets, II, 398.
kēli, II, 398.
kelìntas, II, 398.
kenčiù, III, 417.
kepù, IV, 77.
kertù, III, 207.
keturì, 48, 134; II,
 223, 244; kéturiōs,
 II, 223; kéturiōs dé-
 šimtys, II, 239; ké-
 turis kartùs, II, 253.
keturkampis, IV, 352.
keturkōjis, IV, 356.
keturōlika, II, 233.
ketwirtas, 248.
kílaú, III, 207.
kirminis, 61, 134.
kirtaú, III, 207.

kìtaipō, kìtaip, II, 364;
 IV, 384.
kylù, III, 207.
klaidúnas, IV, 285.
klausau, III, 419.
kliuwaú, III, 213.
klydéju, III, 121.
klýstu, III, 109, 121.
klūwù, III, 213.
kōks, II, 406.
kōl, II, 398.
kōlei, II, 398.
kōlintas, II, 398.
kraujas, 167.
krauleidys, IV, 342.
kretinys, IV, 239.
kur, kurgi, II, 388.
kwêčiei, 134.
kwēstis, IV, 117.

laikaú, III, 15, 121.
laikýtas, IV, 78.
laižau, 154; III, 122.
láuju, lówjau, 262
laukininkas, IV, 259.
laupsintinay, IV, 378.
láupsinu, III, 416; laup-
 siṅsiu, laupsisiu, I,
 43.
lawōnas, IV, 392.
leidikas, IV, 312.
lẽkmi, III, 13; lẽkt, III,
 51; lēkù, III, 207.
lengwas, 47, 153.
lēpjù, 60; III, 121.
lėtuwiškas, IV, 316.
-lika (dans wēnōlika),
 51; voy. wēnōlika.
likaú (rac. lik), III, 207;
 likù, II, 236.
limpù, 246; III, 208;
 lipaú, III, 208.

LITHUANIEN.

liudinu, 266.
lóbis, 310; IV, 250.
lóštu, III, 109.
lúbiju (lúbju), 153; III, 121.
lukestis, IV, 118.
lúptas, IV, 77.

macis, macnùs, 308-309.
maínas, IV, 156.
maldà, IV, 265.
malù, III, 119.
malûnas, IV, 285.
man, II, 261.
mánas, II, 392.
manén, manéñs, II, 261.
manimì, manyjè, maný, II, 261, 268.
marinù, III, 417.
medùs, 153.
mégas, IV, 156.
mēgmì, III, 13; mēgsì, III, 36; mégt, III, 50.
ménas, IV, 156.
menkas, II, 212.
ménû, ménesiō, ménesimi, 340, 341; mēnes, 297, 340, 341.
mĕrà, 170.
mergà, 306.
mergystē, IV, 113.
mēs, II, 268, 269, 301.
mèsà, IV, 259.
mésininkas, IV, 259.
metù, IV, 156.
mèžinys, IV, 239.
mèžù, 154; III, 207.
miglótas, IV, 86.
miltinas, IV, 101.
mirštu, III, 109, 417.

mylétas, IV, 78.
mylētinay, IV, 378.
mýliu, III, 120.
myżalai, IV, 301.
myżaú, III, 207.
mōkestis, IV, 119.
mōkíntōjis, IV, 237.
mōté (mūté), mōterés, 163; móters, mōtèrs, mōteriēs, 332; mō-terû, 332.
mùdu, mùdwi, 278, 279.
mù-dwēju, II, 278.
mùma, II, 278.
mùma-dwēju, II, 278.
mùmus, II, 14.
mus, II, 268.
musiškis, II, 393.
mūsyjè, mūsý, II, 268.
mûsu, II, 78.
musûsè, II, 268.

nabagas, IV, 352.
nabagē, IV, 352.
nágas (nágas), 40, 47, 134, 163.
nagendù, III, 417.
naktis, 39; II, 416; naktimis, IV, 375.
ne, II, 341.
nei, II, 342, 387.
nēkadà, II, 414.
nēkadaí, nēkadaís, II, 414.
nēkadós, II, 414.
nékas, II, 210, 414.
newed, III, 327.
-ninkas (dans balnininkas), IV, 258-259.
nû, IV, 397.
nûg, IV, 397.

ōsynas, IV, 101.

pa- (dans pa-bēgu), IV, 396.
pabaiga, IV, 265.
pabēgu, IV, 396.
paćiám, II, 323.
pagadinimas, IV, 44.
padarau, IV, 396.
pagalba, IV, 265.
pagaunu, IV, 396.
pagiru, IV, 396.
painé, IV, 217.
pajōdinti (pajōdinti, pa-jódinti), 219.
pakajus, 261.
paklaidinù, 73; III, 417.
paklýstu, 74; III, 417.
pámilstu, III, 109.
par- (dans par-eimi), IV, 405.
pas, paskui (paskuy), II, 50; IV, 396.
pástininkauju, III, 448.
pasuntinys, IV, 239.
patis, II, 293, 324.
pátys, II, 324.
pats, II, 323.
patwiñstu, III, 109.
páweizdis, 73.
páwizdis, 73.
pażintis, IV, 111, 396.
pèćius, IV, 306.
pēmû', IV, 37.
penétas, IV, 78.
penkì, 134; II, 225.
pènktas, II, 245.
pér, IV, 406.
perkù, IV, 237.
pétumis, IV, 375.
pìlnas, IV, 99.
pìrmas, II, 244; IV,

TABLE DES MOTS.

410; *pirmay*, IV, 377.
pirmgimimas, IV, 364.
pykestis, IV, 119.
pjŭtē, IV, 113.
pjŭtis, IV, 111, 113.
platùs, 27; IV, 271.
pláuju, III, 121.
plaukótas, IV, 86.
plēsinys, IV, 239.
plótis, IV, 215, 250.
plúd (rac.), *plústu*, *plúdau*, III, 109.
plunksnótas, IV, 86.
pō (préposition), IV, 396.
pōnas, 176.
pra, IV, 402.
pradēmi, 176; IV, 217.
pradźia, 176; IV, 217.
pragirti, IV, 402.
prakalbstu, III, 109.
prá-rakas, 60; IV, 258.
prárakauju, III, 447.
prastōju, IV, 402.
prasōkti, IV, 402.
prēś, IV, 403.
pri-, IV, 403.
prigimtis, IV, 111.
primińsiu (*primińsiu* et *primī́nsiu*), 219.
prybutis, IV, 365.
pulkais, IV, 375.
pusdēwis, IV, 364.
pusgywis, IV, 365.
pusmergē, IV, 352.
pussalē, IV, 365.
pussesŭ́, IV, 364.
pústiju (*pústas*), III, 447.
pūwù, III, 213; *pŭwaú*, III, 213.

radinys, IV, 239.
ragŭ́tas, IV, 85.
raiśtis, IV, 117.
ramśà, IV, 265.
ramtis, IV, 117.
rankà, 163; IV, 170.
raudà, 151, 167; III, 446.
raúdmi, III, 14.
raudōju, 258; III, 14.
raudōnas, 151; IV, 102.
ráudōnōju, III, 446.
rēdas, IV, 156.
rēkauju, III, 449.
rekiu, 60.
rēksmas, IV, 47.
reméstininkas, IV, 259.
remjù, III, 121.
rimastis, IV, 118, 295.
rìmstu, III, 109, 121; IV, 292.
riśù, IV, 232.
rýmau, III, 122.
rysýs, IV, 232.
ródas, IV, 156.
rudŭ́, 266; IV, 279.
rupestis, IV, 118.

sa «avec», 179.
saltis, IV, 121.
saldùs, 50, 179, 277; IV, 270.
sań- (dans *santēuōnis*), IV, 412.
sańdarbininkas, IV, 412.
sandōra, IV, 412.
sankareiwis, IV, 364.
santēwōnis, IV, 364, 412.
sápnas (*sápnas*), 163, 179, 322; II, 217; IV, 107.

sargas, IV, 258.
sáugmi, III, 13; *sáugsi*, III, 36; *sáugt*, III, 50.
saulḗ, IV, 232, 233.
saúsas, 171; IV, 310.
sāw, II, 291, 294.
sáwas, *sauvà*, II, 392.
sawèn, II, 291, 294.
sawḗns, II, 291, 294.
sawimì, II, 291, 294.
sawyjè, II, 291, 294.
sawredus, IV, 342.
sédmi, III, 13, 14, 414, 417.
sègtas, IV, 77.
segù, IV, 121.
sēju, IV, 37.
sek (rac.), 264; *seku*, 134.
sēkmas, II, 244.
sēktas, IV, 77.
seku, 134; *sek*, 264.
sēmenys, IV, 37.
septìntas, II, 244.
septynì, II, 228.
sḗrgmi, III, 13; *sḗrgsi*, III, 36; *sérgt*, III, 50.
sessŭ́, *sesŭ́*, 163; *seser*, 163, 179, 332; II, 324.
sidabrinas, IV, 101.
sidabrinis, *sidabrins*, IV, 101.
silpnas, IV, 98.
silpstu, III, 109; IV, 98.
skyrius, IV, 307.
slūźbà, IV, 47.
slūźmà, IV, 47.
skusiu, 209; rac. *skut*, 209.

LITHUANIEN. 189

smertis, IV, 111.
sődinù, III, 414, 417.
suditi (soūditi, soúditi), 219.
srauju, IV, 216.
srōwé, IV, 216.
sta (rac.), 260.
staigiōs, 264.
statùs, 260.
stégius, II, 132.
stō (rac.), 260.
stýriju (stýras), III, 447.
stóju, III, 14.
stomū̆, IV, 37.
stónas, 260.
stówju, 260; III, 14; stōwjaú, III, 151.
stówmi, III, 12, 14, 151.
su, IV, 412.
sukù, III, 14.
sūnùs, IV, 309; sûnaùs, sûnaù, I, 73, 74.
suwù, 180.
swećia, 176.

śakà, 179; IV, 366.
śaknis, IV, 120.
śaltas, 163.
śàltis, IV, 215, 250.
śālù, 163.
śannùs, IV, 309.
śeśì, II, 227.
śeśini, 181.
śi, II, 318.
śiámui, II, 318.
śikśninis, IV, 101.
śikśtéju (śikśtùs), III, 447.
śikù, 351.
śimtas, 62, 179; II, 240.

śiōs, śiōsè, II, 318.
śirdis, 393; II, 321.
śis, II, 318, 320.
śitas, II, 318, 322.
ślówĭjŭ, 78, 262; III, 419, 422.
ślówinu, III, 419.
śukdantis, IV, 356.
śungalwis, IV, 356.
śŭ (śuo), śuns, 62, 322.
śwećiù, 179.
świentas, 102.
świlpinu, III, 424.
świlpja, III, 424.

tad, II, 414.
tadà, II, 413.
tadaí, II, 414.
tai, 344, 355; II, 302, 366; IV, 386.
taipō, taip, II, 364; IV, 384.
tais, II, 304.
tăkas, IV, 258.
tam, II, 302.
tamè, 432; II, 302.
támui, II, 302.
tas, thème ta, II, 295.
tauta, IV, 258.
taw, II, 261.
tăwas, II, 392.
tawèn, II, 261.
tawéns, II, 261.
tawimi, II, 261.
tawyjè, tawý, II, 261, 268.
te, III, 333.
té (té chin), 169; II, 42, 303.
tékis, tékys, IV, 232.
teku, 99.
tekúnas, IV, 285.

témdwém, II, 303.
tenay, IV, 378.
téwas, IV, 258.
tō, II, 302.
tōjé, II, 303.
tōks, II, 406.
tōl, II, 398.
tōlei, II, 398.
trećias, II, 248.
trigalwis, IV, 356.
trikampis, IV, 356.
trikōjis, IV, 352, 356.
tris kartùs, II, 253.
trýdeśimtis, II, 239.
trylika, 51; II, 235.
tu, II, 128.
tūźbà, IV, 47.
tūźmà, IV, 47.
tŭ̀, II, 302.
tŭ̀ du, II, 411, 303.
tŭ̀mĭ, II, 302.

ugnis, IV, 119.
usnis, IV, 119.
uzwaizdas, 73.
użmatas, IV, 156.
ŭgynas, IV, 101.
ŭsis, IV, 269.

wadìnas, wadìnasi, III, 76.
waidinos, waidinū́s, 73; III, 76, 417.
wakarais, IV, 375.
wàlgis, IV, 225.
wandū̆, IV, 279.
warinas, IV, 101.
wáźmà, IV, 47.
wáźōju, III, 28.
wedi, III, 327.
wéidas, IV, 258.
wéizdmi, 73; III, 417.

wējas, 170.
wēmalai, IV, 301.
wénas, II, 211; wēnañ kàrtañ, 253.
wēnōlika (wienolika), 51; II, 235.
wēnrágis, IV, 342, 356.
wèrksmas, IV, 47.
wèstas, IV, 78.
westi, rac. wed, 209.
westinas, IV, 380.
wétra, IV, 69.
weźù, 154, 155; III, 28.
widus, II, 211.
wienolika (wēnōlika), II, 235.
wilkas, thème wilka, 186, 312.

wilkénē, IV, 105.
wilnōnas, IV, 102.
winićia, wynićia, 176, 286.
wisadà, II, 414.
wisas (wissas), 166, 179; II, 217.
wynkalnis, IV, 342.
wynmédis, IV, 342.
wynśakē, IV, 366.
wynŭgē, IV, 366.
wýriskas, II, 393; IV, 316.

zwánas, 181; IV, 258.
zwániju, 181; III, 121.

źádas, 154; III, 434.

źadù, III, 120; IV, 225.
źasis, 153, 154.
źelmŭ, IV, 37.
źengiù, III, 434.
źiémia, 154.
źindù, źindau, III, 416.
źinaú, 154, 155.
źinōmay, IV, 378.
źindźius, IV, 306.
źiné, źyné, IV, 217, 230.
źywijos, 154.
źýwiju, III, 121.
źôdis, 154, 174; IV, 225.
źăwu, źŭwaú, III, 213.
źwáke, 177.

3° LETTE.

baideht, III, 280.
bít, biht, IV, 170.
brālis, III, 270.
būs, būsim, II, 320; būśu, II, 320; buht, IV, 170.

desmit, II, 237.
dimdeht, dimt, III, 280.
diwpazmit, II, 236.
dōs, dōsim, dōśu, II, 320.
dunduris, durt, III, 216.

esmu, III, 37.
eet, IV, 170.

gaju, 259.

jaht, IV, 170.

leitis, leiśi, II, 324.

māse, II, 324.
māte, mahte, 334; II, 324.

naudeht, naut, III, 280.

pahr (pâr), IV, 406.
paśi, II, 324.
pilns, IV, 99.

rahms, IV, 292.
raudaju, III, 120.

seśi, II, 320.
seet, IV, 170.
smeet, III, 332.

śam, II, 320.
śirds, II, 321.
śis, II, 320.
śkumdeht, śkumt, III, 280.

taî, 432.
tee, II, 304.
trīspazmit, II, 236.

wemt, IV, 170.
weenpazmit, II, 236.
weens, II, 211.

F. — LANGUES SLAVES.

1° VIEUX SLAVE.

REMARQUE. — Le signe ѣ est représenté par *é*.

amo, 390.
aşŭ, 155, 184; II, 255.

beruṅ, III, 15, 28; *be-ruṅ*, *brachŭ*, *bratĭ*, III, 118.
bégasjajuṅ, III, 305.
bégati, III, 305.
béloglavŭs, IV, 355.
bijuṅ, III, 113.
bisi, III, 197.
blagodatĭ, IV, 111.
blagodételĭ, II, 126.
blagoslovljuṅ, III, 422.
bogatéjuṅ, III, 446.
bogatĭstvo, IV, 94.
bogoradiza, IV, 366.
bogŭ, thème *bogo*, 173; *boşe*, II, 388.
bogŭni, *bogŭnja*, IV, 105.
bojati saṅ, 74.
bolij, *bolĭsi*, *bolje*, II, 200.
borjuṅ, IV, 109.
boşe, *bogŭ*, 173.
boşij, II, 125, 388.
brachŭ (*beruṅ*), III, 118.
branĭ, IV, 109.
brati (*beruṅ*), III, 118.
bratrŭ, 153.
bratŭ, 153; III, 270.
brŭvĭ, 167.

bŭdéti, 167, 171.
budilŭ, IV, 78.
budiśi, III, 36.
buditi, 171.
buṅduṅ, 165; III, 278; *buṅdiśi*, III, 36; *buṅdémŭ*, *buṅdéte*, III, 278.
bŭ «tu étais, il était», III, 206.
bŭchŭ, III, 197.
bŭlŭ, IV, 78.
bŭstŭ, III, 136, 197.
bŭśuṅsteje, *bŭśuṅstaago*, *bŭśuṅstiĭmi*, IV, 13.
bŭti, 153, 165, 166, 262.

chvalaṅ, II, 134.
chvaljuṅ, III, 117.

ćajanije, IV, 214, 219.
ćemĭ, II, 140, 322.
ćemu, II, 140, 322.
ćernookŭj, IV, 355.
ćeso «cujus?», II, 140.
ćesogo, II, 140.
ćesomĭ, II, 140.
ćesomu, II, 140.
ćetŭre, II, 223.
ćetŭri, *ćetŭrije*, 166; II, 223.
ćetvero-, II, 223.

ćetveronogŭ, II, 223; IV, 356.
ćetvoro (*ćetvoronogŭ*), II, 223.
ćetvrŭtŭ, II, 223; *ćetvrŭtŭj*, II, 248.
ćĭmu, II, 140.
ćĭso «cujus?», II, 140.
ćĭsogo, II, 140.
ćĭsomĭ, II, 140.
ćĭsomu, II, 140.
ćĭto, II, 140.
ćĭj, *ćĭja*, *ćĭje*, II, 394.
ćĭjuṅ, III, 93.
ćĭmĭ, II, 322.
crŭvĭ, 59.

da «il donna», III, 206.
dachŭ, III, 197.
dadaṅtĭ, III, 54.
damĭ, 243; III, 15, 71, 84.
danĭ, IV, 109.
dasi, 180; III, 35.
dastĭ, 209, 243; III, 50.
dastŭ, III, 136, 197.
daşdĭ, 182; III, 47, 326; *daş-dimŭ*, III, 326; *daşdite*, III, 327.
deruṅ, *drachŭ*, III, 118; *dereśi*, 35.

TABLE DES MOTS.

desańtĭ, 62, 179; II, 225, 239.
desańtŭj, II, 248.
devańtĭ, II, 225; III, 108; devańtŭj, II, 248.
dėjati, 259.
dėjuń, III, 117.
dėlajuń (dénom. de dėlo), III, 446.
dėliti, 159.
dėlo, 259; II, 133; III, 279; son dénom. est dėlajuń, III, 446.
dėtań, II, 134.
-dėtelĭ (dans sŭdėtelĭ), III, 297.
dėtĭ, 170, 259.
dėto, II, 134.
dėva, 170.
dėvĭstvo, IV, 94.
dĭnĭ, 166.
divĭnŭ, IV, 101.
dobrodėtelĭ, III, 297.
dobrota, IV, 89.
dolgo, IV, 374.
domostroitelĭ, IV, 366.
dostoinĭstvo, IV, 94.
doşorataj, IV, 237.
drachŭ (deruń), III, 118.
drėmati, IV, 46.
drŭşati, 153.
dŭm (rac.), IV, 79.
dŭšli, thème dŭster, 167; II, 135.
dŭva, 167; dŭva kratŭ, II, 253.
ducho (thème), 173.
dunuń, IV, 46.
dunuńti, 164, 172.
duśa, 175; II, 142.

duńti, 164.
dŭchati, II, 193.
dŭmŭ, 148, 166; IV, 46, 79.
dŭśuń, II, 193.
dva, dvė, II, 216.
dvanadesańtĭ, II, 233, 237.
dvignuń, 251; III, 212.
dvigŭ, III, 212.

gladŭ, IV, 156, 273.
glagoljuń, III, 446.
glagolo, dénom. glagoljuń, III, 446.
gnachŭ (şenuń), III, 118.
golŭmbĭ, 164.
gorestĭ, IV, 114.
gorjuń, III, 116.
gostĭ, II, 127; IV, 116; gostechŭ, I, 165.
gospoşda, 182.
grabitelĭ, III, 297.
grabljuń, 66, 235.
gradŭ, IV, 259.
greb (rac.), 210.
gubiti, 171.
gŭbnuń, III, 107, 108.
gŭbnuńti, 171.

i 1° i (rac.), 260.
   2° i (pronom), II, 155, 363.
ichŭ, II, 157.
iduń, III, 279.
ima, II, 157.
imamĭ, 180; III, 15.
imań, 164; II, 137, 108; IV, 40.
imĭ, II, 156.
imi, II, 157.

imŭ, II, 157.
inĭde, 170; II, 408.
ino-, II, 211.
inogda, II, 414.
inŭ, 58; II, 211, 352.
inŭda, II, 414.
ischodŭ, IV, 156.
ismiśuń, III, 305.
işŭ, IV, 398.
iśe, II, 155, 388.
iti, 260.

ja, II, 155, 363.
jad (rac.), 242, 263.
jadĭ, IV, 266.
jakŭ, II, 406.
jamĭ, 169; III, 15, 154.
jamo, 389.
jamŭ, III, 24.
jasi, 180, 210; III, 35.
jastĭ, 209; III, 50.
jastŭ, III, 136.
jasŭ, 210.
jaşdĭ, 182; III, 326; jaşdimŭ, III, 326; jaşdite, I, 182; III, 327.
jaśe, II, 155, 363.
javlenije, IV, 214.
jań, II, 157,
je, II, 156, 363.
jeda, II, 414.
jedinŭ, II, 211; IV, 356.
jegda, II, 414.
jego, II, 156.
jej, II, 156.
jejań, II, 156.
jeju, II, 156.
jejuń, II, 156.
jelikŭ, III, 405.
jemĭ, II, 156.
jemu, II, 156.

jesi, 180; III, 35.
jesmĭ, 169; III, 15, 82.
jestĭ, 166, 242; III, 50.
ješe, II, 156.
jeterŭ, II, 185.
jucha, 172; III, 328.
junakŭ, 171.
junostĭ, 171; IV, 114.
junŭ, 171, 172.
juṅ, II, 156.
juṅdu, II, 412.

kaja, voy. küj, II, 172, 369.
kakŭ, II, 406.
kamenĭ, II, 132; IV, 38.
kamo, 389, 390.
kamŭ, 63; II, 127, 136; IV, 38..
klaṅtva, IV, 96.
klĭnuṅ, IV, 96.
klištjujuṅ, III, 449.
knaṅṣĭ, II, 125.
kogda, II, 414.
koje, voy. küj, II, 172, 369.
kolikŭ, II, 405.
konĭ, 166.
kotorŭ, II, 185.
kraj, 175; II, 125.
kraljujuṅ, III, 449.
kratŭ, dŭva kratŭ, II, 253.
krŭvĭ, 167.
kŭ, ka, ko, II, 369.
kŭde, 170; II, 408.
kŭgda, 170; II, 414.
kŭgdĕ, 170.
kŭto, II, 369.
kuplja, IV, 216.
kupujuṅ, III, 449.
kuṅdu, II, 411.

küj, kaja, koje, II, 172, 369.

leṣati, III, 413.
lĭgŭkŭ, 153, 167.
lizjo (thème), 139.
ljubŭ, 153.
lovitva, IV, 96.
lovŭ, IV, 156.
luća, 58.

malo, IV, 374.
mati, thème mater, II, 135.
maṅ, II, 261.
maṅso, 43, 164, 169.
medŭ, 148, 153.
medvĕdĭ, IV, 233.
mene « mei », II, 139, 278.
mĕra, 170.
mĭnij, II, 212.
miloserdŭ, IV, 355.
milŭ, IV, 259.
mirĭskŭ, IV, 316.
mladŭ, II, 131.
mlŭa, IV, 265.
mnogo, IV, 374.
mogośaṅ, mogośaṅtŭ, III, 137.
moguṅ, 153.
moi, II, 391.
moimu, II, 391.
moj, moja, moje, II, 391.
mojego, II, 391.
mojemĭ, II, 391.
more, 175; II, 126.
morĭskŭ, IV, 316.
morjuṅ, III, 413.
mruṅ, III, 413.
mŭnĕ, II, 262; cf. mi.

mŭnojuṅ, II, 277.
muṅstuṅ, 182.
muṅṣi, 175.
mü, II, 273, 274.
müjuṅ, III, 114.
müsĭ, 166, 180.

na, II, 204, 233, 236; IV, 397, 398.
nadŭ, II, 204, 408; IV, 397, 398.
nagota, IV, 89.
nagŭ, IV, 89.
naj, II, 204.
nama, II, 274.
nami, II, 274.
napoiti, III, 414.
narodŭ, 266; II, 250.
nasŭ, 184; II, 78, 274.
naśĭ, naśa, naśe, II, 393, 394.
ne, II, 341, 342.
nebo, thème nebes, 314; II, 133, 230; IV, 267.
neslŭ, IV, 78.
ni, II, 341.
nikŭ, II, 210.
nikŭto, II, 210.
niṣŭ, IV, 398.
noštedĭnĭstvo, II, 249.
noštevorĭstvo, II, 249.
noštĭ, II, 128.
novogradŭ, IV, 337, 365.
novoroṣdenŭ, II, 124.

o- (dans omŭti), IV, 392, 393.
oba, 153; II, 179, 350; oboju, II, 33.
ob-liṣ-ati, 154.
obrisnuṅ, III, 306.
ognĭ, 166; IV, 119.

omŭti, IV, 392.
oni, II, 42.
onŭ (onojuṅ, onoju), II, 211, 344.
oprovergati, IV, 392.
orĭ, IV, 233.
orjuṅ, III, 117.
oselŭ, 37.
ostĭlaṅ, II, 133.
ostĭlŭ, II, 134.
osmĭ, 179; II, 228, 229; osmŭj, 248.
ostaviti, IV, 292.
ostrŭ, IV, 372.
otaṅtŭ, IV, 79.
otrokŭ, IV, 259.
otŭ, II, 412; IV, 394.
ovo, II, 356.

pa- (dans pamaṅtĭ), IV, 395.
padeśi, III, 35.
pamaṅtĭ, II, 127; IV, 111, 395.
paṅtĭ, II, 225; paṅtŭj, II, 248.
paṅtikosti, 164.
pekuṅ, 48, 60, 134; péceśi, III, 35; pečetĭ, pekuṅtĭ, I, 48.
peruṅ, prachŭ, III, 118.
péna, 52, 168.
pételĭ, III, 297.
pétlogaśenie, IV, 366.
pijuṅ, 241; pijeśi, III, 35; piti, III, 415; pilŭ, IV, 78.
piṣmaṅ, IV, 40.
piśjuṅ, II, 322; III, 117.
pitije, IV, 214.
pivo, III, 35.

plamenĭ, IV, 38.
plamŭ, IV, 38.
plasnuṅ, III, 306.
plju (rac.), pljujuṅ, III, 117.
plovuṅ, 171.
pluti, 171, 262.
pa- (dans podati), IV, 395.
pobéda, IV, 266.
po-či-ti, 265; III, 415.
podati, IV, 395.
podŭ, II, 408; IV, 395, 398.
pogrepsti, 210.
pogresaṅ, 210.
pogresti, 210.
pogreti, 210.
pokoi (pokoj), 261; III, 93.
pokoiti, III, 415.
polagati, IV, 395.
pološiti, III, 413.
pomaṣati, IV, 395.
pominati, IV, 395.
postlati, IV, 395.
pra- (dans pradédŭ), IV, 402.
prachŭ (peruṅ), III, 118.
pradédŭ, IV, 402.
pramati, IV, 402.
pravnukŭ, IV, 402.
prelagataj, IV, 237.
prédŭ, II, 408.
pri-, IV, 403.
prijatelĭ, 166, 261.
prijati, 261.
pro-, IV, 402.
prorokŭ, IV, 259.
prośiśi, III, 36.
prŭvŭj, II, 244, 249.
puṅtevoṣdĭ, 165.

puṅtĭ, 164; III, 437.

raba, II, 124.
rabŭ, rabe, 162; II, 124.
rabŭni, rabŭnja, IV, 105.
rai, raj, 178.
rastéti, rastiti, III, 414.
raṣŭ, 60.
rekuṅ, 60; IV, 258.
revuṅ, III, 114.
réčĭ, IV, 266.
riṣa, 60, 182.
rju (rac.), III, 114.
roditi, 266; IV, 279.
roṣduṅ, roṣdaachŭ, 182.
rŭdéti saṅ, 167; III, 446.
rŭvati, 262.
ruśiti, 262.
ruṣduṅ, III, 446.
ruṅka, II, 138.
rŭdajuṅ, 258.

saditi, III, 415.
samovidezŭ, IV, 365.
saṣduṅ, III, 416.
saṅ, II, 290, 294.
saṅti, III, 90.
sebe «sui», II, 139, 290, 294.
sebé, II, 290, 294.
sedmĭ, II, 228; sedmĭ kratŭ, II, 253; sedmŭj, II, 228, 248.
sego, II, 318, 319.
sej, II, 318, 319.
sejaṅ, II, 319.
seju, II, 319.
semĭ, II, 319, 322.
semu, II, 319, 322.
septaṅbrĭ, 164.

sestra, 179, 333; II, 150; IV, 58.
sěčĭ, IV, 266.
sějuṅ, II, 319; III, 114.
sěmaṅ, IV, 40.
sěsti, III, 414.
sĭ, si, se, thème sjo, II, 318, 319, 322.
sija, sijaṅ, II, 319.
siješi, III, 35.
sijuṅ, II, 319.
silĭnŭ, IV, 101.
simi, II, 319.
sinĭ, II, 125.
sině, II, 125.
sjo (thème), voy. sĭ, II, 318, 319, 322.
sladŭkŭ, 58, 179.
slava, 78; IV, 266.
slaviti, 262.
slěpota, IV, 89.
slovljuṅ, III, 422.
slovuṅ, 171; III, 114.
sluti, 171.
smě (rac.), smějati, 260; smějesi, III, 35.
sněšĭnŭ, IV, 101.
snocha, 100, 167.
sobojuṅ, II, 294.
srŭdĭze, II, 126, 321.
sta (rac.), 260.
stajuṅ, III, 28.
stanuṅ, 260.
stati, 260.
staviti, III, 449.
stŭza, 265.
sto, 179; II, 240; sŭto, II, 240.
stradŭ, IV, 156.
strastĭ, IV, 111.
studŭ, IV, 156.
sŭ, 167, 179; IV, 412.

sŭbrěmaṅ, III, 28.
sŭmrĭtĭ, IV, 111.
sŭpanije, 179.
sŭpati, 167.
sŭsuṅ, sŭsachŭ, III, 119.
sŭto, II, 240; sto, 179.
suchŭ, 171; IV, 310.
sujeta, IV, 89.
suṅtĭ, 166; III, 54, 82.
sŭ «étant», IV, 8.
sŭnŭ, 166; II, 129; sŭnu, sŭnovi, I, 74.
svaṅtŭ, 102.
svekrŭ, II, 128.
světati, 179.
světodavezŭ, IV, 366.
světŭ, 168, 179.
svoj, II, 392.

şima, 154.
şnajuṅ, III, 115; şnaješi, III, 35; şnati, I, 155, 259.
şnamaṅ, IV, 40.
şnamenajuṅ, III, 447.
şnati, şnajuṅ, 155, 259.
şorĭnŭ, IV, 101.
şrěti, 181.
şŭbati, 181.
şvati, 154.
şvêşda, 181.
şvĭněti, 181; III, 90.
şvonŭ, 181.

şaṅtelĭ, III, 297.
şaṅtva, IV, 96.
şestĭ, 181; II, 225, 227; şestŭj, 248.
şivuṅ, 180.
şui (şuj), 180; II, 125.

-şe (dans iṣe), II, 388.

şelějuṅ, III, 115.
şelja, IV, 216.
şena, 154; III, 446.
şenĭskŭ, IV, 316.
şenjuṅ saṅ (şena), III, 446.
şenuṅ, gnachŭ, III, 118.
şinuṅ, IV, 96.
şivuṅ, 154, 164, 169; şiveši, III, 35.
şrŭnovŭ, 154.

ta, II, 294.
takŭ, II, 408.
tamo, 389; II, 302.
taṅ, II, 261.
tebe «tui», II, 139, 262.
tebě, II, 262.
tekuṅ, 99.
telaṅ, II, 133.
teplota, IV, 89.
tě, II, 303.
těchŭ, II, 78, 150, 305.
těma, II, 304.
těmi, II, 304.
těmŭ, II, 304.
těsnota, IV, 89.
ti «hi», 169; II, 42, 138, 304.
to 1° to (thème), voy. tŭ.
  2° to (neutre), II, 302; IV, 386.
tobojuṅ, II, 282.
togda, II, 414.
togo «hujus», II, 139, 302.
tojaṅ, II, 303, 241.
toju, II, 303.
tojuṅ, II, 303.
tokŭ, IV, 156, 259.
tolikŭ, II, 406.

TABLE DES MOTS.

tomĭ, 390; II, 138, 302.
tomu, 389; II, 138, 302.
traṅseśi, III, 35.
tretijo (thème), II, 248.
tri, trije, II, 223; tri kratŭ, 253.
tridesańte, II, 239.
tŭ, ta, to, thème to, II, 294, 295.
tŭgda, II, 414.
tŭkŭsnuṅ, III, 306.
tu, II, 255.
turŭ, 171.
tuṅdu, II, 411.
tŭ, II, 255, 305.
tvoj, tvoja, tvoje, II, 392.

u- (dans ubogŭ), IV, 392.
ubogŭ, IV, 392.
ucho, II, 193.
usta, 171.
ustĭna, 171.
utécha, IV, 266.

va, II, 273.
vama, II, 274.
vami, II, 274.

varitĭ, III, 413.
vasŭ, 184; II, 78, 274.
vaśĭ, vaśa, vaśe, II, 393.
vaṅṣati, 264.
ved (rac.), 182, 209.
veselĭje, IV, 214.
vesti, 209.
veṣaṅśta, 183.
veṣuṅ, 154, 155, 162; III, 28; veṣeśi, III, 35.
vê, II, 273, 278.
véd (rac.), 242.
védaṅtĭ, III, 136.
védé, III, 136.
véjati, 259.
véjeśi, III, 35.
vémĭ, 165, 168; III, 15, 154.
vémŭ, III, 24, 136.
vérujuṅ, III, 449.
véśi, 180; III, 35.
vésiti, III, 414.
véstĭ, 165; III, 50; IV, 111.
véṣdĭ, 182, 183; III, 326; véṣdimŭ, III, 326.
véṣdite, III, 327.
vétrŭ, 170, 259.
vévé, III, 136.

vĭdova, 153, 162, 166; II, 127; vĭdovo, I, 162, 169; vĭdovuṅ, I, 166; vĭdovujuṅ, IV, 409.
vĭdovĭstvo, IV, 94.
vĭdovujuṅ (de vĭdova), III, 449.
vĭseblagüj, IV, 365.
vĭseslavnŭj, IV, 365.
vĭsezarŭ, IV, 365.
vĭśĭ, 166.
vidéti, 165.
viśéti, III, 414.
vlastĭ, IV, 111.
vlŭkŭ, 185; II, 131.
vod (rac.), 182.
vodonosŭ, 162; IV, 259, 337, 366.
volja, II, 139; IV, 216.
vaṣataj, IV, 237.
voṣŭ, 162.
voṣdĭ, 182, 183; IV, 233.
vracĭ, II, 127, 139.
vrétĭ, III, 413.
vŭskopŭsnuṅ, III, 306.
vŭtorŭ, II, 185.
vŭ, II, 273.

zerkovĭ, zrŭkŭvĭ, II, 128.
zrŭkŭ, II, 128.

2° SLOVÈNE.

bit, IV, 79.
bóm, III, 304.

dan, 166.
delam, delaś et delaj, 184.
dert, IV, 79.

délam, III, 16.
délamo, III, 24.
dvanajst, II, 233.

ednajst, enajst, II, 233.

gorim, III, 16.

jaṣ, 184.
je, III, 272.
jednajst, II, 233.
juha, III, 328.

kanj, 166.
komo, 390.

SLOVÈNE, SERBE, BOHÉMIEN, POLONAIS, RUSSE. 197

ogénj, 166.

plavam, III, 422.
pletem, III, 16.
plevim, III, 421.
pre-buditi, IV, 405.
prijatelj, 166.
proti, IV, 403.

revem, III, 114.

sim bil, III, 274.
slavim, III, 422.
slujem, III, 422.
slut, IV, 79.
smo, so, sta, ste, sva,
   III, 274-275.

stert, IV, 79.
stirnajst, II, 233.

telege, 134.
téliti se, 134.
trinajst, II, 233.
tulam, II, 124.

ves, vsa, vse, 166.

3° SERBE.

bidju, III, 305.

četrnaest, II, 233.

deset, II, 233.

dvanaest, II, 233.

jedanaest, II, 233.

pećem, 60.

trinaest, II, 233.

vić-em, vik-a-ti, 60.

4° BOHÉMIEN.

budu, III, 304.
byl sem, III, 274.

gest, III, 272.

pletu, III, 17.

5° POLONAIS.

będę, III, 304.
był, III, 271.
byłam, byłem, byliśmy,
   III, 271.

jest, III, 272.
jestem, III, 272, 273.
jesteś, jesteście, jesteśmy,
   II, 272.

o, ob, obe (prép.), IV, 392.
obeznać, ogorniać, IV,
   392, 393.

6° RUSSE.

aléba, IV, 48.

biju, III, 113.
bogopodobnüĭ, IV, 367.
bogoposlušnüĭ, IV, 367.
bolotnüĭ, IV, 102.
boroda, borodastüĭ, IV,
   85.

budu, 165; III, 304.
bül, III, 274.

docj, 167.
drevie, IV, 215.

esmý, III, 272.
estj, III, 272.

gniju, III, 113.
gorbatüĭ, IV, 85.
gorju, 47.
gusj, 153.

imenitüĭ, IV, 85.
imja, 164.
iskatj, 89.

kamenistŭĭ, IV, 85.
kolotŭĭ, IV, 80.
krovj, 167.
kto, IV, 381.

lĭju, III, 113.

mjáso, 164.
moju, IV, 392.
moljba, IV, 47.
mučnŭĭ, IV, 102.

nikmu, IV, 259.
nogotj, 47.

pere-, IV, 405, 406.
pitŭĭ, IV, 80.
počiju, III, 113.

prolitŭĭ, IV, 79.
putj, 164.
pŭljnŭĭ, IV, 102.

raspadájusj, 60.
raş, 59.
raşbiráju et raşvlekáju, 60.
rogatŭĭ, IV, 85.

sjedeljnik', IV, 260.
slavlju, III, 419, 422.
slusba, IV, 47.
sobaka, 62.
splju, III, 420.
sprositj, III, 36.
stignu, stigu, 265.
straşba, IV, 47.

suk', 179.

sĭju, III, 113.

şivu, şivut', 164, 165.

tanutŭĭ, IV, 80.
tern, ternistŭĭ, IV, 85.

usŭplaju, III, 420.

vdova, 166; vdovu, 165.
veselie, IV, 214.
vesj, 166.
vĭju, III, 113.
volasatŭĭ, IV, 85.
vopiju, III, 113.
vse, vsja, 166.

G. — LANGUES GERMANIQUES.

1° GOTHIQUE.

af, II, 183; IV, 384, 390.
afar, II, 352.
afardags, IV, 364.
afdrunkja, IV, 231.
afdumbna, III, 454.
afétja, IV, 231.
afguds, IV, 359.
afhaimja (th.), IV, 229.
aflét, IV, 252.
afléts, IV, 258.
aflifna, 58, 151, 155; II, 236; III, 454.
aftra, II, 181.
aftuma, aftumists, II, 183.
agis, IV, 292.

aglus, IV, 305.
aha, IV, 276; aha, ahan, ahins, I, 307.
ahma, 322; IV, 36.
ahtau, 135, 157; II, 225, 229.
ahtautêhund, II, 240.
aih, aigum, 189.
aihtrô, 89, 131.
aikklêsjô, 325.
ainaha, IV, 314.
ainhvarjişuh, II, 173.
ainlif, 51; II, 233, 234, 235.
ains, II, 210, 355; ainóhun, ainummêhun, II, 174.

airknis (thème airknja), 310; IV, 237.
airtha, 287.
airthakunds, IV, 340.
airus, 287; IV, 273.
ais, IV, 262.
aithei, 280.
aivs, 118, 127, 312.
ajukduths, IV, 92.
akrs, 311.
aldómô, IV, 41.
alévja (thème), IV, 229.
alja (thème), 55, 58; II, 352.
aljakuns, 311; II, 352; IV, 341.
aljaleikós, II, 198, 403.

GOTHIQUE. 199

aljar, IV, 399.
aljath, 115; II, 408, 413.
aljathrô, 140, 387; II, 352, 407, 413.
allathrô, 387.
allbrunsts, 77, 195; IV, 137.
allis, II, 196; IV, 377.
altheis (thème *althja*), 310; IV, 229.
an, II, 344.
ana, II, 350.
ana-auka, III, 97.
ana-biuda, III, 400; *anabaust*, I, 204.
anabusns, IV, 109.
anafilh, IV, 158.
anahaimja (thème), IV, 229.
anaks, II, 196.
analaugnja (thème), IV, 237, 238.
analeiks, II, 403; *analeikô*, II, 403.
anamindi (thème), IV, 88.
anasiuniba, IV, 238.
anasiunja (thème), IV, 237, 238.
anavairths, IV, 258.
andabeit, IV, 252.
andahait, IV, 252.
andanahti, IV, 389.
andanémeigs, IV, 315.
andanéms, 311; IV, 224, 253, 389.
andaneithô, 388.
andanumfts, 196; IV, 389.
andasétja (thème), IV, 224.

andaugiba, II, 364.
andaugjô, 387.
andavaurd, IV, 364, 389.
andavleisn, IV, 364.
andbahts, IV, 49.
and-beita, *and-bait*, 72, 120.
andbundna, III, 453-454.
andeis, 310; accus. *andi*, I, 122.
and-haihaist, 204.
andilaus, IV, 341.
andlétna, III, 454.
andnima, IV, 389.
andvairths, IV, 258.
angilus, 122.
angvitha, IV, 87.
angvus, II, 170; IV, 87.
ansteigs, IV, 315.
ansts, 195; IV, 137; dat. *anstai*, I, 375.
anthar, 311; II, 178, 185, 351.
antharleikei, II, 403; IV, 360.
ara, IV, 276.
arbinumja, IV, 230, 341.
armahairts, IV, 351.
arman, III, 446.
arms, IV, 46; *armôsts*, II, 199.
asilus, 37.
asgô, 144.
at 1° *at* (rac.), prés. *ita*, prét. *at*, 36, 263; cf. *ita* «je mange».
2° *at* (préposit.), IV, 390.
atsteigadau, III, 2, 3.
atta, 280.
atvitains, IV, 109.

audagja, III, 443.
audags, IV, 314.
augadaurô, IV, 339.
augja, III, 444.
augô, IV, 278; *augôna*, I, 323; II, 52.
auhjôdus, IV, 318.
auhsa, IV, 276; *auhsan*, I, 129; *auhsans*, *auhsins*, I, 114; *auhsné*, I, 117; *auhsus*, IV, 273.
auhuma, II, 184.
auk, II, 359; III, 221.
aukan, II, 359; III, 224.
aurtigards, IV, 365.
aurtja, IV, 230.
ausô, 126; *ausôna*, 323.
avistr, 377; IV, 69.

bagms, IV, 46.
bai, 153.
baira (rac. *bar*), 37, 131; *bairis*, 115; *bairith*, 115, 159; *bairand*, 160; *bairada*, 160; *bairaşa*, 144; *bairaith*, I, 18; III, 4, 349; *bairands*, I, 118, 280.
bairhtei, 264; IV, 222.
bairhts, 151.
bait, voy. *beita*.
baitrs, 311.
band (rac.) (prét. aussi), voy. *binda*.
bandi, IV, 216.
bar (rac.) (prét. aussi), voy. *baira*.
barms, IV, 46.
barn, IV, 97.
barnisks, IV, 316.

TABLE DES MOTS.

basi, IV, 224.
bats, IV, 265.
baua, 124, 153, 262; III, 127, 423.
bauains, 262; IV, 109.
baug, voy. *biuga*.
bauhta, voy. *bugja*.
bauhts, IV, 77.
baurgsvaddjus, IV, 343.
bauth, voy. *biuda*, *anabiuda*.
bérusjôs, IV, 19.
beita (rac. *bit*), prét. *bait*, 72, 76, 206, 235.
bi, 120; IV, 391.
biaukna, III, 454.
bida, 330; IV, 264.
bidja, 235.
bifaih, IV, 252.
bihait, IV, 252.
bihaitja, IV, 230.
bimait, IV, 252.
binda, rac. et prét. *band*, 37, 75, 151, 156, 264.
bit (rac.), voy. *beita*.
biuda (rac. *bud*), 76, 156.
bauth, 126, 159; *bauth*, *budum*, 189.
biuga, rac. *bug*, prét. *baug*, 72, 75, 126, 151, 155, 233; *bugum*, *bugans*, I, 125.
bleiths, 311.
blindata, 354.
blôma, IV, 36.
blôstreis, 206; IV, 67, 230.
blôtan, 206.
bôkareis, IV, 325.
bôta, IV, 265.

brahta, voy. *bringa*.
braidei, IV, 222.
brakja, IV, 216.
brannja, 122.
brika, 151.
bringa, III, 119; *brahta*, III, 265.
brôthar, 116, 150, 151, 153; *brôthrs*, *brôthr*, 307, 375.
brôthrahans, IV, 314.
brôthralubô, 153; IV, 265, 339.
brôthrulubô, IV, 339.
brûks, 311; IV, 224.
brunna, 327.
bud (rac.), voy. *biuda*.
bug (rac.), voy. *biuga*.
bugja, *bauhta*, III, 266.

dad, *dê* (rac.) (dans *dêds*), III, 261.
dags, 116.
daila, IV, 265.
dails, IV, 269.
dal, *dalath*, 148.
dalathrô, 148, 387.
dauhtar, 129, 156, 157, 396; dat. *dauhtr*, 375.
daur, 129, 156, 352; dat. *daura*, 376.
dauravards, *dauravarda*, 325; IV, 257.
dauthja, III, 444.
dauthna, III, 453.
dauthus, IV, 318.
dê (rac.) (dans *dêds*, etc.), III, 261.
dêds, thème *dêdi*, 150, 158, 313; III, 261, 262.
dishnaupna, III, 454.

disskritna, III, 454.
distaira, 131.
distaurna, III, 453, 454.
diubei, IV, 213.
diupei, IV, 222.
diupitha, IV, 87.
-dôgs (dans *fidurdôgs*), 116; IV, 250.
drankja, III, 412.
drauhtinassus, IV, 293.
drinka, 133; III, 412.
driusa, rac. *drus*, 59, 77; III, 240, 412; cf. *gadrausja*, III, 240, 412.
drôbja, *drôbna*, III, 455.
drunjus, IV, 307.
drus, 77, 311; IV, 158.
du-at-snivun, 289.
dulgahaitja, IV, 231.
dumbs, III, 456.

êtjau, *êtum*, voy. *ita* « je mange ».
ei (enclit. dans *saei*, etc.), II, 332, 362.
eis, voy. *is* « tu es ».

fadar, 147, 155; IV, 69; *fadruns*, II, 68.
fadi (thème), voy. *faths*.
fagrs, 311; IV, 300.
faha, 151; III, 97; *faifah*, III, 97.
faianda, III, 2.
faifah, voy. *faha*.
faiflôk, voy. *flôka*.
failu, 131, 147, 151, 350.
faihufriks, 261.
fair, IV, 407.

GOTHIQUE.

fairinón, III, 445.
fairnitha, IV, 87.
fairrathró, 387.
fairṣna, 144.
fairveitl, IV, 300.
fald (rac.), III, 221.
faltha, III, 97.
fara, rac. *far*, 234; prét. *fór*, III, 232.
fastubni, IV, 48.
faths, thème *fadi*, 158, 159; IV, 116; acc. *fath*, I, 140.
faur, 129; IV, 407, 408, 411.
faura, IV, 407, 408.
fauraganga, IV, 276.
fauragangja, IV, 231.
faurhah, IV, 258.
faurstassja (thème), IV, 230.
fiathva, IV, 96.
fidur-dógs, 116, 155; II, 222; IV, 250, 339.
fidvór, 37, 48, 155, 294; II, 233, 234; *fidvórim*, II, 222.
fidvórtaihun, II, 233.
fidvórtiguns, II, 222.
fijands, 318.
filleins, IV, 100.
filu, IV, 271, 374; *filaus*, II, 171.
filuvaurdja, IV, 330.
fimf, 147; II, 225.
fimfta, II, 246.
fimftaihun, II, 233.
fimftataihunda, II, 247.
fimftiguns, II, 239.
fingrs, 311.
fiskja, IV, 230.
fiskón, III, 445.

fisks, 157.
fléka, *faiflók*, 151, 264; III, 221.
fódr, IV, 69.
fór, prét. de *fara*, voy. ce dernier.
fótubandi, IV, 216, 340.
fótus, 150; II, 240; IV, 273.
fra, IV, 402, 407.
frabauhts, III, 267.
frabugjan, IV, 103.
fragifts (de la rac. *gib*, *gab*), 205.
fragilda, IV, 67.
fraihna, rac. et prét. *frah*, 27, 37, 89, 131, 147, 151, 250; *fréhum*, III, 241.
fraistubni, *fraistóbni*, IV, 48.
frakunnan, IV, 403.
fralétan, IV, 403.
fraliusa, 77, 262; III, 412.
fralusna, III, 454.
fralusts, thème *fralusti*, 77, 157; IV, 110.
fram, IV, 410.
framaldóṣa, II, 198.
framatheis, IV, 324, 402, 410.
framgaths, III, 434.
framis, IV, 411.
fraqvima, IV, 403.
fraqvistna, III, 453.
fraqvitha, IV, 403.
frathjamarṣeins, IV, 341.
fraujinassus, IV, 293.
fraujinón, III, 445.
fravaurkjan, IV, 403.
fraveit, IV, 252.

fréhum, voy. *fraihna*.
friathva, 257.
frijó, 257, 261; III, 227; IV, 76; *frijónds*, 281, 318.
frisahts, IV, 403.
fródaba, II, 364.
fródóṣa, II, 199, 200.
fruma, II, 244; IV, 410.
frumabaur, 311.
frumists, II, 196, 199, 244.
frumóṣa, II, 196, 199.
frums, II, 244.
fullafahjan, IV, 300.
fullja, *fullna*, II, 455.
funisks, IV, 316, note 1.

ga, au commencement des composés possessifs, IV, 360, 412.
gaagvei, IV, 222.
gabaur, IV, 258.
gabaurdivaurd, IV, 340.
gabaurjaba, II, 364; IV, 318.
gabaurjódus, IV, 318.
gabaurths, thème *gabaurthi*, 158; IV, 110.
gabeigs, IV, 315.
gabiga, *gabigja*, *gabigna*, III, 455.
gabinda, IV, 258.
gabindi, IV, 216.
gablindja, *gablindna*, III, 455.
gabruka, IV, 258.
gabundi, IV, 216.
gadaila, IV, 278.
gadails, IV, 360.
gadars, 150, 153.
gadrauhts, IV, 116.

gadrausja, III, 240, 412.
gaf, voy. *giba*.
gafaurdi (thème), 158.
gafaurs, 311.
gafullna, III, 453.
gaguds, IV, 359, 360.
gahailna, III, 453.
gahait, IV, 254.
gahlaiba, IV, 278.
gahlaifs, IV, 360.
gahts, III, 434.
gahvaila, III, 446.
gaigrôt, voy. *gréta*.
gairnja, 156.
gaitei, 280.
gajukôna, 323; II, 52.
gakundi (thème), IV, 88.
gakunthi (thème), 158; IV, 88.
galeiki, IV, 213.
galeiks, II, 403; *galeikô*, 1, 387; IV, 213.
galiug, IV, 258.
galiugs, IV, 360.
galukna, III, 454.
gamains, 311.
gamainthi (thème), IV, 88.
gamêleins, IV, 109.
gamunds, thème *gamundi*, 158; IV, 77, 88; gén.-dat. *gamundais*, *gamundai*, I, 73.
ganga, III, 87, 434 (cf. *gaths*); au prét. *iddja*.
ganisa, 236; III, 412.
ganôha, *ganôhja*, *ganôhna*, III, 455.
gaqvumthi (thème), 158.
garaihtôsa, II, 196, 198.
garéda, 117.

garunjô, IV, 216.
gasintha, IV, 231, 276.
gaskafts, thème *gaskafti*, rac. *skap*, 158, 205; IV, 110.
gaskaidna, III, 454.
gásnévum, 289.
gastigôds, IV, 340, 367.
gasts, 151, 309; II, 127; IV, 116; dat. *gasta*, I, 376.
gasvinthja, IV, 231.
gataih, rac. *tih*, 127; *gataihum*, 131.
gataira, III, 118; prét. *ga-tar*, rac. *tar*, I, 37.
gateiha, prés. de la rac. *tih*, prét. *gataih*, v. *gataih* et rac. *tih*.
gatimith, rac. *tam*, 254; cf. *tamja*.
gatvô, IV, 96.
gathairsa, 203.
gathaursna, III, 454.
gathrask, III, 454; IV, 258.
gaunôtha, IV, 88.
gauritha IV, 87.
gaurja, III, 443.
gaurs, 130.
gavag, voy. *gaviga*.
gavairtheigs, IV, 315.
gavakna, III, 453.
gavasjada, III, 2.
gavi, 156, 286.
gaviga, III, 28; prét. *gavag*, rac. *vag*, 1, 37.
giba, 151; prét. *gaf*, 159, 189.
gilstr, IV, 67.
gistra, II, 374.
gistradagis, II, 374.

gôleins, IV, 109.
graba, IV, 258.
grêdags, IV, 314.
grêdôn, IV, 156.
grêdus, 156; IV, 273.
grêta, rac. *grêt*, prét. *gaigrôt*, 140, 156, 264; III, 221, 228.
greipa, rac. *grip*, 120, 156, 235.
grôba, IV, 258.
gudafaurhts, IV, 340.
gud-hus, IV, 340.
gudisks, IV, 316.
gudja, IV, 230.
gudjinôn, III, 445.
guma, IV, 34.
gutthiuda, IV, 340.
guthblôstreis, IV, 340.

-*h* (enclit. = *uh*), II, 378, 379.
haba, 256.
hafja, *hôf*, 238, 240; III, 112.
haha, *haihah*, 151; III, 92, 222.
haihs, II, 213, 214, 215; IV, 357.
haims, 261; IV, 310.
hairdeis, 116, 119, 175; IV, 230; acc. *hairdi*, I, 347.
hairtô, thème *hairtan*, 66, 151, 323; *hairtôna*, 323; II, 52.
haita, rac. *hait*, 126; III, 97, 221.
haiti, IV, 216.
halda, III, 97.
halsanga, IV, 340.
halts, II, 213, 214, 215.

hana, IV, 276.
handugs, IV, 314.
handus, 313.
handuvaurhts, IV, 340, 367.
hanfs, II, 213, 214.
hardus, II, 170 ; neut. *hardu*, I, 350 ; *hardişa*, II, 199 ; *harduba*, II, 364.
harjis, 119, 309 ; acc. *hari*, 120, 347.
haşja, III, 117.
hatis, IV, 292.
hauhei, 325 ; IV, 222.
hauheins, IV, 109.
hauhhairts, IV, 340, 351.
hauhisti, IV, 214.
hauhitha, IV, 87.
hauhs, 260 ; IV, 36 ; *hauhis*, II, 195, 206.
hauseins, IV, 109.
hér, II, 380 ; IV, 399.
heivafrauja, 261 ; IV, 365.
hi (thème démonstratif), *hita*, II, 380 ; dat. *himma*, ibid. et II, 380 ; *himma-daga*, I, 360 ; II, 380 ; acc. *hina* (cf. l'adverbe *hina*), II, 380 ; *hina-dag*, II, 182, 380.
hidré, II, 380.
hilpa, III, 13.
himma, voy. *hi*.
himma-daga, voy. *hi*.
hina, acc. du démonstratif *hi*; adv., IV, 401.
hina-dag, voy. *hi*.
hindar, II, 182.
hindumists, II, 183.

hiri, *hirjasts*, *hirjith*, 260 ; II, 380.
hita, voy. *hi*.
hiuhma, IV, 36.
hlaibs, 189, 293 ; acc. *hlaif*, 189.
hlasôşa, II, 198.
hlaupa, 126, 151.
hleiduma, II, 183, 184.
hleithra, IV, 71.
hliftus, IV, 319.
hlija, IV, 71.
hliuma, 123, 261 ; IV, 36.
hnaivja, III, 412 ; cf. *hneiva*.
hneiva, caus. *hnaivja*, III, 412.
hôrinôn, III, 445.
hrainjahairts, IV, 341, 351, 355.
hrains, 310.
hrôpi, IV, 216.
huhrus, 130, 156.
hulistr, IV, 69, 293.
-hun, II, 385.
-hund (dans *téhund*), II, 240.
hunds, 62, 151 ; IV, 41.
hungrja, 156.
hunisl, *hunsl*, IV, 293.
hva, II, 291, 369 ; voy. *hvas*.
hvad, II, 408.
hvaitei, 134.
hvaiva, II, 364.
hvamma, *hvammêh*, *hvammêhun*, voy. *hvas*.
hvana, *hvanôh*, voy. *hvas*.
hvar, II, 361, 373, 380 ; IV, 399.

hvarjis, II, 172, 174, 361 ; *hvarjis-uh*, II, 173 ; *hvarjô-h*, *hvarja-tô-h*, *hvarjammé-h*, *hvarjanô-h*, II, 174.
hvas, 50, 134, 147, 309, 313 ; II, 299, 369 ; *hvaşuh*, II, 378 ; *hvamma*, I, 370 ; *hvammêh*, *hvammêhun*, II, 174 ; *hvana*, I, 53, 356 ; *hvanôh*, II, 174 ; *hvô*, I, 277, 356 ; II, 49, 369 ; *hvôh*, II, 379 ; *hvata*, I, 134.
hvath, II, 408.
hvathar, 311 ; II, 177, 185 ; *hvatharuh*, II, 384.
hvathrô, 116, 386 ; II, 407 ; IV, 376.
hvé, 359, 361 ; II, 290.
hvéleiks, II, 402, 403.
hveits, 134.
hvô, *hvôh*, voy. *hvas*.
hvôta, IV, 265.

i 1° *i* (rac.), voy. *iddja*.
2° *i* (thème pronominal), voy. *is*.
iba, II, 363 ; IV, 383.
ibai, II, 363.
ibnaleiks, II, 403.
ibnassus, IV, 294.
ibns, II, 403.
iddja, rac. *i*, 260 ; III, 279.
idreiga, IV, 265.
ija, voy. *is* (pron.).
ijós, voy. *is* (pron.).
ik, II, 255 ; *ikei*, II,

332; *meina*, II, 259, 287, 395; *mis*, I, 371; II, 259; *mik*, II, 258, 259; duel *vit*, II, 278; *unkara*, I, 369; II, 287, 394; plur. *veis*, I, 372; II, 268, 301; *unsara*, I, 265, 286, 287, 366, 367, 394; *unsis*, I, 366, 372; II, 265, 280; *uns*, I, 367.

im 1° *im* «sum», 120; III, 9, 16, 83, 128; *is* «tu es», I, 120, 340; III, 38, 83; *ist* «il est», I, 120, 157, 242; III, 50, 83; *nist*, II, 364; *siju*, III, 27, 83, 131; *sijusts*, III, 83; *sijum*, III, 83, 130, 293; *sijuth*, III, 83, 130, 293; *sind*, I, 120; III, 51, 293; subjonct. *sijau*, III, 3, 131; *sijais*, III, 47; rac. *is* = sanscrit *as*, I, 263.

2° *im*, du pron. *is*, voy. *is* (pron.).

imma, voy. *is* (pron.).
in, IV, 397.
ina, voy. *is* (pron.).
ingardja (thème), IV, 230.
innagaths, III, 434.
innathrô, IV, 397.
inqvar, II, 394.
inqvara, voy. *thu*.
ins, voy. *is* (pron.).
is 1° *is* (rac.), voy. *im* «sum».

2° *is* (pron.) = nouv. haut-allem. «er», 313; déclinaison, II, 328; *işei*, II, 332; *imma*, I, 371; II, 328; *ina*, I, 346, 348; II, 328; *işôs, işai*, II, 330; *ita* (cf. latin *id*), I, 344; II, 329; *eis, ins*, II, 328; *işe*, II, 328; *ijôs*, II, 330; *işó*, II, 330; *ija*, II, 329, 330, 335; cf. aussi *si*.

3° *is* «tu es», voy. *im* «sum».

ist «il est», voyez *im* «sum».

işai, işé, işó, işós, voy. *is* (pron.).

işvar, II, 286.
işvara, işvis, voy. *thu*.
ita 1° *ita* «je mange», rac. et prét. *at*, 36, 150, 263; III, 324; *étum*, III, 324; *étjau*, I, 53.

2° *ita*, voy. *is* (pronom).

ith, II, 307, 408; IV, 383.
iup, IV, 399.
iupathrô, 387.

ja, II, 366.
jabai, II, 363; IV, 383, 384.
jah, II, 366, 378.
jai, II, 342, 366.
jainar, IV, 399.
jaind, II, 408.
jains, II, 355.
jainthrô, 387.

jau, II, 365.
jêr, 117.
jiuka, IV, 265.
ju, II, 365.
juhişans, 144; *juhişei*, 118, 280.
junda, IV, 88.
jungalauths, IV, 269, 364.
jungs, 133.
jus, voy. *thu*.
juthan, II, 365.

kan, 146.
kaurs, 130.
kaus, rac. *kus*, voy. *kiusa*.
kin (rac.), prés. *keina*, 233, 235; IV, 34.
kinnus, 151; IV, 194; dat. *kinnau*, I, 375.
kiusa, rac. *kus*, prét. *kaus*, 68, 128, 265.
kniu, 312; IV, 272.
kuni, IV, 34, 194, 225.
kus (rac.), voy. *kiusa*.
kustus, IV, 318.

lag (rac.), voy. *liga, lagja*.
lagja, 254; III, 411.
laia, rac. *lô*, 236, 259.
laiba, laibôs, 155; II, 215, 236.
laigô, 66, 151, 154, 257; III, 122.
lailôt, voy. *léta*.
laisareis, IV, 325.
laiseigs, IV, 315.
laisja, 127.
langei, IV, 222.
lasivs, IV, 306; *lasivôts*, II, 199.
lathúns, IV, 109.

GOTHIQUE.

laubs, 189, 293; acc. *lauf*, 189.
lauhmôni, 58; IV, xvi, 28, 36.
laun, 126.
laus, 77, 311; IV, 258.
lausavaurds, IV, 355.
laushandja, II, 169.
laushandus, IV, 340, 355.
lausja, III, 412; *lausjadau*, III, 3.
lausqvithrs, IV, 355.
lauths, II, 250; III, 259.
léta, *lailôt*, 117; III, 221.
leihts, 153.
leik, 51, 119; II, 403.
leikeis, IV, 230.
leikinassus, IV, 293.
libains, IV, 109.
-*lif* (dans *ainlif*, *tvalif*), 51.
liga, 254; III, 411; cf. *lagja*.
ligrs, IV, 299.
listeigs, IV, 315.
lith (rac.) (cf. le suivant), II, 214.
lithus (cf. le précédent), II, 214; IV, 273.
liubaleiks, II, 403.
liubs, III, 112.
liuda, rac. *lud*, 133, 266; II, 250, 259.
liugandau, III, 2, 3.
liugn, IV, 109.
liuhadeins, IV, 100.
liuhath, 58, 115.
liusa, rac. *lus*, 247, 260, 262.
liuta, IV, 276.

liuthareis, IV, 325.
lubains, IV, 109.
-*lubô* (voy. *brôthra-lubô*), 153.
lud (rac.), voy. *liuda*.
luk (rac.), 233; voy. *galukna*.
lus (rac.), voy. *liusa*.
lustón, III, 445.
lustus, IV, 318.

mag (rac. et prét. avec seus de prés.), *magum*, 153, 158; IV, 120; *magu*, III, 27; cf. *mahts* (thème) et *mahts* (part.).
magath, 115; II, 250.
magathei, IV, 222.
magus, 281; II, 249; IV, 257.
mahteigs, IV, 315.
mahts 1° *mahts*, thème *mah-ti*, rac. *mag*, 135, 153, 158, 205; IV, 120.
  2° *mahts*, part. de *mag*, comment on le construit, IV, 180, 181.
maihstus, 131.
mais, 144; II, 195, 196, 206; *maişa*, I, 144; II, 196, 197; *maişei*, II, 197.
malma, IV, 36.
man 1° *man* (verbe), rac. *man*, pl. *munum*, III, 243; prét. *munda*, III, 266; part. *munds*, IV, 77; cf. aussi *munan*, *munaida*.

  2° *man* (subst.), 346-347.
managduths, IV, 92.
managei, 325; IV, 52, 222.
managja, *managna*, III, 455.
manaleika, II, 403.
manniskôdus, IV, 318.
manvitha, IV, 87.
manvja, III, 443.
manvus, II, 169.
marisaivs, IV, 339.
mat (rac.), voy. *mita*.
matja, 206.
mats, 206.
maurthr, III, 443.
maurthrja, III, 443.
mavei, II, 250.
mavi, 281.
méritha, IV, 88.
meina, voy. *ik*.
meins, II, 286.
midjasveipains, *midjasveipeins*, IV, 109, 341.
midjis, thème *midja*, 148, 310; II, 171; *midjô*, I, 325; *midjata*, I, 354.
midjuma, II, 185.
midjungards, IV, 340.
mik, voy. *ik*.
mikilduths, IV, 92.
mikilei, 325; IV, 52.
mikilja, *mikilna*, III, 455.
mikils, II, 195; IV, 301.
mimşa, 144.
minnişa, II, 198.
minnists, II, 212.
mins, II, 196.
mis, voy. *ik*.

missadéds, thème *missa-dédi*, 150; III, 260.
missaleiks, II, 404.
mita, rac. *mat*, 247, 260.
mitôns, IV, 109.
mith, IV, 413.
módags, IV, 314.
Mósés, *Móséṣis*, 145.
mót; *mósta*, III, 266.
mótareis, IV, 325.
munan, *munaida*, III, 265.
muns, IV, 269.

nahts, 39, 135, 157; II, 416.
namnja, 122; III, 444.
namó, thème *naman*, 321, 323; III, 108; IV, 41; dat. *namin*, I, 375; plur. *namna*, I, 323; II, 52.
nasja, 121, 236; III, 412; *nasjis*, *nasjith*, I, 119; *nasjandis*, I, 424; cf. *ganisa*.
natja, 122.
nauh, II, 341, 379.
naus, IV, 69, 269.
navistr, IV, 69.
némum, voy. *nima*.
néthla, IV, 70.
ni, II, 341.
niba, II, 364; IV, 383, 384.
nih, II, 379.
nima, *nam*, *némum*, 117; *numans*, 125.
nist, II, 364.
nithjis, IV, 324.
niujis, 133, 310; *niujó*, 325

niujitha, IV, 87.
niun, *niuné*, II, 225, 230, 266.
niunda, II, 248.
niuntéhund, II, 240.
nivaiths, II, 325.
nu, II, 340, 365.
numans, voy. *nima*.
nuta, IV, 276.

qvainón, 137.
qvairnus, 154; IV, 271.
qvairrus, IV, 271.
qvam (rac.), voy. *qvima*, *qvast*.
qvéns, 40; IV, 269, 313.
qveins, IV, 34, 313.
qvima, rac. et prét. *qvam*, 37, 137, 234; *qvast*, 204.
qvinakund, IV, 339.
qvius, 58, 137, 138, 265, 312; *qvivó*, 325.
qvumths, 137.

rabbei, 118.
ragineis, thème *raginja*, 310; IV, 230.
raginó, 264.
raihts, II, 195.
rairóth, voy. *réda*.
raṣda, 59, 60.
raṣn, 59, 144.
rathjó, IV, 216.
réda, *rairóth*, 117; III, 221.
reiki, 352; IV, 218, 230.
reikinón, III, 445.
reikiṣa, II, 200.
reiks, 264.
reiró, IV, 265.
rimis, IV, 292.

riqvis, 144; IV, 293.
ris (rac.), voy. *ur-reisa*, *ur-raisja*.
riurja (thème), IV, 224.
runs, IV, 158.

sa, II, 298, 299, 300, 302; *saei*, II, 332; *sei*, II, 332; fém. *só*, I, 277; II, 298, 369; *sóei*, II, 332; cf. *tha*.
sahv (rac.), voy. *saihva*.
saia, rac. *só*, 259; III, 114; III, 256-257; *saia*, *saijith*, I, 236; *saisóst*, II, 412; III, 46.
saihs, 131; II, 225, 227, 231.
saihva, rac. *sahv*, 265.
saisó, *saisóst*, voy. *saia*.
saiṣlép, voy. *slépa*.
saivs, 312.
sak (rac.), IV, 216.
sakjis, 310.
sakjó, IV, 216.
salbóns, IV, 109.
salithvós, IV, 96.
sama, II, 403.
samaleikó, II, 403.
Samareités, 118.
samath, II, 182.
sandja, III, 437; IV, 231.
sangvs, IV, 269.
sanqvja, III, 412.
sat (rac.), voy. *satja*, *sita*.
satja, 122, 236; III, 239, 411.
sauhts (rac. *suk*), 205; cf. aussi *siuks*.
sauil, IV, 233.

GOTHIQUE.

saurga, IV, 265.
seiths, thème *sédi*, 158.
sei, voy. *sa*.
Seidôn, 118.
seina, II, 259, 287, 290, 294, 395; *sis*, I, 371; II, 290, 291, 294; *sik*, 258, 259, 290, 291, 294.
seins, II, 287.
seiths, II, 196.
seithus, II, 199.
si, II, 312, 314, 329; cf. *is* (pron.).
sibun, 155; II, 225, 228, 266.
sibuntéhund, II, 240.
sigis, IV, 292.
sigislaun, IV, 340, 366.
sijau, *sijais*, *sijai*, voy. *im*.
sijû, *sijum*, *sijuts*, *sijusth*, voy. *im* « sum ».
sik, voy. *seina*.
silba, II, 215.
silbasiuneis, IV, 239, 364.
silubreins, *silubrins*, IV, 100.
sind, voy. *im* « sum ».
sineigs, IV, 315.
singva, 133.
sinqva, 133; III, 412.
sinteinô, 387; IV, 376.
sis, voy. *seina*.
sita, rac. et prét. *sat*, 37; III, 239, 411; cf. *satja*.
sitls, IV, 300.
siukei, IV, 52.
siuks, IV, 258.
-*siuneis*, voy. *silbasiuneis*.
siuns, IV, 109, 239.
skadus, 155.

skaftja, III, 443.
skaida, 49, 155, 157; *skaiskaith*, III, 228.
skal, *skulum*, III, 243; *skulda*, 266; *skulds*, IV, 181.
skalja, IV, 319.
skalkinôn, III, 445.
skap (rac.), 158; voy. *gaskaf-t'-s*.
skeirja (thème), IV, 224.
skildus, IV, 319.
skin (rac.), *skeina*, 120; IV, 36; *skeima*, IV, 36.
skula, IV, 276.
skulda, *skulds*, *skulum*, voy. *skal*.
slépa, rac. *slép*, 58, 117, 151, 156; II, 404; III, 221, 224; prét. *saislép*, I, 144, 145; III, 228.
sléps, IV, 157.
smakkabagms, IV, 338, 366.
snaivs, 127, 312.
sniumundô, rac. *snu*, 288, 387; II, 198; IV, 376.
só (rac.), voy. *saia*.
só, *sóli* (pron.), voy. *sa*.
sókareis, IV, 325.
sókja, *sókeis*, *sókeith*, 119, 255, 264.
spaiv, voy. *speiva*.
spédișa, II, 200.
speiva, *spaiv*, rac. *spiv*, 157.
spilla, IV, 276.
spillô, IV, 276.
spiv (rac.), voy. *speiva*.

sprautô, 387.
sta (rac.), 158; prés. *standa*, voy. *standa*.
stad (rac.), voy. *standa*.
stadi (thème), 158.
staig, voy. *steiga*.
staiga, 77; IV, 258.
stainahs, IV, 314.
stairnô, 131, 157.
standa, rac. *stad*, *sta*, prét. *stôth*, 157, 243; III, 222.
staua, IV, 276.
staut (rac.); prés. *stauta*, III, 47, 229.
steiga, *staig*, rac. *stig*, 77, 126, 157, 159, 264.
stiur, 171, 311.
stôth, III, 222; v. *standa*.
strauja, 247.
sums, II, 404.
sundrô, II, 182.
sunjeins, IV, 100.
sunna, *sunnô*, IV, 235.
suns, II, 196.
sunus, gén. et datif *sunaus*, *sunau*, 73, 375; pluriel nomin. et gén. *sunjus*, *sunivé*, 75, 76.
sûtis, thème *sûtja*, 310; IV, 224; *sutișa*, II, 199.
sva, 359; II, 289.
svaihra, 63; II, 165.
svaihrô, 324; II, 165.
svaleiks, II, 403.
svartisl, IV, 293.
své, 250, 361; II, 289, 290.
svégnitha, IV, 87.

TABLE DES MOTS.

sviglja, IV, 231.
svignjaith, III, 4.
svinthôṣa, II, 198.
svistar, II, 323 ; IV, 58.
svumsl, IV, 293.

tagrja, III, 443.
tagrs, IV, 305.
tahja, 62.
taihsvô, 63, 131.
taihun, 62, 131 ; II, 225, 231, 266.
taihunda, II, 240, 248.
taihuntéhund, II, 240.
taikns, IV, 109.
taitôk, voy. *téka*.
tamja, rac. *tam*, 150, 254 ; IV, 76 ; *gatam, gatimith*, I, 254.
tandja, III, 437.
tauh, tauhum, voy. *tiuha*.
-*téhund* (dans *taihuntéhund*), II, 240.
téka, 156, 264 ; III, 221 ; *taitôk*, III, 211.
Teibairius, 118.
Teitus, 118.
-*tigus* (*tvans-tiguns*), II, 239.
tih (rac.), *gateiha, gataih*, 127, 265.
timrja, IV, 231.
tiuha, 124 ; IV, 166 ; *tauh*, I, 126, 129 ; *tauhum*, I, 129 ; *tiuhaith*, III, 4.
trauu, IV, 47.
trigó, IV, 265.
triu, IV, 272.
truda, 234.
tulgus, II, 170.
tundna, III, 454.

tungô, 133.
tunthus, 150.
tvahunda, II, 240.
tvai, tvôs, tva, II, 216 ; *tvaddjé, tveihnós*, II, 216.
tvalif, 51 ; II, 233, 234 ; *tvalibé*, II, 234 ; *tvalibim*, II, 234.
tvanstiguns, II, 239.

tha, sa, II, 295, 297, 301 ; *this, thiṣei*, I, 145 ; *thamma*, I, 370, 376 ; *thana*, I, 346 ; *thiṣós*, I, 144, 375 ; II, 337 ; *thiṣai*, I, 140, 144, 375 ; *thata*, I, 344 ; II, 298, 302 ; *thatei*, II, 332 ; IV, 381 ; *thai*, II, 39, 299 ; *thiṣé*, I, 144 ; II, 77 ; *thaim*, II, 305 ; *thans, thanṣei*, I, 145 ; *thôs*, II, 39, 299 ; *thiṣo*, I, 144 ; II, 77 ; *thô*, II, 49, 295.
thahta, voy. *thankja*.
thai, voy. *tha*.
Thaiaufeilus, 118.
thaim, voy. *tha*.
thairh, II, 175 ; IV, 415.
thairkô, IV, 415.
thamma, thana, voy. *tha*.
thana-seiths, II, 199.
thanja, 150.
thankja, thahta, III, 267.
thans, voy. *tha*.
thar, II, 361, 373, 380 ; IV, 399.
tharba, IV, 265.
thars (rac.), 130, 203.

thata, voy. *tha, thatei* ; voy. aussi IV, 381.
thathrô, 116, 140, 387 ; II, 407 ; IV, 376.
thauh, II, 341, 379.
thauhjaba, II, 363 ; IV, 383.
thaurnus, 26.
thaursja, 130, 203 ; III, 443.
thaursum, rac. *thars*, 130, 203.
thaursus, 203 ; II, 170 ; IV, 271.
thé, 359, 361 ; II, 290.
theina, voy. *thu*.
theins, II, 287.
this, thiṣei, thiṣós, thiṣai, thiṣé, thiṣô, voy. *tha*.
thiubs, acc. *thiuf*, 189.
thiuda, IV, 257, note 7.
thiudangardi, IV, 340.
thiudanón, III, 445.
thiudans, IV, 285.
thiudeigs, IV, 315.
thiudinassus, IV, 293.
thiumagus, IV, 340.
thius, 143, 281, 312 ; IV, 257 ; acc. sing. *thiu*, I, 347.
thivadv, IV, 95.
thivi, 281.
thlauhs, IV, 157.
thô, thôs, voy. *tha*.
threis, thème *thri*, 161 ; II, 219 ; *thrijé, thrija, thrim, thrins*, II, 220 ; *thrija*, voy. aussi II, 330.
thridja, 388 ; II, 248.
thrijahunda, II, 240.
thrijé-tigivé, II, 239.

thrins-tiguns, II, 239.
thritaihun, II, 233.
thu, 150, 161; II, 256, 259; *thuei*, 332; gén. *theina*, II, 259, 261, 287, 295; dat. *thus*, I, 372; II, 259; acc. *thuk*, II, 256, 259; duel *inqvara*, I, 367, 372; II, 269, 301; plur. nom. *jur*, gén. *isvara*, I, 144, 367, 368; II, 265, 268, 286, 287, 394; dat.-acc. *isvis*, I, 367, 372; II, 265, 268, 285, 286.
thuhta, voy. *thunkeith*.
thuhtus, IV, 318.
thuk, voy. *thu*.
thunkeith, *thuhta*, III, 266.
thus, voy. *thu*.
thusundifaths, IV, 341.

uf, IV, 395.
ufaithja (thème), IV, 230.
ufar, 120; IV, 395, 399.
ufarassus, IV, 294.
ufarfulls, IV, 364.
ufargudja, IV, 364.
ufarhafna, III, 454.
ufarmunnôn, IV, 194.
ufarskadvja, III, 443.
ufkunnanda, III, 2.
ufmunan, IV, 194.
-uh (enclit.), II, 341, 378, 379.
uhtvô, 130.
unairkns, IV, 238.

unbarnahs, IV, 314.
und, IV, 390.
undar, II, 180, 350.
undrêda, 117.
unhrainïtha, IV, 87.
unhunslags, IV, 314.
unkar, II, 394.
unkara, voy. *ik*.
unkarja (thème), IV, 230.
unlêdi, IV, 214.
unmanvjans, II, 169.
unnutja (thème), IV, 224.
unqvêthja (thème), IV, 224.
unriurja (thème), IV, 224.
uns, voy. *ik*.
unsar, II, 286.
unsara, *unsis*, voy. *ik*.
unsvikunthôsa, II, 198.
unviti, IV, 214.
urraisja, III, 240.
urrannja, III, 412.
urreisa, rac. *ris*, 77; III, 240, 412; cf. *urraisja*.
urrinna, III, 412.
urrists, 77.
us, IV, 393.
usdaudôsa, II, 198.
usgeisna, III, 454.
usgilda, IV, 67.
usgutna, III, 453.
uskijana, III, 405.
uslitha, IV, 278.
uslûkith, 233.
uslukna, III, 453.
uslukns, IV, 97.
ustass, 311.
ustiuhada, III, 2.

usvandi, IV, 216.
usvêna, IV, 359.
usanan, 263.
ût, IV, 401.
ûta, IV, 401.
ûtana, IV, 401.
ûtathrô, 387; IV, 401.

vadjabôkôs, IV, 341.
vag (rac.), voy. *vagja*, *viga*.
vagja, rac. *vag*, III, 28; cf. *viga*.
vahsja, *vôhs*, 135, 235; III, 222.
vahstus, IV, 318.
vahtvô, rac. *vâk*, 205, IV, 96.
vaia, *vaivô*, rac. *vô*, 170, 236, 259; III, 221, 224, 256.
vaiamêrei, IV, 222.
vaidêdja, IV, 230.
vaihjô, IV, 216.
vailadêds, 150.
vailavisns, IV, 109.
vair, 131, 311.
vairaleikô, II, 403.
vairs, *vairsisa*, II, 196.
vairtha, *varth*, 161; III, 308; IV, 197; *vairthan*, IV, 181.
vait, 73, 140, 204; III, 45, 98, 243; *vissa*, III, 266.
vaivô, voy. *vaia*.
valda, II, 224.
vangari, IV, 325.
vaninassus, IV, 294.
vargitha, IV, 88.
varmja, 135.
varth, voy. *vairtha*.

210 TABLE DES MOTS.

vas, rac. et prét. de *visa*, voy. *visa*.
vasja, 60; III, 400.
vató, thème *vatan*, 323; IV, 279; *vatnam*, I, 323.
vaurdahs, IV, 314.
vaurhts, III, 266.
vaurkja, *vaurhta*, III, 266; *vaurkjada*, III, 2.
vaurms, 50, 134.
vaurstvja, IV, 230.
végs, IV, 257.
véns, IV, 266.
vésjau, voy. *visa*.
veiha, III, 455; IV, 276.
veihna, III, 455.
veihs, 119.

veinabasi, IV, 365.
veinagards, IV, 340, 365.
veindrunkja, IV, 231, 340.
veis, voy. *ik*.
veitvódja, IV, 330.
viduvó, 118, 153, 324; IV, 409.
viga, rac. *vag*, 66; III, 28.
vigs, IV, 257.
vileis, *vileiṣuh*, 145.
viltheis, 310.
visa, rac. et prét. *vas*, 37, 59, 263; III, 127; *vésjau*, III, 127; *visan*, IV, 181; cf. aussi *vas*.
vissa, voy. *vait*.
vit, voy. *ik*.

vitubni, IV, 48.
vithra, 161; II, 181.
vó (rac.), voy. *vaia*.
vóhs, voy. *vahsja*.
vrak, voy. *vrika*.
vraka, 330; IV, 265.
vrakja, 77; IV, 215.
vraks, IV, 257.
vratódus, IV, 318.
vrika, *vrak*, 37, 77.
vróhs, IV, 266.
vulfs, 114, 309, 312; gén. *vulfis*, 114, 115; dat. *vulfa*, 376.
vullareis, IV, 325.
vulthags, IV, 314.
vulthus, IV, 70.
vulva, IV, 265.
vundufni, IV, 48.
vunns, IV, 266.

2° VIEUX HAUT-ALLEMAND.

á (privatif), IV, 393.
abanëmari, IV, 325.
abkot, 192.
afar, II, 306, 352, 357.
affin, *affinna*, IV, 105, 107.
aftar, II, 181.
aht, 135.
ahtowi (thème), II, 229.
ahtozog, II, 240.
alles, II, 196, 352.
altí, IV, 221.
anastëroz (de la rac. *stóz*), III, 229.
anderes, *anderest*, II, 196.
angust, IV, 295.
ann (rac.), 195.

anst (subst.), 158; IV, 137; plur. *ensti*, I, 121.
anst (verbe), 2ᵉ p. sing. de la rac. *ann*, I, 195; cf. *onda*, *onsta*, ibid.
ar, IV, 393.
araucnissa (-*issí*), IV, 294.
archinit, IV, 36.
arhabaní, IV, 219.
arkinit, IV, 36.
armaherzér, IV, 351.
aródta, 205.
arstámés, 242.
ast, plur. *esti*, 121.
auh, II, 358.
az jungist, IV, 373.
az lázóst, IV, 373.

ázumés, III, 324.

bechnaet, 259.
beiz, 72, 76.
berathnessí, IV, 294.
bërant, 160.
bëre, 128.
bërémés, 127.
bërén, 128.
bërés, 127, 128.
bërét, 127, 128.
beri, IV, 224.
bëteri, IV, 325.
beton, III, 16.
bí, *bi*, 120; IV, 391.
biknát, 259.
bim, 59, 262; III, 17, 129; voy. *bin*, *bint*,

birent, birint, birnt,
    birumés, birut, bis, bist,
    bistu, ist, pim, pin, pi-
    rumés, sî, sîn, sint,
    was, wâri, warumés.
bin (et pin), 192.
bint, III, 130.
birent, III, 130.
birint, III, 130.
birit, III, 130.
birnt, III, 130.
biru, III, 17; voy. bĕrant,
    bĕre, bĕrĕmés, bĕrĕn,
    bĕrés, bĕrêt, birit.
birumés, 59, 263; III, 17, 130.
birut, III, 130.
bis, bist, III, 38.
bistu, 128; III, 38.
bitel, IV, 300.
biutu, IV, 276; cf. bôt.
biz (rac.), prés. bízu; voy.
    bízu.
bízu, 72, 76, 120; cf.
    beiz.
blias, III, 225.
blôstar, bluostar, IV, 68.
boganêr, 125.
bôt, 126.
boto, IV, 276.
boug, 126.
boumîn, IV, 100
bluot, IV, 36.
brann (rac.), 195.
briutechamara, IV, 342.
bruader, 116.
brunno, 327.
brunst, 195; IV, 137.
bruoder, 116, 150, 164.
brûtgomo, brûtigomo, IV, 34, 342.
búan, 124.

bugumés, 125; cf. boga-
    nêr, boug.
bunti, 128.
buntimés, 128.
buntís, 128.
burt, 158.

ca-pleruzzi, III, 229.
chaltî, IV, 219.
chan (rac.), 195; chanst, III, 255.
chímo, IV, 36.
chin (rac.), IV, 36.
chinit, IV, 36.
chua, chuai, 286.
chuementemu, 138.
chumſt, 137.
chumu, 137; cf. chue-
    mentemu, cum.
chunni, IV, 194.
chunst, 195; IV, 137.
chuo, chuoe, 286.
cuatu, 360, 363.
cum, 137.

dag, voy. tag.
daghe, 161.
dâht, III, 437.
dahta (et tahta), 192, 205.
darſt, III, 255.
daum, IV, 46.
daz, II, 315, 316; IV, 381.
dehsa, IV, 33.
dém, II, 315.
demar, IV, 300.
dĕmu, II, 315.
dĕn, II, 315.
dén (dat. plur.), II, 315.
denju, 150.
dĕo, 312; II, 216.

dĕr, 193; II, 313, 315;
    voy. daz, dém, dĕmu,
    dĕn, dén, dĕro, dës,
    dia, dié, diém, dien,
    dio, diu, thie.
dĕro, II, 181, 315.
dës, II, 315.
dĕsa, II, 317, 318.
dĕsan, II, 317.
dĕsen, II, 317.
dĕsér, II, 318; voy. dĕsa,
    dĕsan, dĕsĕn, dĕsiu.
dĕsiu, II, 317.
dhri, 161.
dhu, 161.
dia, II, 313.
dié, die, 127; II, 43, 313.
diém, II, 315.
dien, II, 315.
dih, 136.
díhsila, IV, 33.
dio, II, 313.
dionust, IV, 295.
disér, II, 317; cf. dĕsér.
diu, II, 313; I, 359, 361; II, 314.
donar, IV, 68.
doum, IV, 46.
drié, drió, II, 220; c
    driu, dhrí.
drínissa (-issí), IV, 294
drió, II, 220.
dritto, II, 248.
driu, II, 50.
driuhunt, II, 240.
drízugósto, II, 246.
du, 150 (jamais tu),
    193; cf. dih, dhu.

eidu, 360.
eihhín, IV, 100.

TABLE DES MOTS.

eines, einest, II, 196.
einhantêr, IV, 357.
einougêr, IV, 357.
eisca, eiscôn, 87.
ekiso, IV, 292.
elilenti, II, 354.
enont, II, 183.
ensti, 121.
êr, II, 244.
erchan, IV, 238.
éristêr, II, 244.
éristporant, IV, 219.
ernust, IV, 295.
errido, IV, 95.
erscriuun, 59.
erweliti, IV, 219.
esilinna, IV, 105.
êwig, 127.

fad, 147.
fahistu, 128.
faho, IV, 277.
fallu, fellis, fellit, 121.
far-, IV, 403.
farwa, IV, 350.
farwâzu, 59; III, 76.
fatar, 155; acc. fateran, 346.
fellis, fellit, 121.
feorfuazzêr, IV, 357.
fër-, IV, 403.
fërsna, 144.
fert, 159.
fieriu (neut.), II, 50.
finfiu (neut.), II, 50.
fiorzugôsto, II, 246.
fir-, IV, 403.
firstantnissi, IV, 294.
flewiu (= fliuzu), III, 421.
fliugit, 133.
fliuzu, 260; III, 421.

flôdar, IV, 70.
fludar, IV, 70.
fluz (rac.), 260, 262; cf. fliuzu.
for (séparable), IV, 408; (inséparable), IV, 403.
fora, IV, 408.
fordar, II, 183.
fore, fori, foro, IV, 408.
fôtar, IV, 69.
fôzkengel, IV, 300.
fram, IV, 410.
fuotar, IV, 69.
fuoz, 151.
furdir, II, 183.
furi, IV, 408.

ga-, ge-, rac. gâ, 242; voy. gâmês, gân, gânt, gâs, gast, gât, geist, gêst, gêt, gieng, kan.
gabeini, IV, 221.
gabirgi, IV, 221.
gadarmi, IV, 221.
gafildi, IV, 221.
gafugili, IV, 221.
gahôrida, IV, 88.
gâmês, 242.
gân, 242, 259; III, 16; voy. gâ.
gânt, 242.
garteri, IV, 325.
gâs, 242; III, 38.
gast (= du gehst), III, 38.
gât, 242.
gaza, IV, 96.
gêbono (gén. plur.), II, 76.
geist (= du gehst), III, 38.
gelstar, IV, 67.
gêst, III, 38.

gêt, 242; III, 25.
getar, 150; getarst, III, 255.
getat, 193.
geteilo, 193.
getoufet, 193.
ghêban, 161.
gheist, 161.
ghelstar, IV, 67.
ghibu, ghibis, 161; cf. ghêban.
giburt, 158.
gieng, III, 434.
gift, 205.
gineizta, 205.
ginnistu, III, 38.
giskaft, 205.
gisteini, IV, 221.
gistirni, IV, 221.
giuzit, 133.
glizemo, IV, 36.
goltvarawaz, IV, 350.
gomo, IV, 34.
gôr, 130.
gôt (et kot), 192; cf. abkot, kotan.
gotnissi, IV, 294.
grapehûs, IV, 342.
grîfu, 120.
guotlihhîn, 326.
gutin, gutinna, IV, 105.

habêm, 256.
haltâri, IV, 325.
hanon, 115.
hantaslagô, IV, 330.
hanun, 115.
hapêm, 256.
Hartmuotan (acc.), 346.
haso, IV, 276.
havanari, IV, 325.
heffu, 238, 240.

hefihanna, IV, 369.
heilî, IV, 221.
heizu, 126; III, 226;
  cf. hiaz, hiez.
hêlfâre, IV, 325.
helm, IV, 46.
helphentpein, 192.
heninna, IV, 105.
herizoho, IV, 277.
hertidd, IV, 88.
hërza, 327.
hialt, III, 71, 222, 223.
hiaz, hiez, III, 225.
hilu, IV, 46.
hina, II, 182.
hînaht, II, 381.
hindar, IV, 413.
hinna, II, 182.
hinont, II, 183.
hintar, II, 182; IV, 413.
hirti, II, 316.
hiuru, 133; II, 375, 381.
hiutu, 133, 360; II, 309, 366, 381.
hlahtar, IV, 68.
hleitar, IV, 71.
hliumund, IV, 42.
hloufan, 126; cf. liaf.
hloufo, IV, 277.
hlouft, 158.
Hluodowigan (accusatif), 346.
hlût, 123, 261.
hôhî, IV, 219.
holôdo, IV, 95.
hônida, IV, 88.
hôrida, IV, 88.
hreinida, IV, 88.
huaz, II, 369.
huëdar, II, 117.
huëmu, II, 369.

huën, II, 369.
huënan, II, 369.
huer, 134; II, 369;
  voy. huaz, huëmu,
  huën, huënan, huës,
  huiu, hwiu, wêr.
huës, II, 369.
huiu, 359; cf. hwiu.
huldî, IV, 219, 221.
hulta, 205.
hulzîn, IV, 100.
hundinne, IV, 105.
-hunt, II, 240.
hunteri, IV, 325.
huotil, IV, 300.
hûs, 125.
hwanne, hwenne, IV, 384.
hwiu, 359.

ibu, IV, 384.
imu, 115, 371.
in (= ihn), 346.
inchar, 370.
incnâhu, 259.
incnâtun, 259.
inseffu, 240.
insuepiu, 60; II, 404;
  III, 420.
ipu, IV, 384.
ir (= nouveau haut-allemand er), 63, 313;
  cf. imu, in.
irknaent, 259.
irknait, 259.
irknâta, 259.
irrado, irredo, IV, 95.
ist, 242; III, 127.
iu, 368; cf. iwar, iwih.
iwar, 368.
iwih, 368; II, 258.
izu, izzu, 150; cf. âzumês.

jâr, 117.
juchido, jukido, IV, 95.

kan (= gan, nouv. haut-allemand gehen), 192.
ka-smagmo, IV, 37.
kastu (instrum.), 360.
kelstar, IV, 67.
kesteo (gén. plur.), kestio, kesto, 360.
kihórnussî, IV, 294.
kîmo, IV, 36.
kin (rac.), IV, 36.
knâ (rac.), 259.
komo, IV, 34.
kôs, 126.
kotan (acc. sing.), 346.
kunft, 137.
kuning, IV, 312.
kuningin, -ginna, IV, 105.
kunni, IV, 194.
kuphar, 141.

lahan, 259; voy. hlahtar.
lanchmuetér, IV, 355.
langlipér, IV, 355.
lâzu, 117.
lebara, 60.
lëgar, IV, 300.
lego, 3° pers. plur. legent, III, 413.
leiter, leiteira, leitra, IV, 71.
leitta, 205.
lêru, 127; III, 266;
  prét. lêrta, II, 266.
liaf, III, 226.
libera, 60.
lief, III, 226.
limphan, 141.
liof, III, 226.
lisu, 115.

liuſ, III, 226.
lirnem « discam », III, 20.
liuthjan, 133; *liuhta*, 205.
liusu, 145; voy. *lós*, *luri*, *lurumés*, rac. *lus*.
liuti, 133.
lón, 126.
lós, 145; III, 252.
lougen, *lougin*, IV, 108.
lougna, IV, 108.
luri (de *liusu*), 145; III, 252.
lurumés, 145; III, 252.
lus (rac.), 145; cf. *liusu*.
lut, II, 250.
luti, II, 250.
luzzikém, IV, 375.

maht (subst.), 158, 205; (verbe), III, 155; cf. *mahtu*.
mahtu, 128.
mannan (accus. sing.), 346.
meintate, 193.
meistarinna, IV, 105.
mendí, IV, 222.
mendiu, IV, 222.
mériro, II, 219.
mih, 136.
miltherzér, IV, 355.
miltnissa, IV, 294.
minnira, II, 108.
missetat, 193.
munizeri, IV, 325.
muosa, 204.
muost, III, 255.
múrhuotil, IV, 300.
mús, 123, 125, 338.

nacho, 58.

nádel, *nádela*, *nádila*, *nádla*, IV, 70.
náhi, IV, 219.
naht, 135.
námumés, 117.
nanta, III, 266.
nennu, III, 267; v. *nanta*.
nerju, 122; III, 16; 3ᵉ pers. plur. *nerent*, III, 413.
nidar, II, 182, 340; IV, 397.
niſt, IV, 58.
nihein, II, 385.
niun, 133, 294; II, 46; neut. *niuniu*, II 50.
niunzog, II, 240.
niuwi, *niwi*, 133.
nomanér, 125.
nu, *nú*, II, 340, 341.

oba, IV, 395.
obar, IV, 399.
obaro, IV, 402.
ohsónó (gén. plur.), 117; voy. *oxo*.
onda, *onsta* (rac. ann.), 195.
óra, 126.
ouc, *ouh*, II, 359.
oxo, IV, 276; gén. plur. *ohsónó*, I, 117.

paradys, 193.
perahtnissi, IV, 294.
pétóm, III, 16.
Petrusan (acc. sing.), 346.
pfad, 147.
phenning, 141.
phorta, 141.
pim, 59, 262; III, 17; voy. *bim*.

pin (et *bin*), 192.
pirumés, 59.
pitala, IV, 300.
pittu, 238.
pleruzzin, III, 229.
pluz (rac.), III, 229.
porta, 193.
prútichamara, IV, 342.
prútigêba, IV, 342.

qhuidit, 138.
quei, 138.
quek, 58.
quellu, IV, 105.
quhidit, 138.
qui-, II, 218.
quiſalón, *quiſalt*, 138; II, 218.
quiohti, 138.
quiro, 138; II, 218.
quiski, 138.

ranta, 205.
rátslagó, IV, 330.
rátu, 117.
rehtór, II, 196.
reis, III, 252; cf. les mots suivants.
riri, *rirumés*, III, 252.
ris (rac.), III, 252.
riuzu, 258, 266.
rórin, IV, 100.
rot, 150.
rótamo, IV, 37, 41.
rótemo, IV, 37.
róti, IV, 219.
rótomo, IV, 37.
rúm, 125.
ruodar, IV, 70.
ruota, 266.
ruz (rac.), 258, 266; cf. *riuzu*.

sagên, saghêm, sakêm, III, 16.
salida, salitha, IV, 96.
samant, II, 182.
samftida, IV, 87.
sâmi, 33; II, 215; IV, 364.
sâmiheil, IV, 364.
sâmiqvĕc, IV, 364.
sâmiwîz, IV, 364.
sâmo, IV, 37.
sâr, II, 361.
sât, 158; III, 256.
satal, IV, 300.
satalari, IV, 325.
satel, satil, satul, IV, 300.
saum, IV, 46.
saz (rac.), III, 239.
scadal, IV, 301.
scadestu, III, 38.
scal (rac.), 158; scalt, III, 255.
scepheri, 142.
scînu, 120.
scônî, IV, 219.
scriberi, IV, 325.
scrirumês, 59, 263.
scriwun, 59.
sculd, 158.
seffu, 240.
sehsiu (neut.), II, 50.
selida, IV, 96.
sêo, 312.
sezal, sezzal, IV, 300.
sezzari, IV, 325.
sî, II, 409.
sia, II, 311, 312, 317; cf. aussi siu, sio.
sibuni (thème), 294; II, 46; neut. sibuniu, II, 50.

sibunzog, II, 240.
sih, 136.
sîn, III, 127.
sinfluôt, -flût, IV, 342.
singu, IV, 42.
sint, IV, 258.
sio, II, 312, 329.
siu, II, 312, 329; cf. sia, sio.
siwu, IV, 46.
slâfal, IV, 300.
slâfu, 58, 60, 117; III, 420; cf. aussi sliaf.
slango, 101.
sliaf, III, 229.
slîfu, III, 140.
slinga, 101.
slîpistein, IV, 369.
sluozil, IV, 301.
smërzo, 100, 327.
snêo, 127, 312.
sniovarawar, IV, 350.
snura, 100.
sô, 359.
spialt, III, 229.
spilahûs, spilehûs, spilohûs, IV, 342.
sprunkal, IV, 301.
stâ (rac.), 242, 260; voy. stâmês, stân, stâst, stât, stêt, stantu, stuont.
stâmês, 242.
stân, 242.
stânt, 242.
stantu, prét. stuont, III, 222.
stâst, 242; III, 38.
stât, 242.
steig, 126.
steinbrukil, IV, 301.
steinîn, IV, 100.
stellu, III, 425.

sterchida, IV, 87.
stêt, 242.
stetigot, IV, 342.
stilli, IV, 219.
stôz (rac.), III, 229.
stôzil, IV, 301.
stuont (de stantu), III, 222.
sû, 125, 349.
suarzi, IV, 219.
suazi, 58; voy. suozi.
suaznissi, IV, 294.
suepido, IV, 95.
sûfu, 124.
suht, 205.
suikal, IV, 301.
sundar, II, 182.
suniu (dat. sing.), 75.
suô, 359.
suozî, IV, 219.
suozi (gothique sûtja), IV, 224; cf. suazi.
swehur, 56.
swertu, 360.
swizan, 100.

tâ (rac.), III, 262; voy. tât, tâti, tâtumês, tëta.
tag, 193; à la fin des composés, tagon, nom.
tago, IV, 278.
tagarod, IV, 341.
tagasterno, IV, 342.
tagelôn, IV, 341.
tagesterno, IV, 342.
-tago, voy. tag.
tâht, III, 437.
tahta (et dahta), 192.
tât (= du thast), III, 263.
tâtumês, III, 263.
teil, 193.
tëta, III, 263.

TABLE DES MOTS.

thie, II, 315.
thionost, IV, 295.
tiufi, IV, 219.
tô (rac.), 242; voy. *tuo*, rac. *tá*, *tôm*, *tuam*, *tuan*, *tuom*, *tuon*, *tuont*, *tuos*, *tuost* et *tuot*.
tódiu, III, 444.
tôhta, III, 255.
tôm, III, 16; voy. rac. *tô*.
toufen, 193; *getoufet*, 193.
toufi, IV, 222.
touk, III, 255; *tôhta*, ibid.
tragabetti, IV, 368.
tragadiorna, IV, 368.
tragastuol, IV, 368.
traum, IV, 46.
trinko, IV, 277.
triu, IV, 47, 91.
troumsceidari, IV, 325.
truhtinan, *truhtinen*, 346.
tuam, voy. *tôm*.
tuan, voy. *tôm*.
tuo (rac.), voy. rac. *tô*.
tuom, 150; cf. rac. *tô*.
tuon, 193, 243; cf. rac. *tô*.
tuont, 243.
tuos, 243; III, 38.
tuost, III, 38.
tuot, 243.

ubar, IV, 399.
ubiltat, 193.
ubiltatig, 193.
úf, IV, 399.
umbi, IV, 391.
un-, au commencement des composés posses-sifs, IV, 357; cf. nouveau haut-allem. *un-*.
unchar, 370.
undat, 193.
unfasel, IV, 357.
unsih, II, 258.
unst, 263.
urherzêr, IV, 359.
urluzêr, IV, 359.
urmôt, IV, 359.
urwâfan, IV, 359.
úz, IV, 401.

vărlázaní, IV, 219.
virterhinêti, IV, 219.
virwehsalôti, IV, 219.
vranhónôvurtari, IV, 325.

wagan, IV, 285.
waginari, IV, 325.
wahsamo, *wahsmo*, 397; IV, 36, 66.
wahsu, 135.
walzta, 205.
wanga, IV, 325.
wanhta, 205.
wanta, III, 266.
wardh, 161.
wári, III, 252.
warmî, IV, 219.
warph, 141.
wárumés, III, 252.
was, III, 252.
waskiwazar, IV, 369.
webehûs, IV, 368.
weinón, 137.
weist, 204; III, 46, 255.
wendu, III, 267.
wĕo, 361.
wêr, 134; voy. *huer*.
wĕrdhan, 161.
werphan, 141.

wezisten, *wezstân*, *wezzesten*, IV, 369.
widar, II, 181; IV, 409.
widhar, 161.
wih, IV, 254.
wio, 361.
wiolih, 361.
wirs, II, 195.
wirtinna, IV, 105.
wirtun, IV, 107.
wissa (= nouveau haut-allemand *wusste*), 204.
wiu, 361.
wolatate, 193.
wolfum, 115.
wortu, 360.
wuldar, IV, 70.
wundar, *wuntar*, IV, 70.
wurm, 134.
wurphumês, 141.

zahari, *zaheri*, 122.
zamô, 150.
zand, 150.
zant (rac.), *zantaro*, *zuntjan*, III, 437.
zêh, 127.
zêhani (thème), *zêheni*, *zêhini*, II, 50, 231; cf. *zéni*.
zêhanzog, II, 240.
zêheni, *zêhini*, voy. *zêhani*.
zeihur, 58.
zéni (thème), II, 231; *zêntu* (neut.), II, 50; cf. *zêhani*.
zenteilig, 193.
ziegalîn, IV, 100.
zifurist, IV, 373.
ziuhu, 124; prét. *zôh*, 126.
zua, voy. *zwa*.

zueiérô (gén. pl.), II, 216.
zucihunt, II, 240.
zueijô, zueiô (gén. plur.),
   II, 216.
zuéné, voy. *zwéné*.

zui-, II, 218.
zuibeine, II, 218.
zuiekkér, IV, 357.
zuiro, zuiror, II, 218.
zuntjan, voy. rac. *zant*.

zwa (fém.), II, 216.
zwéné (nom. m.), II, 216;
   voy. *zwa, zwô, zueiérô,
   zueijô, zui, qui, zuiro*.
zwô (fém.), II, 216.

3° MOYEN HAUT-ALLEMAND.

bërent, 160.
betöuben, 122.
bíze, 120.
blindiu, 129.
bogener, 125.
bôt, 126.
bouc, 126.
bruoder, 116.
brust, plur. *brüste*, 122.
bugen, 125.

disiu, 129.
dulde, 205.

empfinden, enpfinden,
   142.
éwic, 127.

funfzic, 142.
fünte, 141.
fünve, 141.

gast, plur. *geste*, 122.
gëbe, 128.
gevügele, IV, 221.
gibe, 128.
grífe, prét. *greif*, 120,
   126.

habe, 128.
heize, 126.
hërze, 327.
hínaht, II, 381.

hinte, II, 381.
hiure, 133; II, 373.
hiute, 133.
hús, 125.

iuch, 133.

jár, jaeric, 122.
Jôhannesen (acc.), 346.

kaffen, 142.
kampf, 142.
kapfen, 142.
klopfe, 142.
koch, plur. *köche*, 122.
kopf, 142.
kós, 126.
krempfen, 142.
kripfen, 142.
kropf, 142.
künne, IV, 194.

leite, 205.
lére, 127.
lón, 126; pluriel *loene*,
   122.
loufen, 126.

muoz, muezen, 132.
mús, 125; plur. *miuse*,
   122.

newëder, II, 178.

nomener, 125.
nú, nuo, nuon, II, 341.

ob, obe, IV, 384.
óve, 126.

Parzifálen (accus.), 346.

reip, 126.
rúm, 125.

salbe, 128.
schíne, 120.
schriuwen, 59.
schuffen, 142.
Sívriden (accus.), 346.
sné, 127.
steic, 126.
stuol, plur. *stuele*, 122.
sú, 125.
swífe, III, 141.

tage, 128.
tampf, 142.
tót, plur. *taete*, 122.
toup, 122.
tropfe, 142.

weist, 204.

zéch, 127.
zóch, 126.
zwir, II, 219.

4° NOUVEAU HAUT-ALLEMAND.

ab, IV, 390.
Abbild, IV, 364.
aber, II, 306, 352, 357; IV, 382.
Aberglauben, II, 352.
abermals, II, 352.
Aberwitz, II, 352.
Abgott, IV, 364.
Abweg, IV, 364.
acht, voy. gothique ahtan, II, 229.
achtzig, II, 240.
Aeffin, IV, 105.
ähnlich, II, 403; IV, 360.
an, II, 351.
anderer, II, 178.
anderswo, anderswoher, II, 413.
angenehm, IV, 224.
Angst, IV, 295.
Ankunft, 137, 195; IV, 110.
ant- (dans Antwort), IV, 388.
auch, II, 359.
auf, IV, 399.
Auge, IV, 278.
aus, IV, 387, 401.
Ausweg, IV, 364.

Backe, Backen, 327.
Bande (= Schaar), 401.
Bär, 327, 397.
baue, 124.
be-, IV, 329, 391.
Beere, IV, 224.
bei, 120; IV, 391.
Beigeschmack, IV, 364.

beisse, 72, 120.
bequem, 137.
betrüge, 132.
biete, IV, 276.
bin, III, 17, 128; voy. bist, ist, sei, sind, war, wäre.
binde, 151.
bist, III, 38.
bitte, 235.
bitter, IV, 299.
blase, prét. blies, III, 225.
bleibe (pour b-leibe), 151.
blies, III, 225.
Blume, IV, 36.
Bote, IV, 277.
Brand, plur. Brände, 123.
brandschatzen, IV, 330.
Bräutigam, IV, 34, 342.
breche, 151.
Breitede (hessois), IV, 87.
brenne, 122.
Bruder, 116, 150, 151; IV, 58.
Brunnen, 327.
Brunst, 195; IV, 110, 137.

Dacht, III, 437.
damit, IV, 382.
dar, II, 361; IV, 399.
darf, 132.
das, II, 315.
dass, II, 359; IV, 381.
dehne, 150.
Deichsel, IV, 33.

dem, II, 308.
denn, II, 340.
der, II, 313, 314, 315; gén. plur. II, 78; voy. aussi dem.
dich, 136.
Dickkopf, IV, 353.
die, voy. vieux haut-allemand diu, dia, diê, dio.
Dienst, IV, 295.
dieser, II, 317.
Docht, III, 437.
Donner, IV, 68.
Dorn, 26.
drei, voy. gothique thri, II, 219.
Dreifuss, IV, 353.
dreissig, II, 46.
dreissigster, II, 246.
Dreiweg, IV, 370.
dritter, II, 248.
du, 150.
Dunst, plur. Dünste, 123.
durch, II, 175; IV, 415.
dürfen, 132.

eichen, IV, 100.
eilf, 51; II, 234, 236.
einer, II, 210.
Ende, 122; IV, 389.
Engel, 122.
ent-, IV, 328, 389.
entsagen, entsprechen, IV, 389.
er- (préfixe), IV, 329.
er (pronom), 313; voy. ihm, ihn, ihr.

Erde, 287.
Ereigniss, IV, 294.
Ernst, IV, 295.
erquicken, 137.
erster, II, 244.
Eselin, IV, 105.
esse, voy. sanscrit *admi*, 150.
Esslust, IV, 367.
euch, 133; II, 258.
euer, 368.

fahren, III, 232.
Fahrt, 159; IV, 110.
Fahrwasser, IV, 367.
falle, prét. fiel, III, 225.
fange, 151.
federleicht, IV, 364.
fiel, III, 225.
flehe, 151.
fliege, fleugt, 133.
fliesse, 260, 262.
Flucht, IV, 110.
Flug, plur. Flüge, 123.
frage, 151.
fünf, voy. gothique *fimf*, II, 225.
für, IV, 408.
fürder, II, 183.
Fuss, 150.
Futter, IV, 69.

Gans, 42, 66.
Gasse, IV, 96.
Gast, 151; IV, 116.
Gau, 284.
ge-, voy. gothique *ga*, IV, 221, 328, 360, 412.
gebe, 151.
Gebein, IV, 221.
Gebirg et Gebirge, IV, 221.

Geburt, 158.
Gedärm, IV, 221.
Gefilde, IV, 221.
gehe, prét. gieng, III, 434; voy. vieux haut-allemand, rac. *gâ*.
Geheiss, IV, 252.
Gelächter, IV, 68.
Gelbschnabel, IV, 353.
Gestein, IV, 221.
gestern, II, 374.
Gestirn, IV, 221.
gestrig, IV, 100.
geusst, 133.
Gevögel, IV, 221.
gieng, III, 434.
giesse, geusst, 133.
Gift, 205.
gläsern, IV, 100.
gleich, II, 403, 404.
glücklich, II, 404.
golden, IV, 100.
Göttin, IV, 106.
greife, 120; prét. griff, 126.
Grösse, IV, 220.
Grosshändler, IV, 363.
Grossmacht, IV, 363.
Grossmaul, IV, 353.
Grossmutter, IV, 363.
Grossvater, IV, 363.
Gunst, 195; IV, 110, 137.
günstig, IV, 315.

halb, II, 213, 215.
Halbbruder, IV, 364.
halte, hält, III, 273; prét. hielt, III, 71, 223.
hange, 151.
Hase, IV, 276.
Haus, 124.

haushoch, IV, 364.
Hebamme (*hefihanna*), IV, 369.
hebe, III, 112.
heisse, prét. hiess, III, 226.
Hehn, IV, 46.
Henne, IV, 105.
Herz, 66, 151, 327; gén. Herzens, 314, 327.
Herzog, IV, 277.
heuer, 133; II, 373, 381.
heunt, II, 381.
heute, 133; II, 309, 381.
heutig, IV, 100.
hielt, III, 223.
hier, IV, 399.
hiess, III, 226.
himmelblau, IV, 364.
hin, II, 182, 380; IV, 401.
hinter, II, 182; IV, 414.
hofmeistern, IV, 330.
Höhe, IV, 219, 220.
hölzern, IV, 100.
hörnern, IV, 100.
Huld, IV, 219, 220.
Hund, 151.
hundert, II, 240.

ihm, 371.
ihn, 346.
ihr, II, 269.
in, IV, 397.
ist, 157, 242.

ja, gothique *ja*, II, 366.
Jahr, 117.
jährlich, II, 404.

TABLE DES MOTS.

jämmerlich, II, 404.

Kälte, IV, 219, 220.
kann, 151.
Kehrbesen, IV, 367.
Keim, IV, 36.
kein, II, 385.
Kind, IV, 34.
Kinn, 151.
Koch, plur. *Köche*, 123.
komme, 137.
König, IV, 313.
Königin, IV, 105.
kräftig, IV, 315.
Kuh, 286.
Kunst, 195; IV, 110, 137.

lache, 259.
Lager, IV, 300.
Längde (hessois), IV, 87.
Länge, IV, 219.
Langohr, IV, 353.
laufe, 126, 151; prét. *lief*, III, 226.
laut, 123, 261.
Lebemann, IV, 367.
Leber, 60.
lecke, 151.
ledern, IV, 100.
Lehrmeister, IV, 367.
Leiter, IV, 71.
Lesezimmer, IV, 367.
leuchte, 133.
Leumund, IV, 42.
Leute, 133; III, 259.
-lich (dans *ähnlich*, etc.), II, 403; IV, 360.
lieb, III, 112.
Lockvogel, IV, 367.
Ludwig, acc. *Ludwigen*, 346.

lüge, 132.

Macht, 157, 205; IV, 110.
mächtig, IV, 315.
Mast, 205.
Maus, 125, 339.
Meisterin, IV, 105.
Mensch, 397; IV, 324.
messe, 260.
mich, 136.
mit, IV, 414.
Miterbe, IV, 364.
Mitschuld, IV, 364.
Mord, voy. anglais *murder*, IV, 67.
muss, 132.
muthig, IV, 315.
Mutter, voy. sanscrit *mátár*, IV, 56.

Nachbar, 397.
Nachen, 58.
Nachgeschmack, IV, 364.
Nadel, IV, 70.
Nähe, IV, 219, 220.
Namen, IV, 41; voy. gothique *namô*.
nenne, 122; prét. *nannte*, III, 266.
netze, 122.
neu, 133.
neun, 133; voy. gothique *niun*, II, 230.
neunzig, II, 240.
nicht, II, 325.
Nichte = vieux haut-allemand *nift*, IV, 58.
nieder, II, 340; IV, 398.
noch, II, 341.
nun, II, 341.

ob 1° *ob* (préfixe), IV, 395.
    2° *ob* (conjonction), IV, 384.
Obdach, IV, 395.
oben, IV, 395.
Obhut, IV, 395.
Ochs, 397; IV, 276.
Ort, II, 251.

Pfad, 147.
Pfahl, au pluriel *Pfähle*, 123.
Pracht, 151.

Quecksilber, 137.

rathe, 117.
Rathschlag, IV, 330.
Raum, 124.
reibe, prét. *rieb*, 126.
roth, 150.
Rothbrüstchen, IV, 353.
Röthe, IV, 219, 220.
Ruder, IV, 70.
Ruthe, 266.

Saat, 158.
Same, *Samen*, 327.
Sattel, IV, 300.
Sau, 125, 349.
saufe, 124.
Saum, IV, 46.
scheide, 157.
Scheidekunst, IV, 367.
scheine, 120.
Schlacht, IV, 110.
Schlaf, voy. gothique *slépa*, IV, 157.
schlafe, prét. *schlief*, 58, 151; III, 225.
Schlange, 100.

NOUVEAU HAUT-ALLEMAND.

schleife, III, 140.
Schleifstein (*slípistein*), IV, 369.
Schlüssel, IV, 300.
Schmerz, 100, 327.
schmerzlich, II, 404.
Schnur, 100.
Schöne, IV, 219, 220.
Schreiblehrer, IV, 367.
Schrift, IV, 110.
Schuld, 158.
Schwarzbrod, IV, 364.
Schwärze, IV, 219, 220.
schwarzgelb, IV, 364.
schweife, III, 140.
Schweiss, II, 391.
Schwester, voy. sanscrit *svásár*, IV, 58.
schwitze, 100.
sechs, voy. gothique *saihs*, II, 225.
sehr, II, 361.
sei, sein, III, 127.
selber, II, 214.
Sessel, IV, 300.
setze, 122.
Sich, 136.
sicht, IV, 110.
sie, II, 312; cf. vieux haut-allemand *siu*.
sieben, voy. gothique *sibun*, II, 229.
siebenzig, II, 240.
sind, III, 61, 127, 128, 130.
singe, IV, 42.
Singlehrer, Singvogel, IV, 367.
so, 359; IV, 386.
solcher, II, 403, 404.
sonder, II, 182.
Springbrunnen, IV, 367.

stehe, 157; cf. vieux haut-allemand, rac. *stâ*.
steige, 157.
steinern, IV, 100.
steinig, IV, 315.
stelle, III, 425.
sternig, IV, 315.
Stille, IV, 219, 220.
Stössel, IV, 300.
Sucht, 205.
Sündfluth, IV, 342, note 4.
süss, 58; IV, 224.
Süsse, IV, 219, 220.

tannen, IV, 100.
Tanzlehrer, IV, 367.
Taufe, IV, 223.
tausend, II, 243.
That, 158; III, 260.
thue, 150, 243; III, 274.
Tiefde (hessois), IV, 87.
Tiefe, IV, 87.
Tochter, voy. sanscrit *duhitár*, IV, 57.
Ton, plur. *Töne*, 123.
traue, IV, 47.
Traum, IV, 46.
treu, IV, 47, 91.
Trinkglas, IV, 367.
Trinkspruch, IV, 367.
tuchen, IV, 100.

un- (privatif), III, 172; IV, 364.
uneben, IV, 364.
unnütz, IV, 224.
unreif, IV, 364.
Unschuld, IV, 364.
Unterrock, IV, 364.

Unverstand, IV, 364.

Vater, 155; cf. sanscrit *pitár*, IV, 56.
ver-, 403, 407, 408; IV, 329.
verliere, 145, 260.
Verständniss, IV, 294.
Vieh, 151.
vier, voy. gothique *fidvôr*, II, 222.
Viereck, IV, 353.
vierzigster, II, 246.
Vollmond, IV, 364.
vor, IV, 408.
vorderer, II, 183.
Vorgeschmack, IV, 364.
Vorhut, IV, 364.
Vormittag, IV, 364.
Vorrede, IV, 364.

Wagen, IV, 285.
wandte, III, 266.
wann, IV, 384.
war, wäre, III, 127.
warm, 135.
Wärme, IV, 219, 220.
was, voy. vieux haut-allemand *huaz*, II, 369.
Waschwasser, IV, 369.
Webehaus, IV, 368.
weder, II, 178.
weine, 137.
weiss, III, 98; 2ᵉ pers. *weisst*, III, 46.
Weissbrod, IV, 364.
welcher, II, 403, 404.
wem, II, 308.
wende, III, 267.
wenn, IV, 384.
wer, 50, 134; II, 368, 369, 381; datif *wem*,

II, 308; cf. vieux haut-allemand *huer*.
werde, III, 266 ; 3ᵉ pers. *wird*, III, 273.
wetteifern, IV, 330.
Wetter, voy. anglais *weather*, IV, 68.
Wetzstein, IV, 369.
wider, wieder, II, 181 ; IV, 409.
Wilhelm, acc. *Wilhelmen*, 346.
wir, II, 268.
wird, III, 273.

Wirthin (*virtinna*), IV, 105, 107.
woraus, II, 361.
Wunder, IV, 70.
Wurm, 134.

zähme, 150.
Zahn, 150.
zehn, voy. goth. *taihun*, II, 231.
zer-, IV, 329.
ziehe, 124.
Ziehbrunnen, IV, 367.
Zucht, IV, 110.

zuerst, IV, 373.
Zukunft, IV, 110.
zuletzt, IV, 373.
zumeist, IV, 373.
zunächst, IV, 373.
zünde, voy. vieux haut-allemand, rac. *zant*.
Zunft, IV, 110.
zuvörderst, IV, 373.
zwanzig, II, 46.
zwei, voy. gothique *tvai*, II, 216.
zwölf, 51 ; II, 234, 236.

5° VIEUX SAXON.

bêt (= *er biss*), 72.
birid, 160.

dâ (rac.), III, 261 ; voy. *dâd, dâdi, dâdun, dëda, dëdas*, rac. *dô*.
dâd, III, 261.
dâdi (= *dëdos, du thatest*), III, 261.
dâdun, III, 261.
dëda, III, 261, 283.
dëdôs, III, 261.
dô (rac.), 243 ; cf. *dôm, dôs, dôd*.
dôm, 243, 259 ; III, 16, 263.

dôs, dôd, 243 ; III, 263.
drôm, IV, 46.

ehuscalc, IV, 305.

fallu, féll, III, 225.
fram, IV, 410.

gëbônô (gén. plur.), II, 76.

hôfna, IV, 108.
huie, II, 369.

inker, 370.

iuwer, 369.

kôs, 72.

rod, 150.
ruoda, 266.

sindun, III, 293.
slâpu, slép, III, 225.
standu, prét. *stôd*, 247.

that, II, 315, 316.
thunar, IV, 68.

unker, 370.
unt, unti, IV, 390.

6° ANGLO-SAXON.

æska, 89.
æskjan, 89.
asca, 144.

beo, III, 309, 310.

beorht, 151.
bëradh, bëredh, 160.

cumu, 137.
cvanian, 137.

daed, IV, 106.
dhixel, IV, 33.
drôf, III, 455.

eom, III, 310.

ANGLO-SAXON, ANGLAIS.

eorcnanstan, IV, 238.
eóver, 369.

foddar, foddur, IV, 69.
fôdr, fôdher, IV, 69.
fram, IV, 410.

gifena (gén. plur.), II, 76.
gyden, IV, 106.

hælo, IV, 221.
héo; II, 381.
hi, II, 381.
hlædre, IV, 71.
hva, 134.

hvit, 134.
hyldo, IV, 221.

incer, 370.

léoman, IV, 36.

medo, medu, 148, 153.
miclum, IV, 375.
middum, IV, 375.

naca, 58.

ord, II, 251.

revan, reovan, rovan, IV, 70.

rod, 266.

seofon, 155.
svâ, 359.

tacor, tacur, 34, 58.
thunor, IV, 68.
thylic, II, 403.
tvi-, tvifête, tvifinger, tvi-hive, II, 218.

uncer, 370.

vanian, 137.

yldo, IV, 221.

7° ANGLAIS.

am, III, 128.
ask, 89.

brethren, II, 37; IV, 277.
bright, 151, 264.
brightness, IV, 294.

chicken, IV, 277.
children, IV, 277.

depth, IV, 87.

eleven, II, 234.

from, IV, 410.

goose, 153.
greedy, 156.

health, IV, 87.
height, IV, 87.
him, IV, 206.

if, IV, 384.

laughter, IV, 68.
length, IV, 87.

mildness, IV, 294.
murder, IV, 67.

of, IV, 390.
out, IV, 401.
ox, oxen, IV, 277.

queen, IV, 313.

seven, II, 229; III, 152.
sister, IV, 58.
slaughter, IV, 68.
slay, IV, 68.
slip, III, 140.
sweet, 58.
sweetness, IV, 294.

thrice, II, 218.
thunder, IV, 68.
twice, II, 218.

weather, IV, 68.
whom, IV, 206.
with = nouveau haut-allemand mit, IV, 413.

year, 53.

8° FRISON.

hia (vieux frison), II, 381.
hiu (vieux frison), II, 381.

junker (nouveau frison), junk, 369.
lête (vieux frison), 117.
némon (v. frison), 117.

réde (vieux frison), 117.
slépe (v. frison), 117.
thi (vieux frison), II, 316.

9° VIEUX NORROIS.

æskja, 89.
apynja, IV, 106.
aska, 144.

bëradh, bërand, 160.
blás (rac.), prés. blæs, blés, part. blásinn, III, 225.

dádh, 313.

eingi, II, 385.
einskis, II, 385.

flut, 262.
fornum, IV, 375.

-gi (dans eingi, etc.), II, 385.
grát (rac.), prés. græt, grét, part. grátinn, III, 225.

hald (rac.), prés. held, hélt,

héldum, part. haldinn, III, 225.
har, 313.
hönd, 313.
hvar, 313.
hver, 134.
hvitr, 134.

-ki (dans vaetki, etc.), II, 385.

löngum, IV, 375.

mangi, manskis, II, 385.

mun, III, 308.

nu, nuna, II, 341.

ó- (priv.), au commencement des composés possessifs, IV, 357.
óhræsi, IV, 357.

ómáli, IV, 357.

qveina, 137.

slanga, 101.
sonr, 313.
svëfn, 56.
svep, plur. svepium, III, 420.

thrisvar, II, 218, 219.
thunur, 147.
tvegja, II, 216.
tvílíkr, II, 403.
tvisvar, II, 218, 219.

úlfr, 313.
umgéngni, IV, 220.

vaetki, II, 385.
vargr, 313.
vargynja, IV, 106.
veina, 137.

10° SUÉDOIS.

hvina (nouv. suéd.), 137.
tolik (vieux suédois), tol-

kin, tockin, II, 406; IV, 360.

H. — LANGUES CELTIQUES.

1° VIEUX CELTE.

rhodora, 266; II, 205.

2° IRLANDAIS ET GAÉLIQUE.

a « ejus, eorum », II, 334.
aisk, 89.
am, II, 77, 80.
anal, IV, 299.
anochd, II, 333.
arasaim, 59.
as, IV, 394.
athair, 333.

beasach, 267.
beosaighim, 266.
bhus, III, 301.
bleachd, 285.
brathair, 333.
bri, IV, 276.

cac, cacach, cachaim, 351.
cluas, 261.
comharsa, comharsaine, 333.
con, cona, 333.
creanaim, IV, 237.
cru, 167.
cu, cuin, 333.

daghaim, 38; III, 134, 418.
dan, 259.
dasachd, 150; IV, 269.
déagh, 62.
deanaim, 259.

dear, 333.
dearbh, IV, 47.
deich, 62.

eile, 58.

fasaim, 236; IV, 49.
fasamhuil, IV, 49.
feadhaim, III, 76.
fearamhuil, IV, 49.
fiafruighim, 268.

gailleamhuin, IV, 205.
garaim, 47.
geallamhna, geallamhuin, IV, 205.
geanmhuin, IV, 205.
geineamhuin, IV, 205.
geinim, 334.
genteoir, 334.
ginmhuin, IV, 205.
gnia, gnic, gno, 259.
gradh, 156.
graidheag, 156.
grith, 264.
guailne, gualann, guala, 333.
gus, 58.

leanamhain, leanmhuin, IV, 205.
logha, 58.

macamh, mag, II, 250.
mathair, 333.
mile, II, 243.
min, mion, II, 212.

naoidhe, naoidhin, 333.

ollamh, IV, 205.
ollamhain, IV, 205.

piuthair, 333; II, 323.

raidim, 59.
roid, 266.
ruadh, IV, 291.
ruaidhneach, 266.
rud, 266.
ruigheanas, 264.

samhuil, IV, 49.
seachraith, 351.
seasamh, IV, 205.
siol, siolaim, III, 257.
scaramhaim, scaramhuin, IV, 205.
siudhim, siudhiughaim, III, 414.
smigeadh, 261.
speur, 333.
staighre, 265.

tar, tair, tri, II, 175; IV, 415.

3° GALLOIS.

amser, II, 77.
cais, 34.
crau, 167.

mil, II, 243.
nadu, III, 438.

pyrnu, IV, 237.
tyvu, II, 9; IV, 365.

4° ARMORICAIN, BAS-BRETON.

amzer, II, 77.

danhezu, 62.

CONTENU DE CE VOLUME.

TABLE ANALYTIQUE DES MATIÈRES.

PREMIÈRE SECTION.

PHONÉTIQUE.

		Pages.
I.	L'alphabet sanscrit dans ses rapports avec l'alphabet des langues congénères.	1
II.	Système phonique du vieux perse.	6
III.	Système phonique du zend.	6
IV.	Système phonique de l'arménien.	7
V.	Système phonique du grec.	8
VI.	Système phonique du latin.	10
VII.	Système phonique du lithuanien.	11
VIII.	Système phonique du vieux slave.	11
IX.	Système phonique du gothique et de l'allemand.	12

DEUXIÈME SECTION.

Flexion 16

TABLE DES MOTS.

A. LANGUES DE L'INDE.

1° Sanscrit	89
2° Pâli	121
3° Prâcrit	122
4° Bengalais	122
5° Mahratte	122

CONTENU DE CE VOLUME.

	Pages.
6° Hindoustani	123
7° Tsigane	123

B. LANGUES IRANIENNES.

1° Perse des inscriptions cunéiformes	123
2° Nouveau perse (persan)	124
3° Zend	125
4° Afghan	135
5° Arménien	135
6° Ossète	140

C. LANGUES DE LA GRÈCE.

1° Grec	140
2° Albanais	162

D. LANGUES DE L'ITALIE.

1° Osque	162
2° Ombrien	163
3° Latin	164
4° Français	181
5° Espagnol	181

E. LANGUES LETTES.

1° Vieux prussien (borussien)	182
2° Lithuanien	183
3° Lette	190

F. LANGUES SLAVES.

1° Vieux slave	191
2° Slovène	196
3° Serbe	197
4° Bohémien	197
5° Polonais	197
6° Russe	197

G. LANGUES GERMANIQUES.

1° Gothique	198
2° Vieux haut-allemand	210
3° Moyen haut-allemand	217
4° Nouveau haut-allemand	218
5° Vieux saxon	222
6° Anglo-saxon	222

7° Anglais	223
8° Frison	224
9° Vieux norrois	224
10° Suédois	224

H. LANGUES CELTIQUES.

1° Vieux celte	225
2° Irlandais et gaélique	225
3° Gallois	226
4° Armoricain, bas-breton	226

LIBRAIRIE HACHETTE ET CIE

BOULEVARD SAINT-GERMAIN, N° 79, À PARIS

www.ingramcontent.com/pod-product-compliance
Lightning Source LLC
Chambersburg PA
CBHW070639170426
43200CB00010B/2075